개정판

소매점 창업론

이상윤 · 박한혁 공저

도서출판 두남

개정판 머리말

베이비부머 은퇴와 청년실업 증가로 창업은 필수적인 하나의 축으로 자리 잡게 되었다. 이러한 환경에서 어느 때보다 학계, 정부는 창업에 대한 체계화된 교육이 중요한 시점에 이르렀다. 특히 소규모 소매점 창업을 희망하는 학생과 은퇴자를 대상으로 한 이론과 실무를 병행하는 소매점 창업교육의 필요에 부응하여 소매점 창업론을 출판하게 되었다. 초판 이후 5년여의 세월이 흘러서 사업계획 수립 등 부족한 내용 추가와 일부 내용 삭제 및 변경하여 현 창업 상황에 맞게 전면 수정한 개정판을 출간하였다.

본 소매점 창업론은 소매점 창업을 희망하는 학생들에게 소매점 창업에 관한 실무적 절차와 사례를 학습하도록 하는 소매점 창업 지침서이다. 특히 소매점 매장 개설에 관한 실용적 지식을 제공하고자 하였다. 기존 창업론 교재는 창업 환경에서 사업계획 수립에 주안점을 두고 출판되었으나 본 교재는 창업계획과 함께 실질적 점포 개설에 초점을 두고 기술하였다.

본서 내용은 총 4부 13장으로 1부 창업 입문 2부 창업 준비 3부 소매 점포 개설 4부 창업 성과 평가로 구성하였다. 창업에 관한 이론과 실무적 내용을 13장으로 하고 각 장별로 3절씩 구성하여 대학에서 1학기 과정에 맞게 학습할 수 있도록 하였다. 소매점 창업하기를 희망하는 학생들에게 창업 관련 이론 제공과 창업 현장에서 필요한 실무지식을 현장사례를 중심으로 제시했다. 아울러 현재 유통업계에 근무하는 직원들에게 창업을 통한 전직에 도움이 되도록 창업이론과 실무지식을 결합하여 실질적 지식을 학습하도록 서술하였다.

소매점 창업론을 완성하기까지 도움을 주신 유통업계 선후배님들에게 감사드린다. 본서 초판을 교과서로 채택해주신 전국 대학의 교수님들과 한국유통과학회, 동아시아경상학회, 한국인공지능학회 회원 교수님들께 지면을 빌어 감사드린다. 그리고 출판에 도움을 주신 도서출판 두남 전두표 사장님, 이승구 상무님, 박소희 과장님 등 관계자들에게 감사드린다.

광복 75주년을 맞이하며

2020. 8. 15

이 상 윤 박 한 혁

차 례

PART 01 창업 입문

PART 02 창업 준비

PART 03 소매 점포 개설

표 차례

그림차례

PART 1

창업 입문

소비자 소매점 선택 행동

제1절 선택 이론

소비자 선택 행동은 한계적 이성으로 평가하고 선택함으로 항상 이성적 평가로 선택하는 것이 아니다.

1. 소비자 의사결정 과정

소비자 의사결정 과정은 문제 인식단계, 정보 탐색단계, 대체안 평가단계, 선택과 구매 행동단계, 구매결과 평가단계로 구분할 수 있다.

1) 문제 인식

문제 인식은 소비자가 기대하는 바람직한 상태와 소비자가 느끼는 현실 상태와의 차이가 일정한 수준 이상으로 증가할 경우 발생한다. 이러한 문제 인식을 일으키는 요인으로는 소비자에게 생리적 욕구를 자극하는 것, 준거집단 영향, 촉진 활동 등과 같은 기업 마케팅 노력 등이 있다.

2) 정보 탐색단계

소비자에게 어떤 상품에 대한 필요가 인식되면 소비자는 그것에 관해 가족, 친지 등에게 물어보기도 하고 그에 관한 자료를 수집하여 정보를 얻고자 할 것이다. 물론 필수품을 구매할 때에 별로 탐색에 노력을 기울이지 않으나 고급의류, 전자상품과 같이 재정적, 사회적 위험이 수반되는 상품의 경우 소비자들의 정보 탐색 노력이 활발해진다. 정보 탐색방법으로는 소비자 자신의 개인적 기억을 더듬어가는 내적 탐색과 판매원, 광고, 친구, 전문가 자문 등과 같은 외적 탐색으로 구분할 수 있다.

3) 대체안 평가단계

소비자가 당면한 문제를 해결하려고 할 때 소비자들은 나름대로 여러 대안을 평가하는 기준을 설정하게 된다. 대체안을 평가하는 기준은 소비자 생활방식이나 가치관, 나아가서는 소비자가 소속한 집단 규범에 의해서도 영향을 받을 수 있다. 여러 가지 평가 기준에 따라 대체안을 종합 평가함으로써 각 대체안에 대한 태도가 형성된다. 이와 같은 소비자 태도는 좋다 싫다는 감정 요소뿐만 아니라 각 대체안에 대한 지식을 바탕으로 형성되므로 어떤 대안을 선택할 것인가에 관한 의지, 즉 구매 의도를 예측하는데도 도움이 된다. 그리고 구매 의도는 사회적 인간으로서의 소비자 조직이나 사회, 문화적 습관, 규범에 의해서도 영향을 받는다.

4) 선택과 구매 행동단계

일단 특정 대체안을 선택하면 자금 마련, 점포 선택, 구입 방법, 관련 상품 구입 방법, 관련 상품 구매, 대금 지불 조건 등 구매에 필요한 구체적인 행동이 행해진다. 구매와 관련된 상황에 따라서도 구매선택이 달라질 수 있다. 그리고 예측할 수 있는 미래 상황이 현재 구매선택에 영향을 미치게 되는 경우가 있다.

5) 구매결과 평가단계

구매 후의 결과평가는 만족, 불만족 또는 인지부조화 상태로 구분할 수 있다. 구매하기 이전에 기대했던 것보다 구매한 후 느끼는 감정이 더 좋으면 만족, 나빠졌으면 불만족이 발생한다. 만일 구매결과가 만족스럽다면 반복 구매를 유도할 수 있고 또 다른 예상 고객에게도 좋은 영향을 미칠수 있다. 인지부조화란 선택한 상품에 대한 부정적 정보나 경험이 구매 전에 가졌던 신념과 일치하지 않기 때문에 느끼게 되는 소비자의 불안한 상태를 의미한다. 소비자는 이러한 부조화를 제거하기 위해서 부정적 정보를 무시하거나 중요성을 과소평가하기도 하며, 선택한 상품에 대해 긍정적 정보를 수집함으로써 구매를 합리화하는 경향도 있다.

2. 고려 상품군

고려 상품군은 머릿속에 떠올라 고려되는 브랜드라고 정의할 수 있다. Howard and Sheth (1969)는 고려 상품군을 소비자가 그들이 인지하는 상표군 내에서 실제 구매 시 고려할 용의가 있는 상표들의 수라고 정의하였고 Campbell(1969)는 구매자가 특정 상표를 선택할 때 실제로 고려하는 상품들의 집합이라고 정의하였다. 소매점 선택의 고려 점포군은 고려 상품군 개념에서 시작될 수 있다. Spiggle and Sewall은 고려 상품군 모델을 적용하여 점포 선택 모델을 제시하였다. 고려 점포는 소비자의 점포 선호를 나타내는 지표로 볼 수 있고 소비자가 인지하는 점포군 내에서 긍정적으로 평가하여 실제 구매 시 고려할 용의를 갖고 있는 점포들의 집합이다. 연구 결과에 의하면 소비자들이 점포 유형을 우선적으로 결정하고 점포 유형 내에서 특정 점포를 선택함으로써 점포 유형 내 경쟁이 더 치열하다고 할 수 있다.

1) 부분적 리스트 제시 효과

소비자가 많은 기억된 브랜드 중에서 특정 브랜드를 선택하게 되는데 기억 브랜드 감소로 고려 상품군이 감소하면 고려 상품군 내 브랜드가 선택될 확률이 높아지는 효과이다. 그래서 지속적으로 고려 상품군이 되도록 하는 노력이 필요하다.

- 활용 사례: 대표 브랜드, 비교 광고

2) 유인 효과

새로운 선택 대안이 도입됨에 따라 기존 대안의 매력도가 증가되는 것을 말한다. 자사 상품 라인(line)에 새로운 브랜드를 추가하면 추가된 브랜드에 비해 기존 브랜드가 훨씬 좋아 보인다는 이론이다. 이런 점을 점포 선택과 관련해서 생각하면 고려 점포군에 열등한 점포가 출점하면 기존 대안을 선택할 확률이 높아진다는 것이다.

3) 유사성 효과

고려 상품군 내에서 특정 브랜드에 대한 평가는 그 브랜드와 비교되는 다른 브랜드에 의존하여 이루어지는 것이다. 유사성 효과는 새로운 대안이 도입되면 유사한 기존 대안 선택 확률이 유사하지 않은 기존 대안보다 선택 확률이 감소하는 것을 말한다. 동일 상권내 다른 브랜드보다 자사 브랜드 경쟁점이 출현 시 고객의 선택 확률이 줄어드는 현상을 설명할 수 있다. 소비자들이 동일 브랜드를 동일하게 사고하고 경쟁 브랜드는 다른 영역으로 이해하는 효과이다.

4) 타협 효과

선택위험을 줄이기 위해 중간 수준 브랜드를 선택하는 경향을 말한다. 선택 순간에 오류위험으로부터 보호하는 안전한 대안을 선택하는 경향을 타협 효과라고 한다.

5) 구성 효과

같은 상품이라도 설명 방식이 달라지면 선택은 달라진다.

3. 인지적 선택 과정

선택 과정은 소비자 관여도 수준, 상품 종류, 상황적 요인에 따라 달라진다.

1) 보완적 모형

(1) 정보통합 이론

소비자 선택과정은 선택에 영향을 미치는 속성에 대한 가중치와 속성 평가에 의하여 결정된다.

$$A0 = \Sigma WI / SI$$

속성 가중치 / 속성 평가

(2) 다속성 모형

마틴 피시바인(Fishbein)이 제안한 다속성 모형은 소비자 선택 행동에서 브랜드에 대한 태도는 브랜드가 가진 여러 속성들에 대한 소비자들의 신념과 가중치 역할을 하는 평가들이 결합하여 형성된다고 보고 있다. 소비자가 여러 대체적 상품을 평가 할 때 각 속성의 중요도에 따라 가중을 한 기대 가치를 극대화시켜주는 대상을 선택한다는 것이다.

$$A0 = \Sigma BI / EI$$

속성 신념 / 속성 평가

2) 비보완적 모형

(1) 결합형 방법

속성 평가에 대하여 하나의 최저 기준치를 정하고 속성에 대해 최저 기준을 초과하는 브랜드 선택한다.

(2) 분리형 방법

대안이 한 속성에서라도 최저 기준을 초과할 시 선택한다.

(3) 속성별 제거 방법

가장 중요한 속성 기준치에 미달할 시 제거한다.

4. 선택 조정 요인

1) 관여도

관여도는 어떤 대상에 대한 인식된 관련성 및 개인적 중요성 정도로 정의되고 있다. 소비자가 어떤 대상에 대해서 느끼는 개인적 관련성이나 관심도를 말한다. 관여도가 높은 상황에서는 좀 더 많은 상품 정보를 필요로 하고 대안 평가에 있어서도 신중한 선택을 하게 된다. 반면 관여도가 낮은 경우 정보 추구 정도가 낮게 나타나며 대안 평가도 쉽게 하려는 경향이 있다.

(1) 관여도 변수

① 상황적 관여도: 상품 특성과 구매상황 특성이 영향을 준다.
② 지속적 관여도: 소비자 지속적 관심상품이 영향을 준다.
③ 반응적 관여도: 상황적, 지속적 관여도가 상호작용하여 영향을 준다.

(2) 소비자 행동

고관여 상품은 정보탐색, 브랜드 선호도가 높아진다.

2) 상황 요인

정보제시 형식, 정보처리 부담, 시간적 부담 형식에 따라 선택이 달라진다.

5. 기타 선택

1) 습관적 구매

애호도는 소비자가 어떤 한 브랜드에 만족하여 지속적으로 그 브랜드만을 구입하는 행위를 말한다. 애호도는 막연한 반복 구매와는 차별화된 개념이다. 애호도에 대한 측정은 태도와 행동을 구분하여 행동은 어떤 구매 행동 반복 또는 구매비율로 측정을 하고 태도는 브랜드에 대한 태도 또는 재구매 의도를 질문하여 애호도를 측정한다.

2) 충동구매

본래는 그 상품을 구매할 생각이 없었으나 광고를 보았거나 쇼핑 중에 마음이 흔들려 상품을 구입하는 것을 말한다.

3) 간접 비교모형

직접 비교 어려운 대안의 경우에는 선택하고자 하는 대안을 추상화한 후 전체를 평가하여 최적 대안을 선택한다.

제2절 점포 선택 이론

1. 점포 선택 의사결정

1) 점포 선택 의사결정

소비자들이 상품 구매 시 브랜드를 선택할 때도 의사결정 과정을 거치게 된다. 브랜드 선택 의사결정과 점포 선택 의사결정을 비교하면 모두 선택 의사결정이라는 측면에서 동일하지만 선택의 대상이 다르므로 상이한 측면도 있다. 소비자들이 소매점 선택 시 고려하는 요소로 가격 및 품질을 비교한 상품가치, 판매원 친절 등 고객서비스, 다양한 상품 구색, 점포 분위기 시설 등 쇼핑 편의성, 점포 이미지, 세일 광고와 판매촉진, 정보 획득과 만남 교류 등 여러 요인을 고려한다. 소매 점포 선택 의사결정은 구매하고자 하는 상품이 고관여인 경우도 있고 저관여인 경우도 있다. 고관여 상품을 구매

하는 경우에 있어서는 점포 선택의 의사결정을 심사숙고하고 중요시 할 가능성이 높다. 그러나 편의품 구매의 경우에 있어서는 소비자들은 충동적 습관적으로 의사결정을 하는 경우가 많다. 이때에는 소비자들은 의사결정 기준을 이미 잘 알고 있고 어떤 점포가 의사결정 기준을 충족시키는지 가장 이용이 편리한 점포를 선택하게 된다. 소비자들은 구매하고자 하는 상품이나 브랜드를 미리 결정해 두고 있는 경우가 있다. 이때에는 방문 점포 결정은 상품, 브랜드 선택과 직접적 관련을 가지고 있다. 소비자 점포 선택 의사결정은 상품 의사결정과 크게 다르지 않다. 즉 문제인식, 정보탐색, 대안평가 및 선택의 과정을 거치는데 이러한 과정은 소비자의 관여 수준에 따라 달라진다. 특히 소비자의 합리적인 평가에 의해서 선택하는 의사결정이라 볼 수 있다.

2) 점포 선택 의사결정 과정

점포 선택은 소매점 마케팅 전략과 소비자 개인적, 상황적 특성의 상호작용이라 할 수 있다. 점포 선택 의사결정 과정은 개념적으로 소비자가 가지고 있는 점포에 대한 어떠한 평가 기준과 특정 점포에 대한 지각된 특성간 비교를 의미한다. 여기서 평가 기준은 점포의 다양한 측면에 관한 소비자 요구 기대를 의미한다. 결국 소비자는 자신이 갖고 있는 평가 기준과 점포에 대한 지각된 특성을 서로 비교하여 상품 구매를 위한 소매점을 선택한다. 점포 선택 의사결정 과정은 아래 [그림 1-1]에서 보는 바와 같이 몬로(Monroe)와 길티난(Guiltinan) 모형으로써 점포 선택 과정에 영향을 미치는 요인으로 설명된다.

▌그림 1-1▐ 점포 선택 과정에 영향을 미치는 요인

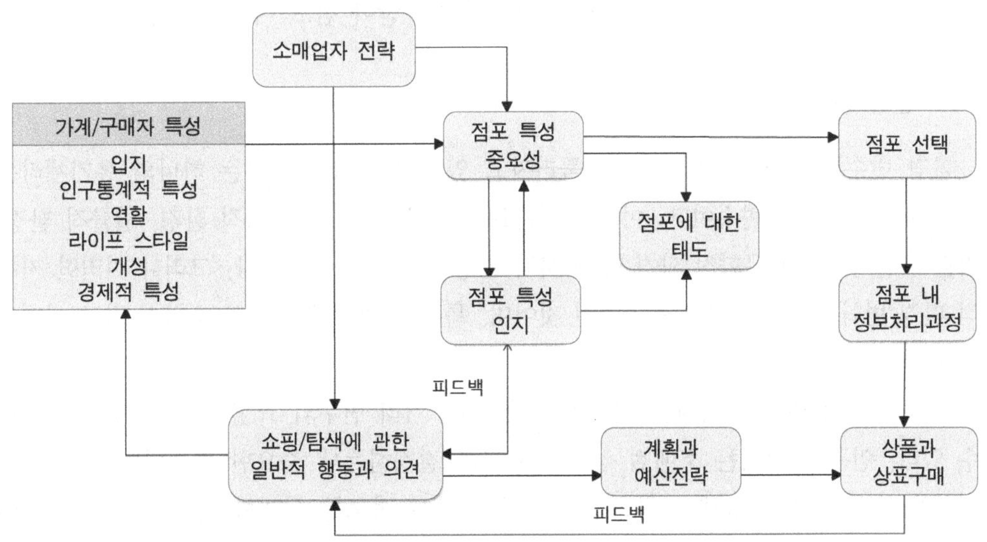

이 모형에 의하면 여러 가지 점에서 점포 선택은 상품 구매와 크게 다르지 않음을 알 수 있다. 개개 소비자 특성은 쇼핑과 탐색 행동에 영향을 미치는 소비자 일반적 행동 성향을 구성한다. 소매점은 광고나 촉진활동과 같은 소매믹스 변수로서 소비자 점포 선택에 영향을 미칠 수 있다. 소비자 개인적 특성은 또한 점포 속성에 영향을 미칠 수 있다. 그리고 점포 이미지는 점포 선택과 상품 선택, 브랜드 선택에 영향을 미친다. 소비자들은 항상 모형에 나타나 있는 프로세스를 다 거치는 것은 아니다. 만일 과거 경험이 만족스럽다면 점포 선택과정은 습관적 과정으로 변하게 된다. 이는 소비자 의사결정을 경험에 의하여 기계적으로 결정하는 습관적 의사결정, 다소의 정보를 바탕으로 덜 엄격한 평가 과정을 거쳐 대안을 선택하는 제한된 의사결정, 충분한 정보를 바탕으로 엄격한 평가를 거쳐 대안을 선택하는 확대된 의사결정으로 구분할 때 습관적 또는 제한적 의사결정과 같다고 할 것이다.

2. 점포 선택 영향 요인

소비자 점포 선택 영향 요인은 소비자가 점포를 선택하거나 평가할 때 기준이 되는 영향 요인으로 점포 이미지를 구성하는 요인이라 할 수 있으며 소비자가 점포를 방문하는 동안 다양한 마케팅 자극 경험을 통해 형성되며 이것은 소비자들이 점포를 선택하는 결정적 요인이라 할 수 있다. 소비자 점포 선택 행동은 점포 매력도 또는 소비자 흡인력에 의해 좌우되는데 다른 점포에 대한 특정 점포의 상대적 매력도는 점포 선택 기준을 구성하는 요인 결합에 의해 결정된다.

소비자 점포 선택 행동에 영향을 미치는 변수는 크게 환경 요인, 소비자 요인, 점포 요인으로 구분할 수 있는데 이러한 요인의 영향을 받아 점포 이미지가 형성하게 된다.

1) 환경 요인

환경 변수는 소매점에서 이것을 둘러싸고 있는 환경에 적응하는 하나의 유기체라는 인식하에서 도입된 변수이다. 이러한 변수로는 경제적 환경, 정치적 환경, 법률적 환경, 기술적 환경, 사회·문화적 환경 등 거시적 환경이 당연히 부각된다. 그러나 이러한 거시적 환경 변화는 장기적이고 지속적인 것이며, 특정 시점에 있어서의 소비자 점포 선택에 중대한 영향을 미치지는 못한다.

보다 직접적 영향을 미치는 변수로는 인구 및 거리 변수와 쇼핑 지역 경쟁구조를 들 수 있다. 인구와 거리는 소매점 상권과 규모를 결정하는데 중요한 변수이며, 소매점이 위치하고 있는 지역 경쟁 상황은 소비자들이 자신 점포를 선택할 확률에 직접적인 영

향을 미치게 된다.

2) 소비자 속성 요인

소비자 속성 변수는 점포 선택 행동에 있어서 객관적 점포 속성이 동일함에도 불구하고 소비자 점포 선택이 상이한 이유를 설명해 주는 변수이다. 소비자 속성을 나타내는 변수들은 연령, 소득, 학력, 가족 생활주기 등 인구통계학적 변수와 라이프 스타일, 인지된 위험, 자아 개념, 태도 등 심리적 변수, 그리고 점포 충성도, 구입 상품 종류, 쇼핑기간 등 구매관행 변수로 구분하여 생각할 수 있다.

(1) 가족 생활주기 및 가족 규모

가족 생활주기는 가족이라는 사회 구성원 속에서 가족들의 역할 변화를 설명하는 것으로 가족 속에서 경험하는 결혼, 출산, 양육, 노후 각 단계에 걸친 시간적 흐름을 말한다. 가족 생활주기 단계에 따라 수입, 지출, 요구 등이 달라 그 결과 애용하는 점포 유형도 다르게 될 것이다. 또한 가족 생활주기와 관련이 있는 가족 규모도 선호점포 형태, 구매 요인 등에 영향을 미친다.

(2) 사회계층

사회계층은 유사한 가치관과 라이프 스타일을 가지고 관심과 행동에서 비슷한 성향을 나타내는 개인과 가계의 집단으로서 한 사회 내에서 분류될 수 있는 비교적 영속적이고 동질적인 구분으로 정의된다. 사회계층은 직업, 개인적 성취 정도, 교류 대상, 재산 정도, 가치지향성 정도, 계층 의식 등에 의해 결정된다. 사회계층 구분은 단일 변수로는 직업이 일반적이고 교육과 소득 수준을 고려한 두 가지 이상의 사회경제적 변수를 고려한 복합변수 분류 방법이 있다. 분류되는 계층에 따라 소속된 준거집단 정체성과 특정한 가치가 선택 행동에 영향을 준다.

(3) 라이프 스타일

라이프 스타일이란 특정 사회, 특정 집단 또는 개인이 지니고 있는 독특한 생활 방식을 말한다. 소비자들 시간과 돈을 사용하여 생활하는 방식이다. 이것은 개인 가치체계와 개성이 결합되어 이루어진 복합적 특성으로 소비자 선택에 영향을 미친다.

(4) 지각된 위험

소비자들이 점포 선택 행동을 함에 있어 선택 결정에 따른 위험부담을 느끼게 되는

데 이를 지각된 위험이라 한다. 인지된 위험은 점포 선택뿐만 아니라 브랜드 선택, 구매방식 선택에도 영향을 미친다.

(5) 자아 이미지

자아 이미지 개념이란 개인이 대상, 객체로서의 자기 자신과 관련해서 가지고 있는 생각이나 감정의 총체를 말한다. 자아 이미지 일치성은 소비자가 자기 자신을 어떻게 바라 보느냐와 특정 소매점을 이용하는 전형적 이용자들을 어떻게 바라보냐 하는 둘 사이 일치 정도를 말한다. 소비자는 자아 이미지와 점포 이미지 간에 이미지 일치가 형성되는 경우 충성도가 높게 나타난다.

(6) 점포 충성도

점포 충성도란 소비자가 특정 점포에 대해 보이는 호의적 태도 및 습관적으로 방문하여 지속적으로 상품을 구매하는 성향을 말한다.

(7) 시간 부족

시간이란 한정되어 있어서 마음대로 얻고 저장할 수 없는 것이다. 쇼핑이란 결국 계량적 시간을 활용하여 이루어질 수 있는 것이며 이 재량적 시간 크기에 따라 쇼핑 행동 및 점포 선택 행동이 달라진다. 쇼핑활동에 할당할 수 있는 재량적 시간의 양이 부족하면 부족할수록 구매에 있어서 점포 선택은 편리성에 중점을 둘 수밖에 없다.

3) 점포 속성 요인

소비자들이 점포를 선택할 때 고려하는 점포 특성이 점포 속성 변수이다. 이러한 모든 점포 속성 변수는 바로 소비자들이 점포를 선택할 때 고려하는 기준이 된다. 점포를 선택할 때 소비자들이 고려하는 점포 속성은 점포가 판매하는 상품에 따라 달라진다. 예를 들면 의복을 구매할 때의 점포 선택 기준과 가전 상품을 구매할 때 점포 선택 기준은 서로 달라진다. 그러나 다음과 같은 점포 속성들은 일반적으로 소비자들이 점포를 선택할 때 중요한 요인이다. 즉 입지, 상품 구색, 가격, 광고와 촉진, 판매량, 제공되는 서비스, 점포 물리적 특성, 고객 사회계층, 유형, 점포 분위기, 거래 후 서비스 등이 있다.

(1) 입지

입지란 소매점이 자리 잡고 있는 위치를 말하며 점포 위치는 소비자들 점포 선호도

에 많은 영향을 미친다. 소매점에 도달하려면 소비자들은 공간이동을 하여야 한다. 따라서 소매점 입지를 결정하려면 소비자 공간이동 행동에 대한 지식이 필요하다. 소매점은 산업특성상 주로 소비자가 직접 방문하여 소비가 이루어지는 업태이기 때문에 고객이 점포를 선택하는 결정적 요인으로 중요성이 강조되고 있다.

(2) 상품 구색

상품 구색 폭과 깊이, 그리고 구색의 질은 점포 속성 중 소비자에게 결정적 영향을 미치는 속성의 하나이다. 어떤 폭과 깊이를 가진 구색을 갖추느냐는 소매믹스 결정시 핵심적인 문제이다. 이는 백화점, 할인점, 슈퍼마켓 특성을 생각해보면 명백해진다. 소매점 상품 구색 다양성, 최신 유행 상품의 취급 여부, 브랜드 다양성, 매장 넓이 등이 영향을 미친다.

(3) 가격

소매점에서 가격이란 판매업자로부터 제공받는 재화나 서비스에 대해 구매자가 지급하는 재화나 서비스의 양을 비율로 나타낸 지표 또는 소비자가 상품이나 서비스를 구매한 대가로 지불하는 금액을 말한다. 점포 선호에 있어서 가격 중요성은 상품 유형에 따라 달라진다. 예를 들면 슈퍼마켓에 있어서는 가격은 중요한 변수이다. 그러나 백화점 경우에는 그렇지 아니하다. 소매점에서 가격은 하나의 속성으로 점포 가격 정보를 통하여 점포 내 브랜드 간의 가격 차이 또는 점포 전반에 브랜드 내에서 가격 차이를 구별하거나 추정하면서 구매 결정, 점포 선택을 한다.

또한 소비자 특성에 따라 가격 중요성은 달라진다. 어떤 경우에는 실제 가격보다 소비자에 의해 지불된 가격, 즉 주관적 가격이 더 소비자 행동에 많은 영향을 미친다.

(4) 광고와 촉진

광고와 촉진은 점포 선택에 있어 중요한 변수이다. 그러나 광고와 촉진은 그 공정성, 도덕성에 있어 상당히 논란이 많이 되고 있는 변수이다. 광고가 다른 촉진수단과 함께 점포 선택에 영향을 미친다는 사실에는 의문의 여지가 없다. 그러나 이들 영향력은 상품 성격, 소비자 특성, 점포 자체 성격에 따라 달라진다. 때로는 소매점이 통제할 수 없는 커뮤니케이션 수단인 구전 활동이 더 큰 영향을 미치기도 한다.

(5) 판매원

친절하고 도움을 주는 판매원은 점포 선택에 있어 중요한 고려 요인 중 하나이다.

판매원 행동은 고객에게 지각되며 고객 서비스 평가, 소매점 만족, 점포 애호 및 구전 등에 영향을 미친다. 서비스 환경에서 판매원은 판매원이 제공하는 서비스를 고객이 인식하도록 의사소통을 하는 관계 관리자 역할을 하고 판매원은 고객과 좋은 관계를 형성하여 충성고객을 만드는 중요한 역할을 한다. 판매원 친절도, 판매원 용모 및 단정함, 판매원 상품지식 등이 영향을 미치는 요인이다. 전통시장과 백화점에서 구매한 경험이 있는 소비자는 누구나 판매원 친절과 지식에 있어서 상당한 차이를 느낄 것이다. 대형 유통업체 사이의 경쟁이 치열해지자 경영자들은 판매원 전문성 개발에 많은 투자를 하고 있다.

(6) 서비스

서비스는 상품 판매를 위해 제공되거나 판매에 부수적으로 제공되는 행위, 편익, 만족이다. 소매점에서 제공하는 서비스에는 상품 반품 용이성, 배달, 운반, 소비자 신용, 편리성 등이 있다. 이와 같은 소매점에서 제공되는 서비스도 점포 이미지 중 하나의 속성 변수이다.

(7) 물리적 속성

엘리베이터, 조명, 냉난방 시설, 통로 배열, 가구, 인테리어 등 물리적 점포 속성도 무시할 수 없는 점포 이미지 속성의 하나이다. 이들 여러 가지 물리적 요인은 그자체로서도 중요하지만 다른 점포 속성에 대한 소비자 지각에도 영향을 미친다는 점에서 더욱 중요하다. 이런 측면에서 점포 물리적 속성은 점포 이미지를 결정하는 요인은 아니지만 점포 이미지를 조성하는 요인이라 볼 수 있다.

(8) 고객 사회계층·유형

소매점에서 쇼핑하는 고객들 유형과 사회계층 등이 점포 선택에 영향을 미친다. 이것은 사람이 자기 이미지와 맞는 점포 이미지를 가진 점포를 선호하기 때문이다.

(9) 점포 분위기

소비자가 점포를 선택하는데 있어 가장 중요한 결정요인 중 하나는 소비자가 그 점포에 지각하는 점포 특성인 점포 이미지이다. 분위기는 일반적으로 주변 환경 특성을 나타내는 개념으로 설명되고 점포 분위기는 구매자 구매 확률을 높이는 특별한 정서적 효과를 창출하기 위해 구매 환경을 디자인하는 노력이다. 코틀러(Kotler) 교수는 마케팅도구로서 분위기학을 도입하면서 점포 선택에 있어서 점포 분위기 중요성을 강조하고 있다. 그는 분위기학을 구매자에게서 어떤 효과를 창출하기 위한 의식적 공간 설계라고 정의하고 있다. 점포 분위기에 중요한 영향을 미치는 변수에는 점포 시설, 조명, 색상 등이 있다. 오늘날에 있어서 점포 혼잡도는 분위기에 특히 중요한 변수로 부각되고 있다.

(10) 판매 후 서비스

소비자 점포 선택 구매 결정은 구매행동으로 종료되는 것이 아니고 구매한 상품을 사용하고 평가하는 것을 포함하고 있다. 점포에서 구매한 소비자 행동 중에서 중요한 것은 만족 및 불만족이다. 따라서 소비자 만족을 향상시키고 불만족을 해소하도록 하기 위하여 소매 경영자들은 판매 후 서비스에 많은 관심을 두어야 한다. 이러한 판매 후 서비스에는 반품, 교환, 수선 등이 있다. 또한 소매점 소비자 불평처리제도도 소비자 반복구매에 많은 영향을 미치므로 판매 후 서비스 일환으로 삼아야 할 것이다.

❙그림 1-2❙점포 선택 영향 변수

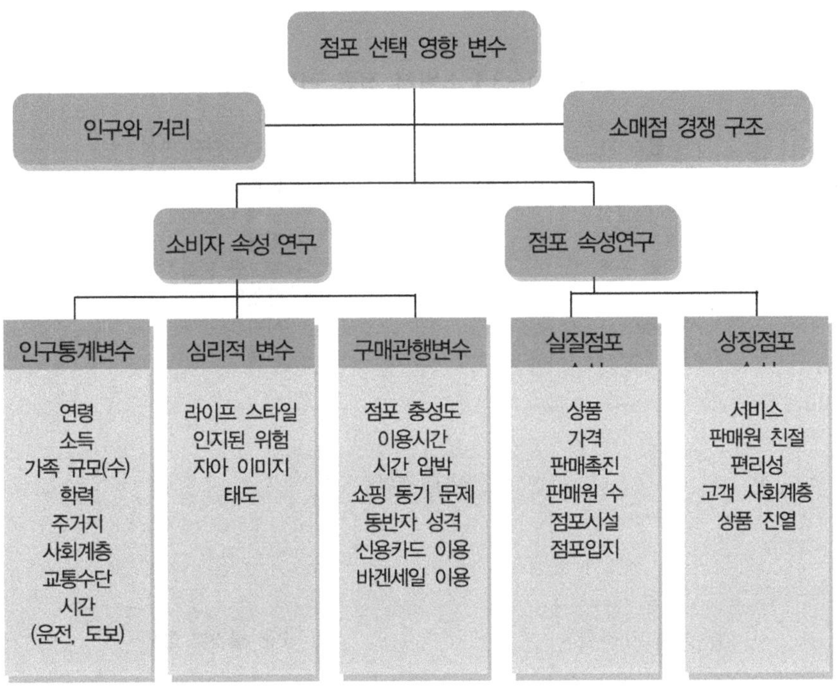

3. 점포 이미지

1) 점포 이미지와 점포 선택

소비자가 어떤 점포를 선택하느냐 하지 않느냐 하는 것은 소비자 평판 기준과 점포 속성에 대한 지각 즉 전통적으로 점포 이미지라고 불리어온 소비자 점포에 대한 전반적 지각에 달려있다. 점포 이미지는 여러 가지로 정의될 수 있지만 부분적으로 기능적 질에 의하여, 부분적으로 심리적 속성에 의하여 구매자 마음속에 어떤 점포가 정의되는 방식으로 정의를 내리는 것이 무난할 것이다. [그림 1-3] 소비자 점포 선택 과정에서 보면 점포 선택은 점포 선택 기준 즉 평가 기준과 점포에 대해 지각된 점포 특성인 점포 이미지 비교, 평가에 의해 결정되므로 소매점은 점포 이미지 관리에 노력해야 한다. 점포 이미지는 점포 각 속성에 의하여 형성되는데, 각 속성 중요도는 상품에 따라 달라진다. 점포에 대한 소비자 이미지는 점포에서 판매되는 가격, 상품, 서비스, 점포 분위기 등 다양한 점포 속성 변수 영향을 받으며 구매 후 만족감을 느끼고 점포에 대한 재구매 의도와 재방문 의도 등 점포 충성도를 형성하게 된다.

▌그림 1-3▌소비자 점포 선택 과정

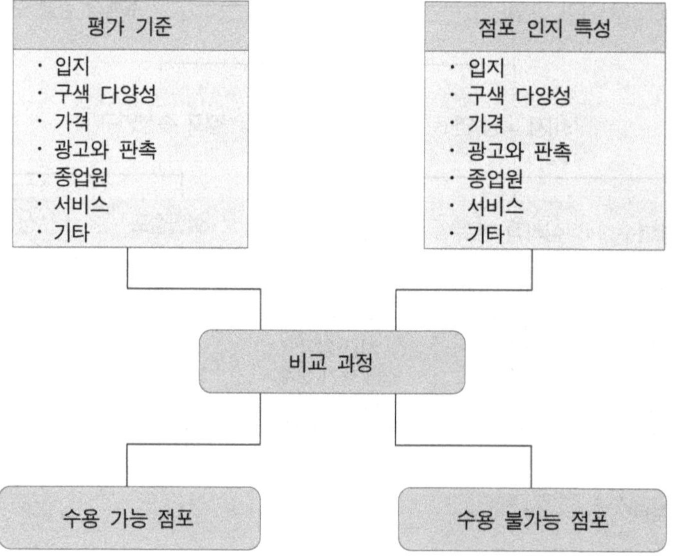

자료원: James F. Engel, David T. Kollat and Roger D. Blackwell and Paul W. Miniard, "Consumer Behaviour", 5th ed. Illinois: The Dryden Press, 1986, P521.

2) 점포 이미지 측정

점포 이미지를 측정하여 경쟁 점포 이미지와 비교하여 본다면 소비자 마음에 비친 소매점 상태를 알 수 있고 어느 변수가 경쟁 점포보다 잘 평가받고 나쁘게 평가받고 있는지를 알 수 있다. 따라서 경쟁 소매점과 비교한 점포의 강점과 약점을 파악할 수 있다. 점포 이미지를 측정하기 위한 방법은 사회과학과 마케팅 분야에서 널리 이용되는 총체적 측정 방법과 속성별 측정 방법으로 구분할 수 있다. 총체적 측정 방법은 전체적인 이미지의 좋고 나쁨을 측정하기 위한 방법으로 선호도를 리커드 척도에 의해 측정한 후 이를 종합하여 2차원 공간상에 표시하는 방법과 이미지에 대한 선호도를 소비자에게 직접 질문하여 측정하는 방법으로 세분된다. 속성별 측정 방법으로써 점포 이미지를 측정하는데 쓰이는 기법은 거의 모든 태도측정 기법이 활용될 수 있다. 여기에는 의미 차별화법, 거트만 척도법, 다차원 척도법, 심리어법 등이 포함된다.

▌표 1-1▐ 점포 이미지 측정 항목

변수		측정 항목
거리		- 점포까지 도달시간은 ( ) 분이다.
상품 구색		- 상품 구색이 다양하다. - 최신 유행 상품을 취급한다. - 브랜드가 다양하다. - 매장이 넓다.
상품 카테고리 선호도		- 상품 구매 시 특정 점포에서 구매한다. - 특정 점포에서 구매 시 많이 구매한다. - 상품 구매 시 특정 점포에서 구매를 선호한다.
인지적 이미지	가격	- 일반적으로 상품 가격이 저렴하다. - 타사 상품에 비해 저렴하다. - 구매한 상품에 대해 지불된 가격이 적절하다. - PB 상품은 저렴하다.
	품질	- 일반적으로 취급 상품이 우수하다. - 상품 품질이 타사보다 우수하다. - 상품 품질이 가격 대비 우수하다.
	편의성	- 주차하기 쉽다. - 방문하기 편리하다. - 원하는 상품을 편리하게 구매할 수 있다. - 점포 내에서 이동하기 쉽다.

인지적 이미지	점포 명	- 쇼핑하고자 하면 000점포가 떠오른다. - 점포를 선택할 때 점포 명을 고려한다. - 00점포는 이름이 잘 어울린다.
감정적 이미지	점포 분위기	- 쇼핑 분위기는 즐겁다 - 쇼핑 분위기는 편안하다. - 상품 진열이 잘 되어 있다. - 조명, 색상, 시설 등이 고급스런 분위기를 풍긴다.

자료: 전달영 외(1999)

1. 소비자 내점 행동 모형

소비자들이 점포를 선택하는 과정 즉 소비자 내점 행동은 대략 다음과 같이 단순화할 수 있다. 일반적으로 쇼핑 욕구를 가진 소비자는 다음 3가지 형태로 구분된 점포 선택 행동 중 한 가지를 취하게 된다.

❙ 그림 1-4 ❙ 소비자 내점 행동 모형

쇼핑 결정

(3) 상업집적 지역 결정 → 상점가 선택 → 점포 선택

(2) 점포 선택

(1)

점포 결정

선택할 당시 의사결정 요인{시간/비용(교통)/점포(이미지/서비스)/구색}

첫째, 특정 점포에 대한 스토어 로열티(Store loyalty)를 갖는 경우이다. 이런 유형의 소비자는 직접적으로 점포를 선택한다.(1) 둘째, 점포보다는 쇼핑 지역에 대한 로열티가 있는 경우이다. 이 경우는 소비자가 선호하는 특정 쇼핑 지역이 있는 경우에 해당하며 지역적 이동의 경쟁이 일어난 후에 점포를 비교·평가하고 점포를 선택하는 과정을 거친다.(2) 셋째, 비록 과거 경험이 있다 해도 지역과 점포에 대한 로열티가 전혀 없거나 새로운 쇼핑 과제를 지니는 경우에 해당된다. 물론 업종과 업태 그리고 쇼핑 동기에 따라 이들 행위는 달라진다. 특히 할인점 경우에는 특정 점포에 대한 로열티가 강하기 때문에 첫 번째 (1)의 경우에 해당하는 경우가 많다. 따라서 이들 소매점은 점포 로열티를 제고시키기 위한 점포 이미지 고취와 점포 매력도 향상에 노력을 기울여야 한다.

2. 쇼핑 동기와 방문 점포 평가

소비자가 점포를 방문하는 동기는 대략 다음 두 가지로 나뉜다.

1) 개인적 동기

(1) 역할 수행

주부로서의 역할, 가장으로서의 역할 등 사회생활에서 나름대로의 역할을 수행한다. 사람들은 이러한 역할수행을 통해 자기 자신과 타인으로부터 만족을 얻는다.

(2) 기분 전환

반복되는 일상생활 속에서 겪게 되는 단조로움을 벗어나 상품을 구경하고 점포를 둘러보면서 기분을 전환하기 위한 동기로 쇼핑 혹은 점포를 둘러보는 경우이다.

(3) 욕구불만 해소

욕구불만이 있는 소비자의 경우 점포를 방문하여 마음에 드는 상품을 구매함으로서 이를 해소시켜 대리만족을 느끼려는 경우이다.

(4) 최신 트렌드 탐색

유행이나 새로 나온 상품의 최신 경향에 대한 정보를 얻기 위하여 점포를 방문한다.

(5) 신체 활동 필요성

운동 부족과 사회생활의 분주함으로 인해 적절한 활동이 요구되는 경우 쇼핑 기회로 이를 보충하는 경우이다.

(6) 판촉에 의한 점포 방문

점포 측의 광고자극 및 판촉활동 결과로서 소비자들이 호기심에 이끌려 점포를 방문하기도 한다.

2) 사회적 동기

(1) 사회 경험 욕구

쇼핑을 통해 새로운 사람을 만나거나 이웃이나 친구를 만나는 등 간접적인 사회적인 경험을 하게 되는 점을 의미한다.

(2) 동호인과 만나 의사소통하고자 하는 동기

같은 취향을 가진 사람들끼리 만나서 자신들의 취미 상품에 대하여 논의하기도 하고 소유하고 있는 상품을 소개하는 측면에서 점포를 방문한다.

(3) 사회적인 동조성에 대한 욕구

동료 집단 내에서 일체감을 형성하기 위한 동기가 쇼핑을 하게 되는 동기가 될 수 있다. 이는 친구들이나 동료집단과 의 일체감 때문에 쇼핑을 하고 비슷한 점포에 방문하는 경우를 가리킨다.

(4) 개인의 사회적 지위나 권위 추구 욕구

이는 루이뷔통 같은 명품 등을 사용함으로써 자신을 돋보이게 하고 싶은 소비자들이 이를 사기 위해 특정 점포를 찾는 경우를 가리킨다.

(5) 쇼핑 자체를 즐기기 위한 동기

그저 쇼핑 자체를 즐기기 위해 점포를 방문하여 쇼핑 과정 자체를 즐기며 거기서 만족을 얻는 행위를 말한다. 이외에도 점포를 찾는 소비자의 쇼핑 동기는 전체 시장을 구성하는 소비자 특성에 따라 다양하다. 따라서 이에 대응하기 위해서는 이들 소비자 집단을 유사한 욕구를 가진 집단으로 세분화하여 이에 대한 적절한 대응책을 마련해야

한다.

소비자 점포 방문동기를 파악함으로써 쇼핑 동기에 따른 시장 세분화와 점포 차별화를 할 수 있는 기회를 포착할 수가 있다. 즉, 소매업자는 상품 구매 동기를 이용한 차별화 전략을 추구하거나 또한 개인적 동기와 사회적 동기를 중심으로 차별화 전략을 수립할 수 있다. 만약 저가격이나 신용정책 같이 단순히 상품과 관련된 혜택을 강조함으로써 점포의 차별적 우위를 추구한다면 경쟁자에 의해 쉽게 모방될 수 있다. 반면에 상품 구매와 관련성이 적은 쇼핑 동기에 소구할 경우 그 점포만이 가질 수 있는 차별적 우위를 달성할 수 있게 된다. IT, 홈쇼핑 등이 쇼핑 편의성을 제공함에도 불구하고 높은 소매 매출 점유율을 차지 못하는 현상을 이해하기 위해서는 고객이 점포를 방문하는 이유가 단순히 상품 구매를 위해서 뿐만 아니라 다양한 쇼핑 동기에 있다는 점을 유의해야 한다. 이상으로 살펴본 바와 같이 점포 방문동기를 파악하는 행위를 마케팅에서는 세분화라고 하는데 이 세분화는 마케팅 전략을 위한 기본과정이라고 할 수 있다.

3. 점포 선택 요인

1) 점포 선택 요인

(1) 비교 쇼핑

비교 쇼핑이란 소비자가 유사한 여러 점포를 두고 나름대로의 기준으로 평가하여 하나의 점포를 이용하게 되는 것을 가리킨다. 즉, 소비자 스스로가 사고자 하는 상품이나 점포를 비교해 가며 구매하는 행위를 말한다. 이 경우는 전문품과 선매품을 판매하는 백화점이나 전문점 등이 일용품 및 편의품을 판매하는 마트나 슈퍼마켓보다 훨씬 더 빈번하게 나타난다. 비교 쇼핑은 상품이나 점포에 따라 그 차이가 아주 크게 나타난다.

(2) 켈리와 스테판(Kelly and Stephenson)의 점포 선택 기준

켈리와 스테판은 소비자들이 점포를 선택하는 기준으로 업태와 소비자 특성에 따라 다음과 같이 구분하였다.

① 점포 일반적 특성: 이것은 소매기업 인지도와 그 소매기업의 점포수 등에 의해 점포 선택이 달라짐을 의미한다.

② 점포 물리적 특성: 이는 점포 물리적 요인, 예를 들면 점포 인테리어 디자인, 매장의 청결성, 체크아웃 서비스 등이 점포 선택에 영향을 미친다는 것이다.

③ 점포 이용 편리성: 점포 이용의 소요시간과 주차시설 등에 따라 점포 선택 행동에 영향을 받음을 말한다.

④ 점포 제공 상품 다양성: 상품 의존성 또는 품질에 따라서 선택하는 점포가 달라진다.

⑤ 점포 상품가치 차이 제고 활동: 판촉활동으로 특별 세일을 한다든지 그 점포만의 특별한 고객관리 활동으로 인해 점포를 선택하기도 한다.

2) 점포 매력도와 점포 이미지

점포 선택은 점포 매력도 또는 고객 흡인력에 의해 결정된다. 즉, 점포 이미지를 구성하는 점포 속성들의 결합에 의해 결정된다.

(1) 점포 매력도 형성과정

점포 매력도는 다음과 같은 점포 평가 기준과 지각된 점포 특성 비교 과정을 통해 매력도가 형성된다.

▌표 1-2▌점포 매력도의 형성과정

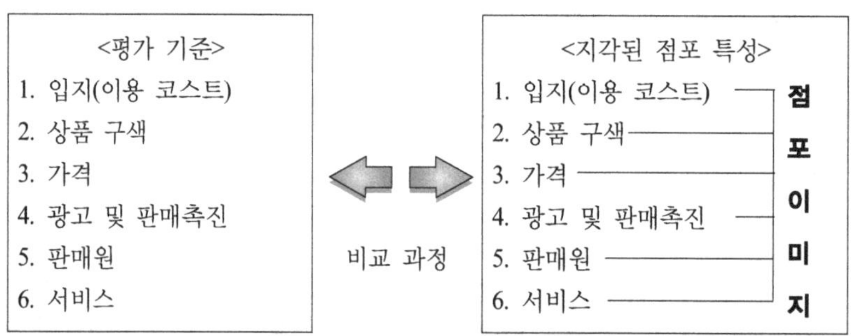

점포 매력도는 이와 같은 비교 과정을 통해 매력 정도가 결정되고 평가된 매력도는 점포 이미지와 결합하여 점포 이용률에 영향을 미치게 된다. 매력도가 높은 경우 소비자는 그 점포를 방문하여 상품을 구매하게 된다. 이와 같은 과정이 지속적으로 이루어지는 경우 점포에 대한 로열티가 형성되고 점포 성과에 커다란 영향을 미친다.

(2) 점포 이미지

점포 이미지란 소비자 속성에 의해 인식된 점포의 전반적 인상을 말한다. 이러한 이미지를 구성하는 요소는 다음의 표와 같이 객관적 속성과 주관적 속성으로 구분된다.

| 표 1-3 | 점포 이미지 속성

객관적 속성	주관적 속성
• 취급 상품 구색 • 상품 가격 • 서비스	• 점포 쾌적한 분위기 • 매장에서 느끼는 편의성 • 만족감

[표 1-3]에서 객관적 속성이란 관찰 가능한 기능적 특징을 의미하며 주관적 속성은 소비자 심리와 관련된 심리적 속성들을 의미한다. 이 같은 이미지는 점포 선택에 있어 매우 중요한 역할을 한다. 특히 동일한 상권 내에서 둘 이상의 경쟁 점포가 존재할 때 고객이 어떤 점포를 선택할 것인가 하는 것은 전적으로 점포 이미지가 좌우한다. 예를 들어 상품 구색과 품질이라는 두 가지 속성에 따른 점포 이미지를 그려보면 다음과 같다.

| 그림 1-5 | 두 가지 속성으로 본 이미지

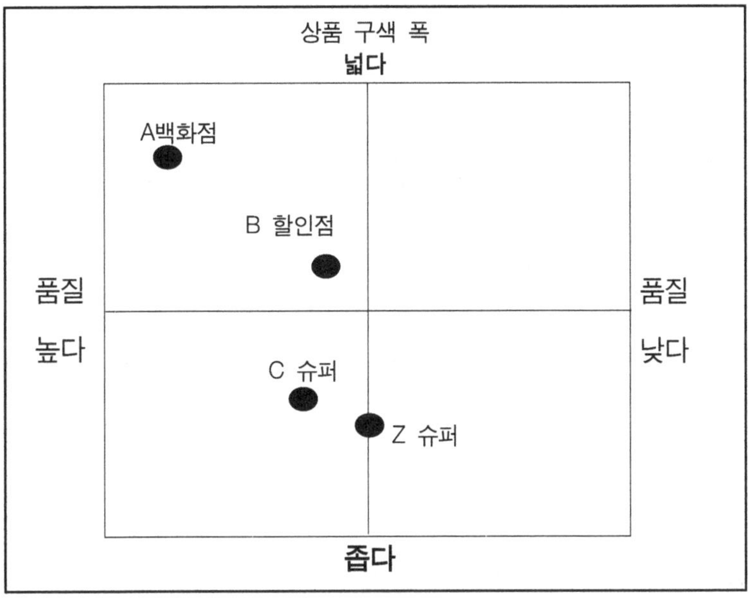

위 표에서 볼 수 있듯이 A 백화점은 상품 구색 폭이 넓고 품질수준도 우수하다. 이에 비해 C 슈퍼마켓은 A 백화점에 비해 품질수준도 떨어지고 상품 구색 폭도 좁음을 알 수 있다. Z 슈퍼마켓은 C 슈퍼마켓에 비해 품질도 떨어지고 상품 구색 폭도 좁음을 알 수 있다. 이 경우 다른 조건이 일정하다면 소비자 대부분은 Z 슈퍼마켓보다는 A 슈퍼마켓을 이용하게 될 것이다. 즉, 점포 이미지가 좋은 경우 소비자는 그 점포를 이용한다. 그리고 지속적 이용을 하게 되면 소비자는 그 점포에 대해서 스토어 로열티가 형성된다.

3) 스토어 로열티

스토어 로열티란 소비자가 특정 점포에 대해 지니고 있는 평소 이미지가 대단히 좋음에 따라 상품을 구매할 때마다 항상 그 점포를 선택하려는 경향이 두드러짐을 일컫는 것이다. 일반적으로 스토어 로열티는 다음과 같은 과정으로 형성된다. 우연한 기회에 하나의 점포에 대한 호의적 태도가 형성된다. 다음으로 그 점포에서의 쇼핑이 잦아지며 쇼핑할 때마다 호의가 축적되게 되면 그 점포와 그 점포 상품에 대한 납득을 하고 신뢰를 형성한다. 이러한 신뢰는 나름대로의 확신과 신념을 형성하고 그 점포를 꾸준히 이용하게 된다. 이러한 과정에서 스토어 로열티가 형성된다.

| 표 1-4 | 스토어 로열티 형성

기업 이미지	경영 : 경영자, 기업계열, 다각화, 전통 등 커뮤니케이션 : 기업명, 마크, PR, 광고 등
+	
점포 이미지	상품 : 품질, 구색, 가격 등 매장 : 위생 상태, 조명, 디스플레이, 레이아웃 등 서비스 : 접객, 배송, 포장 등 판촉 : 전단, 판촉 용구, 캠페인 등 점포 : 입지, 점포 디자인, 점포 규모 등
=	
스코어 로열티 = 호의 축적 → 빈번한 내점 → 납득→ 신뢰 → 확신 → 신념 → 점포내점 스토어 로열티	

4) 차별화된 콘셉트(Concept) 만들기

상권조사, 가두 동선조사, 경합점 조사 등 고객 구매행동에 대한 조사와, 상품 측면에서 평가한 데이터와 그리고 그 지역 생활실태에서 얻은 각종 사실 자료를 종합적으로 분석하고 검토하여 지역에서 요구하는 문제의 본질을 찾는다. 이렇게 하여 수집된 데이터를 체계적으로 정리하고 형상화해간다. 데이터가 말해주는 것을 분명히 인식하고 회사의 경영이념이나 경영방침과 대조하여 「이렇게 파악할 수 있다」는 식으로 정리한다. 바로 이것이 지역 밀착형 「차별화 요인」이다. 그 다음은 이것을 근거로 하여 이렇게 되고 싶다고 하는 바람, 즉 계획을 그린다. 고객의 요구는 이러한데 이 점포에서는 무엇을 실현할 것인가?

(1) 점포 콘셉트 만들기

점포 콘셉트는 점포가 고객에게 줄 수 있는 최고의 가치이며 동시에 구성원들을 지배하는 가치관이라고 할 수 있다. 그러므로 점포 콘셉트는 개점 초기에만 계획하여 반영하는 것 뿐만 아니라 개점 후에도 모든 구성원들이 설정해 놓은 점포 콘셉트의 지속적 실현을 위해 계속적으로 노력하여야 한다.

❙ 그림 1-6 ❙ 점포 콘셉트 만들기

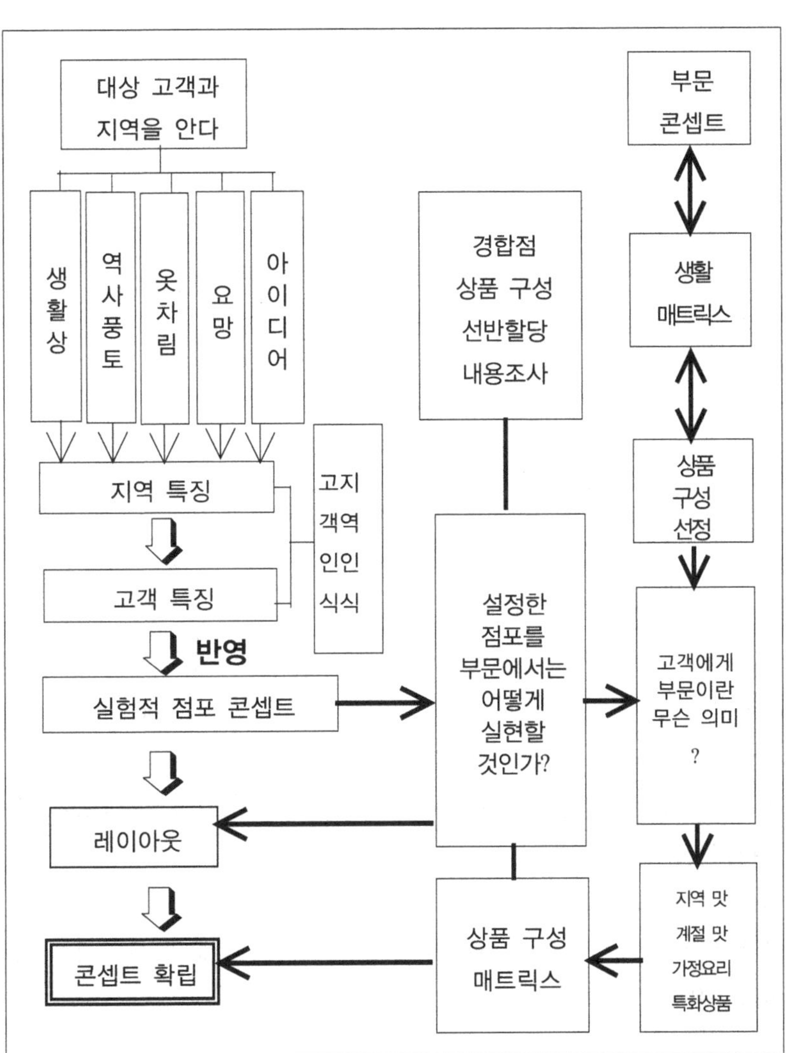

예를 들어 '신선도 365일!'이라고 설정했다면 '농산물, 수산물, 축산물' 등 구입에서는 '산지직송, 계약재배' 따위의 구매방법 관리에 치중한다. 더불어 물류에서는 '콜드 시스템'같은 배송시스템 관리, 매장 판매에 있어서는 선도관리를 위한 진열 쇼 케이스나 저장고 따위의 '온도 관리'를 위한 시스템을 구축하고 지속적으로 관리하는 것이다.

만약 '좋은 상품보다 싸게!'라고 점포 설정했다면 먼저 L.C.O시스템(Low Cost Operation)을 구축하여 저비용 경영이 가능하게 한다. 그 다음으로 상권 내에서 항상 저가격을 유지할 수 있도록 하기 위한 시장조사 시스템을 구축하고 매입에서도 '완전 매입, 계획구입' 등으로 상품원가를 낮추어야 한다. 즉 싸게 팔 수 있는 구조를 시스템화해야 계속적으로 싸게 파는 것이 가능하. 최종적으로 점포 설정하는 방법은 다음과 같다.

① 그 지역을 구체적으로 조사하여 충분히 안다.
(지역 역사·풍토·생활습관·특성을 조사하여 파악하고 경쟁사나 경합점 취급 상품, 혹은 소비자 이용 상품을 조사해서 대다수 고객 생활양식을 이해한다.)
② 점포 성격 정립과 그 이행절차 계획서를 만든다.
③ 기업 이념 방침에 따라 그 지역 특성에 맞춘 「점포」를 확립한다.
④ 파악해야 할 데이터를 정리하여 작성하고 개점 후 영업을 해 나가면서 점포 활성화에 응용하기 위한 기초 자료를 만든다.

(2) 매장 연출

① 점포 콘셉트에 근거한 레이아웃 규칙을 만든다.
② 부문별 그룹별로 스토리를 갖게 하는 레이아웃 만들기를 한다.
③ 플로어 레이아웃, 그룹 레이아웃, 곤돌라 레이아웃 순으로 순서화를 도모한다.
④ 곤돌라 앤드 성격 정립, 앤드 장식연출, 앤드활용 규칙화 등을 실험한다.
⑤ 점포에 의거한 통일된 색과 색 이미지 만들기를 한다.(예, 초록색하면 OO 마트, 노란색 하면 △△마트 하는 식)
⑥ 점포 내 표시, 매장 상품부문 표시, P.O.P, 쇼 카드 등 콘셉트에 근거한 일관된 디자인을 한다.
⑦ 레이아웃 성격 정립에 의한 집기 활용을 한다.
⑧ 주력 부문인 NO 1, NO 2, NO 3 부문과 나머지 부문의 유기적 유대를 고려한 레이아웃을 구상한다.

(3) 판촉 목표 설정

① 개점 목적, 점포를 알기 쉽게 광고한다.
예) "좋은 상품! 보다 싸게"
② 고객에게 점포 이념, 상품 구성 방침, 생활제안을 어필한다.
예) "풍요로운 소비생활과 가계 절약을 추구하는 OO마트"
③ 전단 및 P. O. P 역할을 정한다.
예) 전단 → 상권 포괄률 및 내점률 증대/P.O.P → 구매율 촉진

(4) 월별 성격 정립과의 관계

① 지역의 사실 모으기 데이터, 상품 구성 방침을 월별 성격 설정 그래프에 집어 넣는다.
② 점포 근거한 월별, 주별 판매계획을 세운다.
③ 월간/ 주간/ 일별 판매 중점상품을 부문별로 계획한다.
㉠ 월간 중점 판매 계획서
㉡ 주간 중점 판매 계획서

❙그림 1-7❙ 중점 판매 상품 결정

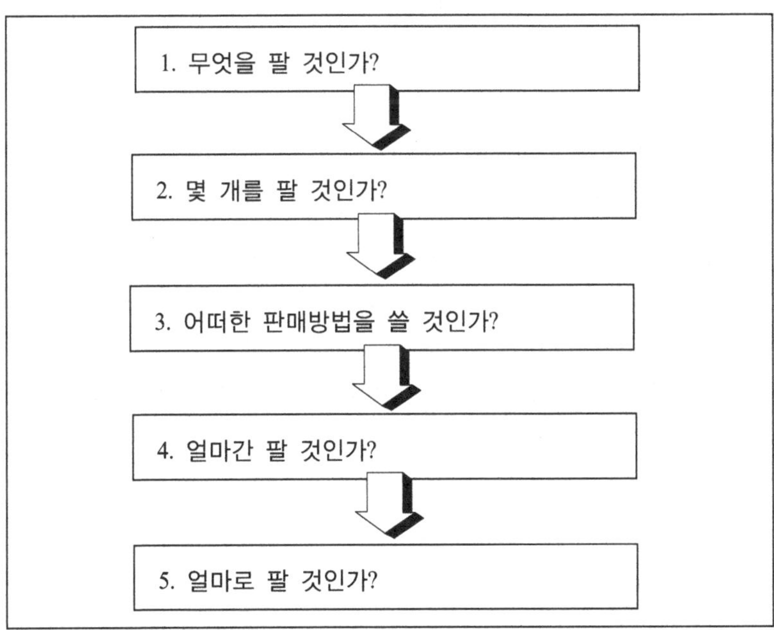

(5) 시스템 구축

① 합리적 물류 시스템을 구축하고 타 부문과 연계한다.
② 자동 발주 시스템이나 발주 규칙 등을 만든다.
③ 매장 담당 레벨에서 정확한 단품 데이터를 파악하여 상품 구성 개선, 발주, 예측에 활용되는 시스템화를 도모한다.
④ 백룸(B/R) 재고를 줄이는 재고관리 시스템을 구축한다. 백룸(B/R) 레이아웃을 확정하여 운용 규칙을 만든다.
⑤ 상품 발주시 필요한 발주 매뉴얼을 확정한다.

(6) 인재 육성

① 점포 성격 정립, 레이아웃에 필요한 기술을 리스트 업 한다.
② 개점 목적 및 개장 목적과 콘셉트를 사원 한 사람 한사람에게 모두 교육하고 모럴 업, 접객 서비스 레벨 향상을 도모한다.
③ 개점·개장 전개 기술을 습득하게 한다.

(7) 배송 센터

① 배송 센터가 지녀야 할 기능의 리스트 업을 이 프로젝트를 통해서 낸다.
② 검수, 백룸(B/R) 활용 규칙화를 도모한다.

5) 점포 성격 만들기

점포 콘셉트 만들기 첫째는 경영이념이다. 일반적으로 대다수 소매 기업의 경영이념은「즐겁고 쾌적한 쇼핑장소」를 제공하는 것이다. 그러므로 신규 점포에는 근거지인 지역주민을 위한「즐겁고 쾌적한 쇼핑」광장이 되고 싶다고 하는 경영 꿈이 표현되어야 한다. 더불어 안락한 소비생활을 저해하고 있는 그「무엇인가?」로부터 벗어나게 해야 한다. 그래서 지역 고객들에게 친근함을 줄 수 있는「지역밀착형 점포」로 만들고 싶다면 '지역밀착형 점포'를 전개하려고 하는 경영자와 점포 구성원의 꿈이 되어야 하는 것이다. 이렇게 하기 위해서는 지역에서의 철저한 사실 모으기와 각종 조사를 하여야 한다.

6) 점포 콘셉트 확립

점포 성격 만들기를 거쳐 다음은 이것을 근거로 하여 이렇게 되고 싶다고 하는 점포

꿈과 구상을 그린다.

① 식생활이나 생활양식
② 역사, 기후, 온도
③ 옷차림, 컬러 이미지
④ 고객 요구 및 사원이 낸 아이디어, 제안 등을 반영한다.

이상을 다시금 구체적으로 종합하여 정리하면 다음과 같다.

① 지역사회의 맛, 생활을 소중히 여기는 점포로 만들고 싶다.
② 건강유지에 도움이 되는 재료나 정보를 제공하는 점포로 하고 싶다.
③ 손수 맛있게 만들어 먹을 수 있는 요리 소재를 파는 점포가 되고 싶다.
④ 제철 계절의 맛을 언제나 맛 볼 수 있는 점포로 만들고 싶다.
⑤ 생활 정보나 생활 지혜가 매장에 넘쳐흐르는 점포로 만들고 싶다.

앞에서 언급했듯이 점포 콘셉트 확립은 몇 가지 예비 콘셉트를 수립한 다음 이를 수집한 사실 모으기에 입각하여 분석 평가한 후에 최종적으로 점포 콘셉트를 확립하는 것이다. 그리고 점포 콘셉트 설정과 평가도구는 점포 이미지를 분별하는 척도로써 주로 점포시설, 고객 점포 접근 시 편의성, 제공되는 상품, 가격, 점포 종업원, 전단광고, 점포에 대한 설문조사 및 고객 구매행동을 조사하여 이를 구체적으로 분석·평가하는 역할을 하게 되는 것이다.

7) 점포 개발을 위한 조직 만들기

다음으로 점포 콘셉트가 최종적으로 설정되면 점포를 운영할 수 있는 구체적 조직을 구성한다. 이 같은 조직은 점포 생산성 향상을 위한 스케줄 관리와 예산 관리를 중심으로 다음과 같이 구성되고 그에 적합한 인적 자원을 투입한다.

▌표 1-5▐ 점포 개발을 위한 조직계획

계획 부문	적합한 인원 구성 내용
상품 구색 계획	판매 담당자, 구매 담당자
V.M.D 계획	매장 담당자(디스플레이, 코디네이터, 레코레이터)
V.I 계획	홍보 담당자(다자이너, 카피라이터, 인쇄업자)
접객 서비스 담당자	판매원, 판매원 교육 담당자
점포 관리 담당자	설비 담당자(점포 디자이너, 시공회사 집기, 설비업자)
판촉 담당자	담당자(SP업자, 이벤트 업자)

제1장 소비자 소매점 선택 행동 연습문제

1. 점포 선택 의사결정과 의사결정 과정에 대해서 논의하시오.

- 점포 선택 의사결정

  소비자들이 상품 구매 시 브랜드를 선택할 때도 의사결정 과정을 거치게 된다. 브랜드 선택 의사결정과 점포 선택 의사결정을 비교하면 모두 선택 의사결정이라는 측면에서 같지만 선택 대상이 다르므로 다른 측면도 있다. 소비자들이 소매점 선택 시 고려하는 요소로 가격 및 품질을 비교한 상품 가치, 판매원 친절 등 고객 서비스, 다양한 상품 구색, 점포 분위기 시설 등 쇼핑 편의성, 점포 이미지, 세일 광고와 판매촉진, 정보 획득과 만남 교류 등 여러 요인을 고려한다.

- 점포 선택 의사결정 과정

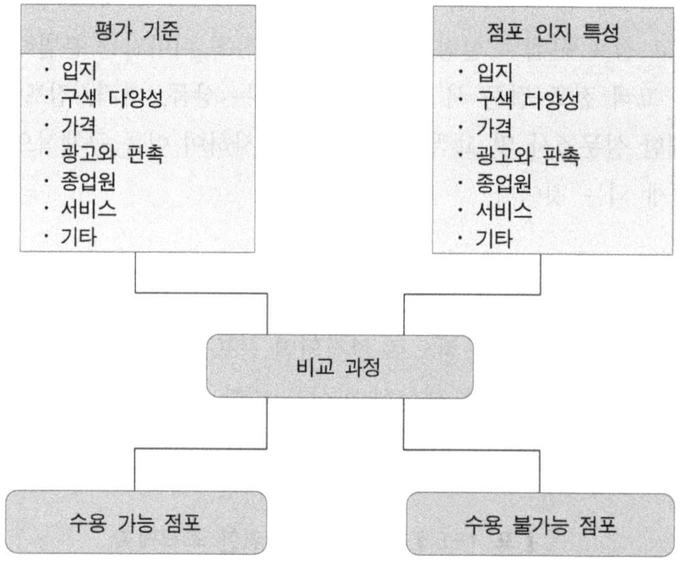

점포 선택은 소매점 마케팅 전략과 소비자 개인적, 상황적 특성의 상호작용이라 할 수 있다. 점포 선택 의사결정 과정은 개념적으로 소비자가 가지고 있는 점포에 대한 어떠한 평가 기준과 특정 점포에 대한 지각된 특성 간 비교를 의미한다. 여기서 평가 기준은 점포의 다양한 측면에 관한 소비자 요구 기대를 의미한다. 결국, 소비자는 자신이 가진 평가적 기준과 점포에 대한 지각된 특성을 서로 비교하여 상품 구매를 위한 소매점을 선택한다.

2. 다속성 모형에 관해 설명하시오.

3. 소비자 관여도에 관해 설명하시오.

4. 다음 용어에 관해 설명하시오.

- 유인 효과
- 점포 충성도
- 라이프 스타일

소매점 창업

제1절 창업자 정신

1. 창업자 정신

1) 창업

창업은 사업을 처음으로 시작하는 것 또는 사업 토대를 만드는 것으로 설명된다. 창업은 창업자가 특정한 창업 구상을 가지고 자본을 투자하여 고객 욕구를 충족시키는 상품과 서비스를 창출하는 사업을 시작하는 것이라 할 수 있다.

2) 창업 요소

(1) 창업자

① 기술적 자질: 경험, 교육, 훈련으로 지식, 방법, 기술, 장비를 이용할 수 있는 능력
② 인간적 자질: 구성원에게 동기를 부여하고 리더십을 발휘하는 능력
③ 경영 능력: 환경과 현상을 파악하고 대처하는 능력

(2) 창업 자금

① 사업 규모에 맞는 자금
② 적절한 부채 의존도

(3) 창업 아이템

① 성장 가능성

② 경험과 특성을 활용한 업종

(4) 사업장

① 상권/입지 조화

② 경쟁 관계 파악

3) 창업자 정신

창업자 정신은 창의성과 추진력을 겸비한 무에서 유의 가치를 창조하는 행위라고 정의되기도 한다. 슘페터(Joseph A. Schumpter)는 기업 발전과 경제 발전 원인을 내부로부터 기존 시스템을 혁신하는 창조적 파괴 과정으로 정의하고 기업가가 창조적인 파괴의 과정에 주도적인 역할을 수행하는 것으로 보았다. 기업가는 신상품 개발, 새로운 시스템 채택, 새로운 시장개척, 새로운 협력업체 확보, 독점적 경쟁체제 구축 등을 통하여 새로운 경쟁과 부 창출을 주도적으로 한다고 하였다.

가트너(William B. Gartner)는 델파이(Delphi)법으로 학자, 기업가 등 전문가 조사를 실시하여 창업가 정신을 연구하였다. 연구 결과 창업자 정신은 창조적 기업가, 혁신, 가치 창출, 이익 추구, 성장성, 차별성, 창업자와 경영자 등의 결합으로 요약된다. 창업은 불확실성 환경에서 의사결정이라는 점과 인적, 물적 자원의 투자에 따른 위험이 동반된다는 점에서 모험적 창업자 정신이 요구된다. 창업은 창업 사업가, 사업기회 인지, 필요자원 동원, 그리고 실질적 창업 추진이라는 필수적인 요소 결합에 의해서 실행되는 것이라 할 수 있다.

돌린저(Dollinger)는 창업자 정신이 무엇인지에 관하여 논의하는 것은 무의미하고 추상적이지만 기업가는 세 가지 공통된 특성을 가지고 있다고 하였다. 하나는 창의성과 혁신성 그리고 자원 조달, 경제적 조직 결성 마지막으로 위험과 불확실성 가운데서 이익을 창출하거나 증대시키는 것이다. 즉 기업가는 창의성과, 경제적 조직, 위험과 불확실성으로 요약된다고 하였다(한국벤처창업학회, 2012). 창업은 여러 불확실성 환경에서 의사결정이라는 측면과 인적, 물적 자원 투자에 따른 리스크가 동반된다는 측면에서 모험적 창업자 정신이 요구되는 특징이 있다. 창업은 창업 기업가, 사업기회 인식, 필요자원 동원, 그리고 실질적 창업 실행이라는 필수 요소들의 결합에 의하여 추진된다고 할 수 있다.

(1) 창업자 정신 구성요소

① 도전정신
② 전문성
③ 윤리성
④ 주도적 리더십
⑤ 위기관리
⑥ 승부근성
⑦ 친화력
⑧ 사회적 책임
⑨ 신속한 결단력
⑩ 구성원에 대한 강한 신념

(2) 창업자 역할

① 경제기여
② 고용창출
③ 혁신창조

2. 미션과 비전

사업비전은 개인이나 집단이 지속적으로 성장과 발전하는데 필요한 중요한 목표를 세우고 경쟁력을 강조하는 나침판과 같은 사업에 대한 방향성을 의미한다.

1) 미션

조직이나 개인의 존재 이유를 알려주는 기능을 한다. 조직 구성원들에게 조직 존재 필요성에 대한 신념을 갖게 한다. 그리하여 조직 외부인들에게 이 조직이 필요하다는 인식을 심어줌으로써 지원을 얻어낸다.

2) 미션 사례

(1) HP

인류 발전과 복지에 기술적으로 기여하는 것

(2) Mckinsey

기업과 정부가 보다 더 성공적이도록 도움을 주는 것

(3) Wal-Mart

일반 대중들에게 부자들과 똑같은 물건을 살 기회를 제공하는 것

(4) Walt Disney

사람들을 행복하게 하는 것

3) 비전 기능

비전은 미래상이며 구성원과 함께 공유할 미래 꿈과 희망이다.

(1) 비전은 나아갈 방향에 대한 가장 강력한 커뮤니케이션이다.

(2) 비전은 미래상을 중심으로 힘을 결집한다.

(3) 비전은 활력을 불어넣어준다.

(4) 비전은 성공적 변화를 창출하는 원동력이다.

(5) 비전은 현실에 안주하지 않고 도전을 가능하게 한다.

4) 비전 설정 시 고려사항

(1) 상상 가능성

성공 시점의 큰 그림을 나타낼 수 있어야 한다.

(2) 바람직성

이해관계자의 장기적 관심사에 호소할 수 있어야 한다.

(3) 가시성

현실적이고 도달 가능한 목표를 내포하고 있어야 한다.

(4) 집중성

의사결정의 명확한 지침으로 제공될 수 있어야 한다.

(5) 유연성

개인 노력을 충분히 허용하여야 한다.

(6) 전달성

최대 3분 이내에 쉽게 전달될 수 있어야 한다.

5) 비전 설정

(1) WANT/HAVE 매트릭스 작성

비전 설정에 앞서 원하는 것과 가지고 있는 것에 대한 매트릭스 작성을 통하여 현상을 분석하는 것이 필요하다. 점포 창업 시 이미 가지고 있는 것(want & have)과 원하지만 아직 가지고 있지 않는 것이 있다(want & don't have). 그리고 원하지 않는데도 이미 가지고 있는 것(don't want&have)과 원하지도 않고 갖고 있지도 않은 것도 있다(don't want & don't have). 이러한 것들을 하나의 표로 작성해보고 창업 시 의사결정 방향을 설정하는 것이 매우 유용하다.

▌그림 2-1▐ WANT/HAVE 매트릭스

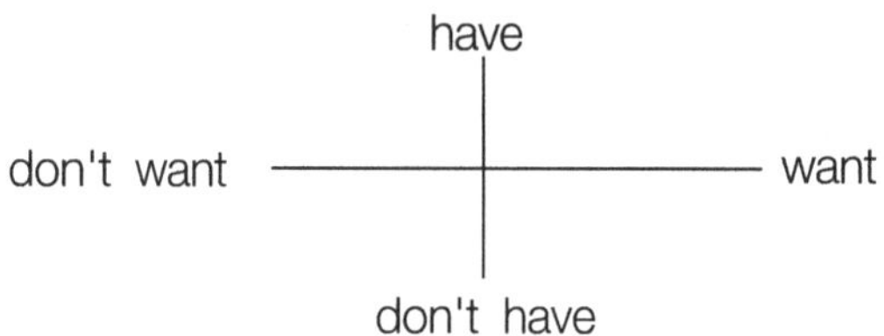

(2) 비전 설정

비전은 3~5년에 달성 가능한 장기 전략으로 이해하고 수립 공유하여 추진해야 한다.

▌표 2-1▐ 비전 설정

항목	구성요소	비고
시한	- 비전 달성일 예: 2021년 12월 31일	- 타당성과 명확한 기한 설정
목적	- 꿈, 구성원에게 강력한 영향력, 궁극적 목표를 이해 가능하도록 설정	- 성취감, 자부심 느끼는 비전 - 미션과 연계되고 실현하고 싶은 가치 함축
계량적 목표	- 점포 경영매출액 000 달성 (월평균 매출 및 수익) - 출점 점포 00점 달성 - 구성원 수 000명	- 현재와 미래 연결 - 미션과 연계되는 계량적 목표

(3) 미션과 창업

우리가 무엇을 하고 싶은가? 혹은 자신이 가장 잘할 수 있는 것은 무슨 일인가? 이러한 질문을 스스로에게 하면서 인생의 장기적인 목표와 그에 어울리는 직업과 일을 선택하는 것이 중요하다. 장기적인 목표를 달성하기 위하여 20대, 30대에는 그리고 50대에는 어떤 일을 할 것인가를 10년 주기로 장기적 계획을 수립하고 실천하는 것이 필요하다. 이러한 장기적 목표인 비전이 있어야 1년의 목표도 설정되고 월간 주간 계획도 수립되는 것이다.

3. 상인 정신

1) 상인

상인이란 형식적으로는 기업의 법률관계에서 발생하는 권리 의무의 귀속 주체를 말하고 실질적으로는 기업 활동을 영위하는 주체라고 할 수 있다. 기업은 그 자체로는 권리능력이 없으므로 기업관계에서의 권리 의무 귀속 주체를 결정해야 하는데 그 주체로서 형식적의미의 상인 개념이 필요하게 된다.

(1) 당연 상인

자기명의로 상행위를 하는 자를 당연 상인이라 한다(상법 제4조).

① 자기명의

자기가 그 상행위에서 생기는 권리 의무의 귀속 주체가 된다는 의미이다. 이는 자기가 손익 귀속의 주체가 된다는 의미로 사용되는 자기 계산과는 구별되는 개념이다.

② 상행위

법률상 상행위라고 규정되어 있는 것을 말하는데 여기에는 상법 제46조에 열거되어 있는 기본적 상행위와 신탁법 또는 담보부 사채 신탁법에 규정되어 있는 특별법상의 상행위가 있다. 그중 기본적 상행위가 중요한데 그 개념 요소로는 영업성과 기업성이 요구된다. 영업성이란 영리를 목적으로 동종 행위를 반복하는 것을 의미하며 이는 다시 영리성, 계속성, 그리고 영업의사의 대외적 인식 가능성 등 세 가지 요소로 구성된다. 또한 영업성이 인정되는 경우에도 오로지 임금을 받을 목적으로 물건을 제조하거나 노무에 종사하는 행위는 기업성이 없어 상행위로 인정되지 아니한다.

(2) 의제 상인

의제 상인이란 상인적 설비와 상인적 방법을 개념 요소로 하여 정의되는 상인을 말한다. 상법과 특별법(신탁법, 담보부 사채 신탁법)에는 기본적 상행위를 비롯하여 상행위의 내용이 한정적으로 열거되어 있기 때문에 당연 상인 개념만으로는 발전하는 기업법률관계에 적응하지 못할 우려가 있다. 이런 점에서 상인 범위, 나아가 상법 적용범위를 확대하기 위하여 의제 상인 개념이 필요한 것이다. 상법상 의제 상인으로는 설비 상인과 민사 회사가 있다. 유의할 것은 의제 상인이 되기 위해서는 법률상 상행위로 열거되지 않은 행위를 하되 반드시 이를 영업으로 하여야 한다는 점이다.

(3) 소상인

자본금이 1,000만 원 미만인 상인으로서 회사가 아닌 자를 소상인이라 한다(상법시행규칙 2조). 여기서의 자본금은 회사법상의 자본금과는 달리 단순히 영업재산의 현재 가격을 뜻하는 것으로 보아야 할 것이다. 소상인에 대해서는 지배인, 상호, 상업 장부, 상업등기에 관한 상법규정을 적용하지 않는데 이는 소상인의 영업규모에 비추어 볼 때 이러한 규정 적용을 강제하는 것이 타당하지 않기 때문이다. 상법 제9조에서 적용하지 아니한다는 것은 소상인이 그러한 제도를 이용하지 못한다는 것이 아니라 소상인이 이를 이용할 의무가 없고 설령 이를 이용할 경우에도 상법상 보호를 받지 못한다는 의미이다.

(4) 소상공인

소상공인은 제조업, 건설업, 운수업, 도·소매업 및 그 밖의 서비스업을 소규모로 영위하는 개인 또는 기업으로 정의하고 있다. 소상공인이라는 용어는 중소벤처기업청이 1999년 2월 소상공인지원센터를 설립하면서부터 널리 사용되기 시작했다. 특히 2000년에 제정된 소기업 및 소상공인 지원을 위한 특별조치법에 소기업을 소기업 및 소상공인으로 하고 생산 활동을 기업 활동으로 한다고 규정하였다. 소상공인 적용 기준으로 업종별 상시 근로자수가 다음에 해당하는 경우로 하였다.

① 광업, 제조업, 건설업, 운수업을 주된 업종으로 하는 경우에는 상시 근로자 수가 10인 미만

② 상기 이외 업종 경우에는 상시 근로자 수가 5인 미만

이상과 같이 법에서는 소상공인을 광업, 제조업, 건설업 및 운수업 경우 상시 근로자 10인 미만, 개인서비스업, 숙박 및 음식업, 부동산, 임대 및 사업서비스업, 도·소매업, 교육서비스업 등 업종은 상시 근로자 5인 미만 사업자를 소상공인이라 정의하였다.

▌표 2-2▌소상공인 영위 업종

업종	대상 업종
개인 서비스업	세탁소, 미용실, 목욕탕, 게임방, 비디오대여점, 기원 등
숙박 및 음식점업	여관, 음식점, 제과점, 커피전문점, 아이스크림점 등
운수, 창고 및 통신업	여행사, 보관 및 창고업, 주차장 운영, 부가통신업 등
자동차 수리업	카센터, 자동차 정비업소 등
부동산 임대 및 사업서비스	부동산 중개업소, 부동산 임대업, 장비 임대업, 소프트웨어 개발 및 공급업, 자료 처리업, 변리사, 세무사 등
교육서비스업	음악학원, 입시학원, 보습학원, 체육관 등
도·소매업	슈퍼마켓, 음식료품 및 담배소매업, 양곡상, 정육점, 어물점, 화장품점, 청과상, 의류, 문구점, 신발소매점, 꽃집, 서점, 음반 및 테이프 소매점
소규모 제조업, 건설업, 광업, 운송업 등	

자료: 소상공인시장진흥공단

2) 동료애

고객은 사업 기반으로 고객 만족이 중요하다. 하지만 동료를 만족시키지 않고 고객을 만족시키기는 어렵다. 고객을 대하는 것보다 더 사랑을 담아서 종업원을 대하고 근무조건을 충족시키면 자연스럽게 일에 대한 의욕도 생기고 고객을 위해서 일하게 된다.

3) 상인 근성

미래는 경쟁이 계속 치열해질 것이며 경쟁 속에서 발전하느냐 쇠퇴하느냐는 마음가짐에 달려 있다. 생존하기 위해서는 효과적이고 효율적으로 일을 해야 하며 이것이 바로 발전으로 이루어진다. 환경과 기술 변화 및 고객 라이프 스타일 변화에 주목하고 유연하게 대응하여 고객 욕구를 파악하고 발굴하기 위해 노력해야 한다. 적극적 도전정신을 발휘하고 기본에 충실하여 방침을 결정하고 실행하는 시스템을 유지하는 근성이 필요하다.

제2절 창업 형태

1. 창업방법

1) 창업 아이템 탐색

(1) 경험, 관심, 흥미

(2) 사업자 및 경험자 면접

(3) 유통업체 탐방

(4) 시장조사(국내, 해외)

(5) 언론매체 조사

(6) 창업지원/강좌 참석

(7) 지인 추천

(8) 트렌드 조사

2) 창업 아이템 선정

(1) 업태별 창업 점유율 분석

① 창업 아이템 분류
② 창업자 연령, 종사자 수 분석
③ 자금조달 분석

(2) 창업 업종 선정 원칙

① 수익중심 창업
② 창업자 역량중심 접근
③ 투자 전 안정성, 성장성 점검
④ 투자대비 수익성 점검

⑤ 창업업종 목표고객과 정체성 분석(경쟁력)
⑥ 창업업종 스크린

(3) 창업업종 스크린 방법

① 업종과 창업자 적합성을 검토한다.
② 업종 전문성, 인력지원, 자금조달 방안을 검토한다.
③ 업종 시장성과 경쟁성을 검토한다.
④ 업종 시장규모, 소비자 유형을 분석한다.
⑤ 업종 안정성과 수익성을 검토한다.
⑥ 매출구조, 투자금 회수율, 수익구조를 검토한다.
⑦ 지인, 전문가 의견을 듣는다.
⑧ 창업자 의지를 분석한다.
⑨ 창업 업종의 전반적 호감도를 평가한다.
⑩ 목표고객을 대상으로 고객 분석을 한다.

3) 소매점 창업 방법

표 2-3 소매점 창업 방법

구분	방법
소유	자가 점포/임차 점포
창업 형태	신규 점포 개설/기존점 인수
구입방법	부동산/경매/교환
운영	직접 운영/프랜차이즈 점포 창업
업종	슈퍼마켓/편의점 등

4) 창업 절차

창업은 여러 경영자원을 수익 창출이 가능한 형태로 결합함으로써 완성되는 것이다. 예비 창업자는 자신이 창업하기에 적합한가를 판단하고 사업계획을 수립하여 인적 물적 자원을 조달하고 창업을 실시한다. 이러한 창업과정을 소매점 중심으로 간략하게 도식화하면 [그림 2-2] 소매점 창업 프로세스와 같다.

| 그림 2-2 | 소매점 창업 프로세스

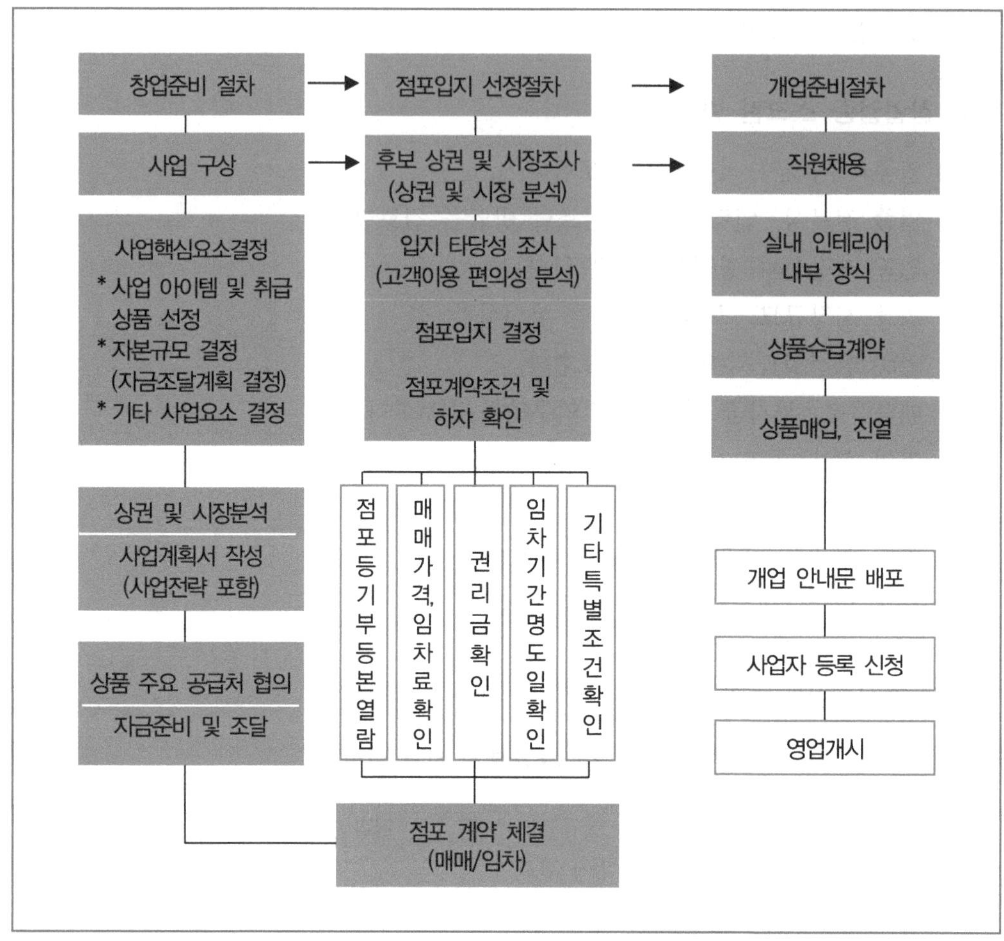

자료: 중소벤처기업부

2. 인수합병(M&A)

인수합병(M&A)은 기업의 매수, 합병으로 매수는 경영권을 포함한 다른 기업의 기업 주식지분을 인수 또는 자산과 영업권의 양수를 말하고 합병은 두 개 이상의 기업이 하나의 기업으로 통합되는 상법상의 법률행위를 말한다.

인수합병은 거래형태, 목적, 대상에 따라 여러 가지 형태로 구분될 수 있지만 통상적으로 인수, 합병, 전략적 제휴로 구분한다.

1) 매수 형태

인수 대상, 목적, 결제 수단 등에 의해서 구분될 수 있다.

❙ 표 2-4 ❙ 매수 형태

구분	형태	내용
매수 대상	주식매수	구주매수 - 대주주 소유주식 매수 신주인수 - 제3자 배정방식 신주 인수
	자산매수	영업양수 - 영업전부 또는 일부 매수 자산매수 - 매장, 건물 등 매수
매수 목적	수평적 결합 수직 계열화 사업 다각화	경쟁관계의 동업종 기업 인수 전후방 사업에 속하는 기업 인수 신규 사업 진출
교섭 목적	교섭목적 공개매수	대상 기업의 개별 교섭에 의한 M&A 불특정 다수 주주를 대상으로 대량매수
거래 의사	우호적 매수	수의계약은 1:1 협상에 의한 거래 공매는 다수의 매수자 대상의 경쟁 매매
	적대적 매수	공개 매수 위임장 대결 시장 매집
결제 수단	현금매수 주식교환 LBO	매수 대금 현금 지불 주식 교환에 의한 경영권 확보 대상 기업의 담보력을 이용한 차입으로 자금조달
매수 지역 주체	국내 해외	국내 기업 국내 기업의 외국 기업 인수 외국 기업의 국내 기업 인수

자료: 한국벤처창업학회(2012)

2) 합병형태

(1) 합병

두 개 이상의 사업자가 합병계약에 의하여 합쳐지는 것을 의미하고 두 개 이상 법인격이 하나로 통합되는 것을 의미한다. 흡수합병은 다른 회사를 흡수 합병하는 것이고 신설합병은 대상이 되는 회사가 폐업하고 새로운 회사로 합병하는 것이다.

(2) 영업 양수도

영업의 전부 또는 일부를 영업의 동질성을 유지하면서 포괄적으로 이전되는 것을 말한다.

(3) 자산 인수

다른 기업 자산을 계약을 통하여 자산이나 부채만을 매입하는 방식으로 제3자에 대한 채무나 기존의 종업원과는 관계가 없다.

(4) 주식 인수

주식 인수는 인수 대상 기업 자체를 인수하는 것으로 제3자에 대한 기존의 권리 의무 관계를 모두 승계하는 인수 방식으로 고용된 종업원도 당연히 승계하게 된다.

3) 전략적 제휴

(1) 합작 기업

(2) 지분 참여

(3) 업무 제휴

기술, 생산, 마케팅, 영업 업무 제휴

3. 협동조합 설립

1) 협동조합

협동조합은 공동으로 소유하고 민주적으로 운영되는 기업을 통해 경제적, 사회·문화적 필요와 욕구를 충족하기 위해 자발적으로 모인 단체이다(국제협동조합연맹의 협동조합 정체성 선언문, 1995). 협동조합은 이용자가 소유하고 통제하며 이용규모를 기준으로 이익을 배분하는 사업체이다. 위의 정의에 따라 협동조합과 주식회사로 대표되는 자본주의 기업 차이점을 정리하면 아래와 같다.

첫째, 목적이 다르다. 협동조합은 조합원인 이용자가 소유하는 기업이고, 조합원 공동의 편익을 충족하는 것이 목적이다. 반면 주식회사는 투자자가 소유하는 기업이고, 자본을 투자한 주주의 이익을 극대화하는 것이 목적이다. 협동조합은 시장에서 사업을 영위한다는 점에서 협회조직과도 명확하게 구별된다.

둘째, 자본이 아니라 사람에 의해 조직이 통제된다. 주식회사의 1주 1표와 달리 협동조합은 1인 1표다. 1인 1표는 협동조합이 소수 주주가 아니라 조합원 공동의 욕구에 부응하게 하는 장치다.

셋째, 사업이익의 배당이 다르다. 협동조합은 조합원이 사업을 이용한 실적에 비례하여 잉여금을 배당한다. 주식회사처럼 보유 지분이 많은 사람이 배당을 가져가지 않는다. 예를 들어, 소비자 협동조합에서 조합원 A가 1,000만 원의 물건을 구입하고 B 조합원이 100만 원의 물건을 구입했다면, A의 연말 배당액은 B의 10배가 된다. 두 조합원의 출자액과 배당액은 전혀 무관하다.

2) 협동조합 7대 원칙(ICA, 1995)

(1) 자발적이고 개방적 가입

협동조합은 자발적인 조직이자 기업으로서, 조합의 서비스를 이용할 수 있고 조합원의 책임을 다할 의지가 있는 모든 사람에게 성, 사회, 인종, 정치 및 종교의 차별 없이 열려있다.

(2) 조합원에 의한 민주적 통제

주주의 투표권이 보유지분에 따라 정해지는 주식회사와 달리, 협동조합운동은 어떤 단계에서도 1인 1표를 규칙으로 채택한다.

(3) 조합원 경제적 참여

조합원은 똑같은 규모는 아니라도 공평하게 협동조합의 자본에 참여하며 그 자본을 민주적으로 통제한다.

(4) 자율과 독립

협동조합은 조합원에 의해 통제되는 자율적이고 자조적인 조직이다.

(5) 교육, 훈련 및 홍보

협동조합은 조합원, 선출된 대표자, 경영관리자, 조합 직원에 대해 적절한 교육과 훈련을 제공한다.

(6) 협동조합간 협력

협동조합 활동은 자기조직 내부로 국한하지 않는다. 협동조합은 지방, 국가 및 지역, 세계 차원에서 서로 협력함으로써 조합원에게 가장 효과적으로 봉사하고 협동조합 운동의 힘을 강화한다.

(7) 지역사회 기여

맨체스터 총회에서 추가된 새로운 원칙이다. 협동조합은 조합원 동의를 얻어 조합이 속한 지역사회의 지속 가능한 발전을 위해 노력한다.

3) 협동조합 장점

협동조합 장점에는 10가지 정도로서 협동조합 시장 크기와 강도, 조합원끼리의 아이디어 공유, 독특한 비영리 조직구조, 회원의 협동조합 소유와 통제, 다른 협동조합과의 협업이 가능한 유연한 구조, 회원책임을 제한, 이용고 배분의 자본증식구조, 순수한 이용수익 배분의 세금공제, 다른 협동조합 단체의 네트워크를 이용, 긍정적 공공이미지를 들 수 있다(최인식, 2012).

▌표 2-5▐ 협동조합 이점

항목	주요내용
시장 크기와 강도	협동조합은 회원 수에 따라 규모를 증가시키고 시장에서 힘을 가진다. 이를 통한 구매 및 판매, 서비스 그리고 가격에서 우위를 가져온다.
아이디어 공유	협동조합 회원은 아이디어를 공유하고, 공통의 경제적 이익을 개선할 수 있는 방법을 개발한다.
비영리 조직	협동조합은 회원의 회비로 움직이는 일종의 비영리단체로서 매 회계연도 말에, 그들이 한 해 동한 수행한 사업의 양에 따라 회원들에게 이용적립을 돌려준다.
회원소유와 통제	협동조합의 구성원은 조직상 회원들에 의해 소유되고 관리 된다. 회원은 대체로 이사회에 가입하고 대부분 이사회 회원들은 조직의 구성원이어야 한다.
유연한 구조	협동조합은 다른 사업의 요구사항을 충족하기 위해 구성할 수 있다. 예를 들어, 협동조합은 여러 다른 기업연합들을 운영하거나 서로 다른 그룹의 상품시장 출시 또는 구매 할당을 할 수 있다. 이러한 단위 사업은, 협동조합 활동의 전부는 아니지만, 일부 참가하는 회원들에게 시용비용을 공정하고 정직하게 할당한다.
유한책임	다른 기업과 마찬가지로, 협동조합은 기업 채무를 위해서 회원의 책임을 제한한다.
독특한 자본증식 구조	협동조합은 “이용고 수입 또한 이용고 배분, 이용고 배당금”의 분배를 통해 자본을 마련할 수 있는 독특한 방법을 사용한다. 오히려 주식에 대한 배당금 지불보다, 협동조합은 회원이 조합원의 실제 사용에 대한 이용배당을 지급한다.
세금공제	협동조합은 기업의 법인세를 지불하지 않고 매년의 순수한 이용수익을 분배할 수 있는 특별공제(이용배당공제)를 취하고 있다.
협동조합 이용서비스	협동조합은 국립협동조합은행과 기타 다른 금융기관 그리고 전국협동조합사업회와 같은 다른 협동조합단체의 네트워크를 이용하여 특별자금조달, 옵션혜택, 유용한 정보지원, 전문가와 보험프로그램을 제공한다. 또한 전국협동조합회계협회의 전문가를 통해 개인 회원의 협동조합세금, 회계, 금융 문제를 지속적 제공한다.
긍정적 공공이미지	협동조합은 오랜 역사를 가지고 있기 때문에 이용자를 위한 긍정적인 결과는 프랜차이즈 가맹사업의 잠재고객에게 도움이 된다.

4) 협동조합 사례(던킨도너츠)

원래 던킨(dunkin)이라는 말은 우리말로 “적시다” 즉 과자나 빵을 적셔 먹는다는

의미로서 던킨도너츠를 던킨커피에 DUNK하여 먹는다는 의미가 있으며 이는 던킨도너츠가 던킨커피와 어우러져 먹을 때 가장 제 맛을 느낄 수 있다는 것을 뜻한다. 한 손에 도넛, 다른 한 손에 커피를 들고 길가나 벤치로 향하는 모습이나 유리창 너머로 커피한잔과 도넛을 즐기는 사람들의 풍경은 이제 자연스러움을 넘어 익숙할 정도가 되었다.

던킨도너츠의 창업자 빌 로젠버그는 2차 세계대전 중 노동자들에게 간편한 음식을 제공하기 위한 필요성을 느꼈고 5,000달러를 투자해 1946년 경 노동자들을 위해 새로운 점심 메뉴와 커피를 서비스하게 되었다. 당시 던킨커피의 가격은 일반커피의 가격보다 두 배 가량 비쌌지만 전체 매출의 40% 이상이 도넛과 커피였을 정도로 고객들이 질 좋은 던킨커피를 선호했던 것이다. 사업 확장을 통해 1963년에는 100개의 점포에서 천만 불의 매출을 기록했고 1970년에는 일본에 1호점을 개점하였다. 2000년도에 창립 50주년과 더불어 5,000번째 매장을 인도네시아 발리에 오픈하는 등 세계 최고의 도넛과 커피브랜드로 세력을 확장하였다.

이러한 던킨 성공전략 중 하나가 최적의 협동조합 솔루션 개발이었다. 1972년 세계 작물의 공급 감소로 세 가지 중요한 상품(밀가루, 설탕, 그리고 식용유)의 가격이 2년 사이에 200%에서 400%로 급등하였다. 또한 아랍의 석유 수출금지는 에너지 가격을 두 배로 증가시켰다. 심각한 자원부족의 원인은 종이 그리고 플라스틱 상품의 가격이 급격하게 올랐다. 더불어 매장의 운영비는 높아가고, 판매는 감소하는 현실에서 던킨도너츠 경영진은 가맹점의 순 이익을 강화하기 위해 상품들의 다양한 단기선물거래 아이디어 개발과 가맹점과 제조업체 사이의 장기계약을 설정하기 위해 프랜차이즈 구매협동조합을 설립하였다. 이것을 유통실행프로그램(Distribution Commitment Program)이라 하였다. 그러나 제조업체들은 가맹점과의 장기계약의 거래서명을 요구할 수 없었고, 600여 개의 분리된 가맹점과의 협력에 따른 위험감수를 제조업체들은 원하지 않았다. 따라서 던킨도너츠 경영진은 이 선물시장에서 최선의 선택이 프랜차이즈 협동조합이라는 것을 깨달았다.

1980년대 이후 던킨도너츠 협동조합구조는 프랜차이즈 중에서 가장 성공적이었다. 예를 들어 1997년에 3~10개의 가맹점들이 그룹단위를 형성하여 평소 개별적으로 제과 및 제빵을 만들던 것을 그룹단위로 독립적인 부방협동조합을 만들어 제과 및 제빵 공급 및 매장에 직접 배달서비스를 제공하였다. 그리고 던킨도너츠는 주방협동조합 설립을 적극적으로 돕고 가맹점들이 그룹단위별 협동조합 설립에 필요한 자본도 추가로 대출지원을 하였다.

5) 협동조합 설립

협동조합기본법 제정(2012년 12월 1일) 의의를 하나의 문구로 표현하면 "자유로운 설립"이라고 할 수 있다. 자유로운 설립은 아래와 같이 세 가지 측면에서 설명된다.

첫째, 협동조합 설립 분야가 대폭 늘어났다. 지금까지는 1차 산업 및 금융, 소비 부분에서 제한적으로 협동조합을 설립할 수 있었다. 하지만 이제는 금융 및 보험업이외의 모든 업종에서 협동조합을 설립할 수 있게 됐다.

둘째, 협동조합 설립기준이 대폭 낮아졌다. 기존에 설립 가능했던 협동조합도 조합원이나 출자금 등의 설립기준이 높아 자유로운 설립이 어려웠다. 그러나 이제는 출자금 규모에 상관없이 다섯 명만 모이면 협동조합을 설립할 수 있다. 또한 주무부처의 인가 없이 신고만으로도 설립이 가능하게 했다.

셋째, 사회적 협동조합을 설립할 수 있게 됐다. 사회적 협동조합은 세계협동조합의 역사에서도 비교적 최근에 발달한 협동조합으로, 조합원의 편익보다 사회적 목적 실현을 우선시하고, 생산자·노동자·소비자·후원자 등 다양한 이해관계자로 구성된다. 사회적 협동조합은 취약계층에 대한 사회서비스 또는 일자리 제공, 지역사회의 공헌활동을 수행하도록 되어있다.

협동조합기본법 제정으로 인해 협동조합은 앞으로 더욱 활성화할 것이다. 하지만 우리나라는 이미 세계 10위를 내다보는 경제규모로 성장한 나라기 때문에, 저개발 단계에서 협동조합을 했던 선진 협동조합과 같은 발전경로를 따라가기는 힘들 것이다. 따라서 협동조합기본법 제정 초기에는 주로 기존시장이 포괄하지 못한 부분에서 경제·사회·문화적 약자의 자생력을 강화하는 방향으로 협동조합이 활성화될 것으로 전망된다.

4. 인터넷 쇼핑몰 창업

온라인 창업방법은 독립적 쇼핑몰 판매방식, 쇼핑몰에 입점 판매방식, 오픈마켓 판매방식으로 구분할 수 있다.

1) 독립 쇼핑몰 판매방식

상품의 경쟁력과 자금이 풍부한 경우에 독립 쇼핑몰을 운영할 수 있다. 사업 초기 비용 과다로 투자비는 증가되지만 판매 수수료를 지불하지 않아도 되는 장점이 있다.

2) 입점 판매

백화점에 일정 수수료를 지불하고 입점하는 방식과 유사한 방식으로 판매자의 자격조건에 따라 입점하는 방식이다. GS이숍, 롯데닷컴과 같은 인터넷 쇼핑몰에 입점하여 판매하는 방식이다.

3) 오픈마켓 방식

인터넷상의 오픈마켓에 판매하는 방식이다(예: 옥션 입점).

❙ 표 2-6 ❙ 오픈마켓 판매와 쇼핑몰 창업 비교

	오픈마켓 판매	쇼핑몰 창업
장점	- 단품만으로도 판매활동을 시작할 수 있다. - 개인회원으로 판매경험을 쌓은 후 사업자로 전환이 가능하다. - 마케팅 활동이 필요없다. - 판매상품 전환이 용이하다. - 최소 비용으로 시작이 가능하다.	- 쇼핑몰 운영비 이외에 별도 수수료가 발생하지 않는다. - 고정고객 확보가 용이하다. - 이벤트 및 기획행사가 용이하다. - 제휴, 입점 등 다양한 마케팅 시도가 용이하다. - 고정적 구매자 확보시 안정적 사업 전개가 가능하다. - 전문품 등 특화된 상품 판매가 가능하다.
단점	- 판매수량이 증가하면 수수료 부담이 많아진다. - 고정고객 확보가 어렵다. - 오픈마켓과 연계한 사업전략을 가져야 한다. - 동일상품 판매자와 경쟁이 심하다. - 고가상품, 전문상품 판매가 힘들다.	- 판매상품의 기본적 구색이 필요하다. - 시험적 운영이라도 사업자 등록 및 제반 신고를 해야 한다. - 쇼핑몰 운영에 관한 전산지식이 필요하다. - 구매자에게 쇼핑몰 홍보를 위한 인터넷 마케팅 활동이 필요하다. - 최초 판매상품에 대한 변경이 어렵다. - 구매자 확보, 쇼핑몰 홍보, 몰 구성을 위한 판매상품 확보 등 많은 비용이 소요된다.

4) 인터넷 쇼핑몰 창업 절차

(1) 취급상품 결정

① 인터넷으로 상품을 판매 시에는 어떤 상품을 판매할 것인가에 따라 이후 판매방식과 방향이 달라질 수 있으므로 취급하고자 하는 상품 결정이 우선이다.

② 취급하고자 하는 상품 결정과 경쟁력이 성패의 좌우가 됨으로 판매하고자 하는 상품 결정은 신중해야 한다.

(2) 도메인 등록

① 인터넷상에서 판매하는 사업자의 도메인 등록이 필수적이다. 도메인이 회사명과 공동으로 사용된다면 소비자가 이해하기 쉽고 접근이 용이하다. 특히 도메인의 내용이 취급하고자 하는 상품과 이미지가 일치한다면 더욱 도움이 될 수 있다.

② 도메인은 판매상품이나 사업을 연상할 수 있고 기억하기 쉬우며 가급적 길지 않는 것이 좋다.

(3) 사업자 등록/통신판매 신고

① 인터넷사업자도 일반사업자와 마찬가지로 사업자 등록을 개설해야 한다.

② 인터넷 사업자는 사업자 등록 이외 통신판매업 신고를 별도로 해야 한다. 통신판매업 신고는 서울의 경우 각 구청 지역경제과에서 담당하고 있다.

(4) 쇼핑몰 구축

독립 쇼핑몰 구축, 입점 판매, 오픈마켓 방식판매 등 어떻게 판매할 것인가를 결정하면 쇼핑몰 구축방식과 비용이 달라진다. 쇼핑몰 구축 후 검색엔진 등록, 광고, 홍보의 순으로 업무의 진행을 한다.

(5) 전자상거래시스템 구축 구성요소

① 웹서버
② 시스템
③ 트랜잭션 컨트롤을 위한 시스템
④ 로그관리를 위한 시스템
⑤ 보안 시스템
⑥ 지불시스템
⑦ 인증시스템

(6) 상품 판매

고객 주문요구에 상품을 포장하고 배송을 실시한다. 판매 시 중요한 사항은 신속하게 주문에 대하는 것과 고객 요구에 적절하게 대응하는 것이다.

❙ 그림 2-3 ❙ 인터넷 쇼핑몰 창업절차

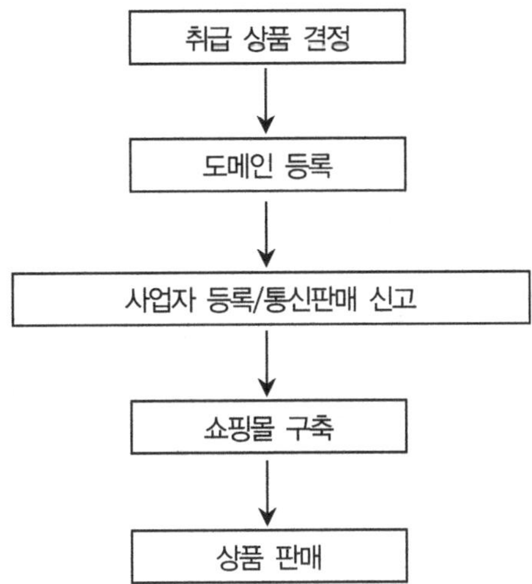

제3절 창업 아이템 선정

1 업종 선택

1) 소자본 창업과 창업환경

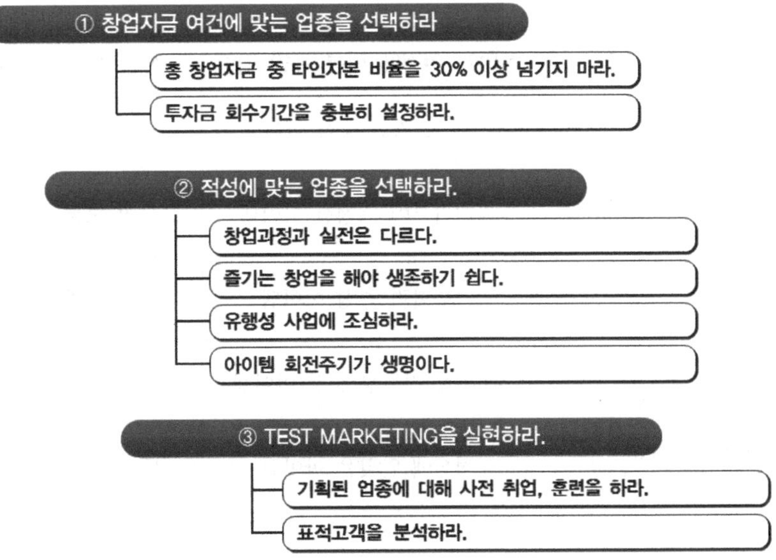

2) 창업이 어려운 이유는 무엇인가?

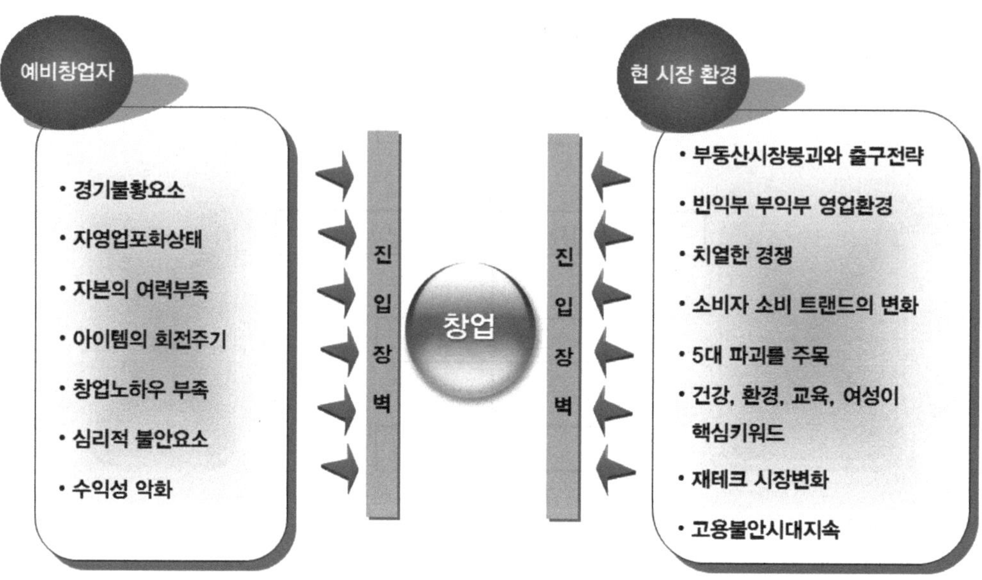

3) 창업시장 트렌드분석

▷ 유망업종 판별 기준

① 아이템(ITEM)이란 업종이나 판매할 상품과 서비스 총칭이다.
② 아이템 선정은 창업 성패와 밀접한 관련이 있다.
③ 영원히 유망한 아이템은 없다.

가계소비지출에 따른 유망 업종	창업자 여건에 따른 유망 업종	불경기에 강한 유망 업종
생활 관련 업종 (의식주 업종)	경력 & 경험 중심 아이템	일반적이고 대중적 아이템
교육 관련 업종 (아동 & 사회)	자기자본에 적정한 아이템	할인 또는 가격파괴 업종
건강 관련 업종 (웰빙 관련 아이템)	가족협력 중심 아이템	대여, 리필, 절약 상품
사업 관련 업종 (창업유관업종)	취미 & 전문성 중심 아이템	생활 지원 업종
편의추구 업종 (대행 & 대여 서비스)	적성에 알맞은 아이템	사회교육, 취업 관련 업종

4) Life Cycle별 아이템 유형

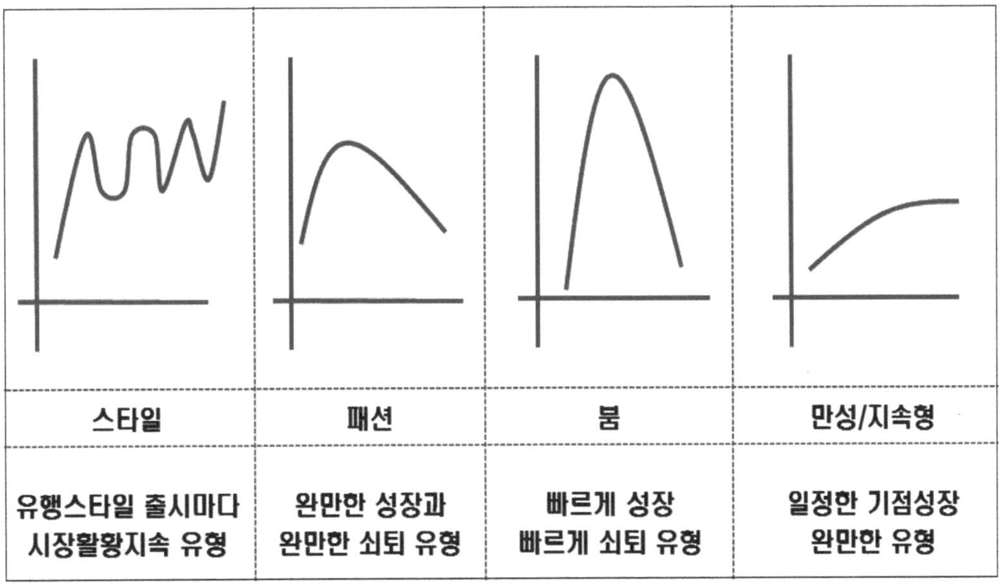

스타일	패션	붐	만성/지속형
유행스타일 출시마다 시장활황지속 유형	완만한 성장과 완만한 쇠퇴 유형	빠르게 성장 빠르게 쇠퇴 유형	일정한 기점성장 완만한 유형

5) 창업 트렌드

첫째	부부가 함께하는 창업형태가 유망하다.
둘째	양극화 현상이 뚜렷하다.(자금, 규모, 시설)
셋째	4대 파괴에 집중하라(장소, 성별, 연령, 가격)
넷째	건강 환경 관련 사업이 유망하다.
다섯째	어린이(Kids)와 여성 관련 업종을 검토하라.
일곱째	복고와 실버 업종이 경쟁력이다.

2. 업종분석

1) 외식업 창업

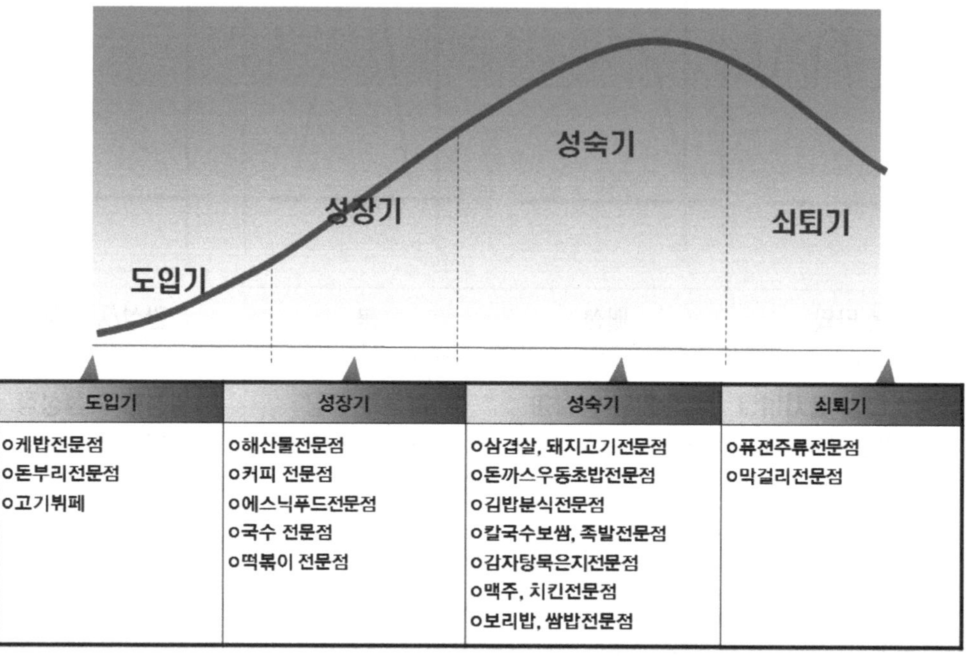

도입기	성장기	성숙기	쇠퇴기
o케밥전문점 o돈부리전문점 o고기뷔페	o해산물전문점 o커피 전문점 o에스닉푸드전문점 o국수 전문점 o떡볶이 전문점	o삼겹살, 돼지고기전문점 o돈까스우동초밥전문점 o김밥분식전문점 o칼국수보쌈, 족발전문점 o감자탕묵은지전문점 o맥주, 치킨전문점 o보리밥, 쌈밥전문점	o퓨젼주류전문점 o막걸리전문점

① 자신이 좋아하는 메뉴보다 자신 있는 메뉴 선정
② 독립 창업인가 가맹 창업인가 결정
③ 가격/소비층/소비수준과의 호환성
④ 주 메뉴와 부 메뉴의 호환성
⑤ 지역 특징을 고려
⑥ 전문가 조언은 필수
⑦ 조리 매뉴얼은 필수
⑧ 자기 점포만의 독특한 차별화
⑨ 메뉴와 용기의 호환
⑩ 고객소비 성향과 구매력 관계 점검
⑪ 메뉴 숫자가 경쟁력은 아님
⑫ 가격은 경쟁 점포와 소비자 만족도를 점검 후 결정

2) 서비스업 창업

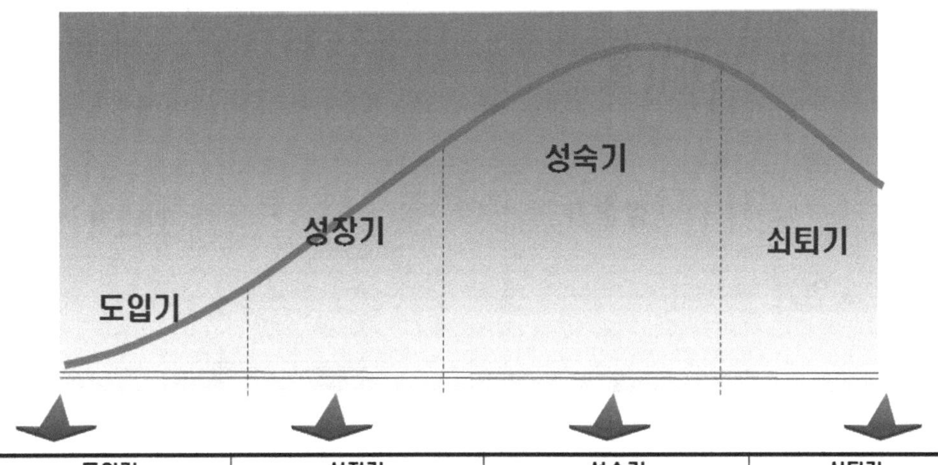

도입기	성장기	성숙기	쇠퇴기
멀티게임방	환경개선업	피부미용전문점	노래방
베이비/실버시티	인력파견업	어린이학원(EQ,GQ,PQ등)	당구장
머리,두피관리전문점	온라인 인쇄편의점	실내골프연습장 (스크린골프)	종합판촉물 전문점
신개념체형,헬스전문점	방문교육업	학습지관련업	저가형피부관리전문점
	요가/단학 등 건강학원업		

① 기술이나 상품의 발전 방향, 수요예측이 중요
② 창업자 본인의 관련 지식 습득 여부
③ 유사 분야, 관련 분야 종사자의 기술동향이나 수요예측
④ 기술 난이도, 시장성
⑤ 유사업종의 진입장벽
⑥ 서비스 상품과 시장발전 가능성
⑦ 실수요 고객의 재구매나 방문율
⑧ 서비스 상품의 경쟁력과 영업능력
⑨ 아이템의 영속성
⑩ 고객만족기법

3) 유통업(판매업)

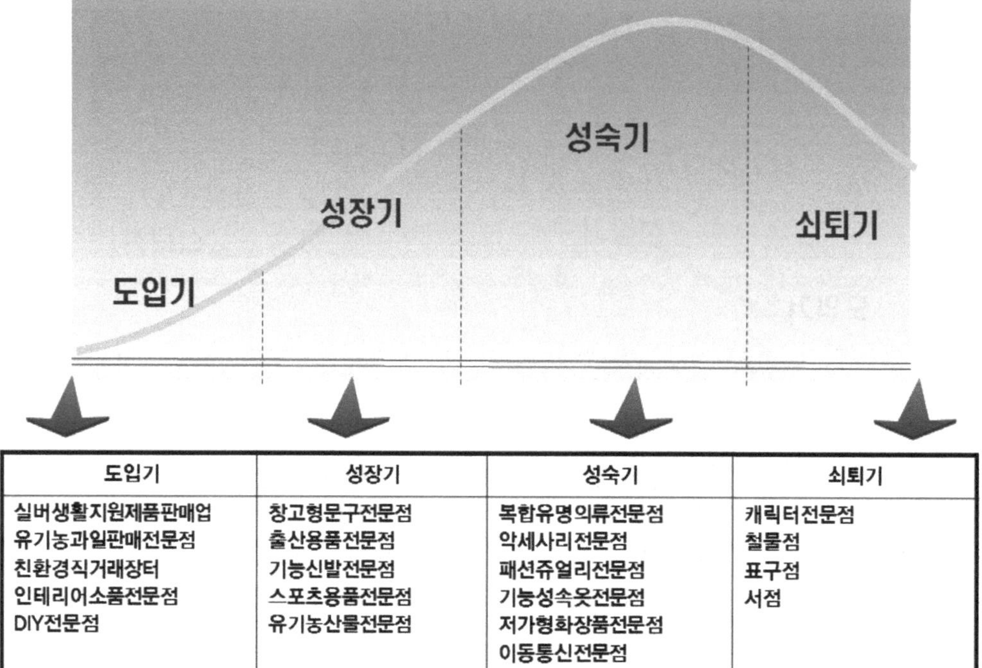

도입기	성장기	성숙기	쇠퇴기
실버생활지원제품판매업	창고형문구전문점	복합유명의류전문점	캐릭터전문점
유기농과일판매전문점	출산용품전문점	악세사리전문점	철물점
친환경직거래장터	기능신발전문점	패션쥬얼리전문점	표구점
인테리어소품전문점	스포츠용품전문점	기능성속옷전문점	서점
DIY전문점	유기농산물전문점	저가형화장품전문점	
		이동통신전문점	
		한복대여업	

(1) 판매업 특징

① 주로 의식주에 관련된 소비재 취급
② 도매업체에서 상품을 구매해 판매
③ 가격 경쟁력이 곧 상품 경쟁력
④ 입지나 접근성이 중요한 아이템
⑤ 다운사이징 전략이 필요

(2) 판매업종 선택 시 고려사항

① 지역 내 잠재고객이 있는가
② 동종 경쟁 점포는 있는가
③ 개점 지역의 소비욕구는 양호한가
④ 교통, 주차장 등 접근성은 용이한가
⑤ 공급자로부터 상품 구입이 용이한가
⑥ 재고회전율은 양호한가

3. 사업타당성 분석

사업타당성 분석은 사업을 시행하기 앞서서 특정 사업의 성공 가능성을 파악하기 위해 여러 가지 정보를 분석하고 평가하는 총체적인 과정이다. 창업 기업가가 사업타당성 분석을 직접 작성하는 것은 어려운 일이다. 그러나 이러한 분석을 철저하게 하지 못하고 창업하는 경우에는 결코 사업 성공 확률을 높일 수 없다. 여기에서는 이러한 사업타당성 분석의 기본적 내용을 설명한다.

1) 사업타당성 분석 의의

창업 사업타당성 분석이란 선정된 계획사업의 특정 창업 아이디어 성공 가능성에 대한 정보를 파악하여 창업 아이디어를 선택할 것인지, 기각할 것인지를 최종적으로 결정하기 위한 과정이다. 사업타당성 분석은 시장성, 기술성, 경제성 등을 분석하는 것이며 추가적으로 사업 위험 가능성, 기업의 장기적 전망 등도 분석하는 것을 말한다.

▌그림 2-4▐ 사업타당성 분석 기본 절차

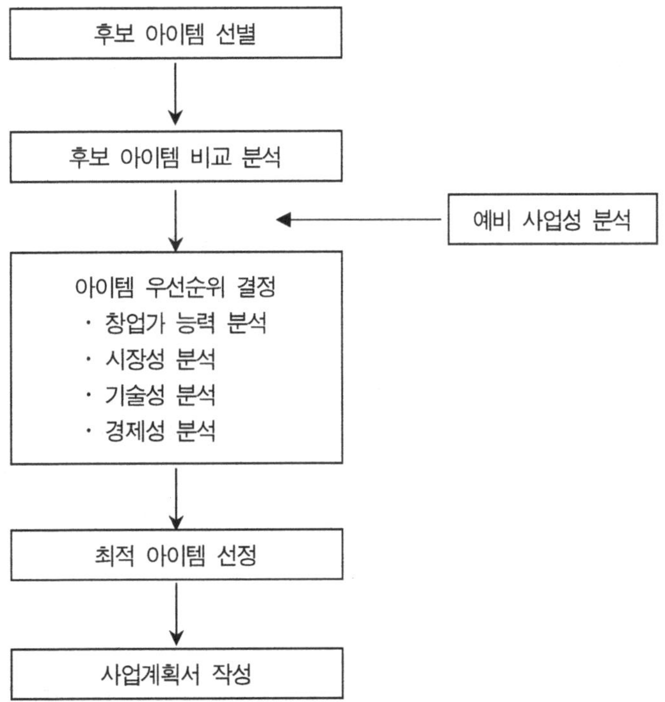

사업타당성 분석 작성단계는 1단계 예비 사업성 분석 2단계 사업타당성 분석으로 나눌 수 있다. 예비 사업성 분석은 특정 아이디어 선정 이전에 다수의 예비 아이디어를 선별해 가는 과정이라 볼 수 있다. 이 예비 사업성 분석은 후보 사업 아이디어의 발견, 예비 사업성 분석, 후보 사업 아이디어의 1차적 선정으로 이어진다. 제2단계 사업타당성 분석은 예비 사업성 분석에서 1차적으로 선정된 후보 사업 아이디어의 상세한 분석, 즉 아이템 적응성 분석, 경제적, 공익성 분석을 통해 사업 성공 가능성을 확인하는 과정이다.

2) 예비 사업성 분석

(1) 창업가 정신과 계획사업 수행능력

창업 성패는 기업가로서의 적성과 자질과 같은 창업가 정신 그리고 해당 업종에 대한 사업 수행능력 등에 의하여 결정될 수 있다. 기업을 창업하고 경영한다는 것은 다른 무엇보다 그것을 추진하는 주체인 인적 요인이 중요하기 때문이다.

창업 업종의 창업 기업가 수행능력 적합성을 판단하기 위해서는 창업가가 잘 알고 있는 전공 분야이거나 경험이 있는 분야가 적당하다고 할 수 있다. 또 업종과 관련하여 주변 선후배, 친인척들이나 창업 관련 정부 기관이나 전문 컨설턴트 등과 사전에 충분한 논의를 하거나 계획사업의 업종 관련 정보를 정부 관련 기관이나 협회 등의 자료를 취합하여 평가하는 것이 좋다. 아래 표와 같은 평가 항목들을 세부적으로 검토하면 될 것이다.

| 표 2-7 | 계획사업 수행능력 및 적합성 분석

평가 항목	세부 검 토사항
사업 목적과 범위 (적성, 자질, 경험, 지식)	- 계획사업 목적이 창업가 경영이념과 일치 여부 - 정관의 사업 목적과 범위의 상호연관성 - 창업가의 경력, 지식, 적성, 전공, 성격 등이 사업 아이템과 부합
사업경영 특징 (사업수행능력)	- 경쟁회사 대비 조직, 생산, 마케팅 등 차별화 전략 수립 - 신설 창업기업의 상품을 소비자에게 부각할 수 있는 독특성, 차별화 경영전략 수립 여부

(2) 계획사업의 아이디어 검토

전체적 창업과정은 일반적으로 사업에 관련된 아이템을 탐색하여 선별하는 아이템 착상단계와 사업 타당성을 분석하고 평가하며 이를 기초로 사업계획서를 작성하고 기업형태를 결정하는 계획단계를 거쳐 기업을 설립하고 생산, 영업을 시작하는 실행단계로 진행된다.

3) 시장성 분석

(1) 시장성 분석 의의

계획사업의 상품이나 서비스를 성공적으로 판매하기 위해서는 판매 대상이 되는 시장을 잘 알아야 할 것이다. 이처럼 상품 판매 활동을 하기 위하여 그 대상이 되는 시장을 조사하는 것을 시장조사라고 한다. 창업 기업가의 시장조사는 구상하고 있는 본인 사업 아이템의 사업 여부를 판단하기 위한 것이다. 그러므로 어떤 것을 시장 조사할 것인가를 명확하게 한 후에 그 사업을 구체적으로 결정하기 전에 반드시 시장조사를 하여 정보를 수집해야 한다.

(2) 시장성 분석 내용

시장성 분석은 생산 계획한 상품이 고객 욕구에 적합한지 소비자 분석, 경쟁사보다 시장점유율이 어느 정도인지 경쟁사 분석 그리고 시장 상황 및 판매 전략은 무엇인지 등을 분석하는 것이다. 시장조사는 기본적으로 다음과 같은 자료를 수집 분석 평가한다.

▌표 2-8▌시장성 분석 평가 내용

평가 항목	세부 검토사항
전체 시장 동향분석	- 시장 전체적 규모 측정 - 경쟁상품, 유사상품 특성 및 구조 - 소비자 구성분포 - 시장변화 추세 - 해당 아이템 향후 전망 - 시장 특성
상품성 및 경쟁 관계 분석	- 경쟁 상품과 자사 상품 장단점 분석 - 경쟁사 품질 수준 비교 - 경쟁사 현황
상품 수요분석	- 수요분석 - 경쟁업체 시장점유율 - 지역별 판매 가능성
판매전략 분석	- 시장점유율 확보 가능성 및 확보 전략 - 상품 유통경로 - 시장 및 상품 환경 분석 - 유통 및 판매촉진 전략 - 매출액 및 판매 가능성 추정 - 판매단가 적정성

4) 기술성 분석

기술성 분석은 일반적으로 이용할 기술과 공정을 검토하는 것으로 다음과 같은 것을 분석한다.

① 기술 사업화 가능성
② 기술 우위성
③ 소요 노동력
④ 제조 공정에 대한 사항
⑤ 상품 용도 특성 및 기계적 특성

일반적으로 기술성, 타당성 분석 평가 내용은 다음과 같이 상품성, 생산시설 적정성, 생산계획 검토, 입지 조건 등으로 분류할 수 있다.

❙ 표 2-9 ❙ 기술성 평가 내용

평가 항목	세부 검토 사항
상품성 평가	- 계획 상품의 종류, 용도의 적합성 및 특성 - 상품 물리적, 화학적 특징과 해결 가능성 - 국내외 표준 규격품과 품질 및 기술 수준 비교 - 기술 우위성
생산시설 적정성	- 각 상품별 적정 시설 규모 및 기존 시설과의 비교 - 국내외 최신 기술 동향 및 기술 수준 검토 - 시설배치
생산계획 검토	- 최대 가능 생산능력 - 생산방식 및 생산 공정 타당성 - 원재료 수급 원활 및 적정 재고 유지
입지 조건	- 기술 인력 및 종업원 충원 용이성 - 사업장 등 관련 법규와의 관계 - 전력, 교통, 폐기물 처리 원재료 조달, 기타 자재요소 용이성

5) 경제성 분석

사업타당성 분석에서 시장성 및 기술성 분석이 완성되면 최종적으로 계획사업에 대한 경제적 타당성을 분석한다. 경제적 타당성 분석은 계획사업의 손익분기점 분석, 추정 재무제표 작성 등을 통해 수익성 및 투자 효율성을 분석하는 것이다. 계획사업의 상품과 품질이 우수해서 시장성이 좋고 또 생산, 판매되더라도 매출을 성공적으로 실현하지 못해 수익을 창출하지 못하게 되면 즉, 투자안의 투자 경제성이 없다면 그 계획사업은 폐기되어야 한다. 경제성 분석 평가 항목은 수익 전망, 손익분기점 분석, 계획사업 경제성 분석 등으로 분류할 수 있다.

❙ 표 2-10 ❙ 경제성 분석 평가 내용

평가 항목	세부 검토 사항
수익 예측	- 추정 손익계산서에 의한 연도별 당기 순이익 정도 - 2~3년 내 흑자 실현 가능성
손익분기점 분석	- 손익분기점 매출액 실현 정도 - 손익분기점 산출 후 고정비, 변동비 등 타당성
경제성 분석	- 경제성 분석을 통해 투자자금 회수 기간 및 수익률 예측 - 계획사업 경제성 정도

6) 계획사업 위험요소와 SWOT 분석

(1) 위험요소 분석

기업의 경영환경인 경제 환경, 기술 환경 그리고 사회 환경 및 자연환경은 수시로 변하기 때문에 기업 경영자는 이러한 환경변화에 항상 관심을 두어야 한다. 따라서 사업타당성 분석을 하는 경우 앞에서 살펴본 시장성, 기술성, 경제성 분석 외에 기업환경과 그리고 계획사업의 위험요소들을 조사할 필요가 있다.

❙ 표 2-11 ❙ 계획사업에 대한 위험요소

구 분	위험요소
정부정책	- 조세, 관세정책 및 금융지원제도 변경 - 금리 및 환율 변동 - 계획 생산상품 중소기업 적합 업종 - 계획상품 수입 개방
시장경쟁 상황	- 경쟁 기업 참여 - 상품 판매 단가 조정
생산요소 변동	- 주요 원자재 파동 가능성 - 생산량 및 생산수율, 판매량, 가동률 변동요인 발생 여부 - 전략상품 변경 및 상품 구성 실패
기타	- 노사분규와 입지 조건 부적합 - 시설자금 및 소요 운전자금 적시 조달 실패 - 자연환경 및 공해 규제 - 기타 계획사업에 대한 위험요소 - 공장건설 지연 - 환경, 보건, 조세 등 법률상 제약 - 불황에 대한 적응력 - 상품 수요 계절성

(2) SWOT 분석

사업타당성 분석에서 계획사업 환경과 창업 기업가 여건 등을 SWOT 분석을 통해 검토해볼 수 있다. 보스턴 컨설팅 그룹에서 개발한 이론으로 사업 외부의 기회 요인, 위협 요인과 사업 내부의 강점과 약점에 따라 사업 성장과 확장을 위한 전략적 계획을 수립하는 수단이다. 첫 번째 단계는 환경요인을 명확하게 추출하고 두 번째는 기본전략을 정리하여 마지막으로 실현 가능성과 위험 등을 고려하여 선택하거나 기각하는 것이다.

┃표 2-12┃SWOT 구성요소

강점	약점
- 독특한 능력 - 경쟁우위 - 강한 상표명 - 혁신력 - 원가 가격 주도자	- 가격인상 취약성 - 약한 시장점유율 - 약한 재무력 - 낮은 상품개발력 - 마케팅 능력 부족
기회	**위협**
- 새로운 시장에서의 성장 - 세계적 확장 - 신상품 개발 - 새로운 서비스 - 품질 개선	- 새로운 경쟁자 진입 - 상품원가 증대 - 원자재 부족 - 기술 변화 - 수입된 대체품

SWOT 분석의 주된 전제는 내·외적인 현실에 대한 냉철한 진단, 분석이 기업 목적을 달성하기에 적절한 전략을 선택, 구성할 수 있게 한다는 데 있다.

① SO 전략

이는 기회와 강점이 다 같이 많은 기업, 다시 말하면 기회 이점을 얻기 위해 강점을 활용할 수 있는 상황으로서 강점과 기회를 다 같이 극대화하는 전략(SO)이 가장 바람직하고 성공적이라 할 수 있다.

② ST 전략

ST 전략은 기업은 강점을 지니고 있으나 위협 환경에 직면한 기업 상황을 말하는데 여기에서는 위협을 극복하거나 회피하기 위해 강점을 활용하는 것으로 강점을 극대화하고 위협을 극소화하는 전략(ST)이 바람직하다.

③ WO 전략

WO 전략은 기회는 많으나 약점이 있는 기업 상황을 말하는데 여기에는 기회 이점을 얻고 약점을 극복하는 것으로 약점을 극소화하고 기회를 극대화하는 전략(WO)이 바람직하다고 할 수 있다.

④ WT 전략

WT 전략은 약점을 지닌 기업이 위협에 직면한 상황을 말하는데 여기에는 위협을 회피하고 약점을 축소하는 것으로 위협과 약점을 극소화하는 전략(WT)이 바람직하다고 할 수 있다.

| 표 2-13 | SWOT 분석 활용전략

구분	강점 (Strength)	약점 (Weakness)
기회 (Opportunity)	- 강점과 외부 기회를 활용한 성공 가능 전략 - 바람직한 포지셔닝 ex) 성장 위주 공격적 전략	- 외부 강점을 이용하고 내부 약점 극복 전략 - 외부로부터 기술도입 ex) 강점 활용 & 위기극복 다각화 전략
위협 (Threat)	- 외부 위협을 피하고 내부 강점 활용전략 - 경쟁사 전략을 내부 역량으로 기회 포착 ex) 약점 극복 & 기회 포착 전략적 제휴, 우회전략	- 위협과 약점 극복 전략 - 사업 축소 / 폐업 ex) 약점 극복 & 위기 극복 방어전략

제2장 소매점 창업 연습문제

1. 창업가 정신을 설명하시오.

창업은 여러 불확실성 환경에서 의사결정이라는 측면과 인적, 물적 자원의 투자에 따른 리스크가 동반된다는 측면에서 모험적 창업가 정신이 요구되는 특징이 있다. 창업은 창업 기업가, 사업기회 인식, 필요자원 동원, 그리고 실질적 창업의 실행이라는 필수요소들의 결합에 의하여 추진된다고 할 수 있다.

창업가 정신 구성요소는 아래와 같다.

① 도전정신
② 전문성
③ 윤리성
④ 주도적 리더십
⑤ 위기관리
⑥ 승부 근성
⑦ 친화력
⑧ 사회적 책임
⑨ 신속한 결단력
⑩ 구성원에 대한 강한 신념

2. 비전 설정 시 고려사항에 대하여 설명하시오

① 상상성
성공 시점의 큰 그림을 나타낼 수 있어야 한다.
② 바람직성
이해관계자의 장기적 관심사에 호소할 수 있어야 한다.
③ 가시성
현실적이고 도달 가능한 목표를 내포하고 있어야 한다.
④ 집중성
의사결정의 명확한 지침으로 제공될 수 있어야 한다.
⑤ 유연성
개인의 노력을 충분히 허용하여야 한다.
⑥ 전달성
최대 3분 이내에 쉽게 전달될 수 있어야 한다.

3. 협동조합 7대 원칙을 설명하시오.

① 자발적이고 개방적 가입

② 조합원에 의한 민주적 통제

③ 조합원 경제적 참여

④ 자율과 독립

- 협동조합은 조합원에 의해 통제되는 자율적이고 자조적인 조직이다.

⑤ 교육, 훈련 및 홍보

- 협동조합은 조합원, 선출된 대표자, 경영관리자, 조합 직원에 대해 적절한 교육과 훈련을 제공한다.

⑥ 협동조합 간 협력

⑦ 지역사회 기여

맨체스터 총회에서 추가된 새로운 원칙이다. 협동조합은 조합원의 동의를 얻어 조합이 속한 지역사회의 지속 가능한 발전을 위해 노력한다.

4. 용어 설명

- 소상공인

- 협동조합

- 인수합병(M&A)

- SWOT 분석

창업 방법

제1절 창업 계획 수립

1. 창업 사전점검

1) 창업 자기점검

(1) 기업가 자질

① 창의성 ② 용기 ③ 신뢰성 ④ 성취욕구 ⑤ 소통 능력 ⑥ 기업가 정신 ⑦ 인내력

(2) 성공적인 창업자 자질과 요건

소상공인 사업자는 국가경제 및 사회의 발전에 중요한 역할을 수행하고 있다는 자부심과 긍지를 갖는 것이 중요하다.

| 표 3-1 | 창업자 자질과 요건

구 분	내 용
목표 의식	- 사업에 대한 명확한 목표를 설정한다. - 경쟁업체와 경쟁력 우위를 위한 차별화 전략을 세워야 한다.
현실 인지능력	- 자신의 재정능력 및 규모, 형편을 잘 파악한다. - 현실적 분석이 필요하다.
도전 정신	- 어려운 상황일지라도 흔들리지 않고 위기를 극복할 수 있는 유연함이 필요하다. - 위험감수 및 자신의 결정에 대한 책임을 다한다.
신뢰성	- 고객에게 진실함을 전재로 신뢰를 주어야 한다. - 안전하고 믿을 수 있는 상품을 개발한다.

자료: 소상공인시장진흥공단(2013)

(3) 경험과 능력

① 직장 경험 ② 기술 ③ 취미 ④ 관심

(4) 기업가적 기술점검

① 재무관리 ② 경영계획 ③ 마케팅/영업능력 ④ 전문지식 ⑤ 운영관리

(5) 기업가 마인드(소상공인시장진흥공단, 2013)

① 사업은 자선사업이 아니다.
② 경영 시 발생되는 고통은 있는 그대로 받아들인다. 피하면 그만큼 고통이 가중된다.
③ 당장의 일에 조급증을 내면 장기적인 일을 도모할 수 없다.
④ 긍정적인 믿음이 없으면 점포를 꾸려가지 못한다. 잘 된다는 확신을 가진다.
⑤ 사업의 기본을 다시금 마음속에 새긴다.
⑥ 고용은 엄격히, 관리는 편하게 한다.
⑦ 이윤보다는 사람이 우선이다. 2~3사람 몫을 하는 유능한 사람을 찾아보라.
⑧ 무조건 정직하라. 일관성이 중요하다.
⑨ 공정하라. 말한 바를 반드시 실천한다.
⑩ 자신의 부족한 면, 고쳐야 할 점에 대해 다시 한 번 살펴보고 연구, 개선한다.
⑪ 편견은 금물이다. 항상 입장을 바꾸어 생각한다.
⑫ 유머감각은 사업이나 사회생활에 두루 도움이 된다.
⑬ 다른 사람과는 다른 자기만의 원칙을 세운다.
⑭ 경험에 의존하지 말라. 과거 방식으로 새로운 길을 찾을 수 없다.
⑮ 작아도 창의적 점포를 만든다.
⑯ 점포는 상품과 고객중심으로 만든다.
⑰ 사업자 자신이 볼 때 편하고 좋은 것은 경쟁력이 없다.
⑱ 미래가 불확실할 때 살아남을 수 있는 유일한 힘은 경영지식이다.
⑲ 예리한 눈과 빠른 발을 가진다. 먼저 보고 먼저 움직여라.
⑳ 걱정하지 않는다. 걱정으로 해결될 것은 없으며 가능하다고 생각하는 것을 먼저 하라.

(6) 경영마인드 확인

① 사업자 마인드

【표 3-2】 사업자 마인드 검토항목

번호	검토항목	비고
1	모든 일을 처리함에 있어 미루지 아니하고 부지런한가?	
2	고객 마음을 알고자 노력하고 있는가?	
3	누가 시켜서가 아닌 일을 스스로 찾아서 하는가?	
4	돈 씀씀이가 헤프지 아니한가?	
5	신용을 잘 지키는가?	
6	건강관리를 하는가?	
7	항상 긍정적인 모습과 강인한 체력을 갖고 있는가?	
8	자신 장점, 단점 그리고 적성을 아는가?	
9	업종에 대한 충분한 이해와 아이템(상품, 서비스 등)은 결정하였는가?	
10	아이템에 맞는 점포입지를 선택하였는가?	
11	사업은 최소 규모로 시작하였는가? - 투자비가 커지면 회수 기간이 길어진다. 창업에 필요한 자금은 항목별로 세부적으로 작성하고 창업자금은 전체 조달 가능자금의 70% 수준에서 사업규모를 결정하는 것이 바람직하다.	
12	사업을 함에 있어 내 가족의 동의는 받았는가? - 가족 동의와 지원은 천군만마를 얻는 것과 같다. 인건비를 절약해야 하는 자영업의 특성상 상대적으로 성공률이 높다.	
13	이 세상에 노력과 헌신 없이 얻는 것은 없다. - 노력하지 않고 성공할 수 없다. 경쟁업체의 장단점을 철저히 파악하고 분석하여 동 업계 최고가 될 수 있도록 노력해야 한다.	
14	사업계획서는 창업할 때와 또 매년 경영활동에 있어서 성공의 지름길이다. - 사업 방향, 매출액, 손익분기점, 목표액 등 꼭 창업 시 그리고 창업한 경우라면 매년 작성한다.	

② 창업 강약점 자가진단

▌표 3-3▐ 창업 자가진단 점검표

구분	항목	매우 그렇다 (5점)	비교적 그렇다 (4점)	보통 이다 (3점)	그렇지 않은 편이다 (2점)	전혀 아니다 (1점)
성품	긍정적 사고를 한다.					
	겸손하다.					
	기지나 재치가 있다.					
	인내와 끈기가 있다.					
대인 관계	대인관계 폭이 넓다.					
	활달한 성격이다.					
	화술과 표현력이 뛰어나다.					
	인상이나 외모가 호감을 준다.					
업무 습관	업무에 완벽하다.					
	일에 대해 집중한다.					
	기획 및 분석력이 있다.					
	추진력이 있다.					
	창의력이 있다.					
미래 대비	정보마인드가 있다.					
	컴퓨터 실력이 있다.					
	어학능력이 있다.					
	독서를 많이 한다.					
	건강하다.					

* 항목별로 자신의 상황을 체크해서 보통 이상과 보통 이하로 표시되는 항목을 강점과 약점으로 분류한다. 70점 이상인 경우에는 적극적으로 창업을 준비할 수 있는 점수이며 이렇게 분류된 강점과 약점 항목을 상위와 하위 각 5개씩 골라 정리하여 경영자의 마인드를 세우는데 활용할 수 있다.

자료: 소상공인시장진흥공단(2013)

2) 재무상태 확인

(1) 가족 동의

① 부모 동의 ② 배우자 동의 ③ 주변 지인 성원 등

(2) 자산 및 부채 점검

자산에서 부채를 제외하고 순 자산을 점검하여 동원 가능한 사업 자금을 알아본다.

| 표 3-4 | 자산 부채 점검

자산	부채
주택 토지 상가 예금 보험 주식	임대보증금 대출 차입금
합계	합계

(3) 기타 지원: 보증인 확보 등

3) 업종 및 입지 선정

(1) 업종 분석

(2) 상권 분석

(3) 입지 선정

2. 사업계획서

1) 사업계획서

창업, 사업시작 전에 사업에 관한 현상을 판단할 수 있도록 현재와 미래의 상황을 추정하여 성공을 위해 정리하는 것이다.

2) 사업계획 용도

(1) 창업자 창업계획

(2) 가족 동의

(3) 자본 조달: 금융기관, 정부지원 용도로 제출

(4) 사업 신뢰성 고조

3) 작성 절차

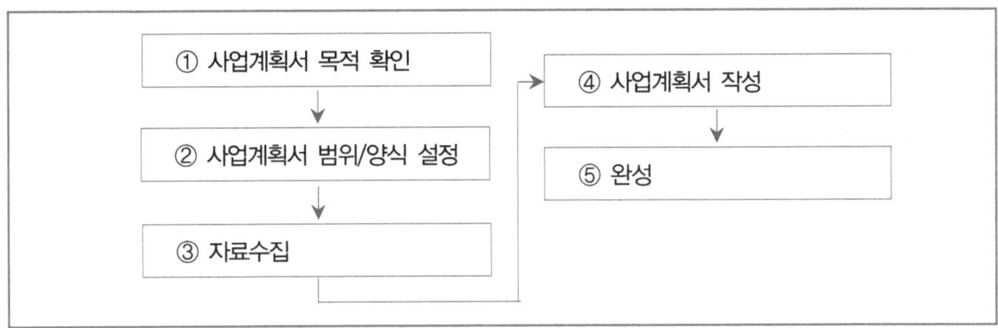

4) 사업계획서 구성

(1) 사업개요

① 회사개요/회사 연혁(창업동기 및 사업의 기대효과)
② 조직도
③ 주주 현황
④ 경영진
⑤ 금융거래 현황

(2) 산업분석

① 사업 분석
② 목표시장
③ 소비자 분석
④ 경쟁자 분석

(3) 마케팅계획

① 판매정책
② 가격정책

③ 촉진정책
④ 유통정책

(4) 판매계획

① 연도별 판매계획
② 시설투자계획

(5) 인력계획

① 인력운영계획

(6) 재무계획

① 자금계획
② 투자수익성
③ 손익추정

5) 사업계획서 작성원칙

사업계획서는 신뢰성, 일관성, 이해 가능성, 독창성, 낙관성 등 다섯 가지 원칙을 가지고 작성하는 것이 필요하다.

(1) 신뢰성

① 사업계획서가 외부 투·융자 관련자를 설득하기 위해서는 신뢰성을 확보해야 한다.
② 사업계획서에 대한 신뢰성은 객관적인 자료에 근거하여 전문가적 분석과정을 통해 사업계획서가 작성되었음을 제시함으로써 확보할 수 있다.
③ 사업계획서를 작성하기 위해서는 시장 수급자료 경쟁업체 생산 판매자료 동업계 정보 등 다양한 객관적 자료 입수가 요구되며 입수된 정보 및 자료를 과학적으로 해석하여 계획사업 실현 가능성을 기술하여야 한다.

(2) 일관성

사업계획서를 작성함에 있어 각 부문 계획 간 논리적 일관성이 유지되어야 하며 생산계획과 판매계획 투자계획과 재무계획 등 각 부문 계획 간 논리적 불일치가 존재할 경우 사업계획 전반에 대한 불신감을 증대시키게 되므로 사업계획서 전반에 걸친 일관성 유지는 사업계획서 작성 시 요구되는 가장 중요한 원칙이 된다.

(3) 이해가능성

① 사업계획서는 자기가 판단할 자료로 삼기도 하지만 외부 투자자나 금융기관에 제출하여 투융자를 요청하는 자료로 사용되므로 외부 투자자나 금융기관이 이를 이해할 수 있도록 작성해야 한다.

② 최근의 계획사업은 기술의 중요성 때문에 기술적으로 비전문가인 금융기관 관계자가 계획사업을 이해하는 데는 어려움이 있다. 따라서 제조업의 사업계획서의 경우 상품 생산 공정 공법 설비 등을 비전문가도 쉽게 이해할 수 있도록 작성하여야 한다.

(4) 독창성

① 신규 사업계획서를 작성하는 경우에는 기존사업 또는 타 경쟁업체와는 품질 원가용도 제법 등에서 어떤 특징을 갖고 있으며 그 특징으로 인해 계획사업의 성공 가능성에 어떠한 영향을 주는지를 명확히 할 필요가 있다.

② 신규 계획사업이 타 업체에 비해 독창성이 없을 경우 후발업체로서 성공할 가능성이 높지 못하므로 외부 투융자 관련 기관에서 관심을 갖지 않을 수 있으므로 계획사업이 갖는 특수성을 강조하여 사업계획서에 나타낼 필요가 있다.

(5) 낙관성

① 계획사업을 추진하는 주체는 계획사업의 대내외 여건을 낙관적으로 보는 경향이 있다.

② 사업계획서도 낙관적으로 작성되는 경우가 많으며 비관적 입장에서 보는 것 보다는 낙관적인 경우가 설득력이 있다.

③ 경우에 따라서는 지나치게 대내외 여건을 낙관적으로 인식하여 현재 또는 잠재적 문제점을 간과하는 경우에는 오히려 사업계획서의 신뢰성을 크게 저하시킬 수 있으므로 낙관적 입장에서 사업계획서를 작성하되 발생 가능한 문제점을 지적하고 이에 대한 대응책을 제시하는 것이 신뢰성을 제고하는 방법이 될 수 있다.

6) 사업계획서 작성 시 유의 사항

사업계획서는 충분성과 자신감을 바탕으로 객관성이 결여되지 않게 작성하여야 한다. 계획 사업의 핵심 내용을 강조하여 부각시켜야 하며 상품 및 기술성 분석에 대한 내용은 전문적인 용어의 사용을 피하고, 단순하고 보편적인 내용으로 구성한다. 자금조달 운용 계획은 정확하고 어느 정도 실현 가능성이 있어야 한다. 계획 사업에 잠재되어 있는 문제점과 향후 발생 가능한 위험 요소를 심층 분석하고, 예기치 못한 사정으로 인해 창업이 지연되거나 불가능하게 되지 않도록 다각적인 점검이 요구된다.

3. 소자본 창업계획서

| 표 3-5 | 소자본창업 사업계획서[1]

사업계획서

회사명	
작성자	
연락처	
작성일	

1) 자료 : 소상공인진흥원·소상공인지원센터, 지용하 상담사

〈목 차〉

Ⅰ. 계획사업의 현황
(1) 인적사항
(2) 사업개요
(3) 사업동기

Ⅱ. 마케팅 계획
(1) 판매계획
(2) 판매촉진
(3) 경쟁사 현황

Ⅲ. 소요자금 및 자금조달계획
(1) 소요자금 산출내역
(2) 소요자금 조달계획
(3) 운전자금 및 시설자금 조달 계획
(4) 자금상환 계획
(5) 추정손익계산서

Ⅳ. 사업추진 일정

Ⅴ. 위협요인

Ⅰ. 계획사업의 현황

(1) 인적사항

성명(한문)	( )		주민등록번호	~
연락처	( ) / C·P : e-mail :			
주 소				
학 력	기 간	학 교 명	전 공	비 고

주요 경력	근 무 기 간	근 무 처		담당업무 (최종 직위)
		회사명	전화번호	
특기 사항 (관련 자격증 및 연수실적 등)	- 여성부 주관 "2006 자영업 창업교육" 이수(2006.10~11) - 중소벤처기업부 소상공인 지원센터 창업교육(2007.10~11) - 자동차운전면허			

재산소유 현 황	주택(자가)	예/적금	기타 부동산	기 타
	(백만 원)	(백만 원)	(백만 원)	(백만 원)

(2) 사업개요

법인명(상호)		사업장등록번호	
업 종			
주요취급품목			
창 립 일(예정)			
사업장 소재지		평 수	m^2
공 장 소재지		평 수	m^2

(3) 사업동기

① 사업목적(창업동기 기대효과)

② 업종선택의 성공 타당성 제시(업종선택 사유 등 기록)

③ 자문그룹

성 명	근 무 처	기 타

Ⅱ. 마케팅 계획

(1) 판매계획

- 주변 경쟁업체 현황 및 시장조사에 따른 전략
- 예상 판매 실적 및 계획(월평균 예상 매출액과 월평균 예상수입액 산출)

(2) 판매촉진

① 홍보 전략
- 명함, 브로슈어(brochure)
- 인터넷 카페 운영
- 인터넷 광고(지역정보 이용)
- SMS 발송
- 개업 기념품
- 기 타

② 마케팅 전략
- 현금거래 유도 : 현금 결제 시
  인터넷 구매 시
  쿠폰 제시 시, 액수에 따라 10~20% 할인
- 깜짝 sale(20~40% 할인)
- Day Marketing : 명절, Valentine's Day, whiteday, Christmas, 빼빼로데이

- 고급화 전략 : 쇼핑백, 포장지, 박스, 리본 등의 디자인 통일
- DIY 상품 개발
- 현장체험

③ 고객관리 및 영업방법 제시

가. 고객관리
- 회원 관리 카드 : 인터넷, 휴대전화로 신상품 소개, 정보전달, 축하메시지
- 온라인 교육 프로그램 무료 수강 및 상품 홍보

나. 영업방법
- 고객이 만족할 때까지… : 고객 감동 서비스
- 맞춤 서비스 - 고객의 NEEDS에 맞는 상품 창출 및 재료 비치

④ 가격 및 유통방법

⑤ SWOT분석

Strength(강점)	Weakness(약점)

Opportunity(기회)	Threat(위협)

(3) 경쟁사 현황

회 사 명	시장점유율	단 점	장 점	비 고

Ⅲ. 소요자금 및 자금조달계획

(1) 소요자금 산출내역

(단위 : 만 원)

항 목		세 부 내 역	금 액
고정자금	보증금	점포임대보증금	
		권리금	
	기계 구입		
	시설비	점내외 인테리어 공사비	
		서비스설비(냉난방기, 전화기, 금전등록기, 카드체크기 등 기타 비품구입비)	
	기 타		
고정자금 합계 (A)			
운영자금		인건비(1개월)	
		원재료비	
		점포임차료	
		관리비(수도료, 전기료, 관리비 - 1개월분)	
		광고홍보비(1개월분)	
		통신비(인터넷, 전화, 휴대전화, 카드체크기)	
		교통비(출퇴근, 물건구입)	
		건강보험, 국민연금	
		은행이자(년 5%)	
기 타		대출금 상환용 적금(월)	
		세금(부가세 및 소득세)	
		기타(식사, 손님접대)	
운영자금 합계 (B)			
창업비용		중개수수료, 인허가취득, 보험료 등	
		개업 준비 활동비(교통비 등)	
		개업파티 준비비	
		기타(명함, 홍보 브로슈어, 개업선물, 포장박스)	
		초도 물품비	
창업비 합계 (C)			
운전자금 (D)			
총 소요자금 (E) (E=A+B+C+D)			

(2) 소요자금 조달계획

(단위 : 만 원)

총 소요자금	자기자본	타인자본	기 타
		- 정책자금 - 금융기관 대출 - 기 타	

(3) 운전자금 및 시설자금 등 조달방법 (소요자금 및 조달계획을 구체적으로 작성)

- 자 기 자 본 금	:	만원
- 여성부 창업자금	:	만원
- 은 행 대 출	:	만원
- 기 타	:	만원
합 계	:	만원

(4) 자금상환 계획 (적금 가입 등 구체적인 방법을 제시)

① 여성부 지원 자금 (2,000만원)
- 조건 : 1년 거치 4년 상환 (이율 연 5%)
- 상환방법 : 적금가입 월 40만 원 자유 적금 납부
  이자 매월 9만 원 납부

② 은행 대출금 (1,000만 원)
- 조건 : 3년 상환(이율 연 8%)
- 상환방법 : 적금가입 월 20만 원 납부 (3년 만기 상환)
  이자 매월 8만 원 납부

③ 결 과
- 적금 : 매월 60만 원 납부
- 이자 : 매월 17만 원 납부

(5) 추정손익계산서

(단위 : 백만 원)

과 목	1차년도	2차년도	3차년도
매 출 액			
매 출 원 가			
재 료 비			
노 무 비			
경 비			
매 출 이 익			
판매비와 관리비			
급료(임금)			
임 차 료			
감가상각비			

세금과 공과			
차량유지비			
전화비 등 통신비			
기타(접대비 잡비 광고비)			
영 업 이 익			
영업외 수익			
영업외 비용			
지급이자			
기 타			
경 상 이 익			
당기순이익			

Ⅳ. 사업추진 일정

기간 구분	1월			2월			3월			4월		
	1~ 10일	11~ 20일	21~ 30일	1~ 10일	11~ 20일	21~ 30일	1~ 10일	11~ 20일	21~ 30일	1~ 10일	11~ 20일	21~ 30일
예 비 조 사												
업 종 선 택												
시 장 조 사												
사업타당성 분석												
자 금 확 보												
예비후보지 선정												
사업계획서 작성												
사 업 장 선 정												
영업허가사항 검토												
점포 전세 계약												
실내외 인테리어												
비 품 구 입												
광고, 홍보계획 수립												
판 매 계 획												
판촉 전략 수립												
창업 행사 준비 광고, 홍보 실행												
행 정 신 고												
개 점												
기 타												

V. 위협요인

(1) **사업계획 차질시 대안** (자금 상환, 영업 및 판매 등 대안을 제시)
① 얻고자 하는 점포(공장)를 얻지 못했을 때 ② 예상 대출 자금이 대출되지 못 했을 때 ③ 운영 자금의 회전이 원활하지 않을 때 ④ 기간이 만료하지 않았는데도, 채권자가 채무금의 변제를 종용할 때 ⑤ 불량 재료의 사용으로 리콜시, 원래의 사용 재료가 없을 때 ⑥ 고비용 투자 경쟁 업체의 출현으로 입지가 좁아질 때 ⑦ 3개월이 지나도 매출이 없을 때 ⑧ 건강 등이 좋지 않을 때 ⑨ 기 타

제2절 프랜차이즈 창업

1. 프랜차이즈 시스템 개요

1) 프랜차이즈 시스템

프랜차이즈 시스템은 프랜차이저가 프랜차이지로 하여금 자기의 상표, 서비스, 상호, 간판 그 밖의 영업표지를 사용하여 일정한 품질기준이나 영업방식에 따라 상품 또는 용역을 판매하도록 함과 아울러 이에 따른 경영 및 영업활동 등에 대한 지원, 교육과 통제를 하며 프랜차이지는 영업표지의 사용과 경영 및 영업활동 등에 대한 지원, 교육 대가로 프랜차이저에게 로열티를 지급하는 계속적인 거래관계이다.

▌그림 3-1 ▌프랜차이즈 시스템

상표, 경영 노하우, 지도 및 원조 ←

프랜차이지 (가맹점주) — 계약 가맹점 기본계약 — 프랜차이저 (가맹본부)

독립의 사업주 → 고유의 노하우

상품대금, 가맹금, 로열티

프랜차이즈는 표준화를 통한 시스템의 완성이 필요하다. 표준화 구성요소에는 점포 규모, 점포 이미지, 매장 및 백룸 레이아웃, 설비, 비품 등 하드웨어 표준화가 필요하다. 가맹점포가 증가되면 새로운 표준화를 시도하기가 불가능에 가깝다. 프랜차이즈는 점포가 많아질수록 시너지 효과가 크고 오퍼레이션이 효율적으로 운영됨으로 표준화를 통한 시스템 업그레이드가 필요하다.

2) 프랜차이즈 시스템 장점과 단점

프랜차이즈 시스템 일반적 장점은 가맹본부의 전반적 운영 노하우를 즉시 사용할 수 있으며 급변하는 시장 정보를 즉시 수집할 수 있다. 사업실패 위험성이 적고 경험이 없는 가맹점주도 운영이 가능하며 본부 노하우를 효율적으로 활용하여 운영할 수 있다.

| 표 3-6 | 프랜차이즈 시스템 장단점

구분	가맹본부	가맹점
장점	- 점포 확장이 용이하다. - 규모경제 실현이 가능하다. (규모경제, 공동마케팅이 가능하다) - 핵심역량 집중 가능. (상품개발, 노사 갈등 감소)	- 가맹본부 노하우 전수로 위험이 적다. - 초기 창업비용이 저렴하다. - 대고객 신뢰성이 높다. - 마케팅 활동이 용이하다.
약점	- 도미넌트 출점이 아닌 경우 고비용 발생된다. - 시스템, 통제 어려움이 발생한다. - 이익 발생이 크지 않다.	- 본부 실패가 가맹점에 파급된다. - 점포 자체 경영개선 여지가 감소한다. - 점포 특성에 맞는 탄력적 대처가 어렵다.

3) 프랜차이즈 계약 기본 내용

(1) 프랜차이즈 계약

가맹점주가 본부로부터 상호, 상표, 사인 등의 상표권 및 경영노하우를 이용할 것을 허가받고 영업운영과 관련하여 본부로부터 지도 및 지원을 받으며 이에 대하여 일정한 로열티를 지급할 것을 약정함으로써 성립되는 프랜차이즈 계약을 말한다.

(2) 가맹점주 의무

① 가맹사업 통일성 및 가맹본부 명성을 유지하기 위한 노력
② 본부에 대한 일정 로열티를 지급
③ 가맹본부 공급계획과 소비자 수요충족에 필요한 적정재고 유지 및 상품 진열
④ 가맹본부가 상품 또는 용역에 대하여 제시하는 적절한 품질기준 준수
⑤ 본부의 경영지도 및 지원에 대하여 이행의무
⑥ 가맹본부가 사업자의 설비와 외관, 운송수단에 대하여 제시하는 적절한 기준의 준수(취급하는 상품. 용역이나 영업활동을 변경하는 경우 가맹본부와 사전협의)
⑦ 가맹 계약 기간 중 가맹본부와 동일한 업종을 영위하는 행위 금지
⑧ 가맹본부 영업기술이나 영업비밀 누설 금지
⑨ 가맹본부의 동의를 얻지 아니한 경우 사업장의 위치 변경 또는 가맹점 운영권 양도 금지
⑩ 기타 계약사항 준수해야 하는 의무

(3) 가맹점주 권리

① 독립적으로 점포경영
② 프랜차이즈 권리 사용
③ 상표/경영노하우/경영지도 및 지원

(4) 본부 준수사항

① 가맹사업 성공을 위한 노력
② 상품, 용역의 품질관리와 판매기법의 개발을 위한 지속적 노력
③ 가맹사업자에 대하여 합리적인 가격과 비용에 의한 점포설비 설치, 상품 또는 용역 등 공급
④ 가맹계약 기간 중 가맹사업자의 영업지역 안에서 직영점을 설치하거나 가맹사업자와 유사한 업종의 가맹점을 설치하는 행위 금지
⑤ 가맹사업자와 대화와 협상을 통한 분쟁해결 노력

(5) 본부 지원

① 정기적인 슈퍼바이저(SV) 방문 통한 경영지도/교육
② 경영정보 제공
③ 상품공급(원가/매가 준수 탄력적 운영/본부 방침)
④ 전산(발주/판매)시스템 제공
⑤ 장려금 지원
⑥ 마케팅 활동 지원(별도 계약)
⑦ 기타: 세무지도/재고관리/인력운영 컨설팅

4) 가맹본부 정보공개서 제공의무

(1) 정보공개서 등록

① 가맹본부의 정보공개서를 공정거래위원회에 등록하여야 한다.
② 이행하지 않을 경우 300만 원 이하의 과태료가 부과된다.
③ 등록하지 않은 정보공개서를 제공하여 가맹점을 모집할 경우에는 정보공개서 미제공에 준하여 처벌된다.
④ 공정거래위원회는 등록한 정보공개서를 공개할 수 있다.

(2) 정보공개서 갱신

① 가맹본부는 매 사업 연도가 종료하는 날로부터 90일 이내에 정보공개서를 갱신하여야 한다.

② 중요사항이 변경된 경우에는 변경된 날로부터 90일 이내에 수정하여야 한다.

※ 정보공개 중요사항

① 가맹본부 임원 법위반 사실에 관한 사항

② 가맹사업자 부담에 관한 사항

③ 영업활동에 대한 조건 및 제한에 관한 사항

④ 교육, 훈련 프로그램에 관한 사항

(3) 정보공개서 제공의무

① 가맹본부는 가맹계약 체결 전에 가맹희망자에게 반드시 공정거래위원회에 등록한 정보공개서를 제공하여야 한다.

② 가맹희망자의 정보공개서 제공 요청 불문하고 제공하여야 한다.

③ 가맹계약 체결 14일 전 혹은 최초 가맹금 수령 14일 전 정보공개서를 제공하여야 한다.

④ 변호사나 가맹거래사의 상담을 실시한 경우는 7일 전 제공하면 된다.

⑤ 정보공개서 미제공시 2년 이하의 징역 혹은 1억 원 이하의 벌금이 부과된다.

5) 가맹사업 공정화에 관한 법

(1) 가맹금 예치의무

① 가맹본부는 가맹사업자로 하여금 가맹금을 예치기관에 예치하여야 한다.

② 개시지급금, 계약이행보증금이 대상이다.

(2) 허위·과장 정보제공 금지

① 가맹본부는 가맹희망자에게 정보를 제공함에 있어서 허위 또는 과장된 정보를 제공하거나 중요사항을 누락하여서는 안 된다.

② 허위·과장된 내용의 정보공개서를 작성해서는 안 된다.

③ 정보의 내용을 표시, 광고, 설명함에 있어서 허위, 과장되어서는 안 된다.

④ 중요한 사항을 누락하여 정보공개서를 작성하거나 그 내용을 설명, 광고해서는 안 된다.

(3) 예상 매출액/수익률

① 가맹본부는 예상 매출액 제공 시 서면으로 교부하여야 한다.
② 가맹사업자의 예상 매출액, 수익, 매출총이익, 순이익 등 장래의 예상수익 상황에 관한 정보를 제공한다.
③ 가맹사업자의 매출액, 수익, 매출이익, 순이익 등 과거의 수익상황이나 미래의 수익 상황에 관한 정보를 제공한다.
④ 상기 정보를 제공 시에는 그 정보의 산출근거가 되는 자료를 본부 사무실에 비치한다.
⑤ 가맹사업자나 가맹희망자 요구가 있을시 열람하도록 해야 한다.
⑥ 예상 매출액 범위는 원칙적으로 가맹희망자의 점포예정지에서 영업개시일로부터 1년간 예상되는 연간 매출액 범위를 제공하되 최고액은 최저액의 1.7배를 초과하지 않도록 해야 한다.

(4) 가맹금 반환

① 가맹본부가 가맹 희망자에게 허위 과장된 정보를 제공하거나 중요한 사항을 누락 하였을 때
② 계약체결 시 가맹본부가 허위, 과장된 정보의 제공 혹은 중요한 사항의 누락된 내용이 계약체결에 중대한 영향을 준 경우
③ 가맹본부가 정당한 이유 없이 일방적으로 가맹사업을 중단한 경우
④ 정보공개서 미 교부시
⑤ 계약체결일 2개월 내지 가맹사업 중단일 2개월 이내에 반환 청구한 경우 반환하여야 한다.
⑥ 반환청구가 있는 날로부터 1개월 이내에 반환하여야 한다.

(5) 계약서 사전교부

① 가맹희망자가 가맹계약의 내용을 미리 이해할 수 있도록 각 호의 사항이 적힌 문서 사전교부
② 가맹계약 체결일, 가맹금의 최초수령일 중 빠른 날 전에 제공하여야 한다.

(6) 영업지역보호

① 가맹계약서에 정한 가맹사업자의 영업지역 보호
② 가맹사업자와 동일한 업종의 자기 또는 계열회사의 직영점이나 가맹점을 가맹사업자의 영업지역 내에 설치하는 행위를 금지한다.

③ 심야시간대(오전 1시~6시) 매출이 저조 할 경우 가맹점은 영업을 단축할 수 있다. (편의점)

(7) 점포 환경개선 강요 금지

① 프랜차이즈 가맹본부가 정당한 사유 없이 리모델링 등 점포 환경 개선을 강요하는 행위는 금지된다.
② 점포 확장과 이전이 필요할 경우 본부가 비용의 40%를 기존 점포를 유지할 경우 20%를 각각 부담해야 한다.

(8) 위약금 부당성 판단기준

① 과중한 위약금을 부과하는 행위 등 가맹점사업자에게 부담하는 손해배상책임을 부담시키는 행위를 금지한다.
② 위약금 부당성 판단 시 고려할 기준으로 계약의 목적 및 내용, 발생할 손해액 크기, 당사자 간 귀책사유 유무 및 정도, 해당 업종의 정상적 거래관행 등 4가지로 규정되었다.

6) 프랜차이즈 이익배분

프랜차이즈 이익배분방식은 발생된 이익금을 투자 주체에 따라 배분하는 방식과 상품공급을 통한 수수료를 수취하는 방식으로 구분할 수 있다.

❙ 표 3-7 ❙ 프랜차이즈 이익금 분배 방식

구분	GS편의점	롯데리아
가맹형태	완전가맹 위탁가맹 (가맹본부 투자)	완전가맹 (프랜차이즈 가맹점주 투자)
수익 배분	이익배분	본부상품공급 수수료 수취

2. 프랜차이즈 소매점 창업

1) 편의점 창업

(1) 편의점 중간관리

편의점 본사가 임차하고 가맹점주가 위탁경영으로 매장을 운영하는 방식이다. GS25, 세븐일레븐 중간관리 형태는 아래 표 편의점 중간관리 형태와 같다(2014년 10월 기준).

Ⅰ표 3-8Ⅰ편의점 중간관리 형태

단위: 만 원

항목		GS 25	세븐일레븐
투자 비용	가맹금	770(세 포함)	770(세 포함)
	상품준비금	1,200	1,400
	소모품준비금	50	50
	시설/집기보증금	200	
	보증금	1,000	2,000
	점포임차비용	본부 부담	본부 부담
	시설/집기/인테리어	본부 지원	본부 무상지원
	합계	최소 3,220만 원	최소 4,220만 원
계약 조건	이익배분	45%	최대 40% 이익구간별 차등
	계약기간	2년/재계약시 가맹비 없음	2년/재계약시 가맹비 없음
	담보	2,000	2,000
기타	기타지원	- 전기료 지원금 50% 지원(실사용량 기준) - 미오출/배송지연 보상금 지급 - 폐기지원금 - 상품 판매 장려금 - 운영비 최소보조제도운영(24시간 운영점)	- 영업지원금 375만 원(24시 운영) 275만 원(24시간 미운영) - 각종 장려금(발주 장려금/결품 보상금 등), 상온/냉장 상품 폐기 지원금

(2) 편의점 점주 임차(자가) 운영

점주투자 비용과 수익은 편의점 본사가 달라도 대동소이함으로 운영 및 브랜드 가치 등과 운영주 특성, 운영하고자 하는 점포 상권 특성 등을 감안하여 결정하여야 한다.

┃표 3-9┃편의점 점주 임차운영 조건

구분		세븐일레븐	GS25
점포 임차		운영주	운영주
계약기간		기본 5년	기본 5년
운영 주 수익	24시간 영업	80%	80%
	24시간 미 영업	75%	별도 약정
투자비	가맹 가입비	770만 원(VAT 포함)	770만 원(VAT 포함)
	상품 보증금	1,400만 원	1,200만 원
	소모품 준비금	50만 원	50만원
	가맹 보증금	-	시설보증금 200만 원
	인테리어	운영주	운영주
	집기 및 전산	본사	본사 /운영주
	합계	2,220만 원+인테리어+점포임차비용	2,220만 원 + 인테리어 + 점포임차비용
기타		각종 장려금	각종 장려금
담보		5,000만 원	5,000만 원

(3) 편의점 임의형 가맹점

가입과 탈퇴가 비교적 자유스러운 임의형 편의점의 대표적 형태가 위드미이다.

① 회원료 납부 방식: 월 회비 납부 방식이다.

② 영업시간의 자율성: 개점시간 및 휴무 결정권이 비교적 점주 자율적이다.

┃표 3-10┃임의형 편의점 가맹점

	구분	점주 주도	중간형	본사 주도
계약조건	매출이익	100% 운영주 수익		
	월 회비 (VAT 별도)	60만 원	110만 원	150만 원
	계약기간	2년/5년	5년	5년
	담보	1,000만 원	3,000만 원	5,000만 원
운영 주 투자	점포임차	운영주		
	인테리어	운영주	경영주 또는 본부	본부
	영업장비/집기	운영주	경영주 또는 본부	본부
	가맹 비(VAT 포함)	550만 원(계약 종료 시 소멸)		
	상품준비금	1,600만 원		
	소모품 비	50만 원		
	계	2,200만 원		

자료: 위드미 홈페이지

2) 프랜차이즈 슈퍼마켓

대형마트 포화와 영세상인 반발로 SSM의 출점이 위축되는 2010년 롯데슈퍼, 홈플러스, GS슈퍼 3사가 동시에 중소상인과 윈윈하는 모델로서 프랜차이즈사업에 진출하고 가맹본부인 기업형 슈퍼와 가맹점주인 영세 상인과의 동반성장모델을 제시했다. 사업초기는 본사 시스템 구현이 가능하고 효율적인 통제가 가능한 프랜차이즈형사업을 전개하였다.

❙ 표 3-11 ❙ 체인사업 형태별 현황

구분	정의요약	운영현황	시장규모
직영점형	· 체인본부가 자기자본으로 소매 점포를 직접 운영하는 사업 · 체인본부는 가맹계약을 체결한 소매 점포에 대해 지속적으로 상품을 공급하며 경영을 지도하는 형태	· 사업자단체: 체인스토아협회 · 주로 대기업이 직영점을 운영하고, 업무 매뉴얼 개발, 사원연수 교육 등 사업추진 · 점포수: 대형마트 424개('08년 통계청, 전국사업체 기초통계조사), SSM 696개 ('09년 체인스토아협회)	이마트, 홈플러스 등 25조 6,210억 원
프랜 차이즈형	· 특수한 영업권으로 영업방식을 통일 및 통제하는 사업 · 체인본부가 상호, 판매가격, 판매방법, 매장운영 및 광고 등에 관한 경영방식을 결정하고, 가맹점으로 하여금 그 결정과 지도에 따라 운영하도록 하는 형태	· 사업자단체: 한국프랜차이즈협회(FC), 한국편의점협회(CVS) · 운영실태: 점포표준화 및 사원 연수교육, 시스템 경영체제 유지로 신장세 지속 · 점포수: 13,609개('08년 통계청, 전국사업체 기초통계조사)	CU 등 4조 3천억 원
임의 가맹점형	· 타인자본의 점포를 체인화(조직화)하는 사업 · 체인본부의 경영지도에 의하여 가맹점의 취급품목, 영업방식을 표준화하거나 체인본부의 경영지도에 의하여 공동구매, 공동판매, 공동시설 활용 등 사업을 수행하는 형태	· 사업자단체: 한국체인사업 협동조합 · 운영실태: 도매기능 수행 및 본부와 가맹점 간 시스템을 갖추고 있으나 미약함 · 본부: 85개, 가맹점수: 44,450개(09년 자체 실태조사)	CS유통, 새생활체인 등 1조 6천억 원
조합형	· 소매점 협동조합이 체인사업에 진출 · 동일 업종의 소매점들이 중소기업 협동조합법에 의하여 협동조합을 설립하여 공동구매, 공동판매, 공동시설 활용 등 사업을 수행	· 사업자단체: 한국슈퍼마켓협동조합연합회 · 임의 가맹점과 동일. 단, 중소기업 협동조합법에 따라 조합설립 인가를 받은 자들이 주류, 중소기업면허 취득을 위해 우수 체인사업자 지정을 다시 받음	KOSA마트 1천 2백억 원

3) 슈퍼마켓 임의 가맹점

임의 가맹점은 체인본부의 계속적 경영지도 및 체인본부와 가맹점 간 협업에 의하여 가맹점의 취급품목, 영업방식 등 표준화 사업과 공동구매, 공동판매, 공동시설 활용 등 공동사업을 수행하는 형태의 체인사업이라고 유통법에 정의되어 있다.

유통산업 발전법의 출점과 영업규제가 프랜차이즈형까지 포함됨으로 규제에서 자유스러운 임의 가맹점 즉 상품공급만을 중심으로 하는 사업 전개가 효율적 측면이 있다.

4) 커피 전문점

커피 전문점의 시장규모는 2015년 3조 3,000억 원이 넘는다고 한다. 커피 전문점 시장 확대는 저변에 확대된 커피문화와 높은 수익률, 운영 편리성으로 창업 희망자에게 아직도 관심이 증가되기 때문이라 할 수 있다. 홈페이지에 공개된 내용을 중심으로 커피 프랜차이즈 가맹점 창업 비용은 아래 표 커피 프랜차이즈 창업 비용과 같다.

엔제리너스는 물품 보증금이 부동산일 경우 2,000만~4,000만 원, 현금 또는 보증보험일 경우 1,500만 원~3,000만 원으로 최대 금액 적용 시 2억 4,000만 원의 창업 비용이 예상되고 매출 순이익의 5%를 로열티로 지불해야 한다. 투썸 플레이스는 철거공사, 외부테라스, 계단공사, 전기 증설공사 등은 포함되지 않은 비용이다. 이디야 커피가 다른 업체에 비하여 창업 비용이 적은 이유는 매장 규모 때문이다. 15평을 기준으로 이디야 커피는 9,900만 원의 창업비에 교육 및 슈퍼바이저 순회 지도, 점포운영 및 신메뉴 교육, POS AS비용 등 로열티로 매월 25만 원을 부담해야 한다.

▌표 3-12▐ 커피 프랜차이즈 창업 비용

구분	엔제리너스	투썸 플레이스	이디아
기준평수	40평 이상 (140m²)	45평 (148.7m²)	15평 (49.6m²)
가맹전 교육비		150만 원	
가맹이행 보증금	별도 적용	1,000만 원	500만 원
인테리어	9,000만 원	9,405만 원	3,500만 원
설비/기기	1억 원	7,700만 원	2,700만 원
간판/사인		1,200만 원	600만 원
비품/소모품			
POP/판촉물			

초도상품			800만 원
기타			
실사/도면			
감리			
가맹비	1,000만 원	2,000만 원	1,000만 원
설계비		500만 원	
가구		3,500만 원	600만 원
합계	2억 원	2억 5,455만 원	9,900만 원

제3절 소매점 사업계획서 사례

1. 사업개요

1) 오픈 점포 개요

점포 주소	서울시 노원구 000		
대지 면적	605.5㎡(200평)	건축면적	302.5(100평) (건폐율 50%)
연면적	600평 (용적률 300%)	용도	근린시설
계약면적	1층(100평)	전용면적	60평
건물현황	〈층별 현황〉 1층 2층 3층	〈사진 첨부〉	
계약조건	월임차료: 8백만 원(vat 별도) 임차보증금 : 5천만 원, 권리금 1억 원		
기타	- 전용주차 5대 중 3대 사용 가능 - 관리비 월 50만 원(vat 별도)		

2) 임차조건 및 매장도면

단위: 백만 원

구분		금액	비고
임대보증금	계약금(10%)	5	월임대료 8 (vat 별도) 관리비0 .5 (vat 별도)
	잔금	45	
	소계	50	
기타	영업권	100	
	수수료	5	
	소계	105	
합계		155	

3) 임차조건 비교

단위: 천 원

구분		노원점	경쟁점	대비 율
전용면적		60	100	
임대료	보증금	50,000	150,000	
	임대료	8,000	17,000	
	전세환산	1,970,000	4,230,000	
	평당 전세	32,830	42,300	77%
영업권	권리금	100,000	200,000	
	평당 권리금	1,660	2,000	83%

*전세 환산: 이자율 5% [보증금 + (임대료/0.05×12)]

2. 상권 분석

1) 상권위치

① 잠재고객 밀집거주지역

② 향후 도미넌트 출점이 가능한 지역

③ 노원역 더블 역세권과 인접 지역으로 집객력 우수

2) 상권 내 거주 현황 및 인구분포

(1) 거주현황

구분	주거	세대수	세대수			비고
			25평 이하	40평 이하	41평 이상	
반경 500미터	00아파트	1800	500	1000	300	
	00아파트	1000	800	200		
	00아파트	1500	500	1000		
	원룸	200	200			
	단독주택	100		100		
구성비	세대수	4600	2000	2300	300	
	구성비	100	44	50	6	

(2) 인구수

구분	인구수	20세 이하		21-39세		40-59세		60세 이상 이상	
		인구수	구성비	인구수	구성비	인구수	구성비	인구수	구성비
500m	25,000	3,750	15%	7,500	30%	10,000	40%	3,750	15%
1km	60,000	9,000	15%	18,000	30%	24,000	40%	9,000	15%

* 특정지역은 안전행정부 주민등록 통계참조 요

3) 집객력 분석

(1) 연령대별 유동인구 구성비(일 유동고객 9,000명)

10대	20대	30대	40대	50대	60대
6	15	30	25	15	9

(2) 요일별 유동인구

일	월	화	수	목	금	토	계
10	15	16	15	18	17	9	100

(3) 주요 집객시설

- 학교, 학원, 등 집객 시설
- 직장, 먹자골목, 쇼핑시설 표기

(4) 목표 고객인터뷰 및 시사점

구분		고객 요구 사항	핵심 사항
니즈	쇼핑	- 청과, 야채 소포장 상품 - 손질 생선(생물) - 용도에 맞는 맞춤식 정육	- 소포장/벌크 매장 운영 - 전 처리 생선 - 다양한 델리 - 쇼핑편의 - 체험 활동
	기타	- 배송, 주차 편리성 요구 - 상품체험(시식 등)	

<table>
<tr><th>조사목적</th><th colspan="3">지역주민의 life style과 식료품 구매 패턴 파악</th></tr>
<tr><td>대상 및 시간</td><td colspan="3">- 2회 - 회당 5명</td></tr>
<tr><td>조사방법</td><td colspan="3">- FGI 및 모니터링</td></tr>
<tr><td rowspan="5">내용</td><td colspan="2">구분</td><td>특성</td></tr>
<tr><td colspan="2">고객 Profile</td><td>- 나이 평균 : 43세
- 가족: 3.5명(자녀 1.8)
- 거주: 500m 이내</td></tr>
<tr><td rowspan="2">구매 패턴</td><td>식품 구매주기</td><td>3회/주</td></tr>
<tr><td>객 단가</td><td>6만/회</td></tr>
<tr><td colspan="2">lifestyle</td><td>- 식료품 구매에 의한 가정 식 선호
- 간편식 구매: 월 2.9회</td></tr>
<tr><td>특이사항</td><td colspan="3">- 식재료 구매, 가정식 빈도 높음</td></tr>
</table>

4) 경쟁 점 현황

(1) 50미터 내 소형 슈퍼

구분	오픈 예정	경쟁점
점포	60평	100평
입지	- 2면 노출 : 교차로 입지 - 스타벅스 등 집객시설	- 1면 노출 - 부동산 등 집객시설 미비
주차/서비스	- 상가에서 운영	- 주차 시설 양호
M/D	- 과일/야채 중심 매장 - 청결한 매장 구성	- 정육 매장 강점 - 식자재 위주 영업 - 시장 분위기 영업
평가	- 가시성, 건물 매력도 있음	- 시장 분위기 /노후화

(2) 상품 경쟁 점포 현황

구분	현황	대응방안
슈퍼마켓	- 홈플러스 익스프레스 - 150미터	- 타깃 고객 대상 관계마케팅 강화
편의점	- 10미터 내 편의점	- 특화 M/D

5) 전략 방향

상권 분석	- 2면 노출 접근성 우수 - APT 4,000세대 배후	고객 특성	- 40~50대 핵심고객 40% - 확장 가능한 잠재고객 보유
경쟁 분석	- 반경 50미터 경쟁점 2점 - 입지, M/D차별화 가능	당 점포 특성	- 차별화 M/D 보유 - 고품격 점포 콘셉트

3. 점포 목표

1) 운영 방향

전략		실행계획	목표
상품	상권/고객대응 M/D	최적 M/D구축	사업 조기 정착
		고객 요구 반영 M/D	
		특화매장 구성	
마케팅	고객기반 확대	오픈행사 강화	
		목포고객 지속 확보	
		충성고객 대상 마케팅	
운영	운영 UP GRADE	고객 포인트 보강	
		투자 최적화	
		인력 효율화	

2) 연간 매출계획(1차년도 20억)

단위: 백만

구분	매출액	구성비	비고
신선	800	40%	연간: 20억 월평균: 167백
그로서리	480	24%	
정육	300	15%	
주류/음료	260	13%	
양곡	160	8%	
합계	2000		

3) 상품계획

구분		방향	내용
신선	야채	소분/벌크 운영	소포장 /벌크 매대 운영
	청과	소 규격 판매	커트 판매
	정육	프리미엄 고객 대응	용도별 맞춤 대응
그로서리	상온	수입 상품 강화	와인/치즈 등 강화
	냉장	아일랜드 매대 구현	냉장상품 확대
기타	담배	담배/아이스크림 확대	전략 M/D운영

4) 마케팅계획

① 개점 전 사전 마케팅 실시로 고정고객 기반구축
② APT 및 역세권 먹자골목 타깃 2원화 마케팅

1단계	고객기반 구축	2단계	상권 붐업	3단계	고정 고객화

〈1단계 : D-20~D-1〉 〈2단계 : D-0~D+14〉 〈3단계 : ~3개월〉

APT 상권	고객 사전확보	오픈행사 강화	고객 구축
	- 개점 점포 인근 고객 회원 확보 - 핵심 APT 대상 홍보 - 매장사전 홍보	- 오픈사은행사 - 노원지역 온라인 커뮤니티 홍보	- CRM시스템 활용 - 동호회, 커뮤니티 친밀감 강화
역세권 먹자골목	기대감 구축	화제 창출	신규고객 창출
	- 직장인 학원가 대상 홍보 - 유동고객 집중시간대 홍보	- 오픈행사 매장 구성 차별화 - 이벤트 실시로 펀 이미지 구축	- 유동고객 대상 고객 확보 - 마일리지 인센티브로 재방문 강화

5) 점포 인원계획

인력 운영

구분		인원
점장		1
매장	농산	2
	공산	1
	정육	1
계산원		2
배송		1

매장 운영

구분	내용	비고
영업시간	오픈: 10:00 폐점: 23:00	시즌 탄력 운영
POS	2대	
배송	11:00~19:00	
고객관리	멤버스 카드 적립	현금 1% 카드 0.5%

① 유사 규모 매장 인력 규모와 비교 운영기준 수립
② 배송 및 서비스 시스템 업그레이드

6) 공사 계획

① 공사 일정
② 공사 비용
③ 인허가 사항

※ 별첨: 매출 및 손익추정(월평균)

▌표 3-13▌매출 및 손익추정

단위: 천 원(세 별도)

구분		금액	구성비	비고
매출액		167,000	100%	일 5.6백만 기준
매출 이익	상품매출 이익	38,410	23%	
	장려금/기타	3,340	2%	
	소계	41,750	25%	
판매 관리비	인건비	8,500	5.1%	직원 2/잔여 P/T6
	지급임차료	8,000	4.8%	
	수도광열비	1,670	1%	
	지급수수료	2,505	1.5%	카드 수수료
	광고판촉비	2,505	1.5%	
	감가상각비	2,505	1.5%	
	지급이자	1,670	1%	
	소모품/기타	1,670	1%	
	지급이자	1,670	1%	
	기타	2,705	1.6%	관리비/통신비/보험료
	소계	33,400	20%	
영업이익		8,350	5%	

제3장 창업 방법 연습문제

1. 성공적 창업자 자질과 요건을 설명하시오.

소상공인 사업자는 국가 경제 및 사회 발전에 중요한 임무를 수행하고 있다는 자부심과 긍지를 갖는 것이 중요하다.

구 분	내 용
목표 의식	- 사업에 대한 명확한 목표를 설정한다. - 경쟁업체와 경쟁력 우위를 위한 차별화 전략을 세워야 한다.
현실 인지능력	- 자신의 재정 능력 및 규모, 형편을 잘 파악한다. - 현실적 분석이 필요하다.
도전정신	- 어려운 상황일지라도 흔들리지 않고 위기를 극복할 수 있는 유연함이 필요하다. - 위험 감수 및 자신의 결정에 대한 책임을 다한다.
신뢰성	- 고객에게 진실함을 전제로 신뢰를 주어야 한다. - 안전하고 믿을 수 있는 상품을 개발한다.

2. 창업계획서를 작성 시 유의사항에 대하여 설명하시오.

① 사업계획서는 충분성과 자신감을 바탕으로 작성되어야 한다.

② 사업계획서는 객관성이 결여되어서는 안 된다.

③ 계획 사업의 핵심 내용을 강조하여 부각시켜야 한다.

④ 상품 및 기술성 분석에 대한 내용은 전문적인 용어 사용을 피하고 단순하고 보편적 내용으로 구성한다.

⑤ 자금조달 운용 계획은 정확하고 어느 정도 실현 가능성이 있어야 한다.

⑥ 계획 사업에 잠재되어 있는 문제점과 향후 발생 가능한 위험 요소를 심층 분석하고 예기치 못한 사정으로 인해 창업이 지연되거나 불가능하게 되지 않도록 다각적인 점검이 요구된다.

3. 프랜차이즈 시스템을 설명하시오.

프랜차이즈 시스템은 프랜차이저가 프랜차이지로 하여금 자기의 상표, 서비스, 상호, 간판 그 밖의 영업표지를 사용하여 일정한 품질기준이나 영업방식에 따라 상품 또는 용역을 판매하도록 함과 아울러 이에 따른 경영 및 영업활동 등에 대한 지원, 교육과 통제를 하며 프랜차이지는 영업표지의 사용과 경영 및 영업활동 등에 대한 지원, 교육의 대가로 프랜차이저에게 로열티를 지급하는 계속적 거래관계이다.

4. 용어 설명

- 정보공개서
- 가맹금
- 임의형 가맹점

PART 2

창업 준비

자본 조달

제1절 자본 계획

1. 자금조달

1) 기업 자금전략

(1) 자금전략 개요

기업 자금전략이란 기업 활동을 위해 필요한 자금을 안정적이고 효율적으로 적시에 조달하는 것과 조달된 자금을 효과적, 효율적으로 어떻게 운용하는가 하는 것이다. 즉, 자금 조달전략과 자금운용전략으로 구분할 수 있을 것이다. 기업 목표는 '가치 극대화' 또는 '주주이익 극대화'라고 정의될 수 있으며 기업경영 전반적 과정은 이러한 목표달성을 위해 필수적 역할을 수행하는 과정으로 정의할 수 있다. 기업 재무관리 목표도 당연히 기업가치 극대화를 위한 관리과정이 되어야 할 것이다.

(2) 자금전략 수립

자본조달 전략에 있어서 자본코스트 최소화와 자금운용전략에 있어서 투자가치인 순현재가치 극대화가 조화를 이루어 기업가치가 극대화될 수 있도록 기업 자금전략이 수립되어야 한다.

회사가 필요로 하는 자금 규모가 얼마인가를 파악해야 한다. 공급자인 주주 또는 채권자는 기업 가치를 극대화시켜 줄 수 있다는 믿음 또는 신뢰를 가질 수 있어야 하며 그렇게 되도록 기업 자금전략은 이러한 시장 논리를 잘 이해하고 그에 맞는 전략을 수립해야 한다.

① 자기자본(내부유보자금, 유상증자 등)으로 필요 자금을 조달할 것인가 아니면 타인자본(차입금, 회사채 등)으로 조달할 것인가 또는 그 비율을 얼마로 할 것인가에 대한 계획을 수립해야 한다. 즉, 회사는 재투자를 위하여 얼마의 자금을 회사 내부에 유보하고 얼마를 주주에게 배당할 것인가를 결정하는 문제(배당 의사결정)와 나머지 필요한 투자재원을 어떻게 조달할 것인가를 결정하는 문제(기업 재무결정)이다. 추가적인 투자재원 조달문제는 현재 회사 자본구조 또는 부채비율 등을 토대로 회사 이자부담능력, 캐시 플로우 및 목표 재무구조를 감안하여 결정한다. 부채비율은 업종 또는 영업활동에서 창출되는 현금흐름에 따라 상이하지만 통상 100~200% 수준을 기준으로 한다. 만일 현재 회사 부채비율이 100% 수준이고 회사 영업활동으로 인한 현금흐름이 마이너스인 상태라면 부채비율이 절대적으로는 낮은 상태임에도 불구하고 영업현금흐름이 부족하기 때문에 유상증자(주주배정 또는 제3자 배정)를 통한 자금조달이 바람직할 것이다.

② 타인자본으로 조달하는 경우 얼마를 단기부채로 얼마를 장기부채로 조달할 것인가의 문제이다. 이는 기본적으로 유동자산투자를 위한 자금은 유동부채(단기차입금)로 충당하고 투자자산 및 유형자산 등 장기자산에 대한 투자자금은 장기자금으로 충당함으로써 자산과 부채의 만기구조를 일치시키는 것이 가장 이상적일 것이다. 왜냐하면, 아무리 낮은 부채비율을 유지하고 있는 회사라 하더라도 단기차입금 비중이 높고 비유동자산 비중이 높은 상태에서 예기치 않은 단기차입금 회수 등 단기자금시장의 불안정성이 초래된다면 이 회사는 상당히 곤란한 상황에 빠지게 될 것이며, 이를 해결하기 위해 더 높은 자금조달비용을 지불해야 하든지 아니면 비유동자산을 단기에 유동화하기 위해 상당한 비용을 지불해야 하기 때문이다. 따라서 이러한 유동성 위험을 최소화하기 위해 자산과 부채의 균형 잡힌 만기 구조를 유지한다는 것은 상당히 중요하다.

③ 상기의 의사결정에 있어 자금조달비용 최소화이다. 즉, 자금시장동향 및 전망을 토대로 언제 어떠한 자금으로 조달하는 것이 기업 재무비용을 최소로 할 수 있을 것인가에 대한 판단을 필요로 한다. 주식시장이 호황기에 있다면 훨씬 낮은 비용으로 안정적 자기자금조달이 용이할 것이며 채권 금리가 낮은 수준에 있는 경우 타인자본을 조달하는데 낮은 비용으로 쉽게 가능할 것이다. 그러나 이러한 상황이 오래가지 않는다는 것이 일반적 상황임을 고려하면 그러한 흐름(cycle)을 잘 포착한다는 것은 자금조

달비용 측면에서 뿐만 아니라 기업 존폐가 걸려 있는 중차대한 문제로까지 연결된다는 점을 간과해서는 안 될 것이다.

④ 최근 추세는 자금전략이 전통적 자금조달 기능에 머물지 않고 조달된 자금이 유동자산 및 비유동자산으로 전환되는 투자의사 결정과정까지 그 영역이 확대되고 있다. 왜냐하면 기업 자금조달 필요성 자체가 바로 투자의사결정을 전제로 하기 때문이다. 따라서 기업 자금전략이란 자금 조달과 운용 문제가 거의 불가분의 관계를 갖고 있다.

⑤ 최근에는 재무관리자(CFO, Chief Financial Officer)에게 요구되는 중요한 개념이 가치경영(Value Management)이다. 이는 최근 일반화되고 있는 인수합병(M&A; Mergers & Acquisition) 또는 인수개발(A&D; Acquisition & Development) 등을 통한 적극적 기업구조 개편전략을 추진하는 주체가 되기를 요구하고 있다. 즉, 현재 사업부문 가운데 수익을 내지 못하는 부문은 이를 통합해 시너지를 얻을 수 있는 다른 기업에 매각하는 등 과감히 정리하면서 다른 한편으로는 현재 사업부문 중 다른 기업의 일정 부분을 인수함으로써 시너지를 얻을 수 있는 기회를 적극적으로 모색하는 것이다. 또한 일반적 사업부문의 양수·도 뿐만 아니라 서로 시너지를 얻을 수 있는 기업과 적극적 결합을 통한 시너지 전략도 구사할 필요가 있을 것이다.

다른 한편으로는 중소벤처기업부 등 각종 지원 자금을 받을 수 있도록 하고 기업 재무구조를 감안하여 적절한 수준의 차입금을 통한 최소한의 자금 확보를 위해 노력을 기울여야 할 것이다.

2) 자금조달원천

성공적 창업을 하기위해서는 최소 비용으로 자금을 조달하고 조달된 자금으로 현금흐름을 가장 크게 가져오는 안에 투자하여 수익을 극대화할 수 있어야 한다. 자금조달 성격은 조달되는 자금 만기에 따라 단기자금 조달과 장기자금 조달로 구분한다. 이러한 구분은 지금조달 원천과 투자대상 특성을 잘 연결시켜주기 때문이다. 단기자금은 유동자산으로 사용하고 비유동자산에 투자는 장기자금으로 조달하기 위함이라 할 수 있다. 본 소매점 창업에서는 소자본 소매점 창업에 주안점을 두고 설명하는 만큼 장단기 구분 중 단기자금 중심으로 자본조달 방법도 은행 차입을 중심으로 설명하고자 한다.

사업자를 개설하여 소매점을 운영하기 위하여 어떻게 자금조달을 할 수 있는지, 투자자본 조달과정에 도움을 받을 수 있는 기관이 어디인지 관심을 가져야 한다. 이러한 자금조달 원천으로 증권, 금융시장, 금융 중개기관이 있다.

(1) 증권

주식과 채권

(2) 금융 시장

주식과 채권을 발행하여 자금조달하기도 하고 은행이나 보험회사에서 차입할 수 있다.

(3) 금융 중개기관

예금기관, 저축기관, 투자기관, 증권회사로 구분된다.

3) 단기 자금 조달 방안

단기자금 조달에는 금융기관을 통하여 대출받는 방법과 증권을 발행하여 자금을 조달하는 방법이 존재한다. 자금을 조달하는 결정요인으로 융통성, 조달기관과 시기, 자금조달 비용, 위험 등에 의해 결정한다.

(1) 은행 대출

자금조달원천 중 가장 많이 이용되는 방법이 금융기관을 통하여 대출 받는 방법이다.

① 당좌 차월

② 일반 대출

③ 할인 어음

(2) 기업 어음

단기금융시장에서 매매 거래되는 약속어음으로 담보가 없으며 양도가 가능한 단기 유가증권이다.

(3) 대출시 필요한 서류

① 사업자등록증 사본

② 임대차계약서(사업장)

③ 주민등록등본

④ 납세완납증명서(세무서)

⑤ 전년도 소득금액증명원(세무서)

⑥ 담보 등기권리증

⑦ 인감증명, 인감도장, 신분증

4) 장기 자금 조달 방안

(1) 사채

투자자로부터 자금을 조달하기 위하여 약정된 원리금을 지급하는 조건으로 발행한 채무표시증권을 말한다.

(2) 주식

주식은 주식회사를 설립할 때 납입자금에 대하여 발행된다.

(3) 리스 금융

설비 등 특정 자산을 직접 매입하지 않고 리스 계약에 의하여 약정기간 동안 이용할 수 있는 장비 설비 금융제도이다.

2. 레버리지 분석

창업 시 자금을 차입하면 고정적으로 이자를 지급해야 하는 의무가 있다. 그리고 비유동자산을 보유하고 있으면 영업활동 성과에 관계없이 고정적으로 비용이 발생한다. 이런 고정비용이 존재할 때 매출액 증감에 따른 이익이 변동된다. 즉 투자 결정시 자금 조달 방법과 사용방법에 따라 다른 비용과 손익구조를 가지게 된다. 고정비가 발생하는 자산이나 자본을 사용할 경우 레버리지를 갖게 된다고 한다. 레버리지는 영업 레버리지, 재무 레버지, 결합 레버리지라 하는데 그 개념은 아래 [그림 4-1]과 같다.

[그림 4-1] 레버리지 분석

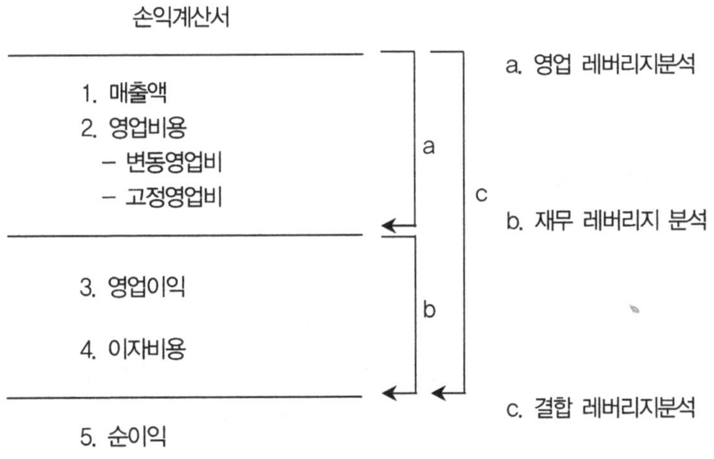

손익계산서

1. 매출액
2. 영업비용
   - 변동영업비
   - 고정영업비

3. 영업이익
4. 이자비용

5. 순이익

a
b
c

a. 영업 레버리지분석
b. 재무 레버리지 분석
c. 결합 레버리지분석

영업위험은 매출액 변동과 영업 레버리지에 의해서 영향을 받고 재무위험은 이자비용에 의하여 영향을 받는다. 하지만 이러한 위험이 독립적이지 않고 고정영업비 및 이자비용에 의한 전체적 변화로 손익이 변화하게 된다. 이런 과정을 결합 레버리지 분석이라 한다. 영업 레버리지는 매출액 변화에 따른 영업이익 변화 정도를 측정하는 것으로 아래와 같이 정의된다.

영업 레버리지도(DOL: degree of operating leverage)

$$= \frac{\text{영업이익 변동률}}{\text{매출액 변동률}}$$

A기업의 매출액이 10% 변동하는 경우에 영업이익 변화는 아래 표와 같다.

| 표 4-1 | 레버리지 변동률

구분	현재	매출액 10% 증가	
매출액	1,000	1,100	+10%
변동비	(300)	(330)	
공헌이익	700	770	
고정비	(200)	(200)	
영업이익	500	570	+14%

영업이익 변동률은 매출액 변동률의 1.4배가 되는데 이것이 바로 영업 레버리지도이다.

손익계산서의 고정비 정도를 레버리지라 하고 고정영업비용, 이자부담에 의한 손익에 미치는 분석을 레버리지 분석이라 한다. 레버리지 분석으로 레버리지 효과가 파악된다. 매출액 변동율과 동일하게 비용이 변동이 된다면 영업이익, 순이익이 동일하게 변동되지만 고정비와 이자의 존재로 매출액 변화에 따른 영업이익과 순이익이 변동이 확대되는데 이러한 현상을 레버리지 효과라 한다.

3. 재무 레버리지 분석

1) 재무 레버리지

재무 레버리지는 투자 실행으로 비유동부채 이자로 영업이익 변화에 따라 순이익 변화를 분석하는 것이다. 고정이자 비용 발생이 영업이익변화 대비 순이익변화를 확대시키는데 이를 재무 레버리지 효과라 하고 크기를 재무 레버리지도(degree of financial leverage: DFL)라 한다.

$$\text{재무 레버리지도(DFL)} = \frac{\text{순이익 변동률}}{\text{영업이익 변동률}}$$

재무 레버리지 효과를 설명하면 아래 표에서 볼 수 있다.

| 표 4-2 | 재무 레버리지와 순이익 변화

〈A 기업〉

단위 만원

항목	40% 감소	현재	40% 증가
영업이익	6,000	10,000	14,000
이자비용	4,000	4,000	4,000
세전이익	2,000	6,000	10,000
법인세(50%)	1,000	3,000	5,000
세후 순이익	1,000	3,000	5,000

67% 감소 67% 증가

〈B 기업〉

단위: 만원

항목	40% 감소	현재	40% 증가
영업이익	6,000	10,000	14,000
이자비용	2,000	2,000	2,000
세전이익	4,000	8,000	12,000
법인세(50%)	2,000	4,000	6,000
세후 순이익	2,000	4,000	6,000

50% 감소 50% 증가

자료: 이영우(2011)

손익구조가 다른 기업을 비교해보면 영업이익은 동일하지만 이자비용이 차지하는 비용은 A기업이 크다. 영업이익이 40% 변화할 때 모두 순이익 변화율이 크지만 이자비중이 큰 A기업이 확장 효과가 큰 것을 볼 수 있다. 고정이자율이 높으면 재무 레버리지도(DFL) 값이 크게 나타나며 이는 영업이익변화율보다 순이익변화율이 크게 나타남을 의미한다. 레버리지는 고정재무비용이 발생하는 부채와 동일한 의미로 사용한다. 부채를 레버리지라 부르는 이유는 자기자본만으로 자본조달하기에는 어려움이 있으므로 지렛대 역할을 할 수 있도록 추가적인 자본을 부채로 조달하기 때문이다. 부채로 추가 자본을 조달하여 이자비용보다 높은 수익이 발생하면 자기자본이익률이 증가하는 지렛대 효과, 레버리지 효과가 발생된다. 즉 재무 레버리지 효과는 저렴한 비용으로 부채를 이용하여 높은 수익률을 올려 이익이 증가되는 효과를 말한다.

2) 결합 레버리지

결합 레버리지 정도는 매출액 변화에 따른 순이익 변화 정도를 측정하는 것으로 아래와 같이 정의된다.

결합 레버리지도(DCL: degree of combined leverage)

$$= \frac{\text{순이익 변동률}}{\text{매출액 변동률}}$$

매출액이 10% 변동되면 순이익이 35% 변동되는데 이것이 결합 레버리지이다.

$$DCL = \frac{70/200}{100/1,000} = 3.5$$ 이고 내용은 아래 표와 같다.

| 표 4-3 | 결합 레버리지도

구분	현재	매출액 10% 증가	
매출액 변동비	1,000 (300)	1,100 (330)	+10%
공헌이익 고정비	700 (200)	770 (200)	
영업이익 이자비용	500 (300)	570 (300)	+14%
세전순이익 법인세	200 (40)	270 (54)	+35%
세후순이익	160	216	+35%

3) 재무위험

창업의 경우 대부분 자기자본 이외 부채를 동원하여 이자비용이 발생된다. 이러한 타인자본 사용으로 위험이 증가되는 것은 사실이다. 부채를 사용하는 경우 이자비용으로 인하여 순이익 변동률로 인한 재무적 위험을 감수해야 한다. 무부채 기업은 시장 환경 변화에 따른 영업적 위험만 감수하면 되지만 부채기업은 영업위험에 재무적 위험도 감수해야 한다.

제2절 창업 지원제도

1. 창업 자금지원

창업 자금지원제도는 상시 종업원이 소수(5인 혹은 10인 이하)인 업체의 소상공인, 가장 역할을 하는 저소득 여성, 장애인, 신규기업의 청년대표에게 3천만 원에서 1억 원 정도의 소액대출부터 여러 지원제도가 있다. 지원하는 기관은 중소벤처기업진흥공단, 소상공인시장진흥공단, 한국여성경제인연합회, 신용보증기금, 광역지자체 등 다양하다. 중소기업 자금지원은 한국은행의 총액한도 대출제도, 중소벤처기업진흥공단 정책자금 지원, 신용보증기금 활용 등이 있다.

▌그림 4-2▌중소기업금융 지원체계

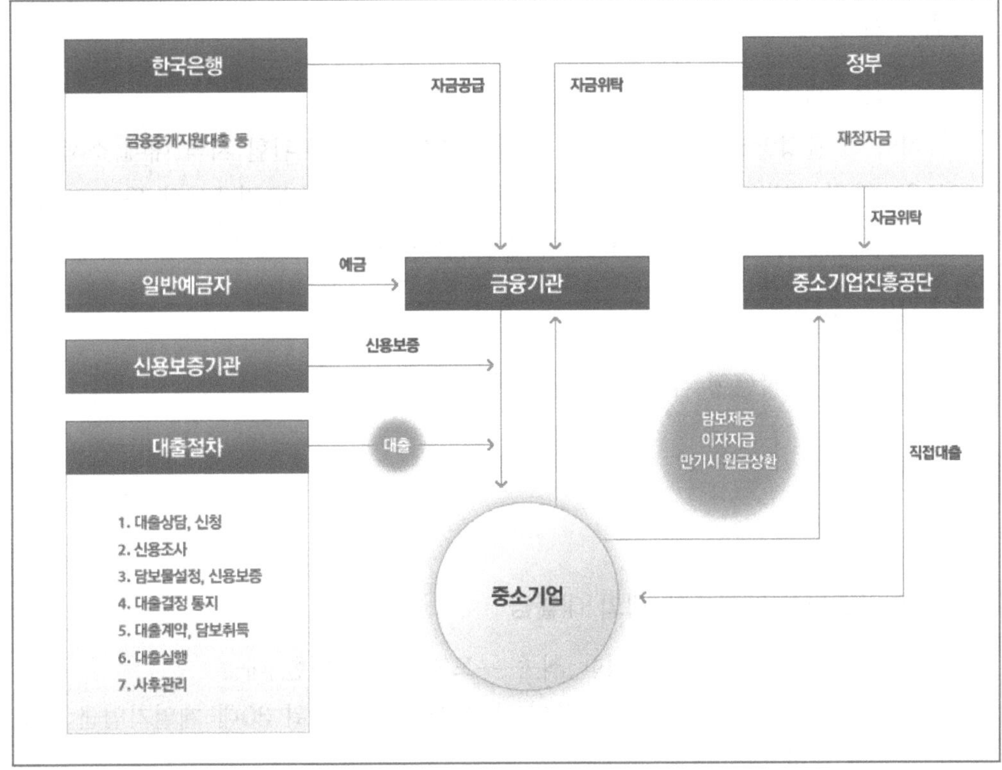

자료: 한국은행 홈페이지

1) 총액한도 대출제도

총액한도 대출제도는 한국은행이 금융기관에게 저리로 대출해 줄 때 금융기관 실적에 따라 대출한도를 탄력적으로 운영하여 금융기관이 국가 정책에 순응하도록 하는 목적이 있다.

(1) 총액한도 대출제도

중소기업에 대한 대출을 확대하고 지역 간 균형발전을 도모하기 위하여 한국은행 금융통화위원회가 설정한 총액 한도 내에서 금융기관의 중소기업에 대한 대출실적에 따라 금융기관을 통해 중소기업을 간접 지원하는 제도이다.

(2) 총액한도대출 종류

① 금융기관별 한도(C1자금)

각 금융기관이 취급한 기업 구매자금 대출, 전자방식 외상매출채권담보 대출, 무역금융 취급실적과 금융기관 자금운용 상황 등을 감안하여 매월 금융기관(본점)별로 배정하는 한도

② 지역본부별 한도(C2자금)

지역 간 균형발전을 위하여 한국은행 각 지역본부장이 관할 지역 내에 소재하는 금융기관의 지방소재 중소기업에 대한 대출실적 및 지역별 경제사정 등을 고려하여 매월 관할지역 내 금융기관별로 배정하는 한도

(3) 대출 한도

매 분기별로 한국은행 금융통화위원회가 결정한다.

(4) 대출 금리

별도 공시한다.

(5) 총액한도대출 배정대상 제외 대출금

① 「신용정보관리규약」에서 정한 최종 부도거래처에 대한 대출
② 「은행업감독규정」 제79조 제1항의 계열기업군 중 상위 30대 계열기업군 소속 기업에 대한 대출금
③ 다른 규정 등에 의해 직·간접적으로 한국은행 자금이 지원되는 대출금

④ 정부, 지방자치단체 또는 공공기금으로부터 자금이 지원되는 대출금
⑤ 폐업 업체에 대한 대출금

(6) 지원 절차

❙그림 4-3❙중소기업 지원 절차

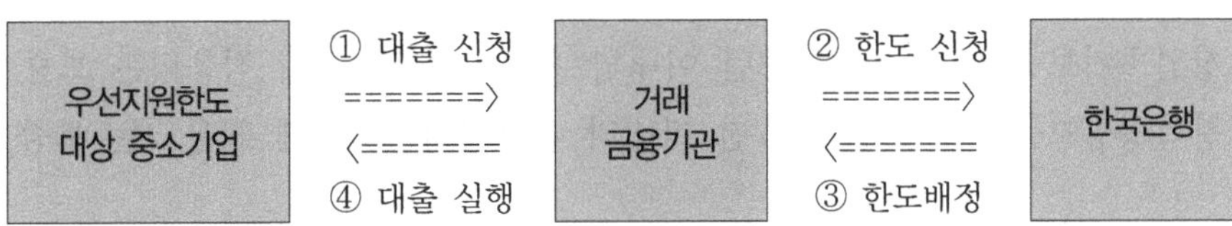

2) 중소벤처기업진흥공단 자금지원

중소벤처기업진흥공단은 중소기업 진흥 및 상품 구매촉진에 관한 법률에 의하여 설립된 특수법인으로 중소벤처기업부의 정책을 지원하려는 목적으로 정책자금을 운영한다.

3) 신용보증기금 활용

신용보증기금과 기술보증기금은 담보력이 부족하고 금융기관에도 사업성 평가를 하기 어려운 중소기업에게 대출의 기회를 주고자 설립된 기금이다. 신용보증기금은 사업성이 양호한 중소기업에 대해 신용보증을 해 주고 기금으로부터 보증 받은 중소기업은 보증서를 금융기관에 제출하고 금융기관은 기금의 보증을 기반으로 중소기업에게 대출을 해 준다. 신용보증기금의 창업자금지원제도로는 유망창업기업 성장지원프로그램이 있다.

(1) 상품개요

창업 초기의 성장 단계별로 예비 창업보증, 신생기업보증, 창업초기보증, 창업성장보증으로 구분하여 맞춤형 보증 프로그램을 운영한다.

❙표 4-4❙유망창업기업 성장지원프로그램

구분	예비창업보증	신생기업보증	창업초기보증	창업성장보증
지원 대상	창업 전 6개월	창업 후 1년 내	창업 후 1-3년	창업 후 3-7년
보증한도	10억 원(시설 포함)	10억 원	20억 원	30억 원
보증료	0.7% 고정	0.4% 차감	0.3% 차감	0.2% 차감
보증비율	100%	100%	95%	90%
비금융 지원	경영컨설팅 필요시 지원			

(2) 상품 종류

① 예비 창업보증: 창업 이전 예비 창업자가 창업을 위해 소요되는 부족자금을 사전심사를 통해 보증예정통지를 받은 후 실제 창업 이후에 해당 자금을 지원받는 보증
② 신생기업보증: 창업 후 1년 이내의 유망창업기업에게 적용되는 보증
③ 창업초기보증: 창업 후 1~3년 이내의 유망창업기업에게 적용되는 보증
④ 창업성장보증: 창업 후 3~7년 이내의 유망창업기업에게 적용되는 보증

(3) 대상기업

창업일로부터 보증신청 접수일까지 기간이 7년 이내인 창업기업 중 아래 3가지 유형에 속하는 기업

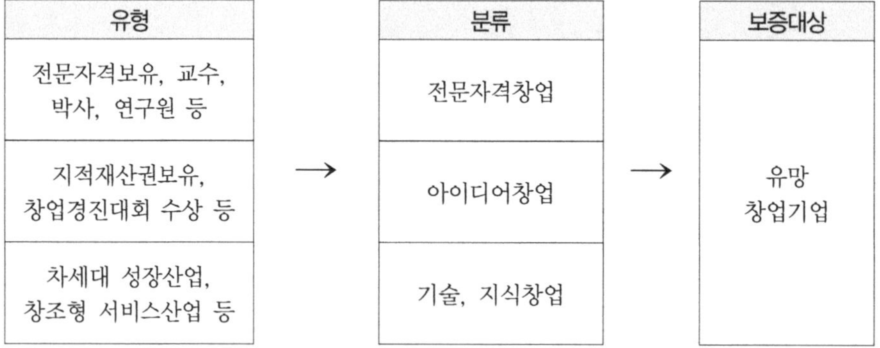

(4) 대상채무

운전자금 및 시설자금으로 인건비, 원자재구입비, 마케팅비용, 임차료, 제세공과금 및 그 밖의 부대비용을 대상으로 한다.

(5) 기타

신청기업이 창업교육 또는 경영컨설팅 등 비 금융 지원 요청 시 우선 지원한다.

(6) 신용보증기금 자가진단

아래의 보증제한 사유에 해당되면 보증이 제한된다.

| 표 4-5 | 신용보증기금 자가진단

제한사유	확인
휴업 중인 기업	
금융기관 대출금을 빈번히 연체하고 있는 기업	
금융기관 금융거래 확인서 기준일 현재 연체 중인 기업	
신용관리정보를 보유하고 있는 기업(대표자 및 실제 경영자)	
보증 금지대상 제1호에 해당하는 기업의 연대보증인 기업	
보증 금지대상 제2~4호의 어느 하나에 해당하는 사람이 실제 경영자인 기업	
다음 기업 ① 신보가 보증 채무를 이행한 후 구상채권의 변제를 받지 못한 기업 중 최종 보증채무일로부터 3년 경과한 기업 ② 기술보증기금, 신용보증재단, 산업기반신용보증기금이 보증 채무를 이행한 후 채권을 회수하지 못한 기업 ③ 신보의 매출채권보험계정에서 보험금을 지급한 후 대위채권을 회수하지 못한 기업	
다음 대표자 또는 경영자로 되어 있는 기업 ① 위 제7호의 기업이 법인기업인 경우 그 기업의 이사 또는 무한 책임사원 중 신보법 시행령 제25조 각호에 해당하는 자 ② 위 제7호의 기업이 개인기업인 경우 그 개인 ③ 위 제7호의 기업 실제경영자	
허위자료 제출기업	
신보, 기보, 보증재단 및 산업기반신용보증기금의 보증부실(사고)기업	

2. 창업지원정책

1) 중소기업창업 지원법

중소기업 창업 및 육성에 관한 법령은 중소기업법 및 개별법 등 총 16개 법률이 있다. 중소기업지원법은 1986년 제정되었으며 창업지원기금 설치, 중소기업창업투자회사의 육성 등 창업과 관련된 정부 각종 지원책을 강화함으로써 중소기업 발전을 통한 건전한 산업구조 구축을 목적으로 경쟁력 있는 새로운 중소기업 창출을 촉진하기 위해 창업 관련 절차를 획기적으로 간소화 장치가 수립되었다.

2) 창업기업 세액 및 부담금 감면

창업기업에 대한 세액 감면과 면제는 조세특례제한법의 규정에 의한다. 창업기업 세액 감면은 [표 4-6]과 같다.

| 표 4-6 | 창업기업 세액 및 부담금 감면내용

구분	지원내용	근거
소득세 (법인세)	창업 중소기업과 창업벤처기업에 창업 후 소득세 발생연도부터 4년간 매년 납부할 법인세(소득세)의 50% 감면(과밀억제권 내 창업은 제외)	조세특례제한법 제6조
등록면허세	창업 중소기업과 창업벤처기업의 법인설립등기에 대한 등록세 면제	조세특례제한법 제119조
취득세	창업 중소기업과 창업벤처기업의 사업을 위하여 창업일로부터 4년 이내의 취득한 사업용 재산에 대해 취득세 면제	조세특례제한법 제120조
재산세	창업 중소기업과 창업벤처기업이 소유하는 재산에 대해 창업일로부터 5년간 재산세 50% 감면	조세특례제한법 제121조
창업자금 사전상속	60세 이상의 부모 등이 18세 이상 자녀에게 창업자금 30억 한도를 증여하는 경우 증여과세 가액에서 5억 원을 공제하고 초과액은 10% 낮은 세율로 과세한 후 상속 시 정산	조세특례제한법 제30조의 5
인지세	중소기업이 창업 후 2년 이내 금융기관 융자 관련 문서에 대하여 인지세 면제	조세특례제한법 제116조

3) 창업보육센터

중소벤처기업부는 창업 초기 기업에게 시설, 장소, 경영 및 기술 분야 컨설팅 서비스 등을 종합적으로 제공하기 위해 전국 280개 창업보육센터를 통해 다음과 같은 서비스를 제공하고 있다. 첫째, 기술과 사업성은 있으나 자금, 사업장 및 시설 확보에 어려움이 있는 창업 초기 기업 또는 사업을 구상하고 있는 예비 창업자에게 개별 또는 공동작업장 등의 시설을 지역의 일반시세보다 저렴하게 제공하고 있다. 둘째, 입주 후 센터의 내부 전문 인력인 창업보육 전문 매니저 또는 센터와 연계되어 있는 외부 전문기관의 도움을 받아 경영, 세무, 기술지도 등의 지원을 받음으로써 창업에 따른 위험부담을 줄일 수 있다. 셋째, 시상품 개발에서 시장 진출까지 시장조사, 시상품 디자인 및 국내외 전시회 참가 사업 등을 지원한다. 넷째, 수도권 창업보육센터에 입주할 경우 회사설립 시 발생하는 취·등록세 및 재산세 중과가 적용되지 않으며 대학, 연구 기관 내 창업보육센터 입주기업의 경우 건축물 용도나 용도 지역 등에 관계없이 도시형 공장 설치가 가능하다.

4) 나들가게 지원

(1) 컨설팅

① 점포 운영 컨설팅

② POS 프로그램 지원
③ 경영분석시스템 제공으로 점포수준 업그레이드

❙ 표 4-7 ❙ 점포운영 컨설팅

구분	내용
점주선택형 사후관리	위생관리, 방제관리, 재고조사, POS교육, 데이터분석 경영컨설팅 5개 분야 중 1백만 원 한도 내 점주가 희망하는 서비스 제공
점주 역량교육	경영분석 시스템 활용, 마케팅 기법, 서비스 및 고객관리, 회계 및 세무관리
POS를 통한 온라인 교육	POS 및 경영분석시스템 활용, 경개선 방법 등

(2) 육성자금 대출

혁신의지가 있는 나들가게 선정 점포 사업자에게 시설현대화 및 물품구매 등 운영자금 조달을 위해 정책자금을 지원한다.

① 대출을 신청한 점포 사업자는 나들가게 육성 자금추천서를 지참하여 지역 신용보증재단에 신용보증을 신청
② 지역신용보증재단은 신청인의 신용보증에 필요한 사항을 검토하여 보증한도 금액평가 후 보증서를 발급
③ 해당 대출은행에서 신용보증서를 제출하여 대출을 신청

5) 소상공인 창업학교

소상공인시장진흥공단에서 예비 창업자를 대상으로 창업 준비단계부터 전 과정 체계적인 지원

(1) 목적

예비 창업자 준비된 창업, 성공적인 창업 지원

(2) 지원규모

연간 4,000억 원, 3~11월

(3) 교육시간

60시간 교육생 부담 5만 원

(4) 신청방법

소상공인교육정보시스템

(5) 교육내용

❙ 표 4-8 ❙ 창업교육

1	2	2	4	5
기본 공통교육	경영 전문교육	업종별 전문교육	워크숍 및 졸업식	창업인턴 (희망자 한함)
- 오리엔테이션 - 기업가 정신 - 창업절차 - 성공사례 - 세무 및 법무	- 브랜드 경영 - 자금조달 - 재무회계 - 원가분석 - 상권 분석 - 마케팅 - 홍보 등	- 업종별 이론 - 실습 및 견학	- 사업계획서 발표 및 80% 이상 교육 참가자 대상 졸업장 수여	- 창업도우미 업체에서 희망자에 한하여 인턴 실시(수당지급)
10시간 이내	20시간 이내	20시간 이내	10시간 이내	18시간 이내 (선택)

*기본과정 예시로 교육내용 다소 변동될 수 있음

3. 청년창업지원

1) 창업선도대학 육성

중소벤처기업부는 전국 주요 광역경제권별로 창업선도대학을 지정하여 창업교육 및 발굴, 창업 실행, 초기 성장 촉진 등 창업 전 과정을 하나의 대학 내에서 종합적으로 지원하고 있다. 창업선도대학 종합지원 프로그램은 대학생 등 창업초보자를 대상으로 창업 강좌, 기술창업아카데미 프로그램을 개설하고 창업동아리 활동을 지원하여 창업에 대한 이해를 높이고 실무지식과 경험을 쌓을 수 있는 기회를 제공한다. 창업선도대학이 운영하는 프로그램에 신청하면 청년창업자의 창업 준비와 실행에 필요한 사업화 기획 및 전문 멘토링, 시상품 제작, 마케팅 활동 등에 필요한 비용을 최대 5천만 원까지 지원받을 수 있으며 창업 준비에 필요한 공간도 함께 제공받을 수 있다.

2) 청년창업사관학교

중소벤처기업부와 중소벤처기업진흥공단은 청년창업사관학교를 설립, 기술창업을 준비하는 청년 예비 창업자를 선발하여 사관학교와 같은 체계적인 교육을 실시하고 창업단계별 전 분야를 일괄적으로 지원하여 젊고 혁신적인 창업청년 CEO를 양성하고 있다. 청년창업사관학교는 학교 내에 창업공간을 제공하고 현장 애로 해결 경험이 풍부한 업종별 창업 전문 인력을 1:1 전담교수로 배치하여 창업 전 과정을 함께 고민하고 지원한다. 또한 창업 교육과정에서 창업 역량을 진단하여 개인별 역량 분야를 고려한 체계적인 기술창업 실무 맞춤형 교육과정을 운영하고 있다. 특히 총 300시간 이상 교육과정 중 필수 교육과정을 미 이수했거나 의무교육 이수시간 120시간을 채우지 못했을 경우 중간평가를 통해 탈락 또는 퇴교조치 시키는 등 엄격한 평가, 관리가 이루어지고 있다.

4. 중소벤처기업부 자금지원

1) 중소기업 정책자금

(1) 융자대상 및 한도

① 융자대상: 중소기업기본법상의 중소기업

② 융자한도: 개별 기업당 융자한도는 중소벤처기업부 정책자금의 융자잔액 기준으로 45억 원(수도권을 제외한 지방 소재 기업은 50억 원)까지이며 매출액의 150% 이내에서 지원

③ 대출금리: 대출 금리는 정부정책에 따라 변동 가능, 분기별 중소벤처기업진흥공단 홈페이지 공개

(2) 융자방식

중소벤처기업진흥공단에서 융자 신청, 접수하여 융자 대상 결정 후, 중진공 또는 금융회사에서 신용, 담보 부 대출을 한다.

(3) 융자 절차

① 융자신청은 자가진단 → 사전상담 → 온라인신청 순으로 진행되며 당월 자금신청 희망기업은 전월 말까지 자가진단 및 사전상담이 필요

② 사전상담 완료기업은 중진공 홈페이지를 통해 온라인으로 해당 지역본부에 융자 신청

③ 중진공 지역본부는 신청기업에 대한 건강진단 대상 여부 결정

④ 기업평가 및 대상 결정

⑤ 자금대출 및 사후관리

❙ 그림 4-4 ❙ 정책자금 융자절차

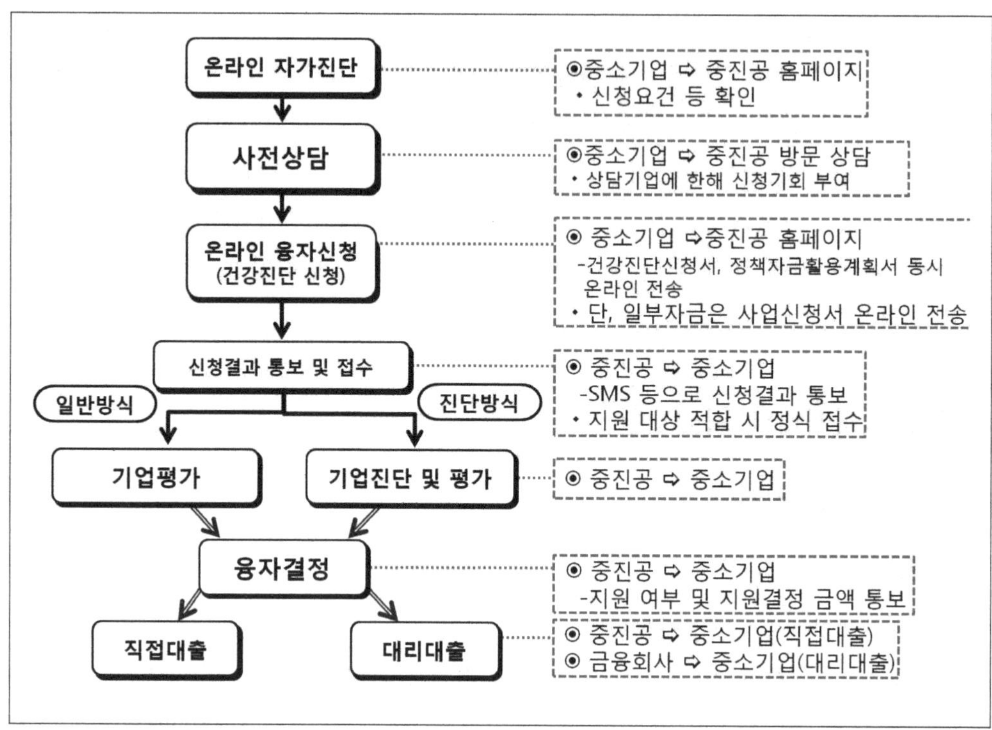

자료: 중소벤처기업부

(4) 융자 제한 기업

① 세금을 체납 중인 기업

② 허위 부정한 방법으로 융자를 신청하거나 대출자금을 융자 목적이 아닌 용도로 사용한 기업

③ 임직원의 자금횡령 등 사회적 물의를 일으킨 기업

④ 우량기업(최근 3년간 평균 매출액이 500억 원 기업 등)

⑤ 중진공 지정 부실징후기업 등

2) 창업기업 지원 자금

(1) 사업 목적

우수한 기술력과 사업성은 있으나 자금력이 부족한 중소, 벤처기업 창업을 활성화하고 고용 창출을 도모한다.

(2) 융자 규모

년도별로 금액이 변동한다.

(3) 신청 대상

① 창업기업 지원 자금, 청년 전용 창업자금으로 구분 지원(1인 창조기업 포함)
② 중소기업지원법 시행령의 규정에 의한 사업 개시일로부터 7년 미만(신청, 접수일 기준)인 중소기업 및 창업을 준비 중인 자(창업기업 지원)
③ 대표자가 만 39세 이하로 사업 개시일로부터 3년 미만(신청, 접수일 기준)인 중소기업 및 창업을 준비 중인 자(청년 전용 창업)
④ 창업기업 지원 자금, 청년 전용 창업자금 모두 최종 융자시점에서 사업자 등록 필요

(4) 융자 범위

① 생산설비 및 시험검사장비 도입 등에 소요되는 자금
② 정보화 촉진 및 서비스 제공 등에 소요되는 자금
③ 공정설치 및 안정성평가 등에 소요되는 자금
④ 유통 및 물류시설 등에 소요되는 자금
⑤ 사업장건축자금, 토지구입비, 임차보증금
⑥ 사업장 확보자금(매입, 경·공매)
⑦ 창업소요비용, 상품생산비용 및 기업경영에 소요되는 자금

(5) 융자 조건

① 대출금리(변동금리): 정책자금 기준금리에서 0.08% 차감(기준금리)
② 대출기간: 시설자금 8년 이내, 운전자금 5년 이내, 청년전용창업자금 5년 이내
③ 대출한도: 운전자금은 연간 5억 원(10억 원 이상 시설투자기업의 운전자금은 연간 10억 원), 청년 전용 창업자금은 기업 당 1억 원
④ 창업기업 지원 융자방식: 중진공이 자금 신청, 접수와 함께 기업평가를 통하여 융자대상 결정 후 중진공 또는 금융회사에서 대출
⑤ 청년 전용 창업 융자방식: 중진공이 신청, 접수와 함께 교육, 컨설팅 실시 및 사업계획서 등에 대한 평가를 통하여 융자대상 결정 후 직접 대출

(6) 중소기업

중소기업은 다음 요건을 충족하는 기업을 말한다.

중소기업 = 업종요건 + 규모요건 + 독립성요건

① 업종요건: 제조업, 광업, 건설업 등 일정한 사업을 주된 사업으로 영위하여야 한다. 이 경우 2 이상의 서로 다른 사업 영위하는 경우에는 사업수입금액이 큰 사업을 주된 사업으로 본다.
② 규모요건: 매출액이 업종별로 중소기업기본법 규정에 따른 규모 기준 이내일 것. 다만, 자산총액 5,000억 원 이상인 경우에는 중소기업으로 보지 아니한다.
③ 독립성요건: 실질적인 독립성이 중소기업기본법 시행령의 규정에 적합한 기업이어야 한다.

(7) 창업 범위

창업이란 중소기업을 새로이 설립하여 사업을 개시하는 것을 말하는데 다음의 경우에는 창업으로 보지 아니 한다.

① 합병, 분할, 현물출자 또는 사업자의 양수를 통하여 종전의 사업을 승계하거나 종전의 사업에 사용되던 자산을 인수 또는 매입하여 같은 종류의 사업을 하는 경우
② 거주자가 하던 사업을 법인으로 전환하여 새로운 법인을 설립하는 경우
③ 폐업 후 사업을 다시 개시하여 폐업전의 사업과 같은 종류의 사업을 하는 경우
④ 사업을 확장하거나 다른 업종을 추가하는 경우 등 새로운 사업을 최초로 개시하는 것으로 보기 곤란한 경우

3) 소상공인 정책자금 지원제도

소상공인 정책자금은 소상공인 교육, 컨설팅 등을 통해 스스로 성장하고자 하는 의지가 있는 소상공인을 중심으로 정책자금을 지원함으로써 자생력을 제고하기 위한 제도이다. 소상공인 자금수요 발생 시점에 정책자금을 신속히 적시 지원하여 경영 여건을 제고함으로서 생업 안전망을 강화하기 위해서 실시하는 제도이다.

(1) 대상

① 사업자등록증을 소지한 개인 또는 법인사업자
② 주된 사업에 종사하는 상시근로자의 수가 5인 미만 사업자

③ 정책자금 지원 제외 업종 이외 사업자
(제외 업종: 유흥 향락업종, 전문 업종, 주점 업, 입시학원 업 등)
④ 비영리 개인사업자, 법인, 단체 또는 조합이 아닌 경우

(2) 지원 절차

① 전국 소상공인지원센터에서 신청 접수
② 신용평가(지역신용보증재단, 신용보증기금)
③ 20개 금융기관 대출 실행/최대 7천만 원

(3) 지원내용

❙ 표 4-9 ❙ 소상공인 지원내용

구분	세부	신청요건
일반자금	교육, 컨설팅 수료자	- 중소벤처기업부 장관이 인정하는 교육 또는 소상공인시장진흥공단 소상공인컨설팅을 수료한 소상공인
	나들가게	- 나들가게로 선정된 소상공인
	프랜차이즈	- 프랜차이즈 수준평가 3등급 이상 브랜드 또는 유망소상공인 프랜차이즈화 지원사업 수혜브랜드에 가맹점 운영 소상공인
	시니어	- 시니어창업스쿨 수료 또는 시니어 관련 컨설팅을 15시간 이상 수진하고 총괄 매니저의 추천을 받은 소상공인
	신사업	- 소상공인시장진흥공단에서 주관하는 신사업육성지원사업 또는 아이디어 상업화지원사업의 수혜 소상공인
	물가안정 모범업소	- 안전행정부 지정 물가안정모범업소
	장기 실업자	- 실직 후 고용지원센터에 구직 등록 후 취업활동을 6개월 이상하다 현재사업을 하는 소상공인 등
	여성가장	- 경제적 활동능력이 없는 부양가족만 있는 여성가장 소상공인
특화자금	소공인	- 제조를 기반으로 한 사업을 영위하는 상시근로자 수 10인 미만 소공인
	협업화	- 소상공인 협업화 지원사업의 협업체에 속한 개별 소상공인
	창조형	- 소상공인시장진흥공단 지역 센터의 현장평가 및 심사위원회를 통과한 소상공인
	장애인	- 12시간 이상 교육수료 장애인
	일반재해	- 재해 소상공인

(4) 소상공인 정책자금 신청 자가진단

| 표 4-10 | 정책자금 신청 자가진단

제한 사유	확인
- 사업자등록증이 없는 예비경영자	
- 사업자등록증상의 사업개시 연월일이 지나지 않은 소상공인	
- 상시근로자수가 5인 이상인 경우	
- 비영리법인 또는 비영리 개인사업자	
- 소상공인 정책 자금지원 제외업종에 해당되는 경우 (유흥향락업종, 전문 업종 등)	
- 주점업, 숙박업, 노래연습장인 경우 건강보험료 최근 3개월 합산하여 평균 89,079 이상인 경우	
- 소상공인 정책자금 기 융자금액이 총대출한도 7천만 원을 초과하는 경우	
- 세금을 체납 중인 소상공인	
- 전국은행연합회의 신용정보관리규약에 따라 연체, 대위변제, 부도 등의 정보가 등록되어 있는 소상공인	
- 기타 대출자금을 융자목적이 아닌 용도로 사용한 소상공인	
- 임원, 종업원의 자금횡령 등 사회적 물의를 일으킨 소상공인	
- 휴·폐업 중인 소상공인	
- 음식점의 경우 영업면적 330제곱미터를 초과한 경우	

5. 기타 자금지원

1) 미소금융자금(미소금융재단)

(1) 대상

자영업자 및 예비 창업자로서 신용등급 7등급 이하인 저 신용 계층 또는 차상위계층 등 저 소득자

(2) 제외 대상

신용불량 등록, 개인회생, 개인파산, 보유재산과다, 기 금융지원 받은 자 등

(3) 지원 금액

창업자금 5천만 원 이내(임차보증금 범위 내), 운영자금 2천만 원 이내

(4) 금리

1년 거치 4균등분할상환/금리 연 4.5%

2) 여성가장 창업자금(여성경제인협회)

(1) 대상

① 저소득 여성가장으로 생계형 창업을 희망하는 자로 가족을 사실상 부양하는 여성
② 배우자의 장기실직 1년 이상 등으로 가족을 부양하는 자

(2) 제외 대상

① 간이주점업, 사치·향락 업종/신용등급 8, 9, 10등급 보유자
② 월임대료 116만 원 이상(부가세 포함)의 점포
③ 임대물건에 담보물건 선순위 채권 등이 기 설정(건물가액의 50% 이상)되어 채권 확보가 불가한 경우

(3) 지원 금액

5천만 원 이내 점포 임대보증금/연 3% 고정

(4) 금리

대출기간 2년/만기일 일시 상환

3) 마이크로크레딧 창업지원(사회연대은행)

(1) 대상

제도권 금융회사 이용이 곤란한 사회적 취약계층 대상으로 창업, 운영자금 등 자활자금을 무담보, 무보증으로 지원하는 소액대출사업

(2) 심사

서류심사, 현장실사, 직무능력평가, 선정심사로 선정

(3) 지원 금액

2천만 원~5천만 원/연 2~6% 금리 적용

4) 산재근로자 창업점포지원(근로복지공단)

(1) 대상

산재근로자로 재활훈련을 수료 또는 이수하고 관련 업종의 자영업을 희망하는 자

(2) 지원 금액

1억 5천만 원 이내 금리 연 2%

(3) 지원 기간

대출기한은 최장 6년

제3절 창업 세무

1. 부가가치세

개인 창업자는 법인과 달리 반기별로 납부해야 하는 부가가치세는 부담으로 작용한다. 법인과 비교해 볼 때 규모도 영세하고 전담 직원이 존재하지 않는 경우가 많아 대표자가 모든 업무를 처리하는 경우 부가가치세는 세심한 관리가 필요하다.

1) 정의

(1) 부가가치

매출금에서 매입금액의 차이로 가치의 순 증가분을 말한다.

(2) 부가가치세

부가가치에 부과되는 거래세를 말한다. 생산 및 유통단계에서 생성되는 부가가치에 대하여 부과되는 조세이다.

부가가치 = 총매출액 - 중간재 구입액
부가가치세 = (매출금액 - 매입금액) × 부가가치세율(통상적 10%)

[사례]

A가 생산 상품을 B에게 1,000원에 판매하고 B는 C에게 1,200원에 판매한 경우

사업자 A　부가가치 1,000　공급가액 1,000원

사업자 B　부가가치 200　공급가액 1,200원

(3) 부가가치세 특징

구분	내용
국세	국가가 과세주체
간접세	납세의무자가 세금부담자가 아니다
일반소비세	모든 재화·용역의 소비에 대해 과세
다단계 거래세	모든 거래마다 과세
소비형 부가가치세	중간재, 자본재구입액에 대한 매입세액도 공제
소비지국 과세원칙	수출하는 재화에 대해 영세율 적용 수입하는 재화 부가가치세 과세

2) 과세대상

(1) 과세대상

부가가치세의 과세대상은 재화·용역의 공급이다.

(2) 재화

재화란 재산가치가 있는 물건 및 권리를 말한다.

(3) 용역

용역이란 재화 외에 재산가치가 있는 모든 역무와 그 밖의 행위를 말한다.

▌표 4-11▐ 과세대상

과세대상	공급자	과세, 면세구분	과세여부
(1) 재화 공급 (2) 용역 공급	사업자	과세재화·용역	0
		면세재화·용역	X
	비 사업자	과세재화·용역	X
		면세재화·용역	X
(3) 재화 수입	재화 수입자	과세재화	0
		면세재화	X

3) 납세의무자

(1) 납세의무자

사업상 독립적으로 재화·용역을 공급하는 자

(2) 사업자 개념

① 영리목적 여부 관계없이 사업상 독립적으로 재화·용역을 공급하는 자
개인사업자, 영리법인, 국가, 지방자치단체도 납세의무 있다.

② 사업성
사업자등록증 여부와 관계없이 사업성 있으면 과세

③ 독립성
인적 또는 물적 독립성 필요

(3) 사업자 분류

| 표 4-12 | 사업자 구분

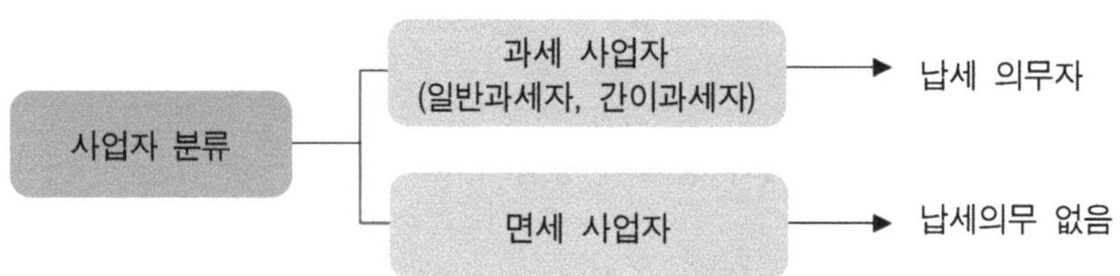

구분	일반 사업자	간이 사업자	면세 사업자
부가가치세 과세	0	0	X
연간 매출액	4,800만 원 초과	4,800만 원 미만	면세매출 전체
부가가치세 세율	10%	2~4%	-
세금계산서	발행	불가	발행
신고기간	7월, 1월	1월	1월
사업	도소매, 제조, 음식업, 임대업, 서비스업	일반사업자와 동일	곡물, 농산물 판매

4) 과세기간 및 신고납부기간

구분	과세기간		납부기간
1기	예정	1.1-3.31	4.1-4.25
	확정	4.1-6.30	7.1-7.25
2기	예정	7.1-9.30	10.1-10.25
	확정	10.1-12.31	익년 1.1-1.25

5) 부가가치세 계산

(1) 납부세액

매출세액 - 매입세액 = 납부세액

(2) 환급세액

매입세액 - 매출세액 = 환급세액

사업개시일이 각 과세기간 종료일에 가까운 경우에는 매출액보다 매입액이 많기 때문에 환급세액이 발생하며 이러한 경우에 세무서의 환급 확인 조사가 있을 수 있다.

매입세액은 자기사업을 위해 사용하였거나 사용된 제화 또는 용역에 대한 세액을 말한다.

(3) 공제되지 않는 매입세액

① 세금계산서를 교부받지 아니하거나 매입처별 세금계산서 합계표를 제출하지 않은 경우의 매입세액
② 세금계산서 상 필수적 기재사항의 전부 또는 일부 누락하거나 내용이 사실과 다른 경우의 매입세액
③ 매입처별 합계표상 거래처 등록번호 또는 공급가액의 기재가 부실한 때의 매입세액
④ 사업과 직접 관계없는 지출에 대한 매입세액
⑤ 비영업용 승용차의 구입 및 유지에 관한 매입세액
⑥ 접대비 및 이와 유사한 비용의 지출에 관련된 매입세액
⑦ 사업자등록 신청 전의 매입세액
⑧ 면세사업과 관련된 매입세액

$$\text{공통매입세액} \times \frac{\text{면세공급가액}}{\text{총공급가액}} = \text{공급받지 못하는 매입세액}$$

(4) 부가가치세 환급

부가가치세 신고 시 납부세액이 음수인 경우를 환급세액이라 하며 그 금액을 납세자에게 돌려주는 것을 말한다. 납세지 관할 세무서는 각 과세기간별로 환급세액을 확정신고한 사업자에게 확정 신고 기한이 지난 30일 이내에 환급하여야 한다.

▌표 4-13▌부가가치세 환급 절차

구분	환급대상	환급기간	비고
조기 환급	· 사업설비를 신설 취득, 확장 시	· 신고기간 경과 후 15일 이내	투자 지원에 의의가 있는 경우
일반 환급	· 조기 환급 대상이 아닌 경우로 매입세액이 매출세액보다 큰 경우	· 각 과세기간별 확정 신고기간 경과 후 30일 이내	

(5) 가산세

① 등록 불성실 가산세: 사업자 미등록 시는 공급가액의 1/100의 가산세가 부과된다.

② 세금계산서를 기한 내 교부하지 않거나 매입처별 세금계산서 합계표를 제출하지 않을 때는 미교부, 미제출한 공급가액이 1/100에 해당하는 세금계산서 미교부, 세금계산서 합계표 미제출 가산세가 부과된다.

③ 신고기한 내에 신고하지 않거나 신고하여야 할 납부세액에 신고금액이 미달한 경우, 그 미달세액의 10/100에 해당하는 신고 납부 불성실 가산세가 부과된다.

2. 근로소득세

근로소득세는 사업자가 종업원 등 소득자에게 급여 등을 지급할 때 소득자가 납부하여야 할 세금을 미리 징수하여 납부하는 원천징수제도를 활용함으로 이에 대한 이해가 필요하다.

1) 근로소득 정의

근로소득이란 근로자가 고용계약에 의하여 근로를 제공하고, 그 대가로서 지급받는 급여, 수당, 상여금 등의 급여를 말한다. 고용관계를 기초로 지급되면 그 명칭이나 지급방법 여하에 불구하고 근로소득이 된다. 퇴직함으로 받는 소득으로서 퇴직소득에 속하지 않는 소득이다.

근로소득금액 = 총급여액(비과세 소득 제외) - 근로소득 공제

▌표 4-14▌근로자 근로소득공제

총급여액	근로소득공제
500만 원 이하	총급여액 × 70%
500만 원 초과~1,500만 원 이하	350만 원+(총급여-500만 원) × 40%
1,500만 원 초과~4,500만 원 이하	750만 원+(총급여-1,500만 원) × 15
4,500만 원 초과~1억 원 이하	1,200만 원+(총급여-4,500만 원) × 5%
1억 원 초과	1,475만 원+(총급여-1억 원) × 2%

2) 갑종근로소득세(갑근세) 산출내역

일용근로자의 경우는 하루 급여액에서 100,000원을 제외한 금액에 10% 세율을 곱하여 계산한 금액에서 근로소득 세액공제 45%를 한 후의 금액을 원천징수하여 납부하면 모든 납세절차가 끝나게 된다. 월급자의 경우에는 매월 급여 지급 시 간이세액 표에 의해 소득세를 납부하고, 다음 연도 2월분 급여를 지급할 때 기본세율을 적용하여 연말정산을 하게 된다. 연말정산이란 1년간 지급한 급여 총액에 대해 납부해야 할 소득세를 계산하여 매월 원천징수한 소득세의 합계금액과 비교하여 남거나 모자라는 세액을 돌려주거나 공제하는 절차를 말한다. 다음 급여는 비과세되어 근로소득세 산정소득에 포함되지 않는다.

표 4-15 비과세 근로 소득

항목	비고
직장 유니폼	전액 비과세
자가운전 보조금 벽지 수당	월 20만 원 한도 비과세
식대	월 10만 원 한도 비과세/식사는 전액 비과세
학자금	본인 업무와 관련된 학자금 비과세/자녀 학자금 은 근로소득으로 간주

표 4-16 근로소득 과세방법

구분	원천징수	연말정산	확정 신고
상용근로	간이세액표에 따라 원천징수	다음 연도 2월분 지급 시 연말정산	다음연도 5월 확정 신고(근로소득만 있는 경우 확정 신고 불필요)
일용근로	원천징수(분리과세)	-	-

3. 종합소득세

1) 정의

개인을 납세의무자로 하고 소득을 과세대상으로 부과하는 조세를 말한다. 사업소득, 근로소득, 배당소득, 이자소득, 부동산임대소득, 일시 재산소득, 기타소득을 합산하여 종합소득금액으로 신고한다.

종합소득 과세표준 = 종합소득금액 - 소득공제

산출세액 = 종합소득과세표준 × 기본세율

2) 신고와 납부

(1) 신고 기간

종합소득세액이 확정되면, 종합소득세 신고기간인 익년 5월 1일부터 5월 31일까지 주소지 관할세무서에 자진신고, 납부하여야 한다.

(2) 수정 신고

신고 후 기재사항이 착오가 발견된 경우에는 수정 신고하고 자진 납부하여야 한다.

3) 소득세 과세방법

(1) 기장과세

각종 소득금액은 기장을 하고 그 기장된 장부에 의해 세액이 계산된다.

(2) 추계과세

기장을 하지 않거나 하였어도 그 장부에 의해 소득금액을 계산할 수 없을 때는 수입금액에 표준 소득률을 곱하여 소득금액을 산출한다.

4) 세액 계산구조

(1) 소득금액

총수입금액 - 필요경비 = 소득금액

(2) 과세표준

소득금액 - 종합소득공제 = 과세표준

(3) 소득산출세액

과세표준 × 기본세율 = 소득산출세액

(4) 산출세액

산출세액 - (세액공제 + 감면세액) + 결정세액

(5) 최종납부세액

결정세액 - 이미 납부한 세액(중간예납) = 최종납부세액

5) 종합소득공제

(1) 기본공제

본인, 배우자, 부양가족

(2) 추가공제

경로우대, 장애인 등

| 표 4-17 | 종합소득공제 구조

구분		종류
인적공제	기본공제	본인공제, 배우자 공제, 부양가족 공제
	추가공제	장애인 공제, 경로 우대자 공제, 부녀자 공제, 자녀 양육비 공제, 출산, 입양 공제
	다자녀 추가공제	자녀가 2인 : 100만 원 다자녀: 100+(자녀-2명)×200만 원
특별공제	근로소득이 있는 자	항목별 공제 또는 표준공제 중 택일 *항목별 공제: 보험료, 의료비, 교육비, 주택자금, 기부금 공제
	근로소득이 없는 자	기부금공제 및 표준공제 중복 적용
연금공제		연금보험료 공제, 연금저축 공제
기타공제		신용카드 등 사용금액에 대한 소득공제 소기업, 소상공인 공제부금 공제 우리사주 조합에 대한 출연금의 소득 공제

6) 필요경비

(1) 매출원가

구입 판매한 상품에 대한 매입가격과 부대비용

(2) 사용인 급료

당해사업자의 배우자, 부양가족이 그 거주자의 사업에 직접 종사하고 있는 경우 사용인으로 본다. (단, 급여지급이 통장으로 입증되어야 한다.)

(3) 사업용 자산비용

관리비, 임대료, 수선료

(4) 의료보험료

(5) 재고자산 평가손

(6) 대손금

(7) 체육비

(8) 기부금

(9) 접대비

7) 종합소득세율(누진과세)

▎표 4-18 ▎종합소득세 누진과세율

과세표준	세율
1,200만 원 이하	6%
1,200만 원 초과 ~ 4,600만 원 이하	15%
4,600만 원 초과 ~ 8,800만 원 이하	24%
8,800만 원 초과 ~ 1억 5천만 원 이하	35%
1억 5천만 원 초과	38%

8) 자산소득

(1) 자산소득

이자소득, 배당소득, 부동산 임대소득을 자산소득이라 한다.

(2) 소득 합산방법

자산소득은 부부단위로 과세됨으로 부부 중 소득이 많은 주된 소득자의 소득에 합산된다.

9) 소득세 신고 유형

▎표 4-19 ▎소득세 신고 유형

구분	외부조정신고	자기조정신고	간이소득신고	추계신고
대상자	연간 매출 5억 이상 점포	연간 매출 3억 이상 5억 미만	연간 매출 3억 미만	장부 없이 신고자
신고방법	세무사의 성실 세무조정을 거쳐 신고	납세자 스스로 조정하여 신고	수입지출 등 간이 서식 신고	표준소득율에 의해 신고
신고서류	신고서 외부조정 계산서 재무제표 기타 서류	신고서 자기조정 계산서 재무제표 기타	신고서 간이소득 금액 계산서	신고서
기타	외부조정 않을시 세무신고 가산세 20% 적용		조정신고해도 무방	

10) 소득세 산정내역

(1) 소득금액

연간 총수입 - 필요 경비 (매출원가 + 일반관리비 + 영업외비용) - 이월결손금 = 소득금액

(2) 과세표준

소득금액 - 종합소득공제 = 과세표준

4. 세금계산서

세금계산서는 부가가치세의 전가, 매입세액의 공제, 거래의 상호 대사, 송장, 영수증, 청구서 기능, 기장의무 이행 기능이 있다.

구분		발급증빙
과세사업자	일반과세	세금계산서
	간이과세	영수증
면세사업자		계산서

1) 세금계산서 발급대상

사업자가 재화 또는 용역을 공급하는 경우에는 세금계산서를 공급받는 자에게 발급하여야 한다. 사업자는 세금계산서를 2매 작성하여 1매를 공급받는 자에게 발급하고 1매를 보관한다. 세금계산서를 발급한 경우 예정, 확정 신고 시 매출처별 세금계산서 합계표를 제출하여야 한다.

2) 세금계산서 작성사항

(1) 2매 작성 공급자용 /공급 받는 자용

구분	내용
필요적 기재사항	- 공급하는 사업자의 등록번호와 성명 또는 명칭 - 공급받는 자의 등록번호 - 공급가액과 부가가치세 - 작성연월일
임의적 기재사항	- 공급하는 자의 주소 - 공급받는 자의 상호, 성명, 주소 - 공급품목 - 단가와 수량 - 공급연월일 등 필요적 기재사항 이외의 기타 사항

(2) 영수증

교부대상: 간이과세자, 영수증 교부대상 사업자

3) 세금계산서 발급의무자

(1) 발급의무자

세금계산서 교부의무자는 등록한 사업자이다.

(2) 전자세금계산서 발급

법인사업자와 직전연도 사업장별 재화 및 용역의 공급가액의 합계액이 10억 이상인 개인 사업자는 반드시 전자세금계산서를 발급하여야 한다. 의무 발급 대상자 이외의 사업자도 전자세금계산서 발급가능하고 전자세금계산서를 발급하였을 때에는 발급일의 다음 날까지 전자세금계산서 발급명세를 국세청장에게 송부하여야 한다(미전송시 가산세 부과된다).

5. 사업자 절세

1) 증빙서류

증빙서류는 사업자가 정리하여 보관하여야 한다. 증빙서류를 제때 보관하지 않으면 비용을 인정받지 못하는 사례가 발생될 수 있다. 증빙서류는 확정 신고 종류 후 5년간 보관하여야 한다.

2) 성실신고 우대

모범납세자는 세정 상 우대, 사회적 우대 해택이 주어진다.

3) 세제 혜택 활용

소득공제가 되는 연금저축이나 중소기업을 위한 노란우산공제제도를 활용하면 연간 700만 원의 소득공제 혜택을 받을 수 있다.

4) 홈텍스(Hometax) 이용

홈텍스는 세무서나 은행에 가지 않고 집이나 사무실에서 인터넷을 이용하여 세금의 신고, 납부 및 민원증명을 발급받을 수 있는 인터넷 종합서비스이다. 홈텍스로 이용하는 서비스 내용은 다음과 같다.

(1) 전자신고

세금에 대한 신고서를 서면으로 작성하여 세무서에 제출하는 대신 인터넷으로 신고한다.

(2) 전자납부

납세자가 세무서나 은행에 등을 방문하여 납부하지 않고 인터넷을 통하여 계좌이체 방식으로 세금을 납부한다.

(3) 전자고지

세금을 서면으로 고지하지 않고 인터넷을 통하여 본인의 고지내용을 조회한다.

(4) 조회서비스

납세자의 신고내역과 납부내역 및 사업자등록 상태 조회 등 세무정보를 인터넷으로 조회 가능하다.

5) 사업 포괄 양도 시 사업양수자의 부가가세 대리납부

(1) 사업양수자 대리납부

사업의 양도에 따라 그 사업을 양수받는 자는 그 대가를 지급하는 때에 재화의 공급으로 보지 않는 사업양도 규정에도 불구하고 그 대가를 받은 자로부터 부가가치세를 징수하여 그 대가를 지급하는 날이 속하는 달의 말일까지 확정 신고납부 규정을 준용하여 사업장 관할 세무서장에게 납부할 수 있다.

(2) 재화 공급

사업의 포괄양도에 따른 사업양수자의 부가가치세 대리납부 규정에 따라 그 사업을 양수받는 자가 대가를 지급하는 때에 그 대가를 받은 자로부터 부가가치세를 징수하여 납부한 경우에는 재화의 공급으로 본다.

(3) 매입세액 공제 여부

사업의 포괄양도에 따른 사업양수자의 부가가치세 대리납부 규정에 따라 납부한 부가가치세는 매출세액에서 공제한다.

(4) 대리납부 방법

사업을 양수받은 자가 그 대가를 받은 자로부터 징수한 부가가치세는 부가가치세 대리납부신고서와 함께 사업장 관할 세무서장에게 납부하거나 국세징수법에 따른 납부서를 작성하여 한국은행 또는 체신관서에 납부하여야 한다.

6) 개인사업자 소득공제

| 표 4-20 | 개인사업자 소득공제

구분	공제한도	공제요건
기부금 공제		- 법정기부금은 소득금액 한도가지 공제/지정기부금은 사업소득금액의 30%까지 공제된다(종교단체 10%). - 본인 명의 기부만 된다. - 지정기부금은 본인 및 배우자 부양가족 명의도 된다.
연금 보험료공제		- 국민연금법에 의한 국민연금보험료를 전액 공제 받을 수 있다. - 본인 부담한 금액을 전액 소득 공제한다.
개인 연금저축공제	불입액의 40% (72만 원 한도)	- 본인 명의 2000년 12월 31일 이전 가입
연금저축공제	연 400만 원 한도	- 본인 명의 2001년 1월 1일 이후 가입
노란우산공제	연간 공제부금 납부액 (300만 원 한도)	- 거주자가 소기업, 소상공인 공제로서 소기업, 소상공인 공제에 가입해 납부하는 공제부금

6. 중소기업 조세특례

1) 창업 중소기업 세액 감면

농어촌지역에서 창업을 촉진하여 국토의 균형 있는 발전과 농어촌 소득 증대에 기여하고, 벤처사업을 육성하여 고용증대에 이바지하고자 하며, 에너지 고효율 상품을 제조하는 중소기업을 지원하고자 하는 제도이다.

(1) 감면대상

창업 중소기업, 창업보육센터사업자, 창업벤처중소기업 등

(2) 법인세 또는 소득세의 세액감면(5년간 50% 감면)

2) 중소기업에 대한 특별세액 감면

중소기업 중 감면 업종을 경영하는 기업에 대해서는 소득세 또는 법인세에 다음의 구분에 따른 감면비율을 곱하여 계산한 세액상당액을 감면한다.

┃표 4-21┃중소기업 특별세액 감면

구분	사업장	업종	
		도매, 소매, 의료업	그 외의 감면업종
소기업	수도권 내	10%	20%
	수도권 외		30%
중기업	수도권 내	–	지식기반 산업 10%
	수도권 외	5%	15%

자료: 유은종(2015)

※ 소기업

소기업은 중소기업 중 상시 사용하는 종업원 수가 제조업은 100명 미만, 건설업. 광업 등은 50명 미만, 그 밖의 사업은 10명 미만인 기업을 말한다. 다만, 매출액이 100억 이상인 경우에는 소기업으로 보지 아니한다.

3) 창업자금 증여세 과세 특례

고령화 진전에 따라 젊은 세대로의 부의 조기이전을 통하여 경제 활력을 증진하고 고용을 창출하고자 도입된 제도이다. 대상은 18세 이상인 거주자가 창업 중소기업 등에 대한 세액감면 적용 업종을 영위하는 중소기업을 창업할 목적으로 60세 이상의 부모로부터 토지, 건물 등 양도소득세 과세대상 재산을 제외한 재산(한도 30억)을 증여받은 경우이어야 한다.

(1) 3년 이내에 창업자금으로 사용해야 한다.

(2) 증여세과세표준 신고기한까지 창업자금 특례신청을 하여야 한다.

(3) 과세 특례내용

증여세액 = (증여과세 가액 - 5억 원) × 10%

4) 소기업, 소상공인 공제부금 소득공제

소기업, 소상공인 공제에 가입하여 납부하는 공제부금에 대해서 다음 금액을 종합소득금액에서 공제한다.

소득공제액 = Min(해당연도의 공제부금 납부액, 300만 원)

제4장 자본 조달 연습문제

1. 레버리지분석을 설명하시오.

창업 시 자금을 차입하면 고정적으로 이자를 지급해야 하는 의무가 있다. 그리고 고정자산을 보유하고 있으면 영업활동의 성과에 관계없이 고정적으로 비용이 발생한다. 이런 고정비용이 존재할 때 매출액의 증감에 따른 이익이 변동된다. 즉 투자 결정시 자금조달 방법과 사용방법에 따라 다른 비용과 손익구조를 가지게 된다. 고정비가 발생하는 자산이나 자본을 사용할 경우 레버리지를 갖게 된다고 한다.

2. 창업지원정책에 대하여 설명하시오.

① 중소기업 창업 지원법

중소기업 창업 및 육성에 관한 법령은 중소기업법 및 개별법 등 총 16개 법률이 있다. 중소기업 지원법은 1986년 제정되었으며 창업지원기금 설치, 중소기업창업투자회사의 육성 등 창업과 관련된 정부의 각종 지원책을 강화함으로써 중소기업 발전을 통한 건전한 산업구조 구축을 목적으로 경쟁력 있는 새로운 중소기업 창출을 촉진하기 위해 창업 관련 절차를 획기적으로 간소화 장치가 수립되었다.

② 창업기업 세액 및 부담금 감면

③ 창업보육센터 운영

중소벤처기업부는 창업 초기 기업에게 시설, 장소, 경영 및 기술 분야 컨설팅 서비스 등을 종합적으로 제공하기 위해 전국 280개 창업보육센터를 통해 지원하고 있다.

④ 나들가게 지원

⑤ 소상공인 창업학교

소상공인시장진흥공단에서 예비 창업자를 대상으로 창업 준비 단계부터 전 과정 체계적인 지원

3. 중소기업 조세특례 제도를 설명하시오.

① 창업 중소기업 세액 감면

농어촌지역에서 창업을 촉진하여 국토의 균형 있는 발전과 농어촌의 소득증대에 기여하고, 벤처사업을 육성하여 고용증대에 이바지하고자 하며, 에너지 고효율상품을 제조하는 중소기업을 지원하고자 하는 제도이다.

- 감면대상: 창업 중소기업, 창업보육센터사업자, 창업벤처중소기업 등
- 법인세 또는 소득세의 세액 감면(5년간 50% 감면)

② 중소기업에 대한 특별세액 감면

중소기업 중 감면 업종을 경영하는 기업에 대해서는 소득세 또는 법인세에 다음의 구분에 따른 감면비율을 곱하여 계산한 세액상당액을 감면한다.

구분	사업장	업종	
		도매, 소매, 의료업	그 외의 감면업종
소기업	수도권 내	10%	20%
	수도권 외		30%
중기업	수도권 내	–	지식기반 산업 10%
	수도권 외	5%	15%

③ 창업자금 증여세 과세 특례

고령화 진전에 따라 젊은 세대로의 부의 조기이전을 통하여 경제 활력을 증진하고 고용을 창출하고자 도입된 제도이다. 대상은 18세 이상인 거주자가 창업중소기업 등에 대한 세액감면 적용업종을 영위하는 중소기업을 창업할 목적으로 60세 이상의 부모로부터 토지, 건물 등 양도소득세 과세대상 재산을 제외한 재산(한도 30억)을 증여 받은 경우이어야 한다.

- 3년 이내에 창업자금으로 사용해야 한다.
- 증여세과세표준 신고기한까지 창업자금 특례신청을 하여야 한다.
- 과세 특례내용: 증여세액 = (증여과세 가액 - 5억 원) × 10%

④ 소기업, 소상공인 공제부금 소득공제

소기업, 소상공인 공제에 가입하여 납부하는 공제부금에 대해서 다음 금액을 종합소득금액에서 공제 한다.

- 소득공제액 = Min(해당연도의 공제부금 납부액, 300만 원)

4. 용어 설명

- 재무위험
- 종합소득세
- 홈텍스

상권 분석

제1절 상권 개요

1. 상권

상권은 상업상 영업행위를 하는 공간 범위로 소매점에서 상권은 한 점포가 고객을 집객할 수 있는 지역 범위와 다수 상업시설이 고객을 흡입하는 공간적 범위를 말한다. 그러므로 상권은 점포의 취급 상품에 대한 구매력을 추정하고, 점포 예상매출 근거를 제공하며 마케팅 활동의 범위를 결정하는 중요한 역할을 한다. 상권 안에 있는 상점, 상점가, 도시 등 중심이 되는 시설과 그것을 이용하는 주변 소비자와의 결부는 중심에서 거리가 멀어짐에 따라 약해지고 결국에는 소멸되는데 이러한 현상은 중심이 되는 시설의 규모와 교통여건에 따라 달라진다. 결론적으로 상권은 특정한 사업을 하면서 대상으로 하는 고객이 존재하고 있는 시간적, 공간적 범위 그리고 고객 내점빈도를 감안한 기대할 수 있는 매출액 규모 등을 포함한다.

1) 상권 특징

(1) 상권은 계층적 구조

지역상권, 지구상권, 개별상권 등으로 구분할 수 있다.

(2) 소자본 상권의 특징

접근 용이성, 상품 다양성, 상품 가격이 저렴하면 고객 흡입력이 커진다.

2) 상권 구분

상권 분류 방법 중 점포와의 이동거리 및 구매력에 따라 전체 고객 거주지 분석을 통하여 60~65%가 거주하는 범위를 1차 상권, 30%가 거주하는 범위를 2차 상권, 5~10%가 거주하는 범위를 3차 상권으로 구분할 수 있다. 상권 분석은 미래 잠재수요를 반영하는 예상 매출액 추정, 고객지향 마케팅 전략 수립, 입지 전략을 전개하는데 필요하다.

▌그림 5-1▌상권 구분

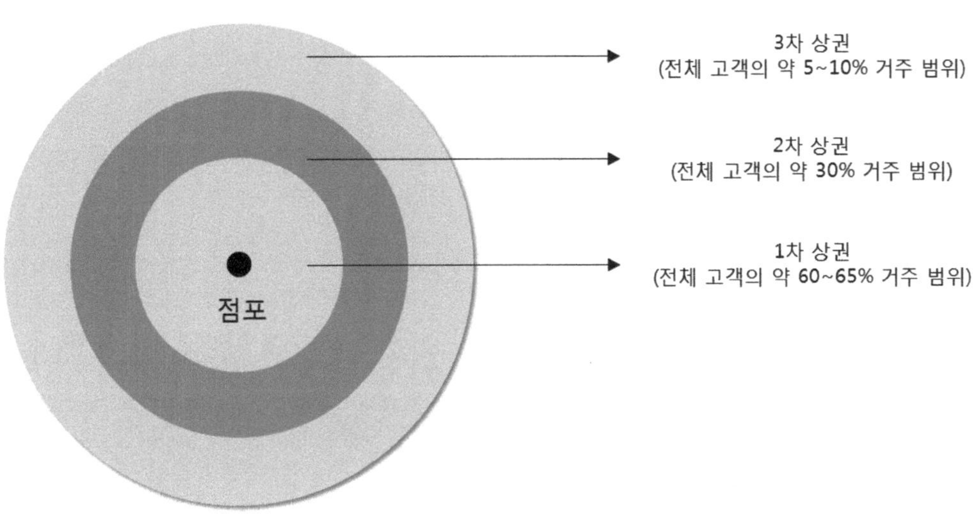

▌표 5-1▌상권 구분

구분	1차 상권	2차 상권	3차 상권
점포	소매점의 매출 또는 고객수 60~65% 정도 이상을 점유하는 고객 거주 범위	1차 상권의 외곽으로 매출 또는 고객 수 30% 정도 이상을 점유하는 고객 거주 범위	2차 상권의 외곽으로 매출 또는 고객 수 5~10% 정도 이상을 점유하는 고객 거주 범위

2. 상권조사

1) 상권조사

(1) 상권조사 내용

① 상권 약도
② 교통/지형 조사
③ 업종 분포
④ 인구 및 특성 파악
⑤ 경쟁점 조사
⑥ 매물/임대료/권리금 조사
⑦ 점포 내 외부 조사
⑧ 점주 조사

(2) 상권조사 방법

① 유동인구 분석
② 시간대별 통행량 조사
③ 내점률 조사
④ 구매 품목과 가격대 조사

2) 상권 분석 조사 항목

(1) 상권 내 행정통계

① 인구 및 세대수
② 세대별 소비지출
③ 사업체 수 및 종업원 수

(2) 경쟁시설물 분석

① 경쟁점 수 및 위치
② 경쟁점 영업 현황 및 경쟁력

(3) 시장점유율 분석

시장점유율은 시장 판도를 파악하는 주요한 지표가 된다. 즉 현재 당점 위치, 시장 리더와 도전자, 그리고 추종자는 누구인지 파악이 필요하다. 시장이 매우 안정적이어서 순위 변동이 어려운 상권인지, 역동적인 상권인지에 따라 예상 매출과 시장점유율 변동이 달라질 수 있다.

(4) 경쟁점 매출액 추정

경쟁점을 조사하는 경우 그 점포의 매출액과 당 점포에 어느 정도 영향을 미치느냐의 관점에서 조사하는 것이 필요하다. 경쟁점 매출액은 [표 5-2]와 같은 방법으로 유추할 수 있다.

① 종업원 수를 근거로 매출액을 추정해본다.
② 매장 면적과 포스 대수를 통하여 추정한다.
③ 이용 객수(소비자) 조사를 통하여 추정해본다.
④ 협력업체 직원을 통하여 추정해본다.

▍표 5-2 ▍경쟁점 분석

현황	자기 점포	경쟁점 A	경쟁점 B
면적			
일평균 매출			
포스운영 수량			
주차 가능 대수			
종업원 수			
주요 품목 가격			

(5) 경쟁점 분석 방법

① 상권 조사

지도상에 반경 500미터, 1킬로 원을 그리고 실제 상권을 추정해서 그린다. 상권 안의 동일 업종, 경쟁 업종 매장 면적과 취급상품을 조사한다.

② 상품 전략 및 레이아웃 조사

경쟁점 주력 상품의 판매가격을 조사하고 상품 전략을 조사한다. 경쟁점 레이아웃과 면적, 계산대 수, 부분별 매출조사를 실시한다.

③ 판매촉진 조사

경쟁점에서 실시하고 있는 판촉활동과 광고에서 주목할 사항을 조사한다.

④ 경쟁점 구분 확대

슈퍼마켓 경쟁점이 동일 수준의 슈퍼에서 마트, 편의점까지 확대되고 최근에는 인터넷 쇼핑까지 경쟁관계에 있다는 점을 명확히 하여야 한다.

⑤ 경쟁 양상 파악 필요

기존 경쟁자에 대한 평가와 신규 출점 가능성도 분석할 필요가 있다.

(6) 표본 및 전수조사

① 설문조사로 소비자 조사를 한다.
② 표본 및 전수조사를 한다.

▌표 5-3▐ 표본 및 전수조사

표본조사	- 조사대상 중 일부만을 조사한다. - 모집단 정의 표본 수 결정 후 표본을 추출한다. - 모집단 특성반영 표본추출이 중요하다. - 전수조사보다 활용도 높다.
전수조사	- 전체 대상을 조사한다. - 시간과 비용이 과다하다.

3. 상권 분석 중요성

상권 분석이 중요한 이유는 신규 점포 해당 상권 내 진입과 기존 점포 분석을 위해서 중요하다. 구체적으로 살펴보면 다음과 같다.

1) 향후 유통업체에 대한 미래 예측

현재와 같이 고객 라이프 스타일 변화가 크고 시장이 유동적이며 새로운 업태 등장, 외국계 소매업이 진출하는 시대에는 해당 업태가 향후 어떻게 변화할 것이며 또 어떻게 변화해야만 하는가 하는 예측이 가능하다.

2) 해당 업태 비전(Vision) 설정

장래 유통 업대상에서도 자사가 나아가야 할 방향성, 포지셔닝 진략 등 소위 유통입태 비전을 확실히 세울 수 있다. 이 비전이 투명하지 않으면 모든 장기 계획들은 자연스럽게 결정되지 않는다.

3) 판매 예측

잠재 수요량을 추정하는 데에는 상권을 설정할 필요가 있다.

4) 판매 촉진

판매 대상지역을 파악하여 상권내의 고객을 알게 됨으로써 가장 적절하게 시장 세분화를 할 수 있을 뿐만 아니라 상품 구성 및 판매촉진 등 경쟁점과의 차별화를 꾀할 수 있다.

4. 입지와 상권

도시를 단위로 하여 관찰하면 도시에는 계층관계가 형성된다. 보다 상위 도시는 그 도시와 함께 주변 보다 하위 도시로부터 고객을 흡인한다. 그러나 상위 도시 전체 입지가 그와 같은 광범위한 상권을 갖는 것은 아니다. 도시 내부의 소매 중심지에 위치한 상점가는 다양성으로 인해서 근린 주거자를 대상으로 편의품을 판매하는 상권이 좁은 몇 개의 소규모 점으로 구성된 소매 중심지도 많이 존재하고 있다. 그러나 보다 상위 기능을 갖춘 점포 수가 많은 업종의 점포이거나 고급의 전문점 혹은 대규모 점포가 입지하는 소매 중심지 경우 점포 수는 적은 반면에 상권은 매우 넓게 된다.

이와 같은 소매 중심지 배치와 규모에 따른 상권의 계층관계에 대한 이론은 인력의 법칙을 원용하고 있다. 예를 들어 중심지에 일직선이 나란히 있는 경우 중심지는 세 종류의 형태로 나타나게 된다. A와 B가 상위 상권 C와 D가 중위 상권, E, F, G, H가 저위 중심지 상권이라고 하자. 위치가 A, E, C, F, G, D, H, B 상권 순으로 수평적으로 놓여 있다고 가정하면 A와 B의 상위 선상에서 각각 중위 상권과 하위 상권이 위치하게 되는데 이들 각 상권 활동 규모와 역량에 따라 각 상권에 미치는 영향이 달라진다. 예를 들어 A와 B의 상권이 매우 강하다면 나머지 상권 영향력은 미미한 양극 형태를 가질 것이고, 중위 상권인 C와 D가 비교적 강하다면 2개의 상위 상권 내에서 2개의 중위 상권이 나타날 수가 있다. 또한 하위 상권들이 활발할 경우에는 A, B 2개의 상위 상권 내 6개의 상권이 영향력을 규모별로 각각 나타낼 수 있다. 즉 상권 중심지 활동과 규모에 따라 그 영향력은 일치하게 된다.

❙ 그림 5-2 ❙ 상권별 영향력과 크기

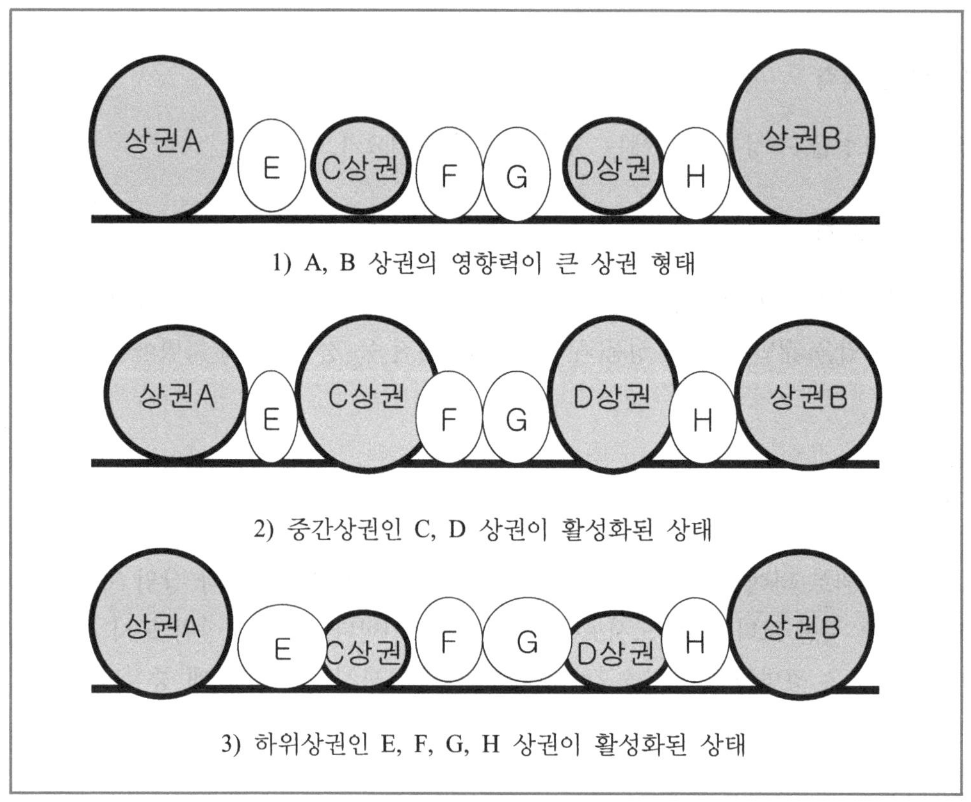

1) A, B 상권의 영향력이 큰 상권 형태

2) 중간상권인 C, D 상권이 활성화된 상태

3) 하위상권인 E, F, G, H 상권이 활성화된 상태

5. 업종 형태와 상권

상권 크기를 결정하는 요인으로 소비자가 느끼는 구매거리에 대한 태도, 어느 정도까지 원거리 쇼핑을 하는가의 문제와 소매업 경영 관점에서 성립조건이 되는 어느 범위까지 고객이 내점하여야 그 점포가 유지되고 경영목표가 달성될 수 있는가 하는 점이다. 소비재를 크게 편의품, 선매품, 전문품으로 분류할 수 있는데 편의품은 구매빈도가 높고 소비자가 구매비용을 가장 적게 들이는 상품이다. 예를 들어 주부가 일주일에 3~4회 생선 식품류 구매를 하며 자택에서 500m, 도보로 10분 이내 거리를 이용하는 것이 일반적이다.

생선 식품을 포함해서 식료품 및 일용잡화와 같은 일용 생활필수품의 경우에 보다

구매거리가 짧고 편리한 장소에서 구매하려고 한다. 이와 같은 소비자의 행동을 대상으로 하여서 주택에 근접된 입지로서 소규모 편의품점은 소규모의 상권을 갖게 된다. 이것과 대조적인 상품으로 의류, 신변품 등은 선매품으로서 패션성이 강하고 품목이 풍부한 상품으로 사전에 소비자는 상품에 대한 정보를 비교 검토하여 구입하는 유형의 상품을 말한다.

구매빈도는 편의품에 비하여 매우 적은 편이다. 이와 같이 선매품의 경우 소비자는 구매비용을 지출하면서도 원거리까지 가게 되고 또한 그것은 하나의 레저적인 요소가 있으며 구매의 즐거움이 있게 된다. 선매품을 구매하는 소매 점포는 보다 상위 소매 중심지나 상점가에 입지하여 넓은 범위의 상권을 갖게 된다. 전문품은 소비자가 어느 특정 브랜드, 어느 소매 점포에 판매하는 특별한 상품, 타 점포와는 대체되지 않는 전문적 상품이다. 따라서 그것을 구매하는 소비자는 상당한 구매 노력을 기울여 구매하는 경향이 있다. 그러므로 전문품을 판매하는 소매점은 그 수가 많지 않고 밀도는 낮으며 넓은 상권을 갖게 된다.

상권을 검토하는 경우 식료품은 편의품, 의류는 선매품으로 단순하게 분류하는 것은 바람직하지 않다. 식료품의 많은 부분은 확실히 편의품으로서의 성격을 갖고 있으나 선물용 상품은 선매품인 것도 있다. 특별한 내객이나 집회를 위해 식자재를 구입하는 경우에도 구매행동은 선매품적 성격을 갖게 된다. 빵, 가공식품 등에서 유명한 전문품으로서 성격을 갖고 넓은 상권을 대상으로 판매되는 가공상품도 있다. 의류품에 있어서도 선매품의 성격을 갖는 것이 많으나 내의, 양말, 실내화, 샌들 등은 편의품의 성격을 갖는 것도 있다. 또한 동일 업종에 있어서도 점포 규모나 품목 구성 등에 따라서 좁은 상권을 갖는 점포에서부터 광역적 상권을 갖는 점포에까지 그 폭이 다양하다. 10평 점포와 5백 평 점포의 동일한 상품을 취급하는 점포를 비교하면 쉽게 이해가 된다.

❙ 표 5-4 ❙ 상품에 따른 상권 범위

구 분	정 의	특 징	상권 범위
편의품	일상 필수품	• 가정용품 • 주고객 : 주부 • 통행 길목에 위치 • 신속한 구매 결정 • 낮은 가격수준 • 낮은 이윤율 • 낮은 임대료/지가	도보 5~10분 정도 반경 700M이내 (장애물이 있는 경우 조정)

선매품	고객이 상품의 가격, 스타일, 품질 등을 여러 상점과 비교하여 구매	• 높은 가격 수준 및 이윤율 • 적은 구매횟수 • 고객 취미 중요 • 표준화 곤란(가구, 의상, 보석류 등)	교통수단 및 접근성이 중요 승용차로 1시간권 이내
전문품	전문성을 요하는 상품	• 가격 수준 높고 고객 구매노력이 많다. • 브랜드 중요 • 구매빈도가 낮고 이윤율이 높다 (고급자동차, 골프용품, 고급향수, 고급시계)	도심권이 유리 도시전체가 상권

백화점이나 할인점 등 대규모 종합형 점포 경우에는 대규모 상권을 전제로 한 것이다. 상품 품목 구성의 폭과 깊이를 크게 하고 다목적 구매와 비교 구매를 가능하게 하는 것도 대규모 상권을 갖는 요인의 하나가 되며 패션성이 높은 의류, 신변 잡화 매장이나 기타 고급품 매장 또는 특별한 이벤트를 통한 고객 창출형 매장도 상권 크기를 결정하는 요인이 된다.

6. 경영전략과 상권 확대

소비자가 점포를 선택하는 경우에는 여러 가지 요인이 영향으로 작용한다. 소비자에게 있어서는 소매 점포 입지 편의성은 중요한 것이다. 그러나 그 비중은 높지만 소비자 점포 선택 요인의 전부는 아니다. 단지 여러 요인 중에서 하나에 불과하다. 또한 그 중요성도 소비자 개인 상황에 따라서도 달라진다. 소비자 점포 선택에 대응하는 소매업 경영자는 경영전략 수단으로 입지 이외에 품목 구성, 규격, 가격, 판매방법, 광고 등 판매촉진, 부대 서비스, 점포 건축, 내부시설 등 제 수단에 대해서 깊은 검토를 하게 된다.

이러한 경영전략으로는 어느 정도 상권 확대가 가능하나 규모를 능가하는 경우에는 상권 확대에는 한계가 있다. 이러한 한계 가능성은 다음과 같은 상황에 해당한다.

첫째, 자연적 조건, 도로, 교통 등 물리적인 면에서 상권을 확대할 수 없는 경우가 있으며, 또한 보행고객을 전제로 하는 경우에는 보행거리에 의한 한계가 있다. 둘째, 경영전략 변경에 의한 흡인력 증대라는 플러스 요인과 구매 증대에 따른 구매비용 증가라는 부정적인 요인이 비교된다. 셋째, 경쟁점 동향과의 관계이다. 특히 상권이 중복되어 있는 타 소매 중심지에 있는 경쟁점 동향이 문제가 된다. 이와 같은 경우는 자점 경영전략 변경만으로는 상권 확대에 대한 예측은 어렵다.

▌표 5-5▌상권전략 유형

상권전략 유형	업태	취급상품	전략내용
초대형 상권전략	• 특수 전문점 • 하이퍼마켓	• 고급 수입품 • 모드(MODE)상품, 특수디자인 상품	초광역권 내 계간성 및 연간성 수요를 대상으로 하는 초대형점 유형 전략
대형 상권전략	• 도심형 백화점 • 본격적 전문점 • 할인점	• 고급 유행성 상품 • 고급 음식 등	10~20km권 내의 월간성 수요를 대상으로 하는 대형점 유형 전략
준대형 상권전략	• 준도심형 백화점 • 종합상품점(GMS)	• 고급 유행성 상품 • 고급음식 등	6~10km권 내 주간성 및 월간성 수요를 대상으로 하는 중대형점 유형 전략
중형 상권전략	• 양판점 • 대형전문점 • 주니어 백화점 • 일반전문점	• 문화 및 잡화품 • 가정 잡화품 • 대중 유행품	5~6km권 내 주간성 수요를 대상으로 하는 중형점 유형 전략
준중형 상권전략	• 복합점 • 슈퍼스토어	• 문화 및 잡화품 • 가정 잡화 • 대중 유행품	2~4km권 내 일상성 및 주간성 수요를 대상으로 하는 중형점 유형 전략
소형 상권전략	• 슈퍼마켓 • 전통시장 • 각종 소형전문점 • 식당 등	• 식료품 • 서비스 계열 • 일용잡화 • 실용음료, 경음식 • 베이커리	1~2km(편의권) 내 일상성 수요를 대상으로 하는 소형점 유형 전략
초소형 상권전략	• 편의점, 일반잡화점, 소형전문점, • 미니슈퍼, 구멍가게	• 식료품 • 일용잡화 • 서비스품 • 필수품 등	500m~1km권 내의 일상성 수요를 대상으로 하는 소형점 유형 전략

제2절 상권 유형별 분류와 특징

1. 소매 중심지 정의

소매 점포는 소비자 거주 지역에 대응해서 광범위하게 분포되어 있으나 그 분포 내용은 각 입지에 따라 제각기 다른 모습을 갖고 있다. 대도시 번화가처럼 다양한 업종·업태의 소매 점포가 대단위로 모여 있어 집적도가 매우 높은 지역으로부터 작은 점포가 단독으로 존재하는 농촌 지역까지 다양한 형태로 존재하고 있다. 소매 중심지란 어느 일정한 지역에 다양한 업종·업태의 소매 점포가 모여 있으므로 소매업의 집적이 형성되어 그 주변의 소비자가 물건을 구입하기 위해 모여드는 장소를 말한다. 상점가 혹은 상업지라고도 하나 도매업과는 구별이 불명확해 '소매상업 집적'이라고도 한다.

1) 광의 소매 중심지

상점가는 내부에 독립의 중소 소매점에서부터 대형점인 백화점, 할인점과 중·대형슈퍼마켓, 지하상가, 대형전문점, 시장, 상점가(도로상의 전문점 집합 상점가) 등 소매형태가 포함된 곳이다.

2) 협의 소매 중심지

광의 소매 중심지를 구분하면 자연발생적으로 생겨나 형성된 '전통시장'이나 '도로변 상점가'와 계획적으로 조성되어 통일적으로 운영되고 있는 '쇼핑센터'로 구분되는데 이러한 것을 협의의 소매 중심지라고 한다. 협의의 소매 중심지는 명확한 조직체로 구성된 집단으로써의 상점가이다. 임의 단체인 경우도 있으며, 협동조합이나 상점가 진흥조합 등의 법인인 경우도 있다. 소위 공동사업의 주체가 되는 것은 이 의미에서의 소매 중심지이며 구역도 구성원도 명확하게 된다. 이 경우 복수 소매 중심지가 있는 경우 상점가 연합회 조직도 소매 중심지로 분류한다. 예를 들면 가락동 농수산물 시장 경우 농수산물 시장 안에 '00청과', '00수산' 등의 소매 점포 집합군으로 나뉘어 구성되어 있다. 이렇게 개개의 조직체가 집단으로 모여 커다란 소매 중심지를 구성하는 것을 말한다.

2. 소매 중심지

1) 소매 점포 집단

소매 중심지는 소매 점포가 집단을 이루고 있으며 소매업 경영의 장소 역할을 한다. 개개의 소매 점포로서 경영내용은 그 점포가 소재하는 상점가가 어떠한 형태의 소매 중심지이냐가 매우 중요한 영향 요인으로 개개의 소매업자에게는 소매 중심지는 매우 중요한 환경요인이 된다. 한편 소매 중심지가 어떠한 형태로 발전하느냐는 소매 중심지 전체의 환경에 대응해서 개개의 소매업자가 어떠한 경영을 하느냐에 따라 달라진다. 예를 들면 독립 소형 점포가 모여 집단을 이룬 상업 집적의 경우에도 구성원들이 어떠한 콘셉트 아래 경영을 하느냐에 따라 소매 중심지가 발전하기도 하고 쇠퇴하기도 하는 것을 말한다.

2) 쇼핑, 생활 중심지

소매 중심지를 구성하는 시설은 상품만 판매하는 점포뿐만 아니라 서비스 업종인 은행이나 증권회사 같은 금융기관, 병원, 극장 등 오락시설, 우체국, 공원 등 공익시설 등과 함께 생활의 중심 기능을 수행하게 된다.

3) 도시 제반 시설

도시의 발전 또는 쇠퇴와 그에 따른 도시 제반 기능, 도시 제반 시설 변동이 소매 중심지에 영향을 준다. 또한 서울 동대문 시장처럼 재래식 시장 재개발 사업으로 소매 중심지가 변모하여 도시에 어느 정도 영향을 주기도 한다. 따라서 도시 개조나 재개발을 계획하는 경우에는 소매업 경영 장소, 소비자 쇼핑 장소, 생활 지역적 중심지로서 소매 중심지에 대한 충분한 배려를 하여야 할 필요가 있다.

3. 소매 중심지 유형

소매 점포 집적에는 소수 점포가 근접되어 존재하고 있는 것에서부터 대규모 점포나 고급 전문점을 포함한 다수 점포가 집적되어 있는 것 등 매우 다양하다. 거주지 주변에 산재해 있는 소형 점포부터 도심지 중심지에 백화점을 중심으로 형성된 소매 중심지처럼 다양한 모습의 점포 집적이 있다. 이와 같이 점포 집적의 다양성이 성립되는 것은 두 가지 측면에서 그 원인을 찾아볼 수가 있다.

1) 소비자 공간적(지역적) 구매행동

소비자가 구매하는 상품 종류에 따라 좀 차이가 있다. 편의품과 선매품, 전문품 등에 따른 구매 변동, 저가·중가·고가 가격, 상품 특수성 및 전문성, 소비자의 거리에 대한 태도 등 원인으로 발생한다.

2) 점포 손익

점포가 여러 위치에 분산하여서 존재할 수 있느냐 없느냐는 각각 업종, 형태, 규모에 따라 다르다. 인구가 1,000명 정도인 APT단지 상가에서 영업이 가능한 소형 점포도 있으며 인구가 10만 이상이 되는 도시 및 지역의 중심부에서만 존립이 가능한 할인점이 있고 도시 및 지역 중심부에서만 존립이 가능한 대형 백화점 같은 대형 점포나 고가의 보석을 파는 전문점 등이 있다. 이와 같이 점포는 소비자 공간적 쇼핑행동과 소매 점포 성립조건이라는 요인에 의해서 소매 중심지 단층체계가 성립된다.

보다 상위 소매 중심지에 있어서 같은 단층에 속하는 소매 중심지 수는 적어지며, 한편으로 상위 점포 수는 증가하고 평균 규모가 커지고 어느 정도 이상이 되는 대형점이나 동일한 콘셉트 아래 형성된 상업 집적만이 존재하게 된다. 또한 업종 수도 증가되어 편의품만이 있는 하위 소매 중심지에 대해서 상위 소매 중심지에는 선매품 소매 점포의 비중이 증대하게 된다. 소비자 쇼핑거리도 상위 중심지 쪽이 원거리가 됨으로 결국 상위 소매 중심지는 넓은 상권을 갖게 된다. 지역적 도시에 존재하는 최상위 소매 중심지에는 그 도시만이 아닌 주변 소도시로부터도 쇼핑을 오는 매우 넓은 범위 상권을 갖게 된다. 예를 들면 서울특별시의 경우 소위 명동이라고 불리는 소매 중심지 내에는 여러 개의 대형 백화점과 대규모 시장 및 전문 상점가로 구성되어 있다. 이 소매 중심지에서 쇼핑을 하는 사람들은 소매 중심지 주변에 거주하는 소비자뿐만 아니라 서울특별시 전 지역에서 거주하는 소비자들이 대체로 많이 이용한다. 이 소매 중심지는 비단 서울특별시 소비자뿐만 아니라 안양, 부천, 분당과 같은 서울특별시 주변 소비자들도 많이 이용하며 남대문 시장의 경우 지방 상인뿐만 아니라 중국이나 동남아 상인들까지도 이용하는 경우도 있다. 이처럼 도시 최상위 중심지는 광범위한 지역에 넓은 상권을 갖는다. 또한 이러한 대도시 내부에는 최상위 소매 중심지뿐만 아니라 '청량리, 영등포' 같은 부도심에서 주택가 인근 소규모 상점까지 각종 단층의 소매 중심지가 존재하는 것 이외에도 전문적 소매 중심지가 존재한다. 용산 전자 상가나 을지로 조명자재 상가, 을지로 건자재 상가 등은 그 대표적인 예이다. 사실 우리나라의 경우, 다양한 환경 조건 가운데 역사적으로 형성된 소매 중심지인 상점가를 단층 구분하여

유형화하기는 곤란하다. 미국의 경우에는 광대한 평원에 인구가 균등하게 분포되어 있기 때문에 대규모 소매 중심지인 쇼핑센터를 근린형(Neighbor Type), 지역형(Community Type), 광역형(Regional Type)으로 분류하는 것이 전통적으로 가능하듯이 소매업 중심지의 분포 유형이 규칙성을 나타낸다. 그러나 우리나라의 경우에는 지세가 복잡하고 인구밀도 차이가 크며(서울과 경기지역에 전 국민의 절반이 거주) 미국처럼 소매 중심지의 규칙적 분포를 지도상에 나타내기 어렵다. 또한 우리나라의 경우 지역별로 독특한 관습이나 풍습 등도 매우 다양하기 때문에 미국처럼 단순히 단층적 유형으로 구분하는 것은 곤란하다.

3) 소매집적 분류

소매집적 현상은 일반적으로 자연발생적인 것과 사후 통합적인 것 그리고 계획적인 것 세 가지로 분류한다.

(1) 자연발생적 소매집적

교통과 도로의 중심으로 오랜 세월 동안 자연적으로 소매상이 모여들어 집적된 경우이다. 이와 같이 자연발생적으로 형성된 소매집적은 점포 규모도 영세하고 집적의 통합성이 미약하다. 지방 소도시 지역의 일반시장과 대도시 주택가나 변두리 전통시장 및 소위 골목시장이 이에 속한다. 이곳의 고객 흡인력은 아직 높은 곳도 있으나 신업태 점포와 온라인 쇼핑의 포화 성장이 둔화되고 있다.

(2) 사후 통합적 소매집적

이 같은 유형은 집객력을 높이기 위해 사후에 상점가 활성화 내지 재개발계획에 의해 조성된 소매집적 형태이다. 대표적인 아케이드형 상점가로써 동대문 장이나 청계천 시장 등이 이에 속한다. 이는 저마다 다른 사업 방침을 가진 자연발생적 소매집적에다 '아케이드'라는 공동우산을 씌워 점포 간 입체감을 부여함으로써 고객 인력을 높이려는 것이다.

(3) 계획적 소매집적

이 같은 유형은 소매집적 자체를 하나의 단위로 하여 업종구성, 점포배치, 혹은 점포별 면적 배분 등 통합적 관점으로 사전계획을 수립하여 재개발하며, 영업을 개시한 다음 전체적으로 통제하는 소매집적형으로써 서울 동대문 시장에 개관한 '밀레오레' 같은 소매집적이 대표적이라 할 수 있다. 이들 소매집적은 공동광고나 공동행사 등 공동

판매사업을 수행하는데 역 앞 지하상가나 지구형 쇼핑센터 등도 이 같은 유형에 속한다. 계획적 소매집적을 몇 가지 형태로 구분하면 다음과 같다.

① 중소 소매점들이 상업협동조합이나 공동출자 회사를 설립하여 설비를 공동으로 소유하고 공동 영업하는 경우
② 대형점이 소매집적을 위해 자체 개발하여 스스로 핵 점포로 출점함으로써 여러 소형점을 유치하는 경우
③ 전문 부동산 회사가 개발, 소유하고 임대 소매상을 유치하거나 분양하는 경우
④ 지방자치단체나 공공기관이 개발 소유하며 임대 소매점을 유치한 경우
⑤ 일본 경우처럼 공공단체와 민간업체가 공동으로 개발하고 소유하며 임대점을 유치하는 경우이다.

4. 근린판매시설

1) 일반판매시설

건축법상 판매시설이라 함은 도매시장, 소매시장, 상점 등을 말한다. 일반판매시설이라 함은 상점을 지칭한다. 상점이라 함은 근린생활시설에 해당하는 용도, 즉 슈퍼마켓, 일용품(식품, 잡화, 의류, 완구, 서적, 건축자재, 의약품류 등) 등의 소매점으로서 동일한 건축물(하나의 대지 안에 2동 이상의 건축물이 있는 경우에는 이를 동일한 건축물로 본다) 안에서 당해 용도로 쓰이는 바닥 면적 합계가 1,000제곱미터 이상인 것을 말하며, 1,000제곱미터 미만인 것은 보통 근린 생활시설이라 한다. 상가는 그 형태에 따라 타워형, 몰형, 스트리트형, 복합형 등으로 구분하기도 하고 그 기능에 따라 멀티형과 테마형으로 구분하기도 하며 입점할 업종의 유형에 따라 수평형과 수직형으로 구분하기도 한다.

▌표 5-6▌상가 구분

구분	유형	비고
형태적 구분	타워형, 몰형, 복합형, 스트리트형	위치 집약
기능적 구분	멀티형, 테마형	수용 집약
업종상호간 관련성 구분	수평형, 수직형	동기 집약

타워형이라 함은 1개 건축물의 규모가 고층이고 이 건축물 안에 상가가 집중 배치되는 형태의 상가를 말하며 몰형은 지붕이 덮여져 있는 공간 안에 상가가 집중 배치되어 마치 공간 안에서는 하나의 도시를 연상시키며 모든 상업 활동이 가능해지는 공간이다. 스트리트형은 거리를 사이에 두고 양쪽으로 상가들이 들어서 있는 형태이며 특히 차 없는 거리로 명명되는 인도전용도로 주변의 상가들이 많다. 대표적인 이미지는 명동, 압구정동, 문정동 등의 패션거리 등을 들 수 있다. 그리고 복합형은 이들의 복합적인 형태가 집약된 상가지역을 들 수 있다.

2) 판매시설 개발

상점 입지 조건은 번화가일 것, 유동인구가 많을 것, 접근성이 양호할 것, 배후에 경쟁상권이 없을 것 등 크게 4가지 충족조건이 필요하며 분양성을 높이기 위해서 브랜드 가치를 높이는 전략이 필요하고 시설 경쟁력, 가격 경쟁력을 높이기 위한 전략개발이 병행되어야 한다. 상점은 상업지역에서 건축이 가능하고 일반주거지역과 준주거지역에 대해서는 조례에 따라 건축이 가능하다. 준공업지역, 생산녹지지역, 자연녹지지역에 한해서는 농, 수, 축산물의 판매시설에 한하여 건축이 가능하다. 결국 상점은 상업지역에서 개발하는 것이 가장 일반적 방법이다.

(1) 근린 생활시설

① 제1종 근린생활시설

㉠ 슈퍼마켓과 일용품 등 소매점으로서 동일한 용도에 쓰이는 바닥면적의 합이 1,000제곱미터 미만인 것

㉡ 휴게음식점으로서 동일한 건축물 안에서 당해 용도에 쓰이는 바닥면적의 합계가 300제곱미터 미만인 것

㉢ 이(미)용원, 일반목욕장 및 세탁소

㉣ 의원, 치과의원, 한의원

㉤ 탁구장 및 체육도장으로서 동일한 건축물 안에서 당해 용도에 쓰이는 바닥면적의 합계가 500제곱미터 미만인 것

② 제2종 근린생활시설

㉠ 일반음식점, 기원

㉡ 휴게음식점으로서 제1종 근린생활시설에 포함되지 않은 것

㉢ 서점으로서 제1종 근린생활시설에 해당하지 않는 것 등

(2) 용도지역 구분(도시지역)

❙ 표 5-7 ❙ 용도지역 구분

세분지역			지정목적
주거지역	전용 주거지역	제1종	단독주택 중심 양호한 주거 환경 보호
		제2종	공동주택 중심 양호한 주거 환경 보호
	일반 주거지역	제1종	저층주택 중심으로 편리한 주거 환경 조성
		제2종	중층주택 중심으로 편리한 주거 환경 조성
		제3종	중·고층 주택 중심으로 편리한 주거 환경 조성
	준주거지역	주거기능을 위주로 이를 지원하는 일부 상업, 업무기능을 보완	
상업지역	중심 상업지역	도심, 부도심의 업무 및 상업기능 확충	
	일반 상업지역	일반적인 상업 및 업무기능 담당	
	근린 상업지역	근린지역에서의 일용품 및 서비스 공급	
	유통 상업지역	도시 내 및 지역 간 유통기능 증진	
공업지역	전용 공업지역	주로 중화학 공업, 공해성 공업 등 수용	
	일반 공업지역	환경을 저해하지 아니하는 공업의 배치	
	준 공업지역	경공업 그 밖의 공업을 수용하되, 주거·상업·업무 기능 보완 필요	
녹지지역	보전 녹지지역	도시 자연환경, 경관, 산림 및 녹지 공간을 보전	
	생산 녹지지역	주로 농업적 생산을 위하여 개발을 유보	
	자연 녹지지역	보전할 필요가 있는 지역으로서 불가피한 경우에 한하여 제한적 개발이 허용	

(3) 근린생활시설 개발

근린생활시설 건축가능지역은 주거지가 형성된 곳이면 가능하다. 건축물 규모나 구조에 대해서는 건축법 적용을 받고 있으며 그 밖의 경우에는 개발사업과 관련된 해당 법의 적용을 받는다. 건축법에 의하면 근린생활시설 건축가능지역으로서 주거지역(전용주거지역의 경우 1종 및 2종 중 종교집회장만 가능), 공업지역(단란주점 제외), 상업지역, 녹지지역(조례로 정할 때 가능) 등으로 규정하고 각 지역에 따라 해당 조례를 통하여 구체적으로 규정하고 있다. 근린생활시설의 입지 조건으로는 주변에 주거단지, 업무단지, 숙박단지 등이 조성되어 있으면 좋고 편리한 교통, 도로인접, 사람이 많이 모이는 곳이 좋다.

5. 실무적 분류

1) 도심권

각 도시에는 중심부가 있는데 바로 그곳에 있는 상권을 가리킨다. 서울의 경우에는 종로와 명동 일대를 도심으로 볼 수 있다. 도심에는 유동인구가 많다. 일례로 서울은 대형 백화점, 대형 쇼핑센터, 남대문 시장, 동대문 시장, 대형 서점, 각종 사무실 등 수도권 인구를 유입할 수 있는 시설이 집중되어 있어서 입지만 한다면 목 중의 목이 되는 곳이다. 종로의 경우, 종각부터 종로 3가까지가 목이며, 종로 1가, 4~6가 등은 상권이 떨어진다. 이곳은 버스정류장 주위의 일부만을 목이라 볼 수 있다. 이러한 도심권은 임대료나 권리금이 매우 높아 초보자들은 입지하기 쉽지 않은 곳이다.

2) 역세권

거의 모든 지역 중에서 상권이 활발히 형성되어 있는 곳이 바로 역세권이다. 하지만 전철역 입구라고 해서 모두 상권이 좋은 것은 아니다. 대다수는 전철역 입구만 장사가 잘 된다. 왜냐하면 전철역을 이용하는 상주인구 자체가 적거나 근처에 유동인구를 모을 수 있는 대형 백화점, 쇼핑센터, 대학교, 입시학원 등이 없어서 상권이 제대로 형성되지 못하고 있는 상태이기 때문이다. 하지만 번성하는 상권을 보면 대학이나 백화점, 입시학원을 끼고 있고 그 지역의 핵 구실을 하고 있는 중심지이다. 이러한 지역은 당연히 임대료나 권리금이 높다. 특히 이와 같은 역세권은 상권마다 특성이 다르다. 예를 들어 신촌, 신림, 강남역, 잠실신천 상권 등은 오락·유흥업이 주도하는 상권인 반면에 성신여대, 목동, 창동, 문정동 상권 등은 여성의류 할인매장과 관련한 업종이 잘 되는 상권이다. 또한 오락·유흥업으로 성격이 비슷한 강남역이나 잠실신천상권, 신촌상권, 신림상권 등도 그 고객층이나 소비성향은 판이하게 차이가 난다. 어쨌든 역세권 상권 분석은 유동인구 특성 파악이 우선이다. 또한 업종 분포도를 살펴보면 그 상권에서 호황인 업종을 알 수 있다.

음식업이나 판매업은 그 상권에 같은 업종이 50~60% 정도 분포되어 있을 때 장사가 오히려 잘 된다. 30% 안팎에 불과하면 음식업이나 판매업이 안 되는 상권이므로 피하는 것이 좋다. 반면 서비스업은 같은 업종이 적을수록 좋다. 역세권 유명 상권은 점포수가 대부분 200~800개로서 상권마다 독특한 특징이 있어 업종 분포를 보면 호·불황인 업종을 알 수 있다. 그러나 주택지에서는 그 상권만의 독특한 특징이 없고 모든 업종이 골고루 분포되어 있어 호·불황 업종을 알 수 없다. 단 상권의 좋고 나쁨은 알 수 있다.

3) 대학가

대학가는 젊음과 활기가 넘치는 곳으로서 다른 상권보다는 비교적 건전한 편이다. 특히 다른 지역과는 음주문화의 격이 달라서 마음 편히 장사할 수 있다. 하지만 대학가에도 어려움은 많다. 총학생 수, 기숙사 완비 여부, 지방학생의 구성비, 그리고 학교 앞의 교통망 상태와 대형 시설이 있는지에 따라 상권이 양극으로 뚜렷이 갈리기 때문이다. 대부분의 대학가(중앙대, 숭실대, 경기대, 경희대, 고려대, 숙명여대 등)는 상권이 매우 미약하여 발전 가능성이 없다. 교통망이 확충되기도 어려워 보인다. 특히 여대 앞은 여성에 맞는 일부 품목 이외에는 어려움이 많다. 여기서 신촌이나 이대입구, 성신여대 앞, 신림사거리, 대학로(성대 앞), 홍대역 등은 역세권으로 분류하므로 논외로 한다.

(1) 상권 분석 유의점

① 지역 특성을 대강 알고 들어가서는 절대 안 된다. 확실히 파악해야 한다. 차라리 아무것도 모르면 빈 공간에 채우기가 더 쉬운 법이다.

② 시설에 현혹되어서는 안 된다. 소매업은 입지산업이다. 하지만 초보자일수록 바로 이 시설에 넘어가는 경우가 많으므로 주의해야 한다.

③ 권리금이 터무니없이 싼 곳은 장사목이 아닌 곳이 많으므로 조심한다. 특히 '교환업소'는 더욱 그렇다. 장사로 성공하는 것도 중요하지만 그에 못지 않게 실패하지 않는 것 또한 중요하다. 그중 으뜸은 바로 입지 선정이다.

'교환'이란 현찰매매가 잘 이루어지지 않는 땅이나 주택, 업소, 기타 각종 부동산끼리 서로 바꾸는 것을 말한다. 그런데 여기에는 많은 문제점이 있다. 교환업소는 아무리 시설이나 장소가 그럴 듯해도 대부분 장사가 안 되는 곳이라는 점을 명심해야 한다. 이러한 업소는 유명 상권 안에도 셀 수 없이 많다. 특히 건대역 입구는 교환이 많은 동네이다. 최근에는 신촌이나 이대역 상권에서도 교환업소가 많아지고 있으며 심지어 종로에서도 종종 눈에 띈다. 그만큼 장사가 안 되는 가게가 많다는 말이다. 잘 되는 곳 옆에 안 되는 곳이 있는 법이다. 즉 건대역 상권은 역 입구는 매우 좋지만 약간만 올라가면 현저히 상권이 죽는 곳이다. 하지만 교환업소인지 아닌지는 보통 사람의 눈에는 보이지 않는다. 어쩌면 알 필요가 없는지도 모른다. 입지 선정에 관한 안목이 어느 정도 있다면 말이다.

4) 아파트단지 상권

(1) 최소한 500세대 이상은 되어야 한다.

상가 입구가 대로변 쪽에 있어야 좋고 500세대 정도가 되면 자체 내에서 상권을 유지할 수 있다. 하지만 500세대 정도에서는 부동산, 세탁소, 미용실, 약국, 슈퍼마켓, 잡화점, 음악, 미술학원 정도밖에 되지 않는다. 만약 전문점을 하고 싶다면 최소 2,000세대 이상인 곳에서 해야 한다.

(2) 주택지 안의 아파트나 공터가 있는 곳은 피한다.

주택지 안의 아파트는 대부분 재개발이나 재건축으로 생긴 것이다. 이 경우 처음에는 기존 가게들보다 깨끗하기 때문에 아파트 상가가 활성화된다. 하지만 장사가 잘 되기 시작하면 주택들이 상가주택으로 전환되면서 상권이 분할된다. 손님들은 당연히 좀 더 크고 전문화된 곳으로 가게 마련이다. 단지 내 상가는 대부분 10~15평 정도의 소규모가 주류를 이루고 있어 업종도 제한되며 상가주택에 있는 큰 업소와의 경쟁에서 배겨내기가 힘들다.

(3) 1,000세대 이상이면 정문과 후문 중 지대의 높낮이나 대중교통 수단에 따라 상권이 달라진다.

단지가 크면 정문과 후문의 이용률이 확연히 구별된다. 처음 상가가 분양되었을 때는 대개 정문 쪽 상가의 분양가가 높은 경우가 많고 장사도 잘 될 것이라는 기대심리에 편승해 임대가도 높은 편이다. 그런데 종종 후문 쪽이 더 잘 되는 경우가 있다. 이때는 후문의 지대가 정문 쪽보다 낮은 곳에 있을 때이거나 대중교통 수단이 후문 쪽에 집중되어 있어 유동인구가 몰리기 때문이다. 정문과 후문의 지대가 비슷할 때는 어느 쪽이 나은지 어떻게 파악할 수 있을까? 방법은 간단하다. 노점상이 어느 쪽에 있는가를 보면 된다. 노점상은 수시로 옮겨 다니면서 잘 되는 곳에서 장사를 하므로 이들이 있는 곳이 곧 목이라고 보면 틀림없다. 하지만 노점상이 아예 영구적으로 자리를 잡고 간이 칸막이나 이동식 가게를 맞추어 수십 개가 줄을 이어 있으면 포기하는 것이 낫다. 노점상에 모든 업종이 자리하고 있기 때문에 단지 내 상가는 하루가 다르게 쇠락의 길을 걷는다.

(4) 중소형 아파트단지에서 한다.

대형 아파트에 주거하는 연령층은 50대 이후가 많다. 당연히 자녀들도 20대 이후가 대부분이다. 그런데 50대 이후의 소비성향은 어떠한가? 이들은 생필품 이외에는 모두 외부에서 해결하는 층으로서 시내 백화점이나 전문상가에 가서 쇼핑 재미를 느끼고 싶어 하는 경향이 강하다. 게다가 20대는 또 어떤가? 이들에게는 아예 기대를 걸지 않는 것이 좋다. 따라서 이곳에서는 기술 위주의 업종과 생필품 정도밖에 장사가 되지 않는다. 소형 아파트(23평 이하)에는 주로 신혼 초인 20대 후반에서 30대가 거주하고 있고 일부는 저소득층에 속한다. 이들은 대부분 직장생활을 하고 있어 직장 위주의 생활 패턴을 보여 먹고 입는 것을 직장과 가까운 곳에서 해결한다. 아파트는 거주공간일 뿐이다. 그러니 역시 취급할 품목은 기술 위주의 업종과 생필품 정도에 불과하지만 유아복이나 아동복만큼은 잘 된다. 반면, 중소형 아파트(23평 이상~33평 이하)의 주거연령은 30~40대로서 자녀들도 대부분 초·중고생이 많다. 당연히 생필품 이외에도 학원, 분식점, 문구점 등 다양한 업종이 잘 된다.

(5) 세대수에 비해 상가가 많으면 피한다.

세대수에 비해 상가가 너무 많은 경우도 있다. 아파트 1가구당 상가를 6㎡까지 지을 수 있지만 정말 이대로 짓는다면 품목이 중복되어 서로 망하는 경우가 있다. 2,000세대 이상이면 단지 내에 상가건물이 몇 개 있게 마련인데 되도록 위치가 좋은 출입구 쪽 점포를 택해야 실패하지 않는다. 안쪽에 위치한 상가라면 신중하고 신중하게 생각한다.

(6) 신도시 등 대규모 아파트 단지는 중심 상권과 인접한 곳을 택한다.

대규모 아파트 단지 주변에는 대형 판매시설이 경쟁적으로 들어서고 있다. 대형 업체들은 호화로운 매장과 할인판매 등으로 손님을 끌어들이므로 소형 매장은 경쟁 상대가 되지 않는다. 이곳의 거주자들은 거의 대형 판매시설에서 구매를 하기 때문에 대규모 아파트단지 내 상가들 대부분이 살아남기 어렵다. 생필품과 기술을 밑천으로 하는 업종만이 명맥을 유지할 수 있다. 따라서 대규모 단지에서는 세대수를 파악하는 것이 아무런 의미가 없다. 굳이 이곳 아파트 상가에서 장사를 하려면 중심 상권의 대형 판매시설 바로 옆에서 하는 것이 좋다.

5) 주택지 상권

주택지 상권은 가장 쉽게 접하고 이용할 수 있는 상가이다. 대부분은 적은 자본으로 장사를 시작한다. 그만큼 시작하기가 쉽다. 쉽게 만날 수 있는 상가이기 때문에 '나도 웬만큼은 이 상권에 대해 알고 있다.'라고 착각하기도 쉽다. 하지만 막상 접해보면 그렇지 않다. 어느 지역 상권보다 파악하기 어려운 것이 바로 주택지 상권이다. 그것은 그 상권만의 특성이나 색깔이 없기 때문이다. 유동인구가 많지 않기 때문에 오직 거주하는 세대수와 소득 수준, 주요 연령층 정도가 상권 파악의 잣대가 될 뿐이다. 따라서 주민들이 주로 어느 길로 이동하는가에 따라 상권의 좋고 나쁨이 결정된다고 해도 과언이 아니다. 덧붙여 지형지세가 영향을 미치고 있다. 이처럼 주택지 상권은 그 특성과 상권의 발전성 여부를 파악하기가 애매모호한 경우가 많다. 하지만 방법이 전혀 없는 것은 아니다. 우선 상권이 번성할 수 있을지 알아내기 위해서는 그 상권 내에 있는 점포 수를 기준으로 파악해보면 된다. 지역에 따라 약간의 차이는 있지만 대개 대로변, 버스정류장, 전통시장 입구 등에 상권이 크고 작게 형성되어 있다. 이때 어떤 지역에서는 버스정류장 부근에 점포가 제일 많고 또 어떤 지역에서는 전통시장 입구의 상권이 제일 클 수도 있다. 당연히 번성하고 있는 점포 수가 많은 상권에 들어가야 한다.

(1) 주택지 상권은 점포 수에 따라 파워가 달라진다.

점포 수가 70~80개 이상이면 번성하는 중심 상권이다. 이 정도면 보통 사방 60~70m가 상가로 이어져 있는 중심상권이다. 보통 주택지에는 10평 이상 되는 큰 점포가 많지 않다. 또한 점포 전면 길이가 5m 이상 되는 곳도 별로 없다. 점포 수가 70~80개인 상권은 번성하고 있는 상권이므로 임대가와 권리금이 다른 주택지 상권에 비해 비싸다. 즉 A급지는 역세권의 B급지 수준으로서 평당 임대가가 1,000만 원 안팎, 권리금이 6,000만 원 이상이다. 점포수가 40~50개인 상권이면 번성할 가능성이 있다. 신도시 역세권처럼 이러한 주택지 상권은 A급지와 B, C급지 간의 차이가 심하다. A급지는 그 상권의 목이라서 장사가 잘 되지만 B, C급지는 상권 규모 자체가 작기 때문에 장사가 썩 잘 되지 않는 답보상태이다. 이곳의 A급지는 점포가 70~80개 있는 상권의 B급지 수준으로서 평당 임대가가 700만 원 안팎, 권리금이 4,000만 원 안팎이다. 점포수가 20~30개인 상권이면 장래가 불투명하다. 주택지에는 이런 상권이 많다. 주부상대나 어린 학생들을 상대로 필수품을 판매하는 가게가 대부분이다. 따라서 답보상태이며 권리금 또한 1,000만 원 이하가 많다. B, C급지는 아예 무권리도 많다.

(2) 주택형태를 보고도 상권을 파악할 수 있다.

단독주택이 대다수인 곳은 좋은 상권이 아니다. 세대수가 적고 주거연령과 소득 수준이 높은 경우가 많은 고소득층 거주지역의 주택형태이다. 단독주택, 다세대, 다가구가 혼합되어 있는 곳은 비교적 좋은 상권이다. 세대수가 많고 주거연령도 중·장년과 초·중고생이 많다. 소득 수준은 중산층과 저소득층이 주류를 이루며 대부분 재래주택

형태이다. 다세대, 다가구가 대부분인 곳은 좋은 상권은 아니다. 세대수는 많으나 주거연령이 비교적 젊고 아이들도 어리다. 중산층이 주류를 이루며 시 외곽 신흥지역 쪽에 많이 보이는 주택 형태이다. 단독, 다세대, 다가구, 연립, 아파트가 섞여 있는 곳은 주택지 상권으로는 가장 좋다. 세대수가 매우 많고 주거연령, 소득 수준이 비교적 다양하다. 재개발된 지역에서 보이는 형태로서 상권 규모가 비교적 크게 형성된다.

6) 기타 상권

동일 업종을 영위하는 경우에도 사업장 규모 크기, 시설 고급화 정도에 따라 상권의 크기는 다양하게 변할 수 있다. 대체적으로 사업장의 규모가 클수록 또 시설이 고급일수록 상권은 넓어지며, 반대로 시설 규모가 작을수록 또 시설이 고급하지 않을수록 상권 범위는 작아진다.

또한 사업 업종 및 시설 조건이 동일하다 하더라도 경영자의 경영자세, 마케팅 전략, 점포 인지도 등에 따라 상권은 확대, 축소가 되기도 한다. 상권을 결정하는 요인은 다음과 같다.

(1) 자연지형물

산, 하천, 철도, 도로 등은 상권을 분할하는 대표적인 요인이다. 대개 상권 형태는 지형 지세에 의해 이루어진다. 지형 지세 등 지리적 조건 중에는 하천, 도로, 둑 등이 있다. 이들은 상권을 분할하는 구실을 하기 때문에 면밀히 분석해야 한다. 4차선 이상 도로는 상권을 분할하지만 바로 앞에 횡단보도 등이 있다면 상권을 연계하기도 한다.

또한 언덕배기 등 경사진 곳은 상권형성이 어려운 지형이며 도시계획 등으로 인해 높고 낮은 곳 없이 편평하게 밀어버린 서울시 외곽지역이나 신도시 등은 상권의 번성이 어렵다. 이런 곳은 사통팔달로 시원하게 뚫려버려서 사람들 통행 역시 한 곳으로 몰리지 않게 되어 제대로 된 상권 형성이 어렵다.

그렇다면 어떠한 곳이 번성하는 상권의 지리적 조건을 갖춘 곳인가? 바로 높고 낮은 지대의 낮은 곳이다. 이런 곳은 비가 오면 물길이 한쪽(낮은 쪽)으로 몰리듯이 사람들 역시 낮은 곳으로 몰린다. 당연히 이곳은 또한 교통망 확충이 잘 되어 있으며 그 지역의 각종 편의시설, 예를 들어 시장, 극장, 예식장, 은행 등이 집중되어 있다.

이와 같은 원리가 적용되는 것에는 보도 양쪽에 상권이 형성되어 있을 경우 조금이라도 보도가 낮은 곳이 좋다. 보도가 높은 곳이나 보도보다 조금이라도 높은 곳에 점포가 있으면 접근성에서 불리하다.

(2) 대형 시설물

학교, 관공서, 운동장 등 대형 시설물 존재 여부에 따라 상권이 달라진다. 어떤 상권이든지 번성하는 곳은 그 지역 중심지이다. 그 지역 중심지에는 또한 각종 편의시설이 집중되어 있다. 양자가 서로 밀고 당기면서 커지는 것이다. 은행, 쇼핑센터, 대형 의류점 등이 있는 곳은 대부분 좋은 상권이다. 하지만 학교나 운동시설 등은 상권을 분할한다. 당연히 이러한 것이 있는 곳은 좋지 않다.

(3) 도로 상태

도로망 연계상태, 노폭, 중앙분리대, 신호등, 건널목, 접도 조건, 지하철 연계 상태에 따라 상권이 달라진다. 상권은 교통망 등 변화에 의해 번성하기도 하고 쇠퇴기에 빠지기도 한다. 특히 지하철과 연계 여부는 상권 성쇠와 밀접한 관계가 있다.

(4) 중심 방향

도심, 역 등 사람들이 모여드는 방향이 어느 쪽이냐에 따라 상권 범위도 달리 형성된다. 중심 방향 쪽으로는 밀도가 높고 깊은 상권이 형성되며 중심 방향 반대쪽으로는 밀도가 낮고 넓은 상권이 형성된다. 도심권과 역세권 및 대학가 상권은 유동인구 특성이 그대로 반영되어 상권이 형성되어 있다. 다시 말하면 그 상권에 유입되고 있는 유동인구 연령층, 남녀 구성비, 소비형태 등에 의해 각 상권마다 특징이 나타난다. 따라서 이곳 상권 분석은 그다지 어렵지 않다.

실제 상권 분석이 어려운 경우는 아파트 단지와 주택지 상권이다. 이곳은 그야말로 일일이 그 지역 지역마다 상권 분석을 해야 한다. 그 지역 거주 인구의 소득 수준, 인구 수 및 세대수, 교육 정도, 주거형태, 소비형태, 연령층, 남녀 구성비 등에 의해서 상권 발달이 각기 다르기 때문이다.

제3절 상권 분석 방법

1. 통계적 분석법(The Statistical Technique)

통계적 분석법은 기존 통계를 분석하여 시장 지역성을 포착하고 그 지역성에 의거하여 상품 특성을 추계하는 방법이다. 상권 성립은 도시 또는 도시에 있어서의 상업 집적지를 중심으로 하여 생각되기 때문에 도시를 포함한 도·특별시별 통계, 상업 집적지를 포함한 시·구·동·군·면·리별 통계에 의해 상권 성립 조건과 그 특성을 유추하게 된다. 통계적 분석법은 종래 시장조사에 있어서의 지역 조사법과 동일한 것이라고 할 수 있다. 다만 종래의 지역 조사에 있어서의 통계적 분석법은 경제력 측정이라고 하는 단일한 목적 지향에 그치고 있었다. 즉 그 지역 시장성을 구매력과 구매고의 동향으로서만 포착했었다. 그것은 시장 지역성을 양적으로만 포착한 것으로 모두 과거 실적을 기준으로 하여 유추한 것이다. 상권 측정법으로서의 통계적 분석법은 소비 행동의 광범위한 관련 요인을 포함해서 소비자 행동과 상권 성립 관계를 통계적 자료로부터 유추할 수 있다. 그것은 자연 조건과 지역성 관련, 역사적 전통에 의거한 지역 특성 상태, 기질, 풍습에서 볼 수 있는 생활 관습 특성, 문화적 자질에 있어서의 지역성, 생활 가치관에 있어서의 생활체계 특성(물품의 사용법, 선택법, 그리고 기호성 특성) 따위가 인구와 교통, 경제 관계 통계 자료에 부가되어서 통합되고 분석될 수 있다.

특히 광역적으로 상권을 포착하려고 할 경우에는 과학의 모든 분야에서 지역성을 포착하여 구체적 시장(market place)으로서의 상권을 측정해야만 될 것이다. 오늘날 소비자 행동 복잡화, 다양성은 단순한 상권 측정만으로는 포착하기 어렵게 되어 가고 있다. 서베이법이든 통계적 분석법이든 그 유추법을 바꾸는 것은 경험법칙인데 경험적 연구로부터 끌어내는 일반적 결론을 수식화하려고 하는 시도가 많이 행해지고 있다. 거기에 수학적 기법(The Mathematical Technique)이 개발된 것이다.

2. 수학적 기법(The Mathematical Technique)

1) 규범적 모형

많은 연구자들이 특정 지역시장에서 가장 많은 고객을 끌어들일 수 있는 이상적 점

포 입지를 결정하기 위한 규범 모형을 개발하였으며 초기 상권 분석모형은 규범적 모형이 주류를 이루었다. 많은 규범적 모형들 중에 중심지 이론과 소매 중력법칙 이론이 대표적인 모형이다. 이 분야는 경험적 연구에 근거한 결론을 수식화하고 일반화하는 데서 발전했다. 이 분야에서 이룩된 연구는 주로 '소매 인력파(引力派)'라고 일컫는 것이다. 이들 가운데서 주목할 만한 인물은 도시 간 소비자의 쇼핑 행동에 관련한 많은 경험적 관찰을 수식화함으로써 크게 공헌한 W. J. 라일리이다.

(1) 중심지 이론

중심지 이론은 한 지역 내의 생활 거주지 입지 및 수적인 분포, 취락들 간의 거리관계와 같은 공간구조를 중심지 개념에 의해 설명하려는 이론이다. 중심지 이론에 의하면 한 도시의 중심지 기능 수행 정도는 일반적으로 그 도시의 인구 규모에 비례하며 중심 도시를 둘러싼 배후 상권 규모도 도시 규모에 비례하여 커진다. 여기서 중심지는 배후 지역에 대해 다양한 상품과 서비스를 제공하고 교환 편의를 도모해 주는 장소를 말하며 일반적으로 모든 도시는 중심지 기능을 수행한다. 중심지 기능이란 도시 여러 기능 중 도소매, 교통, 행정, 기타 서비스업 등 3차 산업 기능을 말한다. 중심지 이론은 다음과 같은 기본 가정을 토대로 정립되었다.

① 지표 공간은 균질적 표면으로 되어 있고 한 지역 내 교통수단은 오직 하나이며 운송비는 거리에 비례한다.
② 인구는 공간상에 균일하게 분포되어 있고 주민의 구매력과 소비행태는 동일하다.
③ 인간은 합리적 사고에 따라 의사결정을 하며 최소 비용과 최대 이익을 추구하는 경제인이다.

중심지 이론은 공간 환경과 인간행위에 대한 위와 같은 가정들을 토대로 이상적인 중심지 입지와 분포 유형을 전개하였다.

(2) Christaller 중심지 모형

중심지 이론 창시자는 Christaller로 그의 중심지 이론은 그 후 한 지역 내에서의 취락들 간의 공간 구조를 연구하는데 기초 이론을 제공하였다. Christaller의 중심지 이론에 의하면 상업 중심지로부터 중심 기능을 제공받을 수 있는 가장 이상적 배후 상권의 모양은 정육각형이며 정육각형 형상을 가진 배후 상권은 중심지 기능의 최대 도달거리와 최소 수요 충족거리가 일치하는 공간구조이다. 중심지 이론에서 제시된 상업 중심지의 이상적 입지와 이들 간의 분포 관계를 이해하기 위해 중심지 기능의 최대 도달거리, 최소 수요 충족거리, 육각형 형태의 배후지 모양, 중심지계층 등의 중요 개념을 이해할 필요가 있다.

중심지 기능 최대 도달거리란 중심지가 수행하는 상업적 기능이 배후지에 제공될 수 있는 최대 한계 거리를 말한다. 즉 배후지에 거주하는 소비자가 상품을 구매하기 위해 중심지까지 움직이는 최대 거리를 의미한다. 중심지 기능의 최대 도달거리는 중심지에서 제공되는 상품 가격과 소비자가 그것을 구입하는데 드는 교통비에 의해 결정된다. 중심지에서 제공되는 상품 가격이 매우 저렴하면 중심지 기능 최대 도달거리가 증가하지만 원거리에 거주하는 소비자가 부담해야 할 교통비도 함께 증가되므로 중심지 기능 최대 도달거리가 무제한 확대되지는 않는다. 소비자는 상품 가격에 거리 비용을 합한 총구매 비용이 소비자 기대 수준을 초과하면 그 중심지에서의 상품 구입을 포기할 것이다. 따라서 중심지로부터 일정거리 내에 거주하는 소비자들만이 중심지 기능을 이용하게 되는데 이 한계점을 중심지 기능 최대 도달거리라 한다. 한편 상업 중심지의 계속적 존립을 위해 최소한 정상 이윤이 확보되어야 하며 이를 위해 일정 지역 범위 내의 소비자들로부터 최소한 수요가 발생되어야 한다. 상업 중심지의 정상 이윤 확보에 필요한 최소한 수요를 발생시키는 상권 범위를 최소 수요 충족거리라고 한다. 결국 최소 수요 충족거리는 상업 중심지의 존립에 필요한 최소한의 고객이 확보된 배후지의 범위를 말한다. [그림 5-3]는 중심지 이론의 기본 개념인 최대 도달거리와 최소 수요 충족거리를 보여 준다.

Christaller는 상업 중심지 최대 도달거리가 최소 수요 충족거리보다 커야 상업시설이 입지할 수 있다고 주장했다. 만약 중심지가 한 지역 내에서 단하나 존재한다면 가장 이상적 배후 상권의 형상은 원형일 것이며 원형은 최소 수요 충족거리와 최대 도달거리를 모두 만족시키는 배후지의 형상이 된다. 중심지의 상권 규모가 최소 수요 충족거리보다 클 경우 중심지 상업시설은 초과 이윤을 얻게 되는데, 상업 중심지 최대 도달거리에서 최소한의 수요를 충족시키는 거리를 뺀 부분이 초과 이윤을 실현시키기는 배후지 공간이 될 것이다.

그러나 한 지역 내 초과 이윤이 발생되는 배후 상권지역이 존재하고 규모면에서 이윤실현을 위한 최소한 수요가 만족된다면 새로운 상업 중심지가 추가로 지역공간상에 입지함으로써 초과 이윤지역을 잠식할 것이다. 이 경우 동일 상권 범위 내에서 중심지역들 간의 고객 확보를 위한 시장경쟁이 발생하게 된다. 이때 중심지로부터 형성된 원형의 배후 지역들이 서로 외접하게 되어 어떠한 중심지로부터도 상업 서비스를 제공받지 못하는 공간이 남게 되거나 혹은 이 지역을 확보하기 위해 중심지 간에 배후지 확보를 위한 경쟁이 발생되어 배후지가 부분적으로 중첩되는 매우 불안정한 상권이 형성될 것이다.

| 그림 5-3 | 중심지 이론 기본개념

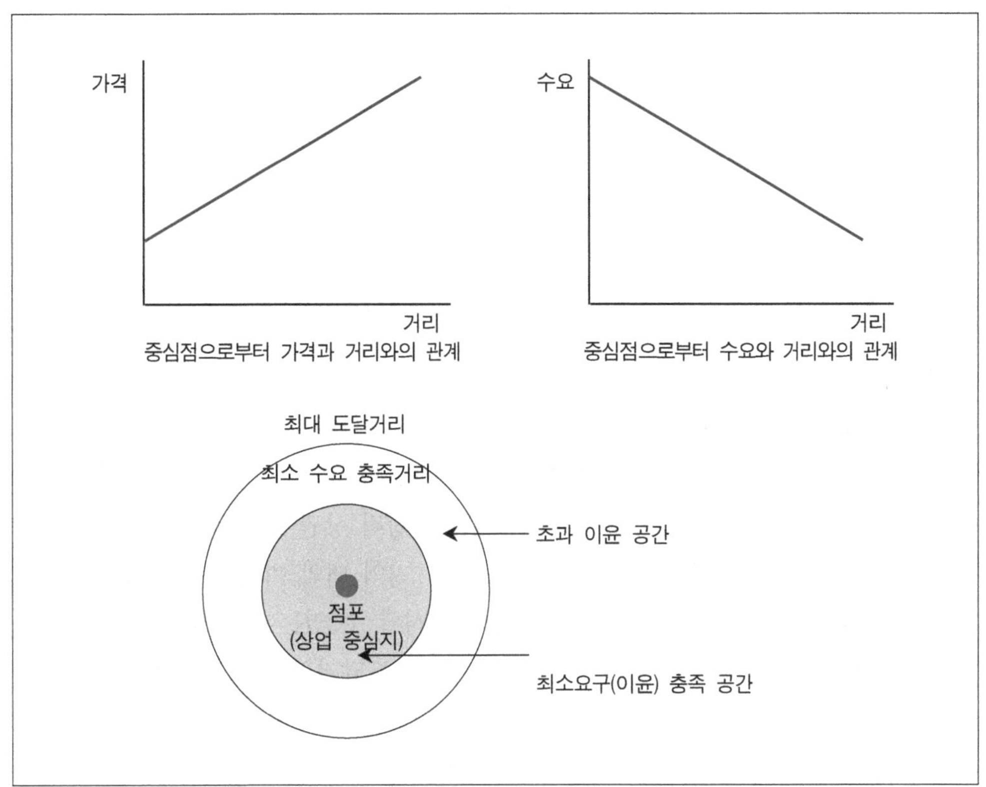

| 그림 5-4 | 중심지 이상적 배후 상권 모양 : 정육각형

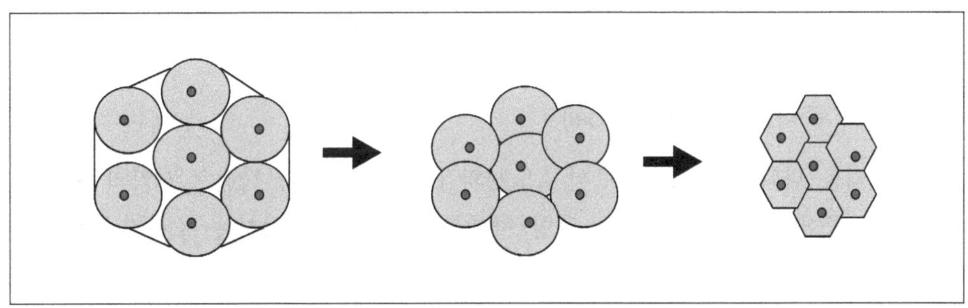

▌표 5-8▌서울시 상업지역 계층 공간적 유형

계층	중심상권	입지패턴	상업 중심지
1차 계층	서울 및 전국 중심 상업지역	밀집핵형 및 선형	중구, 종로를 포함한 도심 간선도로 관통 상가지역
2차 계층	지역 중심 상업지역	밀집핵형	영등포지역, 신촌지역, 청량리지역
3차 계층	지역 중심 상업지역	국지형	화곡지구, 신길지구, 봉천지구, 천호잠실지구, 남영동지구, 이태원지구, 마장동지구, 삼선교지구, 미아지구, 수유지구
4차 계층	근린주거 중심 상업지역	분산형	전통시장이 있거나 슈퍼체인의 분포 밀도가 높은 상업지역
5차 계층	편의상품취급 중심 상업지역	균점산재형	기타 일반거주지역

따라서 Christaller의 중심지 이론에 의하면 한 지역 내 거주자들이 모든 산업 중심지로부터 중심 기능(최저 구입가격으로 상품을 구입하는 것)을 제공받을 수 있고 상업 중심지들 간에 안정적 시장균형을 얻을 수 있는 이상적 상권 모형은 원형 대신 정육각형 형상을 가질 때이다. 중심지 이론에 의하면 한 지역 내의 여러 상업 중심지들이 있다면 각 상업 중심지가 그 지역 거주자들을 만족시킬 수 있는 이상적 배후 상권의 모양은 정육각형이며 정육각형 상권 모양에서는 최대 도달거리와 최소 수요 충족거리가 일치한다. 그러나 많은 학자들이 실제 분석한 결과 시장의 현실적 상황은 더 복잡한 구조로 되어 있으며 균일 평면, 균일한 교통구조, 균일한 주민소득 및 분포 등 비현실적 가정들을 전제로 하고 있으며 인구밀도 차이도 고려하지 않고 있는 한계점이 나타났다. 일반적으로 인구밀도가 낮은 지역은 상업지역 범위가 확대되고 인구밀도가 높은 지역은 상업 범위가 축소되는 경향이 있다. 따라서 상권 범위를 분석하기 위해서는 이러한 여러 변수들을 반영하여 분석되어야 실제와 유사한 결과를 얻을 수 있다.

(3) 레일리 중력모델(Reilly model)

소매 인력을 나타내는 이론으로서 A도시와 B도시 간 보다 작은 C지역의 소비자가 A와 B지역 중에서 어느 지역으로 출향 구매를 하는가를 측정하는 조사기법이다.

레일리의 법칙은 다음과 같다.

$$\left(\frac{Ba}{Bb}\right) = \left(\frac{Pa}{Pb}\right)^{N} \times \left(\frac{Db}{Da}\right)^{n}$$

B_a : A도시 C지역에서 흡인하는 소매매출액

B_b : B도시 C지역에서 흡인하는 소매매출액

P_a : A도시 인구

P_b : B도시 인구

D_a : A도시와 C지역의 거리

D_b : B도시와 C지역의 거리

N = 상수 통상 2(1.5-2.5)

실례를 들어 설명하면 다음과 같다.

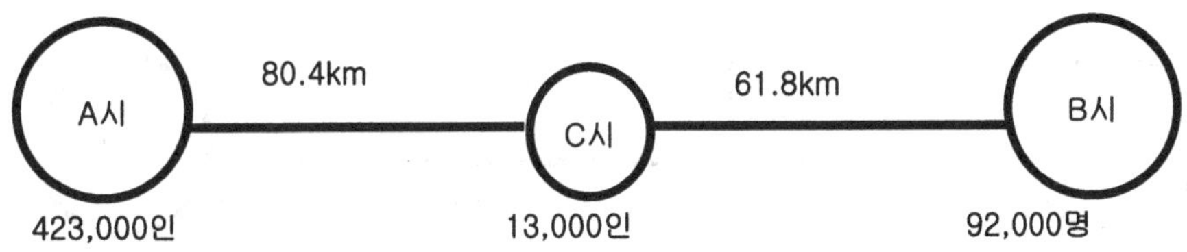

$$\left(\frac{Ba}{Bb}\right) = \frac{42.3}{9.2} \times \left(\frac{61.8}{80.4}\right)^2 = \frac{25.0}{9.2} = \frac{2.7}{1}$$

$$\text{또는 } \left(\frac{Ba}{Bb}\right) = \left(\frac{Pa}{Pb}\right)^N \times \left(\frac{Db}{Da}\right)^n = \frac{\left(\frac{42.3}{80.4}\right)^2}{\left(\frac{9.2}{61.8}\right)^2} = \frac{6.544}{2.409} = \frac{2.7}{1} = \frac{73.1\%}{26.9\%}$$

즉, B도시로의 출향 구매는 A도시로의 출향구매에 비하여 $\frac{1}{2.7}$이 된다.

소매중력의 원칙은 계산이 용이하고 실중연구 결과가 이를 지지하고 있다는 점에서 유용하게 활용될 수 있다. 다른 자료를 이용할 수 없거나 다른 자료를 입수하는데 드는 비용이 너무 클 경우 이 법칙을 이용하여 손쉽게 상권을 결정할 수 있으므로 경영자는 이 기법과 다른 분석 도구를 함께 사용하여 최적의 상권을 결정할 수 있다.

그러나 위의 공식은 한계점을 가지고 있는데 이는 위의 공식은 인구와 거리라는 2가지 변수만을 사용하였다는 점이다. 따라서 실제 조사와 비교하여 일치하지 않는 경향이 있고 다양한 도시 간 영향요인 예를 들어 수송 경로, 커뮤니케이션 경로, 접근성 등을 반영하지 못하는 한계를 지니고 있다.

(4) 컨버스 법칙

① 컨버스 제1법칙 : 컨버스 법칙은 분기점 공식이라고도 불리며 A와 B도시를 연결하는 직선상에서 A와 B도시 상권을 구분 짓는 분기점을 찾는 공식이다.

컨버스 법칙은 다음과 같다.

$$D_a = \frac{D_{ab}}{1+\sqrt{\frac{P_b}{P_a}}} \quad \text{또는} \quad D_b = \frac{D_{ab}}{1+\sqrt{\frac{P_a}{P_b}}}$$

D_a : A도시로부터 상권분기점까지의 거리
D_b : B도시로부터 상권분기점까지의 거리
D_{ab} : A도시와 B도시 간의 거리
P_a : A도시 인구
P_b : B도시 인구

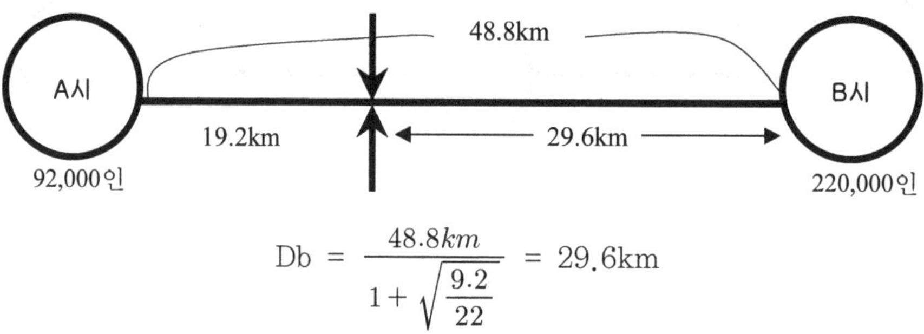

$$\text{Db} = \frac{48.8km}{1+\sqrt{\frac{9.2}{22}}} = 29.6\text{km}$$

위 공식에서 2개의 경합 도시에 대하여 일직선상에 놓인 지역의 어느 지점까지 상권 영향이 미치는가에 대한 경합 경계 지점을 나타내는 공식이다. 그러나 전체 상품이 일괄적으로 적용되지 않기 때문에 선매품과 전문품에 관한 별도 적용방식이 컨버스 제2법칙이다.

② 컨버스 제2법칙 : 컨버스는 소비자가 소매 점포에서 지출하는 금액 가운데 선매품에 대해서 소비자가 거주하는 도시에 잔류하는 부분과 경쟁 도시에 흡수하는 부분에 대하여 다음과 같이 공식을 발표하였다.

$$\frac{Ba}{Bb} = \left(\frac{Pa}{Hb}\right) \times \left(\frac{4}{d}\right)^2 \quad \text{또는 Bb} = \frac{1}{\left(\frac{Pa}{Hb}\right)\times\left(\frac{4}{d}\right)^2 + 1}$$

Ba : 외부 도시 A로 유출되는 중소 도시 B시 유출량
Bb : 중소 도시 B에 잔류하는 부분
Pa : 도시 A 인구
Hb : 도시 B 인구
d : A, B 도시 간 거리
4 : 관성인자로 4마일 적용 평균치

3마일

A시 인구 150,000인 — B시 인구 40,000인

$$Bb= \frac{1}{\left(\frac{Pa}{Hb}\right)\times\left(\frac{4}{d}\right)^2+1} = \frac{1}{\left(\frac{150,000}{40,000}\right)\times\left(\frac{4}{3}\right)^2+1} = 0.096(9.6\%)$$

즉, 중소도시 B의 잔유량은 9.6%이다.

그러나 이러한 컨버스 법칙도 현실적 적용이 가능하기에는 다양한 영향 변수들을 반영시키지 못하는 한계점을 가지고 있다. 예를 들어 지형이라든가 자연 장애물 그리고 문화의 차이 등이 존재하는 경우에는 적용하기가 쉽지가 않다.

(5) 소비자 분포기법(C.S.T: Consumer Sporting Technique)

C.S.T기법은 William Apple Baum이 개발한 방법으로 쉽고 실제적으로도 가장 많이 이용되고 있는 방법이다. 이 방법은 해당 점포에 오는 고객들을 대상으로 인터뷰(또는 설문조사)를 통해 그들 거주지를 파악하여 그 위치를 지도상에 점으로 나타내고 그 분포를 살펴봄으로써 상권의 범위와 경계를 파악하는 방법이다. 이 기법을 이용하면 상권 내의 고객 흡인율도 실제적으로 파악할 수 있는 장점이 있으며, 고객 흡인율 분석을 통하여 1차 상권, 2차 상권, 주변 상권 범위를 파악할 수 있다.

이 기법을 이용하면 자연 조건에 의한 상권 단절 현상을 정확히 파악할 수 있으며 경쟁 관계에 의한 상권 형태를 시각적으로 나타내준다는 점에서 이해하기 쉽고 편리한 상권 측정 방법으로 여겨지고 있다. 공식은 다음과 같다.

$$Da(X) = \frac{Dab}{1+\sqrt{\frac{Mb}{Ma}}} \quad \text{또는} \quad Db(Y) = \frac{Dab}{1+\sqrt{\frac{Ma}{Mb}}}$$

$Da(X)$: A시로부터 자동차(혹은 버스 도보 가능) 주행 거리
$Db(Y)$: B시로부터 자동차 주행 거리
Ma : A시 소매업 매장 면적
Mb : B시 소매업 매장 면적
Dab : A시 B시 간의 자동차 탑승시간

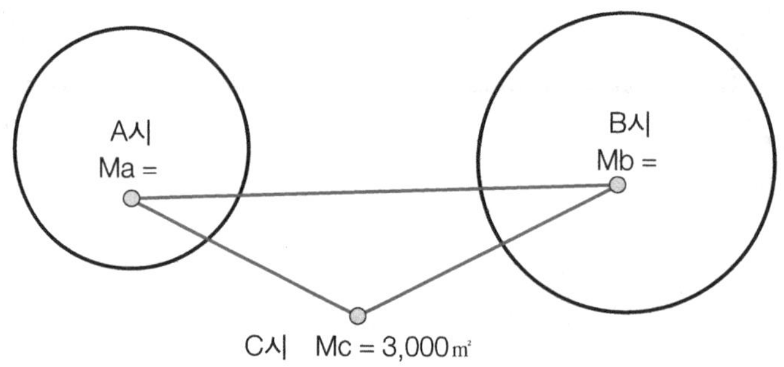

	A시와 B시 간 주행 시간	A시와 C시 간 주행 시간
도 보	60분	70분
버 스	20분	25분
지하철	10분	15분

도보로 검토 시에는

① A시에서 B시로의 분기점 거리

$$Da = \frac{60분}{1 + \sqrt{\frac{4,500㎡}{7,000㎡}}} = 33.3분$$

도보를 시속으로 환산 시 시속을 보통 4km를 기준으로 한다. 따라서

Da = 2,220m

② A시에서 C시로의 분기점 거리

$$Da = \frac{70분}{1 + \sqrt{\frac{3,500㎡}{7,000㎡}}} = 42.3분(도보) = 2,820m$$

탑승 도구를 대중교통 수단과 승용차로 구분하여 상관 관계를 발견하고 유사점을 찾아 가중 평균치를 적용하면 현실적으로 손쉬운 분기점을 도출할 수 있다.

(6) 유추법

새로운 점포가 위치할 지역에 대한 판매예측에 많이 활용되는 방법들 중의 하나가 유추법이다. 이 유추법은 자사 신규 점포와 특성이 비슷한 유사 점포를 선정하여 그 점포의 상권 범위를 추정한 결과를 자사 점포의 신규입지에서의 매출액(상권 규모)을 측정하는데 이용하는 방법이다. 유추법에 의한 상권 규모의 측정은 CST(customer spotting map) 기법을 이용하여 이루어진다. CST 기법은 자사 점포를 이용하는 고객들의 거주지를 지도상에 표시한 후 자사 점포를 중심으로 서로 다른 거리의 동심원을 그림으로써 자사 점포의 상권 규모를 시각적으로 파악할 수 있는 방법이다.

① **유추법 활용도**

CST map은 유통 업자에게 다음과 같은 중요한 정보를 제공하기 때문에 소매 정책 수립에 유용하다.

㉠ 상권 규모 파악 : 점포는 CST map을 이용하여 1차 상권, 2차 상권 및 한계 상권을 결정할 수 있다. 유통업자들은 규모가 다른 동심원을 그려가면서 각 원이 차지하는 고객 비율을 계산할 수 있다.

| 그림 5-5 | CST map을 이용한 상권 구분

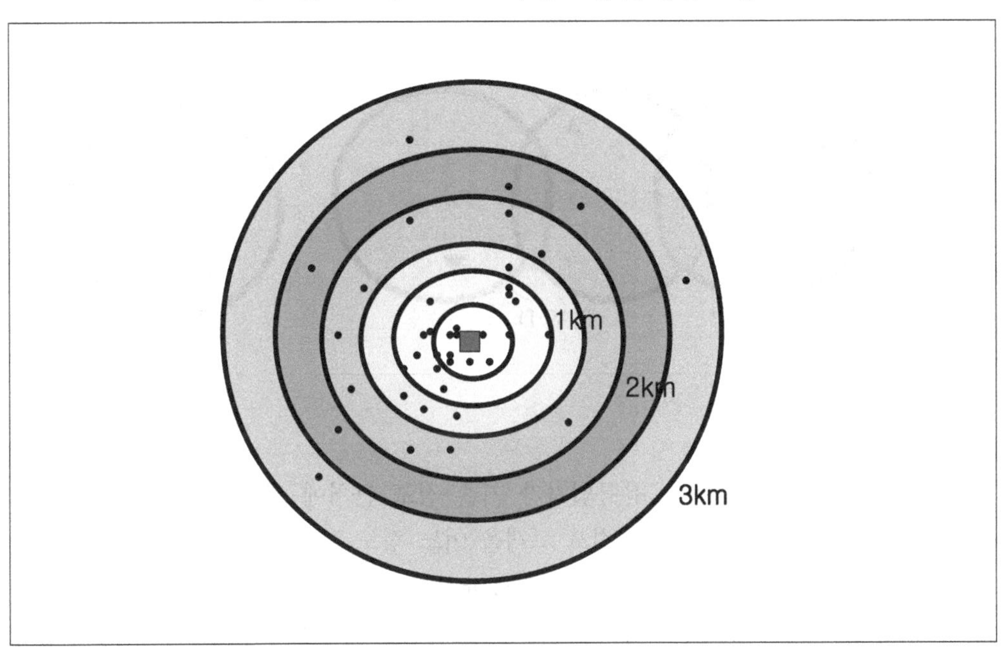

㉡ 고객 특성 파악 : 상권 규모가 파악되면 그 상권 내 고객들의 인구 통계적 및 사회·경제적 특성을 분석할 수 있다. 이러한 분석결과는 점포의 머천다이징과 가격정책 수립에 이용될 수 있다.

㉢ 광고 및 판촉전략 활용 : 점포의 상권 내 주민들에게 노출되지 않은 매체나 도달범위가 너무 넓은 매체를 이용하는 것은 비효과적이다. 예를 들어 인근 주민들을 상대로 하는 작은 편의점이 구독 범위가 넓은 신문에 광고하는 것

은 비용 낭비일 뿐이다. 또한 점포가 판매촉진을 계획할 때 CSTmap을 통해 이미 파악된 고객 자료를 이용하여 구입 가능성이 높은 표적고객들만을 상대로 판매촉진수단을 제공할 수 있다.

㉣ 경쟁도 파악 : 유통업자는 CSTmap을 통해 점포들 간의 경쟁 정도를 파악할 수 있다. 예를 들어 [그림 5-6]은 상권 내의 4개 점포 간 경쟁 관계를 보여준다. 점포 A와 B의 상권 및 점포 B와 D의 상권은 서로 중복되고 있다. 두 점포들과의 중복이 클수록 경쟁이 증가할 것이다. 따라서 점포 B는 동일한 고객을 상대로 점포 A와 D와 경쟁해야 하는 불리한 상황에 직면한다. 반면 점포 C는 상권을 독점하고 있다는 점에서 경쟁 우위에 있다.

▌그림 5-6▐ 상권 내 경쟁구도

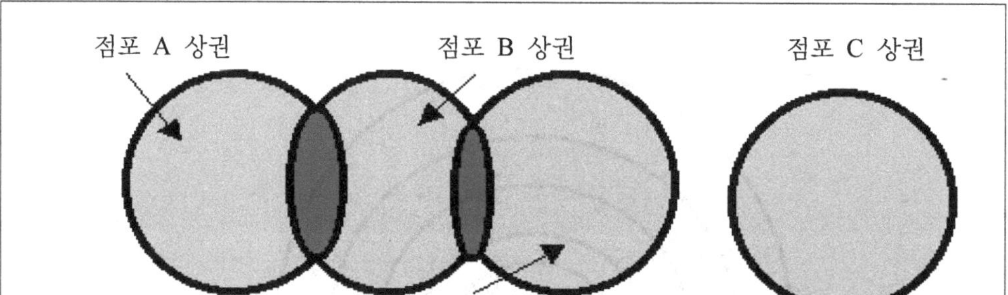

㉤ 점포 확장계획 활용 : 유통업자가 기존 점포 근처에 신규 점포를 개점하려고 한다면 신규 점포가 기존 점포 고객을 어느 정도 잠식할 것인지를 고려해야 하는데 CSTmap은 이러한 분석을 가능하게 한다. 유추법은 신규 점포에 대한 상권 분석뿐만 아니라 기존 점포 상권 분석에도 적용될 수 있다는 점에서 상권 분석에 자주 활용하는 분석기법이다.

② 유추법 분석 절차

㉠ 비교대상 점포 선정 : 자사 점포와 점포 특성, 고객 쇼핑패턴, 고객의 사회경제적 및 인구 통계적 특성에서 유사한 기존 점포를 선정한다.

㉡ 상권 범위 설정 : 기존 유사 점포의 상권 범위를 결정한다. 상권 범위는 점포가 유인할 수 있는 점포 전체 고객의 75~80%를 포함한 구역을 말한다. 유사 점포의 상권 규모는 유사 점포를 이용하는 소비자의 면접이나 실사를

통하여 수집된 자료(거주지 주소, 인구 통계적 특성, 소비 관습 등)를 토대로 CST map을 통하여 추정된다.

ⓒ 매출액 분석 : 전체 상권을 단위 거리에 따라 소규모 지역으로 나누고 각 지역 내에서 유사 점포가 벌어들이는 매출액을 그 지역 내 인구 수로 나누어 그 지역에서 1인당 매출액을 구한다.

ⓔ 매출액 추정 : 자사 점포가 입지하려는 지역의 상권 크기 및 특성이 유사 점포의 상권과 동일하다고 가정하고, 예정 상권 입지 내 각 지역의 인구 수에다 각 지역별 1인당 매출액을 곱하여 각 지역에서의 신규 점포의 예상 매출액을 구한다. 신규 점포의 예상 총매출액은 각 지역에서의 예상 매출액을 합하여 얻어진다. 구해진 예측치는 신규 점포가 위치할 상권 입지특성 및 경쟁 수준을 고려하여 조정된다.

③ 유추법 분석사례

[표 5-9]는 유추법을 이용하여 신규 점포의 매출액을 예측한 예이다.

유사 점포의 시장침투자료(A)를 보면 유사 점포 이용 고객의 38%가 반경 0.5km 내에 살고 있으며 이들 고객으로부터 실현된 주간 매출액은 1,920만 원이다. 이 지역에 사는 거주자의 수는 4,800명이므로 일인당 주간매출액은 4천 원이다. 이와 유사한 방법으로 동심원 상에서 반경이 다른 지역들의 일인당 주간 매출액이 계산될 수 있다. 예에서 보면 유사 점포 고객 92%는 반경 4km 내에서 유인되며 나머지 8%는 점포의 상권 밖에 거주하는 잠정 고객임을 알 수 있다. 자료(A)에서 구해진 유사 점포 일인당 매출액에 관한 자료는 신규 점포 매출액을 측정하는데 매우 중요하다. 신규 점포의 예상 매출액 계산 시 신규 점포는 유사 점포의 매출 패턴과 유사한 것으로 가정된다. 이러한 가정은 유사 점포가 신규 점포와 특성상 매우 유사함을 전제로 한다. 만약 신규 점포가 유사 점포와 비슷하지 않다면 그들의 상권 구조가 비슷할 것이라는 가정이 적용될 수 없으므로 분석자는 유사 점포 선택에 신중을 기해야 할 것이다. 신규 점포 예상 매출액에 대한 계산 과정은 [표 5-9]의 하단(B)에 나타나 있다. 첫째, 신규 점포가 입지할 지역의 지도 위에 유사 점포의 경우와 같이 반경이 다른 동심원을 그린다. 둘째, 동심원을 구성하는 각 지역에 거주하는 주민들 수는 2차 자료를 통해 조사된다. 셋째, 각 지역 내 인구수를 그 지역에서 유사 점포의 1인당 매출액에 곱함으로써 각 지역 예상 매출액을 계산한다. [표 5-9]의 (B)를 보면 신규 점포의 반경 0.5㎞ 내에 4,200명의 주민이 살고 있다. 이 지역에서의 유사 점포의 1인당 주간 매출액은

1,680만 원이다. 따라서 신규 점포의 이 지역에서의 주간 예상 매출액은 1,680만 원이다. 같은 방법으로 다른 지역의 주간 예상 매출액을 계산할 수 있다.

❚ 표 5-9 ❚ 유추법에 의한 상권 모형 추정 예

A. 유사 점포(analog store)의 시장침투자료

반경(km)	고객의 %	누적고객 흡인력	주간 매출액(천원)	인구 수	1인당 매출액
0-0.5	38	38	19,200	4,800	4,000
0.5-1.0	24	62	12,126	7,100	1,700
1.0-1.5	14	76	7,073	11,000	640
1.5-2.0	6	82	3,031	14,200	210
2.0-2.5	4	86	2,021	16,800	120
2.5-3.0	3	89	1,516	14,400	110
3.0-3.5	3	91	1,010	12,200	80
3.5-4.0	1	92	505	9,400	50

B. 신규 점포 예상 매출액

반경(km)	인구 수	1인당 매출액	각 지역별 추정 매출액(천원)
0-0.5	4,200	4,000	16,800
0.5-1.0	7,600	1,700	12,900
1.0-1.5	14,200	640	9,080
1.5-2.0	20,800	210	4,368
2.0-2.5	22,600	120	2,712
2.5-3.0	21,100	110	2,321
3.0-3.5	16,000	80	1,280
3.5-4.0	12,600	50	630
총 주간 매출액			50,119
조정된 주간 매출액			55,119

신규 점포 주간 총 예상 매출액 5천 11만 9천 원은 각 지역의 예상 매출액을 합한 값이다. 그러나 이 추정 값은 유동 고객과 반경 4km 밖의 거주자들에 의해 발생될 매출액을 고려하지 않은 값이다. 분석자의 지식과 유사 점포 과거 경험을 고려하여 총 예상 매출액에다 이들 고객으로부터 예상되는 잠재 매출액 5백만 원을 추가하여

수정된 총 예상 매출액인 5천 5백 11만 9천 원이 구해진다. 유추법은 실제 소비자 쇼핑 패턴을 반영하며 적용하기 쉽다는 이점이 있다. 이 방법은 조사자의 계량적 경험과 주관적 판단을 함께 필요로 한다. 유사 점포의 선정 및 유사 점포와 신규 점포 간의 매출액 차이를 추정 매출액에 반영하는 과정에서 조사자의 상당한 판단이 요구된다. 분석자는 하나 이상의 유사 점포를 매출액 추정에 이용함으로서 이러한 문제점을 극복할 수 있다. 즉, 각 유사 점포로부터 얻어진 자료를 토대로 신규 점포의 예상 매출액을 추정한 다음, 추정된 매출액들의 평균 값을 신규 점포 예상 매출액으로 할 수 있을 것이다.

2) 확률적 모형

확률적 모형은 목표 상권 내에서 구매를 하는 소비자의 공간이용 패턴을 실증 분석하는데 이용된다. 즉, 확률적 모형은 해당 상권 내의 경쟁 점포들에 대한 소비자의 지출 패턴이나 소비자 쇼핑여행 패턴을 반영함으로써 특정 점포 매출액과 상권 규모를 보다 정확하게 예측 가능하게 한다. 확률적 모형 출발점은 한 상권 내에서 특정 점포가 끌어들일 수 있는 소비자 점유율은 점포까지의 방문 거리에 반비례하고 해당 점포의 매력도에 비례한다는 가정이다. 이러한 가정은 레일리(Reilly)의 소매중력 법칙과 유사하다. 레일리 법칙이 확률적 모형의 효시라고 할 수 있지만 레일리 법칙과 달리 확률적 모형은 상권 크기를 결정하는데 있어 소비자 행동을 고려하고 있다. 즉, 확률적 모형은 소비자가 상권 내의 여러 점포들 중에서 한 점포를 선택하는데 있어 점포까지의 거리 또는 접근 가능성과 그 점포 매력도를 비교 평가하는 과정을 모형에 반영하며 이들 간의 관계를 실증 분석을 통해 확인할 수 있도록 한다. 또한 확률적 모형은 관찰 가능한 개인 소비자의 점포 선택 행동에 이론적 기반을 두고 있기 때문에 점포에 대한 마케팅 전략 수립에 보다 유용한 정보를 제공한다. 확률적 점포 선택 모델에는 여러 가지가 있는데 소비자 점포 선택이 결정적이 아니라 확률적인 현상으로 보고 있는 점이 공통적이다. 즉, 점포에 대한 애호도가 높은 고객이라 하더라도 항상 한 점포만을 이용하는 것은 아니고 경쟁 점포의 마케팅 전략에 영향을 받아 다른 점포를 방문하기도 한다는 사실을 모형에 반영하고 있다. 이러한 현상에 근거하여 고객의 점포 선택 행위 연구자들은 주어진 상권 내에 고객이 고려하고 있는 점포 대안들이 주어졌을 때 특정 점포가 선택될 확률을 예측할 수 있는 모델을 개발하고자 하였다. 확률적 점포 선택 모델에서는 특정 점포의 효용 또는 매력도가 다른 경쟁 점포보다 높을수록 그 점포가 선택될 확률이 높다고 가정한다.

(1) 허프(David L. Huff) 확률모델

미국 L.A 캘리포니아 대학 경제학자 데비드 허프 박사는 소매상권론에서 상점가, 시장, 백화점 그리고 슈퍼마켓 등 소매상업 집결을 단위로 하여 자신의 법칙 모델을 전개하였다. 또 대상 적용 상품도 선매품뿐만이 아니라 개별적으로 여러 상품에 대하여도 나타난다는 특색을 발견하였다. 따라서 앞선 모델들의 상권 범위 산출에서 사용한 인구, 거리 항목에 상업 집적의 소매 면적을 추가하여 상업지 간의 상권 흡인력 강약, 구매동향 비율 계산을 확률모델 이론으로 발전시킨 것이다. 허프 모델을 통해서는 다음과 같은 내용도 파악할 수 있다.

① 어떤 상업지역에서 각 상업 집적 지역으로의 쇼핑 출향 비율
② 그 상권 내 현재 소비자 인구 및 세대수, 장래 인구 및 세대수
③ 신규 진출 시 신규점으로 고객 쇼핑 출향 비율
④ 신규 진출 후 현재 상업 집적(생필품, 기호품) 영향도 지수
⑤ 신규 출점 시 적정 매장 면적 검토
⑥ 경영면에서 매장 효율 산출 등

허프 모델 공식은 일반적으로 난해하므로 여러 가지 수정 공식이 나왔는데 고객이 어느 상업지에서 상품을 사는 확률은 상업 집결의 매장 면적 크기(규모)에 비례하며 거기에 도착하는 거리의 자승에 반비례한다는 공식으로 수정·확정하였다. 바꿔 말하면 고객이 상품을 사러갈 때는 주변에 있는 많은 상점가나 슈퍼마켓 중에서 큰 상점가나 슈퍼마켓이 몰려있는 방향으로 가기 쉽다. 또한 상업지는 가까우면 가까울수록 갈 확률이 높으며 멀면 멀수록 갈 확률은 낮아진다는 것이다. 허프의 구매 동향 비율을 나타내는 수식과 수정 공식은 다음과 같다.

$$Pij = \frac{\dfrac{Sj}{Tij\lambda}}{\displaystyle\sum_{j=1}^{n} \frac{Sj}{Tij\lambda}} \quad \text{<cf>} \; Eij = Pij \times Ci$$

Pij : i지점 소비자가 j상점가로 갈 확률(구매 동향 비율)
Sj : j상점가 매장 면적
Tij : i지점 소비자가 j상점가로 가는 소요 시간
λ : 시간거리 저항계수 패러미터
소비자가 살고 있는 지역에서 상점가 사이에 건널목, 하천, 폭넓은 도로 횡단, 급한 고갯길, 위험지대 등 상품을 구매하러 가는데 마이너스 요소가 되는 저항 요인, 즉 소비자가 목적으로 하는 상점가에 이르기까지의 길목에서 브레이크가

될 요인을 브레이크 변수로서 곱하여 구매 동향 비율 정확성을 높이는 역할을 한다.

n : 경쟁상업 집적 수

Eij : 소비자 구매동향 기대 수

Ci : i지역 인구

• 수정 허프 모델

$$Pij = \frac{\frac{Sj}{(Dij)^2}}{\sum_{j=1}^{n} \frac{Sj}{(Dij)^2}}$$

계산 예 수정 허프 모델 사용

Y아파트 단지 주변에 기 진출한 어느 상점가 X지역 상권 내에 A백화점이 진출하였을 경우 Y아파트 고객이 A백화점에 내점하는 고객 수는 아래와 같다.

① A백화점 Pij 적용사례

$$Pij = \frac{\frac{3,000}{1.2^2}}{\frac{1,800}{0.8^2} + \frac{3,000}{1.2^2}} = \frac{2,083}{4,896} = 0.425$$

$\Rightarrow$ 42.5% $\Rightarrow$ 425명

◎ X상점가 Pij = 575명

Huff의 모형은 다음과 같은 두 가지 가정에 기초하고 있다. 첫째, 소비자의 특정 점포에 대한 효용(매력도)은 점포 크기와 점포까지의 거리(시간)에 좌우된다. 즉, 소비자의 점포에 대한 효용은 점포 매장 면적이 클수록 증가하고 점포까지의 거리가 멀수록 감소한다고 보았다. 둘째 특정 점포에 대한 선택 확률은 상권 내에서 소비자가 방문을 고려하는 점포 대안들의 효용(매력도) 총합에 대한 해당 점포 효용(매력도) 비율로 표시된다.

| 그림 5-7 | 수정 허프 모델 계산사례

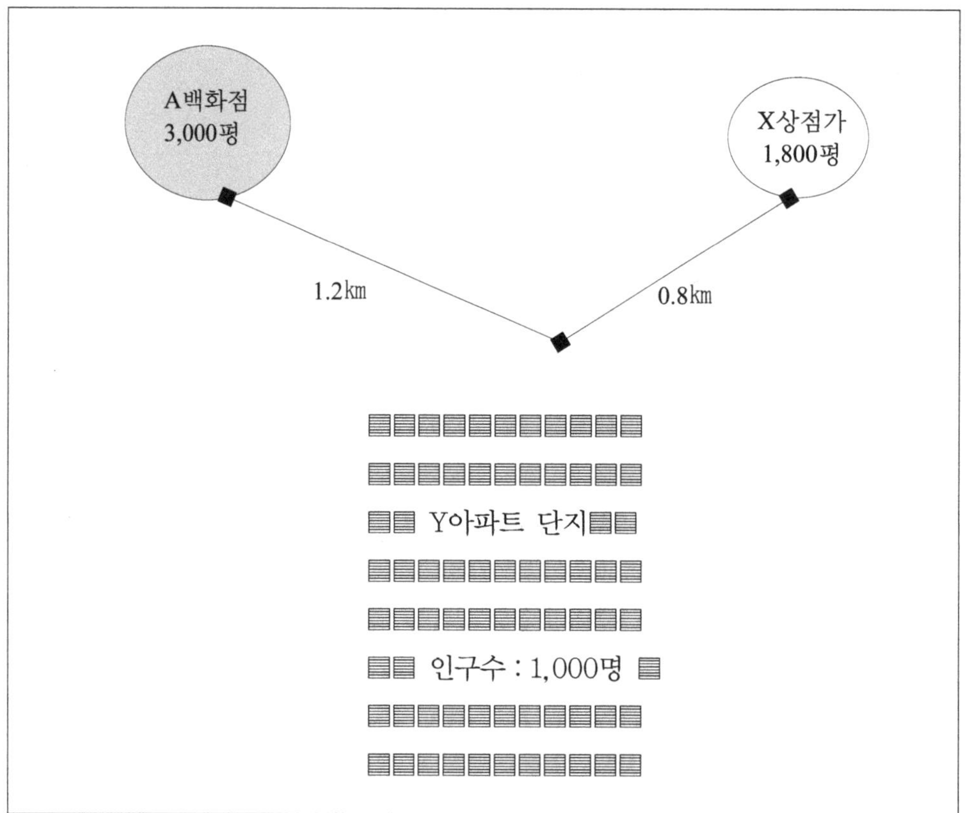

② 3점포 간의 Huff 모델 적용

| 표 5-10 | 점포별 거리와 면장면적

점포	거리(km)	크기(㎡)
A	4	50,000
B	6	70,000
C	3	40,000

Huff모델의 한 예로서 한 소비자가 상권 내의 세 점포들 중 하나에서 상품을 구매할 수 있다고 가정하면, 세 점포의 크기와 그 소비자의 집으로부터의 점포까지의 거리는 [표 5-10]과 같다. 그 소비자의 세 점포에 대한 효용은 다음과 같다.

$$\text{점포 A 효용} = \frac{50,000}{4^2} = 3,125$$

$$\text{점포 B 효용} = \frac{70,000}{6^2} = 1,944$$

$$\text{점포 C 효용} = \frac{40,000}{3^2} = 4,444$$

이러한 각 점포에 대한 효용 값을 토대로 이 소비자의 점포 A에서의 구매 확률은 다음과 같이 계산된다.

$$\frac{3,125}{(3,125 + 1,944 + 4,444)} = 0.328$$

이와 마찬가지로 점포 B와 점포 C에서의 구매 확률은 각각 0.204, 0.467이라는 것을 쉽게 알 수 있다.

③ Huff 모형에 따른 신규 점포 매출액 예측

Huff 모형은 신규 점포의 매출액 예측에 널리 활용되는 기법인데 다음 [표 5-11]의 예는 Huff 모형을 이용하여 신규 슈퍼마켓의 예상 매출액을 추정하는 과정을 보여준다. 신규 점포의 입지 예정 지역은 5만 명의 주민들이 거주하고 있으며 현재 3개의 체인점에서 6개의 대형 슈퍼마켓들이 진출해 있으며 그 중 한 체인점이 새로운 점포를 개점하려는 계획을 세우고 있다. 점포 개점에 앞서 점포 관리자는 신규 점포의 잠재 상권과 그 상권에서의 예상 매출액을 추정하기 위해 Huff 모형을 이용한다고 하자. 관리자는 다음과 같은 과정을 거쳐 신규 점포 매출액을 추정할 수 있다.

㉠ 전체 시장을 소규모 고객집단지역(zone)으로 나눈다. 각 zone은 우편번호, 센서스, 행정구역별로 나누어질 수 있다.
㉡ 전체 상권 내의 각 경쟁 점포의 점포 크기를 조사한다.
㉢ 각 zone의 중심부에서 각 점포까지의 거리 또는 여행시간을 결정한다.
㉣ 각 zone 내 거주자들의 일부를 표본으로 선정하여 이들에 대한 실사를 한다. 실사를 통해 조사자는 각 zone 내 거주자들의 개별 점포에 대한 방문 횟수를 조사한다. 수집된 정보를 토대로 조사자는 Huff 모형을 이용하여 그 지역 내 소비자들의 쇼핑행동을 가장 잘 반영하는 a, b의 값을 통계적 방법으로 추정할 수 있다.
㉤ 모수 값(즉 a와 b의 값)을 안다면 조사자는 각 zone에 거주하는 소비자들이 신규 점포를 방문할 확률을 신규 점포의 규모와 그 점포까지의 거리를 이용하여 계산할 수 있다. [표 5-11]은 29개 각 zone의 거주자들이 신규 점포에서 쇼핑할 확률의 예측치를 보여주고 있다.

ⓗ 신규 점포가 각 zone으로부터 얻을 수 있는 예상 매출액을 계산한다. 매출액은 각 zone 거주자의 신규 점포에 대한 쇼핑 확률에다 각 zone의 인구 수 및 일인당 슈퍼마켓 지출비를 곱하여 구해진다. 인구 수와 일인당 소매점 지출비에 관한 정보는 2차 자료를 이용하여 얻어질 수 있다. 각 zone에 대한 매출액은 다음과 같다.

각 zone에서의 예상 매출액 = 각 zone 거주자의 신규 점포에서 쇼핑확률
× 그 지역의 인구 수 × 1인당 식료품비

| 표 5-11 | Huff 모형을 이용한 상권 규모 분석 예

하부지역 (zone)	각 하부지역별 신규 점포로서 쇼핑확률	하부지역 인구 수	하부지역별 매출액 (단위 : 천 원)
1	75	1,980	38,610
2	65	1,150	19,435
3	20	1,025	5,330
4	79	830	17,048
5	31	1,570	12,654
6	0	1,460	0
7	60	1,630	22,428
8	6	2,900	4,524
9	20	2,810	14,612
10	10	2,320	6,032
11	0	2,910	0
12	3	3,040	2,371
13	1	3,400	894
14	3	2,190	1,708
15	1	2,260	588
16	36	1,300	12,168
17	21	1,540	8,408
18	1	1,660	432
19	2	2,320	1,206
20	4	1,980	2,059
21	2	2,100	1,092
22	1	2,020	525
23	32	2,450	20,384
24	5	1,940	2,522
25	5	1,340	1,742
26	3	1,472	1,148
27	3	1,360	1,061
28	3	1,620	1,264
29	1	1,310	341
신규 점포 총 예상 매출액			203,586

각 zone에서의 예상 매출액은 [표 5-11]의 마지막 열에 나타나 있다. 예를 들어 신규 점포는 zone 1에서 38,610,000원의 주간 매출액이 예상된다. 이 예측치는 그 zone 거주자의 신규 점포에의 쇼핑확률(0.75)과 그 지역 인구 수(1,980)와 1인당 주간 식료품 지출비(26,000원)를 곱하여 얻어진다. 동일한 방법으로 28개 zone에 대한 예상 매출액이 계산된다. 신규 점포 전체 예상 매출액(주당 203,586,000원)은 각 zone에서의 예상 매출액을 합한 값이다.

분석자는 신규 슈퍼마켓이 위치할 가능 지역들의 시장 잠재력을 비교하기 위해 앞에서 설명된 절차에 따라 각 입지 가능 지역에서 예상 매출액을 추정할 수 있다. 여러 가능 입지에 대한 예상 매출액의 비교는 최종 입지 선정에 있어서 매우 중요한 단계이다. Huff 모형을 이용한 예상 매출액 추정에는 복잡한 계산이 수반되므로 분석자는 컴퓨터를 이용하여 매출액을 계산할 수 있다. Huff 모형이 1960년대 초 개발된 이후 수많은 수정 모델이 제시되었다. Huff 모형은 점포 크기만으로 점포 매력도를 측정하였는데 이는 특정 점포의 상권 규모와 매출액을 예측하는데 한계가 있었다. 즉, Huff 모형은 점포 매력도가 점포의 크기 이외에 취급상품의 가격, 판매원의 서비스 등 다른 요인들로부터 영향을 받을 수 있음을 고려하지 않았다. 따라서 수정 모델들은 점포 크기 이외에 점포 이미지 관련 변수, 대중교통수단의 이용 가능성 등 점포 매력도에 영향을 미치는 여러 변수들을 추가함으로써 모형 예측력을 개선했다.

④ Huff 모형의 전략적 의미

백화점을 비롯한 국내 각 유통업체의 대형화 및 다점포화 전략은 Huff 모델을 포함한 점포 선택 모델에 대한 실증분석 결과와 일치함을 알 수 있다. 예를 들어 백화점 매출액을 비교하면 다른 백화점에 비해 매장 면적이 큰 롯데백화점이 가장 높은 매출액을 올리고 있는 것으로 나타난다. 매장 면적 크기는 점포의 상품 구색을 반영하는 지표가 되기 때문에 소비자 점포 선택 시에 중요한 결정 변수가 됨을 쉽게 예상할 수 있다.

그러나 점포 위치와 크기가 점포 선택 중요한 변수이지만 취급상품 특성에 따라 점포 속성 종류도 달라질 수 있다는 점을 명심해야 한다. 예를 들어 식료품 등 일상적으로 구매되는 품목들의 경우 소비자의 거주지에서 가까울수록 그 점포가 선택될 확률도 높아진다. 따라서 편의품을 취급하는 점포나 슈퍼마켓 체인의 경우는 특정 상권 내의 어느 곳에 입지하느냐에 따라 경영 성과에 큰 차이를 보이게 된다. 즉 고객이 접근하기 편리한 위치에 입지하는 것이 시장에서 핵심적 성공요인이 된다.

한편 전문용품이나 하이패션 의류와 같이 전문품의 경우 점포의 편리한 위치, 매장 면적 등 점포 속성보다는 상표 이미지가 점포 선택에 보다 결정적 역할을 하게 된다. 따라서 이러한 관련 상품을 구매하는 소비자는 점포 위치가 크게 중요하지 않으며 자신이 선호하는 상표를 취급하는 점포를 방문하기 위해 기꺼이 멀리 여행하고자 한다. 그러므로 표적 세분시장의 고객이 점포 선택을 하는데 있어 어떤 점포 속성을 결정적 요인으로 보는지 파악하여 자사 점포 이미지와 표적 세분시장이 선호하는 점포 속성이 서로 일치하도록 함으로써 자사 점포에 대한 애호도와 선택 확률을 제고시켜야 할 것이다.

제5장 상권 분석 연습문제

1. 상권 의미에 대하여 설명하시오.

상권은 상업상 영업행위를 하는 공간 범위로 소매점에서 상권은 한 점포가 고객을 집객할 수 있는 지역 범위를 말한다. 그러므로 상권은 점포 취급 상품에 대한 구매력을 추정하고 점포 예상 매출 근거를 제공하며 마케팅 활동 범위를 결정하는 중요한 역할을 한다. 상권 분류 방법 중 점포와의 이동 거리 및 구매력에 따라 전체 고객의 거주지 분석을 통하여 60~65%가 거주하는 범위를 1차 상권, 30%가 거주하는 범위를 2차 상권, 5~10%가 거주하는 범위를 3차 상권으로 구분할 수 있다. 상권 분석은 미래 잠재수요를 반영하는 예상 매출액 추정, 고객지향 마케팅 전략 수립, 입지 전략을 전개하는 데 필요하다.

2. 소매중력 법칙에 관해 설명하시오.

레일리(W. J. Reilly)는 1929년에 만유인력 법칙을 원용하여 도시 세력권이나 점포 상권을 측정할 수 있는 소매중력 법칙을 도출했다. 두 경쟁적 도시가 도시 중간에 있는 소규모 도시로부터 흡입력은 인구에 비례하고 각 도시와 중간 도시 간의 거리 자승에 반비례한다는 이론이다. 소매업 중력 법칙에 의하면 많은 인구의 도시가 매력도가 있어 원거리 고객들도 흡인한다는 것이다. 또한, 핵심적인 사항으로 상가들 사이의 집적이 상가 매력도를 증가시키는 경향을 보이는 것으로 두 상가 경계는 두 상가 중심 간 거리와 크기에 의해 결정된다는 주장이다.

3. 아파트 상권에 대하여 설명하시오.

① 최소한 500세대 이상은 되어야 한다.
② 주택지 안의 아파트나, 공터가 있는 곳은 피한다.
③ 1,000세대 이상이면 정문과 후문 중 지대의 높낮이나 대중교통 수단에 따라 상권이 달라진다.
④ 중소형 아파트 단지에 출점한다.
⑤ 세대수에 비해 상가가 많으면 피한다.
⑥ 신도시 등 대규모 아파트 단지는 중심 상권과 인접한 곳을 택한다.

4. 다음 용어에 관해 설명하시오.

- 소매집적
- 근린생활시설
- 소비자 분포기법(C.S.T.)
- Huff 모형

입지 선정

제1절 출점 전략

상권 내에서 26% 정도 점유율을 취하면 지역 1등 점으로 주도권을 장악할 수 있다. 또한 주도권을 장악하기 위해서는 반드시 대형 점포 하나가 아니라 중규모 점포를 여러 개 전개하여 상권 내 총매출액에서 1등 시장점유율을 유지한다.

1. 입지

소매업 입지란 소매업을 경영하는 경우 이것에 필요한 장소(용지), 건물(점포), 및 제 시설이 점유하고 있는 위치, 그 상태 또는 소매업을 경영하기 위한 장소를 결정하는 행위를 말한다. 입지에는 이미 그 입지를 정하여 실현하고 있는 입지 주체 또는 앞으로 입지를 정하고자 하는 입지 주체가 존재한다.

1) 입지 조건

입지 조건이란 소매업을 경영하는 입지 주체 또는 장차 소매업을 경영하고자 계획하는 입지 주체에 대해서 다른 장소와는 다른 영향을 미치는 그 장소만이 가지고 있는 특유의 성질 및 상태이다. 따라서 입지 부지가 변경되면 동일한 장소 입지 조건도 다른 영향을 미치게 된다.

┃표 6-1┃소매점 입지 조건

지역, 시장조건	인구구성, 소득, 라이프 스타일, 구매습관, 사회적 지위, 토지 이용, 산업구조, 노동력, 지역구조, 생활환경, 해외시장동향 등
교통, 통신, 정보기반조건	교통도로, 교통기관, 터미널, 주차장, 통행량, 정보통신 등
판매조건	점포 분포상황, 종사자 수, 매장 면적 등
법률, 납세, 행정조건	도시계획법, 토지이용기본법, 유통산업발전법 등
소매업 관련 정책	유통구조, 유통시스템 등

2) 입지 인자

소매점 입지 인자는 입지 주체가 입지를 결정할 때에 그 입지 조건의 가치를 평가하고 그것을 판단하기 위한 재료가 되는 제반 요소를 말한다. 바꾸어 말하면 입지 주체에 있어서 수입 및 비용과 관련된 모든 구성 요소를 말한다.

┃표 6-2┃소매점 입지 인자

경제 인자	수입 인자: 매출액, 상품 가격, 판매수량, 구매빈도 등 비용 인자: 건축비용, 임차료, 매입원가, 판매관리비, 보험료 등
경영 인자	경영이념, 자금조달력, 기술 등
마케팅 인자	머천다이징, 가격, 유통채널, 판매촉진 등
심리 인자	소비자 심리, 마케터 심리, 최고경영자 심리 등
사회 인자	지방자치단체 및 지역사회의 수용 태도, 사회적 비용·편익·성과 등

2. 입지 전략

1) 원심적 입지 전략

점포를 중심부 도심에서부터 전개하여 점차 그 범위(원)를 넓혀 지방으로 확대해 가는 출점 방법이다. 이러한 방법은 주로 경쟁력이 있는 전국적 점포의 출점 전략으로 활용된다.

┃그림 6-1┃원심적 입지전략

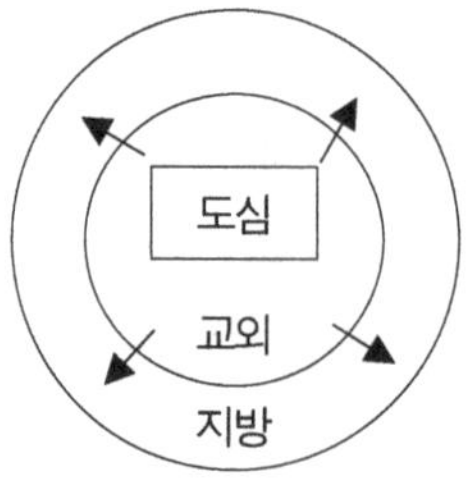

2) 구심적 입지 전략

점포를 지방 외곽에서 원 형태로 블록 시장을 제압하며 점점 중심부 도심으로 접근해 가는 전개 방법이다. 이 경우는 다소 경쟁력이 떨어지는 중 소규모형 유통점포 출점 전략으로 많이 활용된다.

▌그림 6-2▐ 구심적 입지 전략

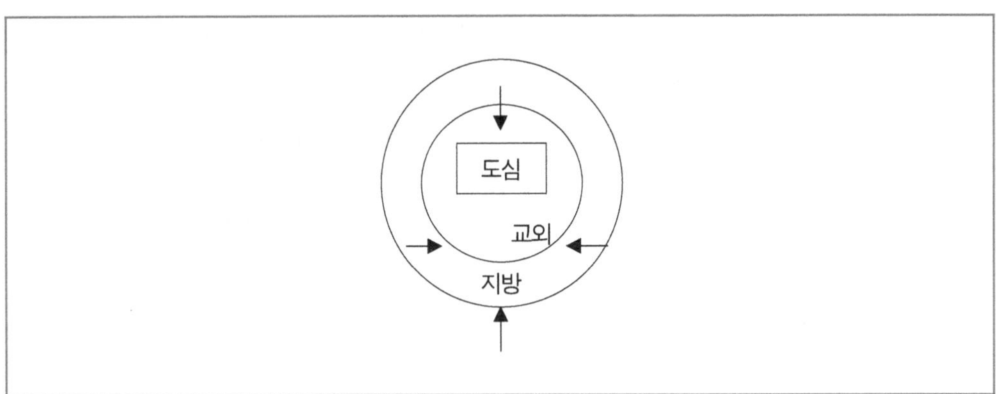

3) 3점 공략법(구심적 입지전략 순서)

[그림 6-3]에서 보는 바와 같이 D라고 하는 지역을 중심으로 한 상권에서 일등점의 지위를 확보하고 싶을 때는 D를 최종 공략 목표 지역으로 한다. 먼저, D를 둘러싼 지역을 철저하게 구분하여 그 중에서 자기 점포가 가장 유리하게 전개할 수 있다고 생각되는 지역을 선택하고 그 점(A)에 집중 공격을 하여 26% 이상 점유율을 획득한다(제1의 점). 그것을 위해 매장 면적을 경합점의 3배 이상(적어도 1.7배)으로 대항한다.

※ 입지 포인트

- 경합점이 약하여 일등화되기 쉬운 지역
- 넘버 2적인 지위(양동작전 지역)

다음으로 구분한 지역 속에서 또한 점(B)를 선택하여 여기서도 26%의 점유율을 획득할 수 있도록 경합점에 대항한다(제2의 점). 이것으로 제1점과 제2점을 연결하는 선이 형성된다.

※ 입지 포인트

- 인구가 증가할 가능성이 높은 지역
- 제1점과 선을 그을 수 있는 지역 [입구와 출구, 위선(上線)과 아래선(下線) 등]

이렇게 하여 선이 형성되면 다시 제1점, 제2점과 함께 최종 공략 목표지역인 D를 둘러싸는 형태로 제3점(C)에서 26%의 점유율을 확보한다. 3점 공략 법은 반드시 3점이 아니라 4점 이상이라도 좋다. 여기서 3점이란 면을 구성하는 최소단위가 3점이라는 의미이다. 최종 목표지인 D에 출점하여 거점을 만든다. 가장 경쟁이 격렬한 지점이지만 경합 점의 1.7배(적어도 1.3배) 이상의 매장 면적으로 대항한다. 광고 전략에서도 과감한 물량작전이 필요하다. 더 나아가 지역을 제압하는 경우, D를 정점으로 만들어진 삼각형의 중심 A', B', C'에 출점하여 완전히 그 지역의 주도권을 장악한다.

※ 입지 포인트

A′, B′, C′ 3점은 국지전(局地戰)이다. 그러므로 매장 면적에 의한 압도적인 일등이 효과적이다. 중심의 D는 확률적으로 광고 등에서의 과감한 물량 작전이 효과적이다.

▌그림 6-3▐ 점·선·면 원리

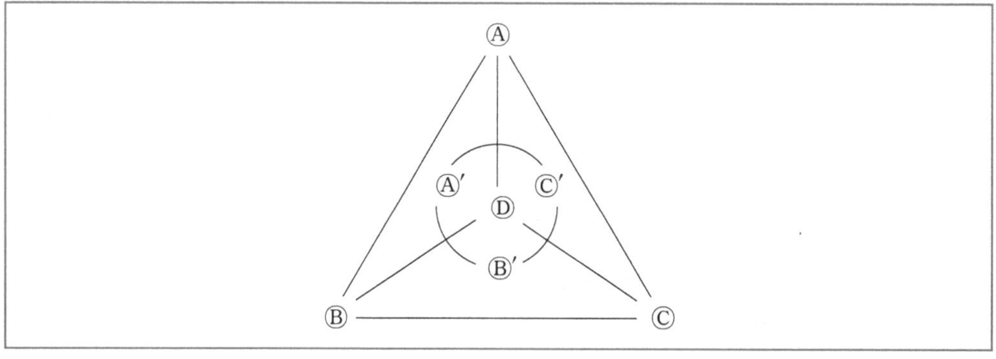

점포 입지 전략은 업태 개발을 수반하므로 개별 점포별로 한 점포, 한 점포씩 경쟁력을 키워 가는 편이 나중에 종합적 파워 창출이 용이하다.

가령 대도시에서 월 10억 원씩 판매하는 점포에 대해서는 대도시의 교외와 지방 주위에 월 3억 원씩 판매할 수 있는 규모의 점포를 4개 정도로 만들어 대응하면 12억 원이 되므로 결국 이길 수 있게 된다. 이러한 3점 공략 법은 세계의 많은 유통업체들이 즐겨 사용하는 가장 기본적 출점 전략으로 세계 제1의 유통업체인 월마트가 20세기 말에 새롭게 선보인 실험 점포인 「네이버 후드 마켓」의 경우에도 점포 출점 위치를 슈퍼센터와 슈퍼센터 사이로 한정지었는데 이것 역시 위와 같은 3점 공략법에 기인하였다 보아도 무방할 것이다.

다만 여기에서 주의해야 할 것은 A′, B′, C′ 3점은 국지전 성격을 갖고 있다. 그러므로 이 같은 경쟁에서는 매장 면적에 의한 압도적인 '지역 1 등점 전략'이 효과적이다.

특히 중심의 D점포 경우는 총력전으로 광고 등에서의 과감한 물량작전이 효과적이다.

4) 점·선·면 원리

상권이란 경영과 생활의 지역에 의해서 구성되는 시장의 지역공간이다. 상권은 시장지역에서 「점·선·면 흐름」의 관점에서 아래 [표 6-3]과 [그림 6-4]와 같이 그 구도를 그릴 수 있다.

▌표 6-3 ▌점·선·면 구도

점	점이라고 하는 것은 거점을 나타낸다. 수요의 지역적 거점은 도시에 있다. 점으로서의 시장 특성은 시장의 거점이 되는 도시성에 의거하며, 도시성이란 도시화에의 여러 특성이고, 도시화하는 과정에서 시장성이 발달한다. 그것이 도시성의 집중이라는 것이며 이것은 현대 도시가 '상업 집적'이라는 것이다. 상업의 발달이 도시를 발달시키고 도시는 상품을 팔고 사는 기능의 집적으로 사람들을 끌어들인다. 거기에서 도시의 기능을 발달시키고 시장 경쟁을 일으키게 하는 것이다. 점으로서의 '도시성의 자세'가 상권의 핵심이 된다.
선	선이란, 시장이 갖는 흡입성 즉, 지역에 생기는 중심성이 어떠한 선으로서 상호 결부되는가 하는 것이다. 중심지에 어떻게 의존하고, 그 의존도에 의해서 사람들은 주거를 정한다. 거기에 지역으로서의 생활의 거점성이 생기고, 그것이 '거주 집적'이 된다. 상권은 그 배경에 생활의 거점으로 거주 집적을 가지고, 거주성 그 자체는 중심지에 대해서 의존하며, 또 중심지도 거주 집적에 의해서 그 기능이 부가된다.
면	면이라고 하는 것은 지역상의 동질적인 퍼짐, 동질적인 시장 특성을 가진 면의 퍼짐이다. 즉, 구매 패턴이나 소비 패턴 혹은 상품의 선택패턴에서 공통성을 가진 지역이라고 하는 것이다. 그것은 최종 수요를 만들어 내는 생활패턴의 욕구와 선택에서 지역적인 동질성을 갖고 있으며, 소비행동에서 유사한 패턴을 사람들은 가지고 있다. 상권의 면적 확대는 소비 행동의 유사성에 의해 형성된다.

❙그림 6-4❙ 상권 구도

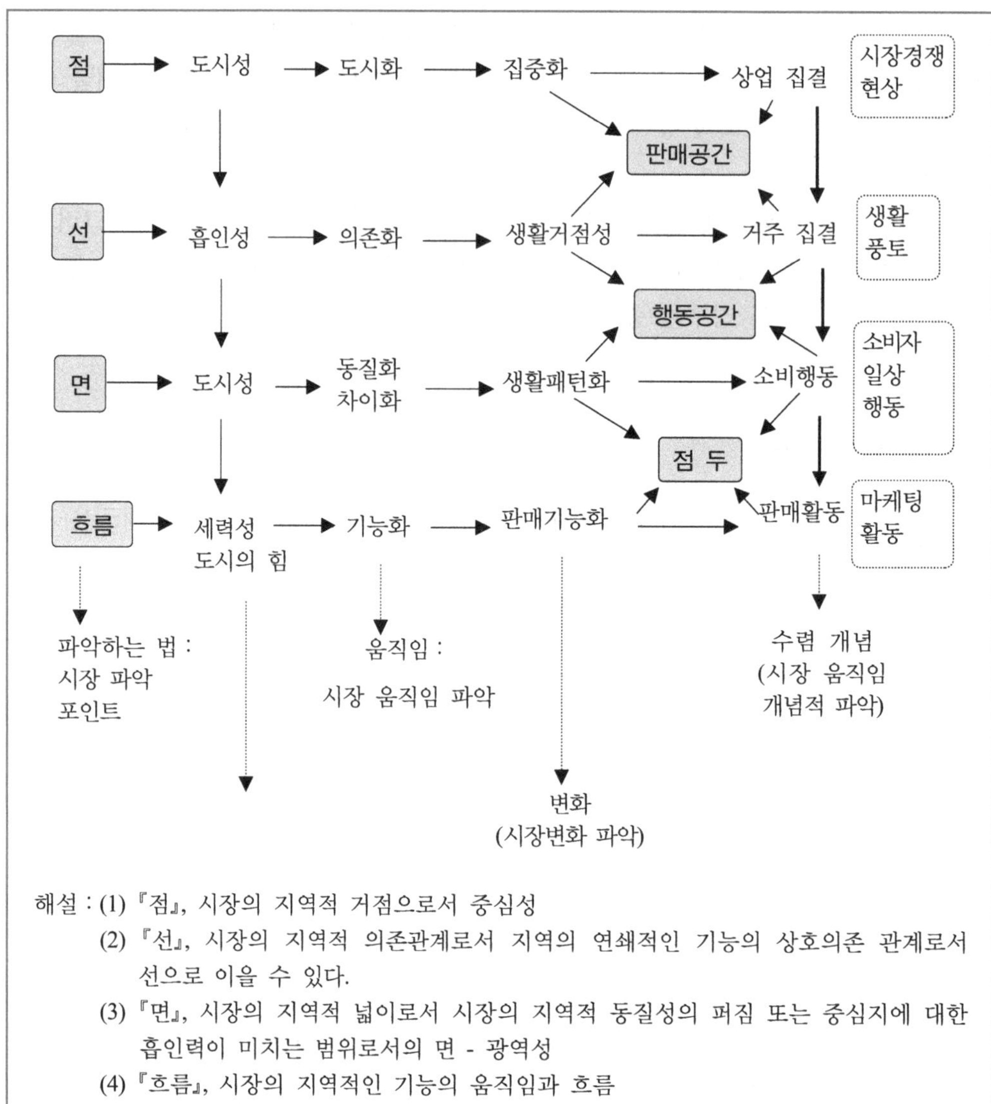

해설 : (1) 『점』, 시장의 지역적 거점으로서 중심성
(2) 『선』, 시장의 지역적 의존관계로서 지역의 연쇄적인 기능의 상호의존 관계로서 선으로 이을 수 있다.
(3) 『면』, 시장의 지역적 넓이로서 시장의 지역적 동질성의 퍼짐 또는 중심지에 대한 흡인력이 미치는 범위로서의 면 - 광역성
(4) 『흐름』, 시장의 지역적인 기능의 움직임과 흐름

5) 란체스터 셰어율 원칙

❙표 6-4❙ 란체스터 셰어율 법칙

	구분	셰어율
①	독점 셰어	74%
②	상대 셰어	42%
③	톱 셰어	26%
④	영향 셰어	11%
⑤	존재 셰어	7%

①의 독점 셰어는 경쟁 시장에서 74% 이상의 셰어를 점유하면 우선 절대로 안심할 수 있다는 것이다. ②의 상대 셰어는 하나의 시장에서 경쟁하는 점포가 둘 이상일 때 42% 이상의 셰어를 다른 점포 보다 빨리 획득하면 압도적으로 유리한 입장에 서게 된다는 것을 나타내고 있다. 따라서 ①, ②를 포함하여 '안전셰어'라고 부른다.

다음으로 ③의 톱 셰어는 하나의 시장을 두고 여러 개의 점포가 경쟁할 때, 단 서로간에 큰 차이가 없을 경우 넘버원이 이익을 낼 수 있는 최저의 셰어가 26%에도 미치지 못한다면 설사 넘버원이라 할지라도 거의 이익을 낼 수 없다고 생각해야 한다.

또 ④의 영향 셰어는 셰어 점유율이 11%에 도달했을 때 자점(自店)의 존재가 경쟁 시장에 크게 영향을 미친다는 것이며, 마지막으로 ⑤의 존재 셰어는 7%의 셰어에 도달하지 못하면 경쟁 시장에서 자점(自店)의 존재를 인정받지 못한다는 것을 뜻한다.

여기에서 무엇보다도 흥미로운 것은 ④의 영향 셰어(11%)가 시장을 휘젓는다는 사실이다. 그리고 묘하게도 '소유욕의 원칙'에도 부합된다. 소유욕의 원칙이란 다음과 같은 실험 결과에서도 명확히 나타나고 있다. 예를 들어 어느 동물원 우리 안에 100마리의 원숭이가 있다고 가정하자. 이때 그 중 한 마리에게 한 개의 바나나를 주면 원숭이들은 소란을 일으키지 않는다. 그런데 바나나를 주는 원숭이의 숫자를 늘려감에 따라 소란은 점점 커지고, 열한 마리의 원숭이에게 한 개씩의 바나나를 주었을 때에 100마리의 원숭이 집단의 소란은 절정에 이른다(영향 셰어의 11%와 합치). 그 후 바나나를 갖는 원숭이의 수가 더 늘어남에 따라 소란은 점점 적어지고 50마리 이상이 되면 소란은 거의 멎게 된다. 이것이 소유욕의 원칙인데, 이러한 소유욕의 원칙은 인간 사회에도 비슷하게 들어맞는다. 어쨌든 경쟁 시장에서 어떻게든지 42% 이상의 안정 셰어를 획득할 것인가가 경쟁에 이기기 위한 승부수가 된다는 것을 알아야 한다. 특히 이 셰어 원칙은 '목표 설정을 위한 중요 포인트'로 이용해 왔다.

3. 출점 지역 선정

1) 경쟁지역 출점

첫째, 같은 경쟁 지역이라 하더라도 경쟁 점포 인근 지역에 출점 하는 경우와 또는 도심지의 대 도로를 경계로 하여 기존 점포 반대편이나 대각선 방향에 출점하는 경우이다. 이 경우에는 기존 점포와의 상권 경쟁을 피할 수 없다.

둘째, 출점으로 인한 경쟁 점포와의 분쟁을 피해 도심이나 역전 또는 재개발 지역에 단독으로 대규모 매장 규모를 가진 「고객 창출형 점포」로 진출하는 경우이다.

셋째, 지가가 싸고 주차 능력이 뛰어난 변두리 지역에 「고객 창출형 점포」로 진출한다. 이 경우 도심지에 있는 기존 점포와의 출점 분쟁은 없다는 장점이 있는 반면 향후 영업에 대한 매출 예측이 어렵다는 단점이 있다.

2) 신규지역 출점

첫째, 기존에 존재한 점포와 상권이 분리된 신설 지역에 대형 점포를 개점한다. 이 경우에 성공을 거두려면 강제적 행동요소가 높은 역, 도심지, 시청 등과 같은 관공서 인근에 점포를 전개해야 한다. 이 형태의 경우, 예를 들면 서울 주변에 건설된 신도시 '분당, 평촌, 중동' 등에서 성공을 거두고 있는데, 대부분 경우 전철역이나 도심, 그리고 시청을 핵으로 하여 비교적 넓은 원형 상권을 형성하고 있다.

둘째, 신규 지역의 역, 도심, 시청 주변에 기존 자사 점포망을 형성하는 경우이다.

셋째, 지리상 특징을 이용하는 경우로써 입지 예정지 주변에 철도역이나 전철역이 가까운 장소에 있고 주변에 도심 중심부를 흐르는 큰 하천이 있다든지 교통의 교차로 같은 곳에 점포를 설치하는 경우이다.

제2절 입지 선정

1. 입지 선정과 매력도 분석

1) 입지 선정 과정

신규 점포 상권은 지역, 지구, 개별 점포 상권을 포함하는 포괄적 개념이므로 대형점이 어떤 지역에 신규 출점을 결정할 경우 점포 위치 매력도에 대한 평가는 단계별로 이루어진다.

(1) 시장 후보지 분석

기업은 마케팅 전략과 표적고객 특성을 충족시키는 광역지역 시장 후보지에 대한 분석(regional analysis)이 이어진다. 예를 들어 제조업자나 소매업자는 수도권의 안양, 부천, 안산 등의 광역지역 시장 후보지에 대한 고객수요, 업체 간 경쟁 분석을 통해 각 광역 후보지의 시장 잠재력을 조사한다.

(2) 최적지구 선정

광역 후보지들 중에서 특정 지역이 선정되면 두 번째 단계로 그 후보지 내에서 최적지구 선정을 위한 분석(area analysis)이 이루어진다. 예를 들어 안양시가 신규 점포 예정지로 선정되었다면 기업은 안양 시내의 입지 가능 지구들에 대한 상권 분석을 실시한 후 특정 지구 후보지를 선택한다. 최종적으로 그 지구 내에서 구입 가능한 부지들 중에서 최적 부지를 점포 입지로 선정하게 된다. 이와 같이 제조업자와 도소매업자는 신규 점포 입지 선정을 위한 최종 예정후보지의 상권 분석에 앞서 광역지역 시장들에 대한 매력도 분석이 선행되어야 한다.

2) 인근지역 사이클 패턴(cycle pattern)

인근지역 성쇠현상을 생태학적 측면에서 파악하여 각 국면의 여러 가지 현상의 특징을 나타낸 것이다. 지역 변화 단계와 사회적·경제적 영향은 토지이용의 형태를 결정하고 각 단계별로 지가상승·하락의 과정을 거친다. 또한 도시 성장이 빠르면 지역변화도 빠르게 움직인다. 전제조건은 지역이 하나의 개발계획에 의해 동시에 개발되어야 하고 지역에 동질성이 있어야 한다.

(1) 성장기(개발기)

① 의의: 어떤 지역이 새로 개발되거나 과거 존재하던 건물이 새로운 건물로 교체됨으로써 지역의 변화가 달라지는 시기이다. 어느 지역이 처음 형성되어 발전되어 가는 과정을 말하는 것으로 분당, 일산, 평촌, 중동 등 신도시처럼 처음으로 지역이 개발되고, 때로는 성동구의 불량주택 재개발 및 중구의 도심 재개발과 같은 경우도 있다. 통상적으로 하나의 신도시개발에 소요되는 기간은 15~20년 정도이고 작은 도시는 수년 정도의 경우도 있다.

② 특징

- 지역 내의 입지경쟁이 치열하고 지역 기능이 새로이 형성된다.
- 투기현상이 개재되기 쉽다.
- 지가상승이 비교적 높고 성장기 초기에는 개발계획단계, 개발사업 착수단계, 개발사업 완성단계의 3단계에 따라 변동하는 경향이 있다.
- 입주하는 주민의 교육수준이 높고 젊은 계층이 많다.
- 성수기에 비해 단위 기간당 주민들의 유동이 많다.

(2) 성숙기

① 의의

성숙기는 지역개발이 점차 진행됨에 따라 지역은 점차 안정화되어 가고 지역의 기능이 자리 잡혀 가는 단계를 말한다. 성숙기간은 지역의 크기, 지역 내 거주자의 경제적 수준에 따라 다양하지만 일반적으로 20~25년이 질적으로 안정되어 있는 기간으로 알려져 있다.

② 특징

- 입지 경쟁은 안정되고, 부동산 가격 수준, 지역 기능이 최고가 된다.
- 지가는 안정되나 가벼운 상승을 나타내며 주민들의 유동이 많지 않다.
- 지역주민의 사회적·경제적 수준은 최고로 높다.
- 지역적 기능은 큰 변화 없이 일정한 개성을 가진다.

(3) 쇠퇴기

① 의의

쇠퇴기는 시간이 흐름에 따라 지역의 건물이 점차 노후화하기 시작하여 새로운 건축은 불리하게 된다. 지가는 낮아지며 지역 기능이 감소하는 단계로서 지역의 경제적 내용연수가 다 되어 가는 시기이다. 기간은 약 40~50년 정도이다.

② 특징

- 개발기나 성숙기에 들어온 높은 계층의 주민들이 다른 지역으로 이동한다.
- 지가상승률은 저하되며 중고 부동산의 거래가 부동산 시장의 중심을 이룬다.
- 사회적·경제적 수준이 낮은 주민들이 이주해 온다.
- 지역에 따라서는 재개발이 이루어진다.
- 지역의 건물은 관리비와 유지비가 급격히 증가한다.

(4) 천이기(과도기)

① 의의

천이기는 거주자가 주택을 팔고 교외로 나가려는 경향과 새로운 계층의 거주자들의 입주 수요에 따라 소득 수준이 낮은 주민으로 바뀌는 단계이다.

② 특징

- 저소득층 주민의 활발한 전입으로 수요가 자극되어 가벼운 지가 상승을 보인다.

- 이러한 순환적 상태는 지역이 악화 상태에 이를 때까지 소유자의 이동에 따라 반복된다.
- 필터링 현상이 활발해진다.
- 천이기는 재개발이 일어나면 악화기가 도래하지 않을 수도 있다.

(5) 악화기

쇠퇴기와 천이기의 기간 중 재개발 등 지역에 대한 개선의 노력이 없으면 지역은 계속적으로 악화되어 악화기에 이른다. 즉, 슬럼화 직전 단계를 말한다.

3) 입지 후보지에 대한 매력도 분석

최종 입지 후보지 상권 규모를 추정하기에 앞서 진출 가능한 광역지역 시장후보지들 시장 잠재력을 평가해야 한다. 각 광역시장 후보지의 소매 잠재력이나 시장 매력도를 추정하는데 있어 수요 요인과 공급 요인을 함께 고려해야 한다. 최적의 광역시장 후보지가 되기 위해서는 먼저 충분한 수요가 존재해야 한다. 즉 많은 가구들은 밀집되어 있고 이들의 소득 수준이 높아야 하며 또한 주민들의 인구 통계적, 사회 경제적 특성이 점포 표적고객과 부합되어야 한다. 그러나 수요 측면에서 이런 조건들이 충족되더라도 공급 측면에서 너무 많은 기존 점포들이 밀집되었다면 신규 점포 후보지로서의 매력도가 낮아진다. 광역지역 시장 매력도를 결정하는 수요 요인, 공급 요인과 함께 그 지역 경제적 기반에 대해서도 평가가 이루어져야 한다. 소매업체는 지역시장의 소매 잠재력을 분석하기 위해 각종 2차 자료를 활용할 수 있다. 통계청의 통계연감이나 상공회의소에서 발간되는 도소매업체에 관련된 각종 통계 자료들은 쉽게 이용할 수 있는 2차 자료이다.

(1) 구매력지수(BPI : buying power index)

구매력지수는 상권 구매력을 측정하는 지표이다. 이 지수는 인구, 소매 매출액, 유효소득을 이용하여 산출한다. 이 지수가 높을수록 상권 구매력이 높다. 이 지수는 특정 가격에 판매되는 상품의 판매 잠재력을 예측하는데 매우 유용하게 활용할 수 있다.

BPI = (인구 × 0.5) + (소매 매출액 × 0.2) + (유효소득 × 0.3)

이를 보다 현실적으로 적용하면 인구 가중치 대신 점포 목표고객의 인구 가중치를, 총소매 매출 가중치 대신에 자사와 유사한 점포 매출 가중치를 이용하여 BPI를 산출해야 한다. 사례로 목표시장이 40~50세이고 유효 구매소득이 5,000만 원으로 가정할 때 점포의 BPI는 다음과 같다. 가중치는 그 소매업종의 매출 예측에 대한 기여도에 따라 연령인구에 0.5, 유효소득에 0.3, 매출에 0.2의 가중치를 구하여 산출한 것이다.

$$BPI = 0.5 \times \frac{\text{상권 지역 40~50세 인구}}{\text{전체 40~50세 인구}}$$

$$+ 0.3 \times \frac{\text{상권 지역 소득 5,000만 원 이상인 가구 수}}{\text{전체 5,000만 원 이상인 가구 수}}$$

$$+ 0.2 \times \frac{\text{상권 지역 내 동일 소매업종 총매출액}}{\text{동일 소매업종 총매출}}$$

(2) **판매활동지수**(SAI: sales activity index)

판매활동지수는 다른 지역과 비교하여 특정 지역 내의 1인당 소매 매출액을 나타내는 지표이다. 이 지수가 높다는 것은 그 지역 비거주자에 의한 구매가 많다는 것을 의미한다. 그러나 이 지수를 100% 신뢰할 수는 없다. 높은 수치가 비거주자의 구매력, 특정 기업체의 대량 구매, 소수 거주자 대량 구매 등의 영향을 받고 있는지도 모르기 때문이다.

$$SAI = \frac{\text{총 소매 매출액 중 상권 지역 비율}}{\text{총 인구 중 상권 지역 비율}}$$

(3) **소매포화지수**(RSI; retail saturation index)

소매포화지수는 특정 시장 내에서 주어진 상품 계열에 대한 점포 면적당 잠재적 매출액을 나타내는 지표이다. 이것은 상권 분석에서 중요하게 여기는 소비자 수요와 경쟁 공급량을 포함하고 있다. 근본적으로 이 지수는 특정 상권 내의 소비능력과 판매능력 의미한다.

$$RSI = \frac{\text{(지역 해당 상품 소비자 수)} \times \text{(지역 해당 상품 소비자 지출액)}}{\text{상권 지역 내의 해당 상품에 할당되는 총 점포면적}}$$

RSI가 낮으면 상권 지역의 수요에 비해 점포수가 많다는 것을 의미하고, RSI가 높으면 상권 지역은 입지로써 매력도가 높다는 것을 의미한다. 구매력지수가 아무리 높다고 하더라도 이미 상권 내 경쟁 강도가 높으면 점포 입지로써 부적합하며 반면에 구매력지수가 낮다고 하더라도 그 지역 내의 경쟁 강도가 낮은 수준이라면 적합한 입지라고 할 수 있다.

(4) 시장 확장 잠재력(MEP: market expansion potential)

시장 확장 잠재력은 특정 상권의 매력도를 분석하는 방법이다. 현재 시장 상황을 반영하는 것이 소매포화지수이기 때문에 기존 점포가 소비자 욕구를 만족시키지 못하고 있다면 많은 점포가 존재할지라도 경쟁력을 보유하고 있는 점포 출점이 가능하다. 상권 지역 내 점포의 상품 구색이나 서비스, 가격 등에 만족하지 못하는 소비자들은 다른 지역으로 쇼핑하러 나가기 때문에 경쟁력을 보유하고 있는 점포에서는 신규 점포를 출점하여 외부지역으로 쇼핑하러 유출되는 소비자들을 끌어들일 수 있다. 시장 확장 잠재력 산출방법은 외부 지역에서 쇼핑 정도를 이용할 수 있고, 이는 외부 지역에서 해당 상권 거주자들이 구매한 금액으로 산출한다.

▌그림 6-5▌시장 확장 잠재력

소매포화지수(RSI) \ 시장 확장력 (MEP)	고	저
고	현재 경쟁은 낮고 시장 확장력이 높은 곳	현재 경쟁은 낮고 시장 확장력도 낮은 곳
저	현재 경쟁은 높고 시장 확장력도 높은 곳	현재 경쟁은 높고 시장 확장력은 낮은 곳

2. 소매 점포 입지유형

1) 고립 입지

고속도로나 사잇길과 같이 인접한 점포가 없는 길가에 있는 자유입지로서 경쟁이 없고 임대료도 싸고 경영상의 신축성도 있고 일괄 구매를 하도록 할 수도 있으며 주차도 용이하고 영업비가 저렴하여 저가 판매가 가능하다는 이점이 있다. 반면에 초기에는 고객을 끌어들이기가 어렵고 쇼핑 다양성을 원하거나 선택·비교 구매를 원하는 고객을 흡인하기 어려우며 광고·선전비도 많이 들고 그린벨트 같은 건축 관련 법률 때문에 원하는 장소에다 적당한 입지를 얻기 어렵다는 어려움이 있다.

2) 비계획적 소매 중심지

사전에 계획적으로 조성된 상업 집적이 아니고 자연 발생적으로 둘 또는 그 이상의 점포가 함께 또는 아주 가까이 입지하고 있는 소매 집적이며 구체적으로 다음과 같이 분류하여 파악한다.

(1) 중앙 소매 중심지

중앙 소매 중심지는 도시에서 가장 커다란 규모의 소매 중심지이다. 보행객이나 차량의 통행이 가장 집중되고 적어도 하나 이상의 주력 백화점과 전문점 및 편의점 등의 다양한 업종·업태 점포가 모여 있다.

(2) 부도심 소매 중심지

일반적으로 2개 이상의 가로(街路)의 교차점을 중심으로 집적되어 있는 소매 중심지로서 하나의 도시에 여러 개가 있는 게 보통이다. 이곳에는 적어도 하나의 지역형 백화점이나 일용 잡화점 및 소규모의 여러 가지 서비스 점포가 있으며 도시 규모가 커짐에 따라 여러 지역으로 인구가 산재됨으로서 생겨났다.

(3) 근린 소매 중심지

보통 주택가 주변에 위치하며 인근 주민들의 편의성 구매 요구를 충족하기 위하여 생겨난 것으로써 주된 소매 업태로는 슈퍼마켓이나 일용 잡화점과 함께 소규모 소매점이 있는데 이 형태는 주거 지역의 가로변이나 아파트 단지의 상점가 등 형태이다.

(4) 선상 소매 중심지

보통 동종이거나 보완적 상품 계열을 취급하는 소매점 집적으로 형성되는 것으로서 가로나 고속 도로변에 입지한다.

3) 계획적 쇼핑센터

계획적으로 조성된 소매 중심지도 치밀한 사전 계획 아래 균형이 잡힌 입주 점포를 하나의 단위로 묶어 집권적으로 소유 내지 관리되는 소매 집적으로서 대형 주차장을 보유하는 게 보통이다. 계획적 쇼핑센터에는 다음처럼 3가지 유형이 있다.

(1) 광역형 쇼핑센터

(2) 중역형 쇼핑센터

(3) 근린형 쇼핑센터

3. 입지 선정 절차와 고려 사항

1) 입지 선정 순서

거시적 입지 분석을 한다. 주민과 기존 소매점의 특징과 관련 하에 대체적인 상권을 평가한다. 그 상점 내의 어떠한 유형의 입지에 출점할 것인지 결정한다. 다음 중에서 특정의 입지 유형을 선정하고, 선정한 특정의 입지 유형 내에서 적합한 경지를 선택한다.

(1) 고립 입지

(2) 비계획 소매 중심지

① 중앙 소매 중심지
② 부도심 소매 중심지
③ 근린 소매 중심지
④ 선상 소매 중심지

(3) 계획적 쇼핑센터

2) 입지와 경지 평가 고려 사항

(1) 보행객 통행량

① 통행인 수
② 통행인 유형
③ 시간대별 통행량

(2) 차량 통행량

① 차량 통행량
② 차종
③ 교통 밀집 정도

(3) 주차 시설

① 주차장 수
② 점포와의 거리
③ 종업원 주차 가능성

(4) 교 통

① 대중교통 수단 이용 가능성
② 주요 도로 근접성
③ 배달 용이성

(5) 점포 구성

① 점포 수와 규모
② 자기 점포와 유사성
③ 소매 구조상 균형

(6) 특정 경지(site)

① 시각성
② 입지 내에서 위치
③ 대지 크기와 모양
④ 건물 크기와 모양
⑤ 대지와 건물 조건과 사용 년 수

(7) 점유 조건

① 소유 또는 임대 조건
② 운영 및 유지비
③ 세금
④ 도시계획과의 관계
⑤ 임의 규정

4. 입지 선정 8원칙(R. L. Nelson)

1) 현재 상권 잠재력 타당성

어느 지역을 전제로 하여 자기 점포가 취급하려는 상품의 상권 내 소비 지출 총액과 자기 점포가 점유하는 비율을 검토한다.

2) 상권에의 접근 가능성

상권 내의 잠재력을 어느 정도 자기 점포에 흡인할 수 있느냐 하는 것은 점포 주변을 통과하는 가능성에 많이 의존하게 되는데 그에 따라 소매업 업태를 세 가지로 나눌 수 있다.

(1) 고객 창출형

광고, 상품 독자성 평가, 기타 판매촉진 수단에 의해서 독자적으로 고객을 흡인하는 형태이다(백화점, 대형 할인점, 쇼핑센터, 특수 전문점 등).

(2) 근린점 고객 의존형

가까운 점포에 의해 흡인된 고객이 그 점포에서만 상품을 구입하는 게 아니라 주변의 점포에서 관련 구입하는 형태이다(슈퍼마켓과 액세서리 잡화점).

(3) 통행량 의존형

쇼핑을 목적으로 하지 않는 통근자나 교통기관 이용자 등이 구매하는 형태이다.

※ 주의사항

소매 점포는 이들 가운데서 1가지 유형만 고려하는 게 아니라 이들 3가지 성격을 모두 고려한다.

3) 성장 가능성

인구 증가와 소득 수준 상승이 기대될 수 있는 상권이냐를 살펴본다.

4) 중간 조지(阻止)성

주거지 또는 근무처와 종전부터 있는 경쟁 점포나 상점가의 중간에 입지하여 고객을 중간에서 분리 흡수하는 것이 가능한 입지인가를 살펴본다.

5) 누적적 흡인력

동종 상품을 취급하는 일정 수의 점포는 흩어져 있는 것보다 인접 또는 근접되어 모여 있어야 판매액이 증가된다(예 전자상가, 가구상가, 공구센터).

따라서 중간 조지(阻止)의 입지를 택할 것인가 누적(累積)성을 이용할 것인가를 선택해야 한다.

6) 양립성

보완 관계에 있는 상품을 취급하는 2점포가 근접되어 있는 경우에는 양 점포를 함께 이용하는 고객의 발생률에 정비례하며 판매액은 증가한다.

7) 경쟁 회피

경쟁 점포 입지, 성격, 규모, 형태를 감안한 입지를 선택하여 매출액을 예측한다. 또한 장래 경쟁점이 들어설 여지도 검토한다. 경쟁을 피하기 위해서는 다른 조건이 같다면 될 수 있는 한 경쟁점이 적은 입지로 들어설 수밖에 없는 입지를 선택한다. 입지를 경쟁점이 이용하는 것을 사전에 막을 수 있는 가능성을 고려한다. 경쟁 입지가 중간 조지(阻止)적인 입지가 되지 않는 입지를 선택한다.

8) 입지 경제성

입지 코스트를 생산성과 관련하여 분석한다.

5. 자동차 입지 형태

1) 제1원칙, 점포 전면에 도로는 생활간선 도로이어야 한다.

생활간선 도로란 해당 지역에 거주하는 사람들이 통근이나 통학 또는 쇼핑에 이용하는 도로로 편도 2차선 정도의 도로이다. 또한 해당 지역에 거주하는 고객 대부분이 매일 이용하고 있으며 알고 있는 도로이다. 산업도로처럼 대규모의 국도는 아니며 화물용 차량이 적고 승용차가 많이 다니는 도로이다.

2) 제2원칙, 차 입지 객수는 '얼마만큼 보이는가에 따라 결정' 된다.

차를 타고 달리면서 차에서 점포가 보이는가, 보이지 않는가를 조사해야 한다. 점포가 도로를 따라 도로와 평행을 이루는 형태로 있는 게 유리하다. 또한 도로에 있어서 중요한 것은 '커브 상황'이 어떠한 가이다. 커브를 이용하게 되면 점포가 정면으로 보일 수 있게 된다. 또 도로가 점포와 반대쪽으로 굽어 있으면 좋다. 즉, 좌 커브의 경우 아웃 커브에 위치하면 자동차가 정면으로 가까이 가면 갈수록 점포가 정면으로 보인다. 이때 주의할 것은 우 커브의 경우이다. 우 커브의 경우 역시 아웃 커브에 위치한 점포가 시계성은 좋으나 차를 주·정차하려면 좌회전이 가능해야 하기 때문에 우 커브에서 아웃 커브의 입지는 그리 좋다고만은 할 수 없다.

| 그림 6-6 | 자동차에서 본 아웃 커브·인 커브 시계성

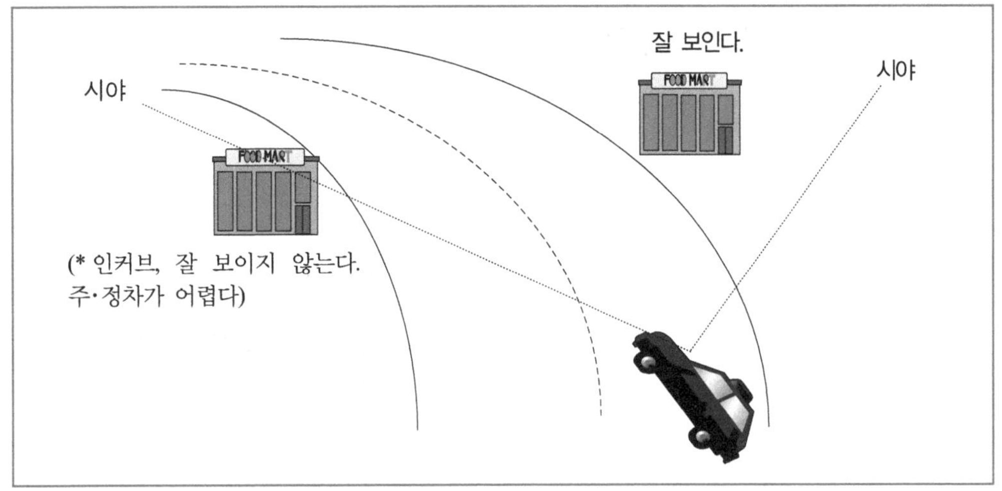

3) 제3원칙, 좌·우회전이 용이해야 한다.

우회전 진입은 진행 방향으로 접근하면 아무런 문제도 없으나 반대 차선으로 접근하는 경우에 좌회전 접근의 편리성이 검토되어야 한다. 좌회전의 출입이 가장 쉬운 지점은 각(角)지에서 가까운 지점이 된다. 각지의 확보가 어려운 경우에는 점포 전면에 가까운 지점에 반대편 차선으로 진행하는 차가 유턴이나 좌회전이 가능하도록 차선이 끊어져 있는 것이 바람직하다. 물론 신호등이 설치되어 있으면 더욱 더 좋다.

4) 제4원칙, 드라이브 시간 문제

대도시나 인구밀집 지역에서의 상권은 보통 5분 내지 10분 이내이다. 지방의 경우는 이것보다 조금 긴 15분 정도까지이나 이것은 편의품, 선매품, 전문품 등 구매하려는 상품에 따라 각기 다르므로 케이스 바이 케이스의 검토가 필요하다. 자기 점포가 취급하는 상품 특성에 맞는 「자동차 상권」을 측정하여 그것을 새로운 입지에 응용하는 것이 필요하다.

5) 제5원칙, 점포 주차대수에 의해 매출이 결정된다.

주차장에 주차하는 차량 1대에 연간 얼마의 매출이 가능한가를 추정한다. 주차장의 주차 대수를 산출하여 매출 예산을 수립한다.

제3절 경쟁점 조사

1. 스토어 컴패리즌

1) 사실을 정확하게 포착해 점포의 사고방식을 배운다.

점포를 보는 법, 조사하는 법을 모르는 사람에게는 자기 점포의 문제점을 해결할 자격이 없다. 사실을 솔직하게 파악하고 사실을 가로, 세로, 대각선으로 분석해 점포 연구와 개선방법을 파악하는 것이 스토어 컴패리즌(경쟁점 조사) 의미이다.

2) 사실을 솔직하게 보고 정기적 관찰을 빠뜨리지 않는다.

가격이나 매장 면적 등을 조사하는 것만이 스토어 컴패리즌의 목적은 아니다.

지금 중요한 것은 자기 점포가 안고 있는 고민(고객 불만이기도 하다)을 해결하는 실마리를 발견하는 것이다. 그러기 위해서는 매장 현실을 관찰하고 점포의 사고(스토어 콘셉트)을 유추할 필요가 있다. 스토어 컴패리즌은 눈에 보이는 것을 분석하고 눈에 띠지 않는 것을 아는 수단이기 때문이다. 그것이야말로 점포의 진짜 노하우이며 점포 수준 향상에 연결된다. 말하자면 어떠한 사고에 근거해서 상품 구성이나 진열, 레이아웃, 건물 설비가 정해졌느냐는 것을 아는 것이 중요하다. 사고방식을 알면 업태나 점포 규모가 다른 점포를 봐도 도움이 된다. 입지나 고객, 경합점이 다른 데도 단순히 가격이 비싸다, 싸다, 매장 면적이 넓다, 좁다, 점포 느낌이 좋다, 나쁘다고 평가해 봤자 자기 점포에는 아무런 도움이 되지 않는다. 형태 등 현상만을 보고 감개해도 곧 바로 모방해서는 안 된다. 점포의 사고방식이 다르면 고객에게 기여하는 자기 점포의 포지셔닝(역할)은 변하기 때문이다. 자기 점포의 역할이나 업태(판매 방법)가 다르면 활용 방법도 다르다. 점포는 문제의식을 가지고 보지 않으면 주마간산이 돼 시간과 코스트의 낭비를 가져와 나아가서는 자기 스스로 성장을 저해하는 것이 된다. 어떤 대형 슈퍼마켓 체인에서는 '경합점에서 판매된다는 것은 자기 점포에서 취급해도 확실히 판매된다는 그 무엇보다도 확증이 된다'고 생각해 정기적 스토어 컴패리즌을 빠뜨리지 않고 실시한다고 한다. 겉핥기로 스토어 컴패리즌을 해서는 단지 '해 본적이 있다'는 것밖에는 아무런 의미가 없다. 거기에 든 비용, 시간만큼 '반드시 성과를 가지고 온다'는 의식을 가져야 할 것이다.

3) 가로, 세로, 대각선으로 사실을 분석한다.

점포는 많은 사람들의 지혜로 결집된 곳이다. 우리들이 점포를 보러 가고 조사하러 가는 것은 지혜를 접할 수 있기 때문이며, 자신의 지혜 부족을 보충하기 위해서이다.

이것은 지혜의 창조는 누구라도 기회가 주어져 있다는 것이다. 다만 스토어 컴패리즌은 점포를 보기 전의 준비(마음가짐)단계에서 이미 시작돼 있는 것으로서 바른 관찰 방법, 바른 활용 방법을 통하여 지혜를 만들어야 한다.

❙ 표 6-5 ❙ 매장 체크리스트

점 명		매장명		년 월 일				
담당자명								
체크 항목					5점 평가			
1. 매장을 보고 어디에 어떤 상품이 있으며 무엇을 제안하고 있는지를 안다.								
2. 매장 내 통로는 들어가기 쉽고 거닐기 쉽다(고객동선).								
3. 프라이스 카드는 상품에 맞는 크기, 읽기 쉬운 글씨, 정해진 위치에 붙여져 있다.								
4. 접근하기 쉬운 위치에 중점 상품이 진열되어 있다.								
5. 프레젠테이션을 보고 무엇을 보여주며 무엇을 판매하고 싶은지를 안다.								
6. 관련 상품이 연결 진열되어 있다.								
7. 중점 상품은 진열량 재고가 풍부하다.								
8. 상품은 그 용도, 특징에 맞추어 보기 쉽고, 고르기 쉬우며 비교하기 쉽게 구분하고 있다.								
9. 상품이 정리 정돈되어 진열되어 있다.								
10. 계절성이나 화제성을 감안한 매장으로 되어 있다.								
11. 후방작업장(백야드)은 매장과 부문별로 연관성있게 되어 있다.								
12. 종업원 동선(작업동선)은 짧게 설계되어 있다.								
합계 점수 60점 만점(42점 이상 합격)								

(1) 준비(점포에 가기 전 마음가짐)

목적은 무엇인가? 도구는 있는가? 기준은 어떤가? 라는 것이다. 업태가 다른가 하면 업종도 다르고 보는 입장도 다른 것이므로 이 3가지가 없으면 쉽게 점포에 가지 말아야 할 것이며(구매하러 가는 것은 무방하다), 점포가 좋고 나쁘다를 쉽게 논하지 않는다고 깊이 새겨 둬야 할 것이다.

① 목적이 없으면 점포 비교를 위해 가지 않는다.

㉠ 자신은 담당자로서 무엇을 고민하고 있는 것일까 무엇을 알고 싶은 것인가.

㉡ 기업(점포)이 현실적인 상황, 해결하지 않으면 안 되는 것은 무엇인가.

㉢ 주차장의 적정 대수를 알고 싶은가, 슈퍼 슈퍼마켓의 비식품 취급 내용을 알고 싶은가, 디스카운트 스토어의 중심 가격과 그것을 가능하게 하기 위한 로 코스트 및 로 코스트 오퍼레이션 또는 경합점 대책의 구체적 방법 등 목적을 확실하게 하는 것이 필요하다.

② 도구가 없으면 점포 조사를 하지 않는다.

㉠ 어떤 방법으로 조사해서 점포를 낱낱이 알아내며 점포 현실을 포착할 것인가.

㉡ 상품 구성 그래프나 머천다이징 차별화 조사표, 레이아웃 기입 양식, 조명도 측정기(점내의 조명도를 조사하는 기기), 미니 스케일 등 도구는 평소부터 공통적인 것이 준비돼 있는가. 예를 들면 [표 6-5]과 같은 매장 체크리스트를 사용해 경합점과 자기 점포를 비교하면 차이점을 잘 알 수 있다. 복잡한 도구가 좋은 것은 아니다.

③ 기준이 없으면 점포를 논하지 않는다.

㉠ 무엇을 가지고 좋다, 나쁘다고 판단하는 것인가.

㉡ 자기 점포가 겨냥하는 목표 고객의 복장은 어떠한가.

㉢ 자기 점포에 비해서 중점 상품(현재 가장 많이 판매하지 않으면 안 되는 상품)은 어떠한가.

㉣ 단순히 로 코스트만으로 좋은가, 세련된 점포 만들기를 우선 할 것인가.

㉤ 당도가 같은 과일의 맛과 가격은 어떻게 다른가. 기준이 다른 데 가볍게 평가는 안 된다.

(2) 관찰방법, 조사방법(관찰할 때 마음가짐)

고객 눈과 견학자 눈은 다르다. 견학 자가 좋다고 생각해도 고객이 좋다고 생각하지 않으면 불량한 점포이다. 그러므로 구매 고객 입장이 되어 가지고 구매하면서 관찰할 것이다.

▎표 6-6▎스토어 컴패리즌 3가지 관점

고객 관점	조사자 및 견학자의 눈과 구매 고객 관점은 같은 것을 봐도 전혀 느낌이 다르다. 그러기 때문에 쇼핑 바구니나 쇼핑 카트를 사용해서 상품을 산다. 또는 중점상품을 정해 구매할 생각으로 본다(결국 구매하지 않아도 좋다).
사회인 관점	예의를 지킨다. 다른 사람 집에 들어가는 것과 같은 것이므로 자기 집(점포)에 누가 들어오면 어떨까 생각한다. 점내에서는 노트를 내놓고 기록, 그림 등 모사하거나 촬영은 엄금이다. 구매 고객에게 방해가 되지 않도록 한다.
정책적 관점	평상시의 오퍼레이션(매장관리) 상황을 냉철하게 본다. 개점 시의 분주한 때는 정상적인 것이 아니며 점포력은 평상시에 안다.

① 규모가 큰 것, 진귀한 것에 과도한 감동을 하지 않는다.

대중매체나 평론가들의 평판있는 점포는 실험 점포라는 이름의 점포가 많다. 이런 것은 사업으로서 채산에 대한 사고방식은 희박하다. 아이디어는 좋으나 일시적인 겉보기로 끝나기 일쑤이다.

② 부분만을 보지 않는다.

개발 담당자라 하더라도 상품이나 서비스, 구매고객 동태는 반드시 살펴보아야 한다. 고객은 점포의 최종 평가를 부분이 아니고 레지스터의 응대를 포함한 점포 전체의 인상으로 결정하기 때문이다.

③ 배경에 있는 골격도 생각한다.

저가격을 안정되게 유지할 수 있는 구조는 무엇인가. 기본 구조를 수반하지 않는 일과성이나 잔재주로 대응해서는 오래 존속되지 못한다. 상품 구성을 압축하는 것은 좋고, 압축하지 않는 것이 나쁘다는 것은 어리석다. 이는 상품 지식을 유지하는 기본구조가 있는가 없는가라는 것이다.

(3) 활용 방법(관찰한 뒤 마음가짐)

모방한 것은 배우는 것으로 통하지만 형태를 그대로 모방하는 것이 아니라 사고방식을 모방해야 할 것이다. 업태나 지향해야 할 방향도 다른데 형태를 모방하더라도 의미는 없다.

① 자기 점포 고객은 누구인가

목표고객이 다른데 아무리 조사 점포의 상품 구성이 좋아도 자기 점포에는 활용할 수가 없다. 연령, 소득, 지역 특성, 점포에 대한 기대(요망사항 포함)가 다르면 상품이나 판매 방법, 진열 방법이 변하지 않으면 안 되기 때문이다.

② 자기 점포(또는 매장)은 무엇을 지향하고 있는가

저가격을 철저하게 추구하는 점포인가 접객이나 서비스를 포함한 고감도를 겨냥하는 점포인가 또한 사이즈나 용도 따위 기능성을 추구하는 점포인가 패션이나 트렌드(신상품으로 판매예측을 할 수 없는 것. 하이패션은 이에 속한다), 정보발신 따위 정서성 상품의 충실을 지향하는 점포인가 자기 점포의 콘셉트는 있는가를 확인한다.

③ 자기 점포는 무엇이 돼 있는가

배울 것은 많아도 자기 점포 규모로 무리 없이 할 수 있는 경영자원은 구비되어 있는가 자기 점포(회사)에서 해야 할 일과 하지 않을 일(타 점포나 타 기업에 맡기는 것이 좋은 일)을 정하고 있는가.

2. 경쟁점 조사 – 상품 판매력 중심

1) 판매경쟁력 조사 개요

(1) 경쟁력 조사·분석 항목

❙ 그림 6-7 ❙ 경쟁력 조사·분석 구조

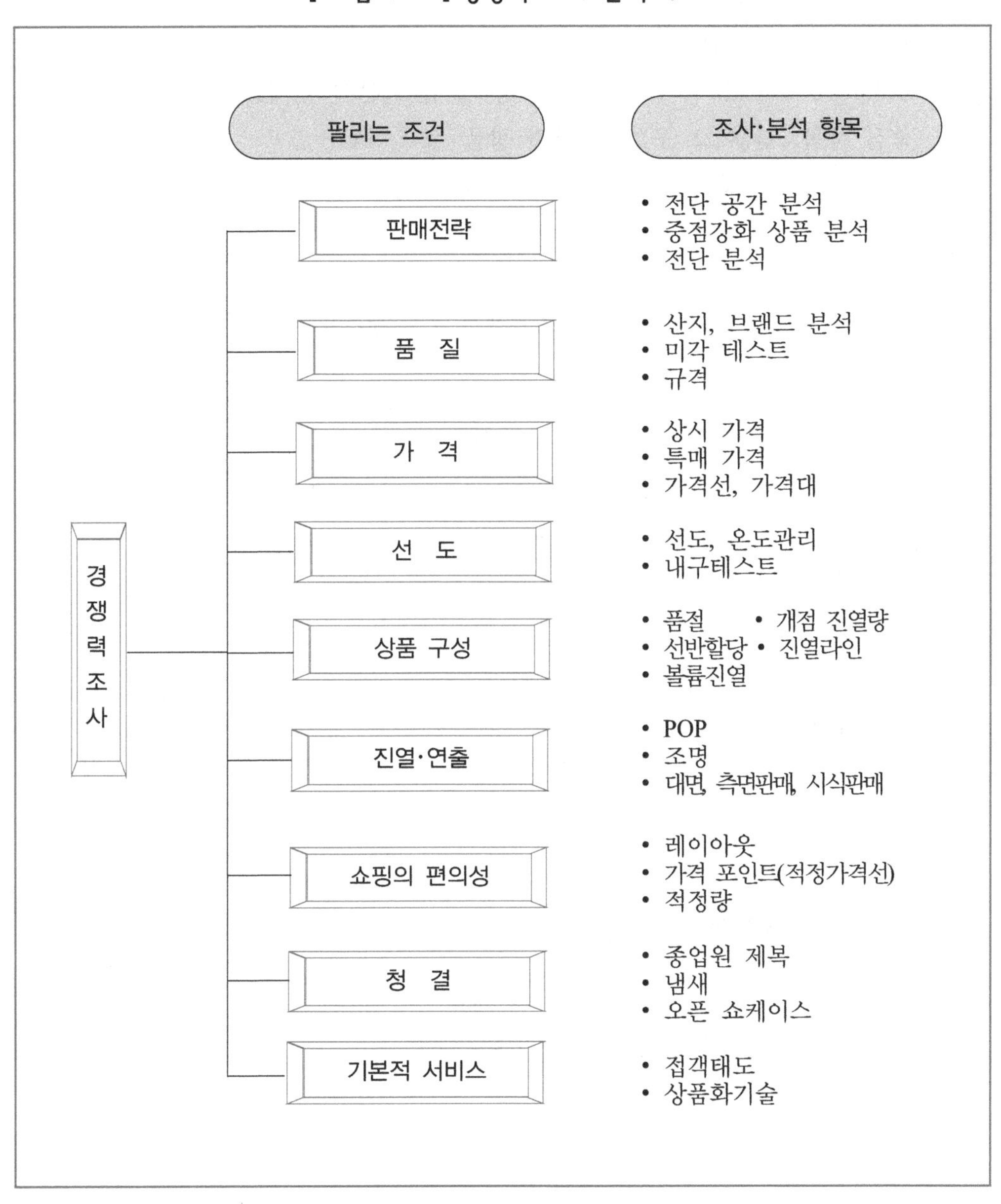

(2) 경쟁점과 자점 차이 분석

① 경쟁점에 있고, 자점에 없는 인기상품(NB) 대응
② 경쟁점에 있고, 자점에도 있는 상품(NB) 가격 정책
③ 구색을 위해 발주한 상품의 미납에 대한 대응
④ 구색 상품 선도·품질·용량·포장·가격
⑤ 구색 상품 진열·연출 방법
⑥ SB(store brand) 대 SB의 상품내용(상기④) 분석과 대응
⑦ 중점 품목 스페이스 구성비, 관련 상품 소구, POP
⑧ 중점 품목(인기상품 등) 품목 수와 진열 수량의 변화 추적 등.

(3) 경쟁점 조사표

❙ 그림 6-8 ❙ 경쟁점 조사 평가표

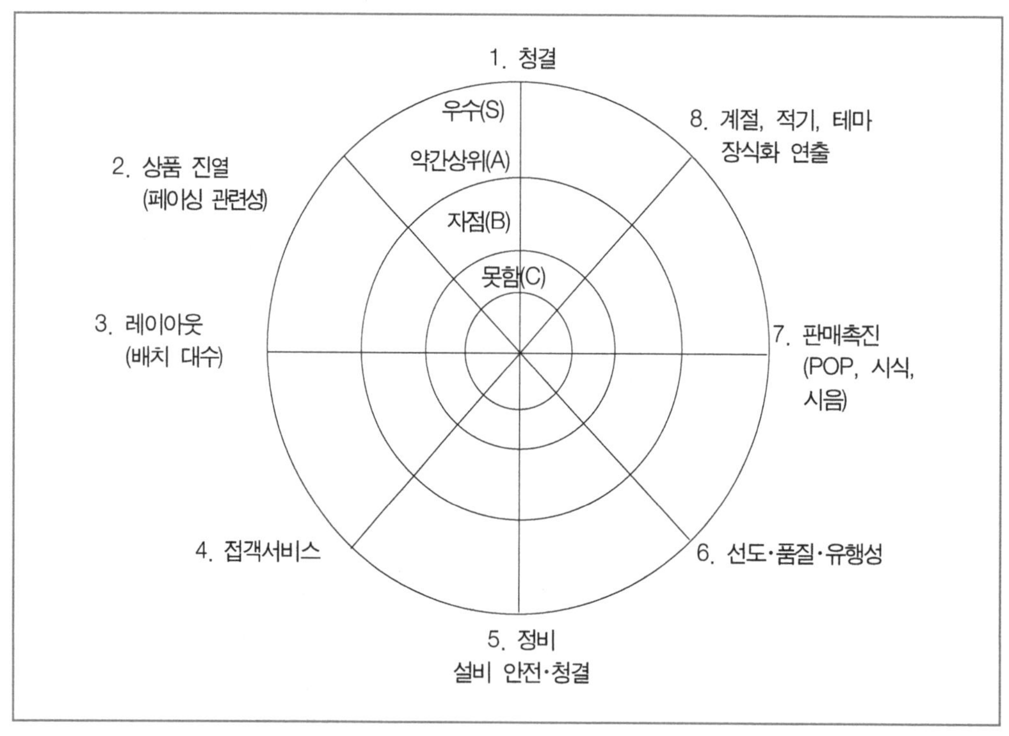

┃표 6-7┃매장 개선·향상 액션플랜

회사명	점포명

조 사 시 간	
월 일( )	시~ 시

조사자	부문	성 명

매장 개선·향상에 관한 사항				
	개선, 도입하고 싶은 사항		언제까지	어떻게
장점	1. 2. 3. 4. 5.			
	NO	품명	판매가	선도·품질	비고
중점 10품목	1 2 3 4 5 6 7 8 9 10				

2) MD 차별화 조사

중점 상품(군) 냉장고(조사일 ㅇㅇ년 △△월 □□일(목))

내용 \ 점포명	자 점	경 쟁 점 A
상품 구성 - 어떤 상품을 어느 정도 취급하고 있는가	• 150L 이하 4대 • 200L-299L 2대 • 300L-349L 3대 • 350L-399L 5대 • 400L-449L 9대 • 450L 이상 2대 • 프라자 0대 • 품목수 25대 400L 이상의 구성비가 높다.	• 150L 이하 16대 • 200L-299L 6대 • 300L-349L 3대 • 350L-399L 6대 • 400L-449L 7대 • 450L 이상 3대 • 프라자 4대 • 품목수 45대 300L 이하의 소형 구성비가 높다 48.9%

매장 만들기 – 어디에 어떻게 진열되어 있는가	• 가전매장 안쪽 눈에 띄지 않음 • 처분품이 전면에 진열되어 있음	• 매장의 안쪽 코너인데 입구에 들어서면 볼 수 있음. (그 앞에 상품의 집기가 낮다)
가격의 강조점 – 상한, 하한, 중심 가격	• 상한 • 중심 • 하한	• 상한 • 중심 • 하한
판매촉진방법 – 판촉테마, 세일 내용	• 구품처분코너의 이유 있는 바겐실시 • 절전형의 소구(전기료 표시)	• 특별초대 세일의 특매품 설정 • 「순간의 선택이 십년을 좌우한다」 표시
진열·연출 – POP·도구·시식용 내용	• 가격POP 표시는 크게 보기 쉽게 • 기능POP 전기료 표시	• 기능POP 사이즈를 그림으로 표시 • 가격POP 표시가 크고 보기 쉬움 • 메이커 판촉물이 많음
접객서비스	• 처분·할인료 • A지구 배달료	• 배달무료 • 당일배달

3) 경쟁점 상품 가격조사

年　月　日　時　기록자 (　　　)

코너	품목	규격	자점매가	경쟁점 A	경쟁점 B	비 고
(예) 셀러드	오 이	3개	1,000원	950원	1,050원	
	토마토		원	원	원	
	양상치		원	원	원	
			원	원	원	
			원	원	원	
			원	원	원	
			원	원	원	
			원	원	원	
			원	원	원	
			원	원	원	
			원	원	원	
			원	원	원	

4) 상품 진열 유무조사

年 月 日 時 기록자 ( )

품 목	규 격	구색의 유무			비고(매장 레이아웃)
		자점	경쟁점 A	경쟁점 B	
(예) 수박	1통	○	○	×	1개 1,980원으로 평대에 대량 진열

5) 부문별 경쟁점 상품조사

부문	

( )월 ( )일 조사 시간 ( ) 조사자 ( )	
A. 매장의 크기 a 점포( )자 × ( )대 × ( )단 b 점포( )자 × ( )대 × ( )단 c 점포( )자 × ( )대 × ( )단 d 점포( )자 × ( )대 × ( )단 e 점포( )자 × ( )대 × ( )단	B. 가장 강한 품목 수는 몇 개인가? a 점포 ( ) 품목 수 b 점포 ( ) 품목 수 c 점포 ( ) 품목 수 d 점포 ( ) 품목 수 e 점포 ( ) 품목 수
C. 가장 강한 코너와 대표적인 코너는 어디인가? a 점포 ( )와 ( ) b 점포 ( )와 ( ) c 점포 ( )와 ( ) d 점포 ( )와 ( ) e 점포 ( )와 ( )	D. 가장 강한 상품군과 그 다음 상품군을 열거하라 a 점포 ( )와 ( ) b 점포 ( )와 ( ) c 점포 ( )와 ( ) d 점포 ( )와 ( ) e 점포 ( )와 ( )
E. 가장 강한 품목과 그 다음 품목을 열거하라. a 점포 ( )( ) b 점포 ( )( ) c 점포 ( )( ) d 점포 ( )( ) e 점포 ( )( )	

6) 중점 상품 비교 조사

조사 항목 / 상 품	비 고					
	자 점			경쟁점( )		
	페이스수	진열위치	진열단수	페이스수	진열위치	진열단수
	수 량	가 격	POP 사이즈	수 량	가 격	POP 사이즈

7) 경쟁점과의 품목 비교 조사

경쟁점명		평

부문		조사월일		조사자	

중분류	소분류	당 사		경쟁점		경쟁점에 있는데 당사에 없는 단품	당사에 있고 경쟁점에 없는 단품
		품목	개수	품목	개수		
소 계							
소 계							
합 계							

8) 주력상품 경쟁점과의 비교조사

점	주력상품 경쟁점 비교	조사자
경쟁점 점		조사일 월 일( )

자 점							경 쟁 점						
상품명	외관	볼륨	가격	선도	맛	종합평가	상품명	외관	볼륨	가격	선도	맛	종합평가

주 : ① 〈상품명〉 자점의 주력상품
② 〈외관〉 O, △, X로 평가
③ 〈볼륨〉 가격과 볼륨의 균형O, △, X로 평가
④ 〈가격〉 단품별 비교
⑤ 〈선도〉 변색 등 O, △, X로 평가
⑥ 〈맛〉 복수평가 O, △, X로 평가
⑦ 〈종합평가〉 O, △, X로 평가

9) 경쟁점에 대한 점장 조사항목

(1) 고객 관련 조사

① 청결유지를 위한 제 방법은 무엇인가
② 점장은 어떠한 사람이며, 어떠한 응대를 하고 있는가
③ check-out시 특별한 응대는 무엇인가
④ POP 및 BGM(back ground music)의 특징은 무엇인가
⑤ 특별 서비스 장소는 있는가

(2) 점포운영 조사

① 작업할당 방법은 어떻게 하고 있는가
② 입하, 검품, 보충에 특별한 방법을 사용하고 있는가
③ 정찰기, 라벨프린터, 포장설비 등 특색은 어떠한가
④ 대략의 레이아웃을 기억하여 메모 처리 하는가
⑤ 통로 폭과 개수를 메모 처리하는가

(3) 상권 조사

① 경쟁점 상권과 고객층은 어떠한가
② 조사 대상점 입지 여건은 어떠한가
③ 상권에 대한 판매촉진 특징은 무엇인가

(4) 정책조사

① 고객에 대한 방침은 어떠한가
② 종업원에 대한 내용은 어떠한가
③ 거래선과의 관계는 어떠한가
④ 가격정책 내용은 어떠한가
⑤ 부문구성과 상품정책은 어떠한가

10) 경쟁점 전문조사자 조사항목

(1) 상권 조사

출점 전 상권 조사 후, 경쟁점 상권 조사에 대하여 장래성을 포함하여 전술의 각 기법을 정리하여 정밀한 상권 조사 및 분석을 하여 자점 대응책을 강구한다.

(2) 머천다이징 조사

① 부문별 매출액과 담당 인원 수를 조사하여 매출액 추정
② 점포 전체 매출액 추정(레지스터 대수, 매장 면적, 직원 수 등 조사)
③ 부문별로 주력 상품을 선정하여 매가 조사
④ 중점 품목 내용과 특징
⑤ 가격대

(3) 레이아웃 조사

① 매장 구성 특징, 상품 진열기법 특징
② 부문별 구성과 면적
③ 대상 부문 통로 폭

(4) 판매촉진 검사

① 인적판매, POP, BGM, VMD(visual merchandising) 등 특징
② 이벤트 특징
③ 광고, 선전 방법과 특징

3. 점포 개별분석

입지 조건 분석은 개개 점포의 성패를 파악하는 것이다.

입지의 판단기준은 접근성과 가시성이다. 접근성과 가시성이 좋은가 나쁜가에 따라서 점포 입지가 좋은지 나쁜지가 판가름되는데, 보통 A, B, C 세 등급 정도로 분류하고 있다. 그리고 입지 조건 분석에서는 개개 점포의 구조, 규모 및 임대료와 권리금의 적합성, 건물 전체의 업종 구성 등 점포 자체 조건 분석이 더 따르며 마지막으로 경쟁점포조사를 통해 경쟁력 유무를 따져 입점 여부를 결정한다. 여기서 경쟁력은 경쟁 점포에 비해 입지가 우위에 있든지, 점포 크기가 우위에 있든지 해야 하며 마케팅이나 서비스 등 경영주 능력은 경쟁우위에 있을 때 비로소 빛을 발휘한다는 것을 명심해야 한다. 당연히 예상 매출액 추정과 사업 타당성 유무도 이 입지 조건 분석 시에 병행한다.

1) 점포 입지분석

접근성과 가시성으로 판단하여 A, B, C급지로 분류하는데 이는 주관적이라서 객관성을 잃기 쉽다. 신흥 상권에서는 이러한 방법으로 파악할 수밖에 없지만, 기존 상권

에서는 업종 분포도를 보면 입지 파악이 가능하다. 오히려 이 방법이 더 객관적일 수 있다. 업종마다 적합한 입지가 있듯이 거꾸로 이미 형성되어 있는 상권에서 업종 분포도를 보면 어떤 입지인지 알 수 있다.

❙ 표 6-8 ❙ 업종 분포도로 입지 파악하는 방법

① A급지 : 은행, 금은방, 안경점, 유명의류 직매점, 커피 전문점, 제과점, 화장품전문점 등 주로 선매품이나 고가품, 그리고 패스트푸드류가 밀집해 있다.
② B급지 : 문구점, 완구점, 서점, 속옷가게, 신발가게, 유아복 및 유아용품점 같은 생필품을 취급하는 업종이 주류를 이루며 각종 전문음식점이 밀집해 있다.
③ C급지 : 카센터, 우유대리점, 이발소, 철물점, 자전거 및 오토바이 가게, 낚시용품점 등 기술 위주의 서비스 업종과 배달전문점이 이곳에 입지한다.

2) 점포 관련 조건 분석

점포 임대료와 권리금 파악은 중요하다. 점포 임대료와 권리금은 대개 상권과 입지에 따라서 결정되는데 같은 입지라도 유난히 임대료와 권리금이 비싼 점포가 있다. 당연히 피해야 할 점포들이다.

(1) 점포 임대가가 유난히 비싼 점포는 피한다.

임대가가 유난히 비싼 점포는 상가건물임대차보호법이 시행되고 있지만 적용받지 못하는 경우가 많거나 적정 수익창출이 어려울 수 있으므로 피하는 것이 좋다.

(2) 점포 권리금이 상대적으로 비싼 점포는 사업성을 충분히 검토한다.

대부분의 점포에는 권리금이 붙어있기 때문에 사업성을 충분히 검토하여 심사숙고해야 한다. 상대적으로 비싼 점포는 권리금 분석을 통하여 적정 수준으로 낮추는 방안을 협상하거나 피해야 한다.

(3) 점포 구조와 건물 내 업종 구성 조사

점포 구조와 건물 내 업종 구성 조사는 상호보완이 될 것인지 아니면 경쟁 관계가 될 것인지 파악하는 것이다.

3) 권리분석

(1) 등기부등본

등기부등본은 계약금과 잔금을 치를 때 확인하는 게 좋다. 그 건물에 어떤 문제가 있는지는 등기부등본만 떼어 보아도 알 수 있다. 등본에는 소유자 인적사항, 지번, 면적, 그리고 각종 저당권 설정이나 압류 여부가 기재되어 있다. 이때 반드시 등기부등본 발행 일자를 확인해야 한다.

(2) 도시계획확인원

도시계획 및 이용제한 사항과 재개발 여부 등을 확인하려면 구청에서 도시계획확인원을 떼어보면 된다. 도시계획확인원이란 공법상으로 토지를 규제하는 도시계획 사항을 기재한 증명서로서 용도지역과 지구, 도로 저촉, 재개발, 개발제한구역 여부 등을 확인할 수 있다. 재개발 여부를 확인하면 상권 변화를 미리 예측할 수 있으므로 적절한 대응책을 세울 수 있다. 그밖에도 점포 건물이 도로에 저촉되어 있으면 언젠가 헐리게 되어 피해를 입게 되므로 주의한다.

(3) 건축물관리대장

건물 위치, 크기 및 실소유자 등이 등기부등본과 일치하는지를 알아본다. 건축물관리대장에는 특히 건물에 어떤 하자가 없는데도 불구하고 불법 건축물로 찍혀 있는 경우가 있다. 주차장을 다른 용도로 사용하면 불법 건축물로 지적하고 있으며, 건축물관리대장을 떼어보면 확인이 가능하다. 이와 같은 불법 건축물을 멋모르고 계약했다가는 낭패를 겪으니 주의가 요망된다. 즉 신규 허가나 명의 변경이 되지 않는다는 것이다. 또한, 자기가 창업하려고 하는 아이템이 근린생활 1종, 2종 업종인지를 확인해서 용도변경이 가능한지를 파악하는 것이 매우 중요하다. 최근에는 정화조 용량 문제로 용도변경이 불가한 건물들이 있기 때문에 용도 변경이 가능한지 조사할 필요가 있다.

4) 점포계약

모든 시간과 정열을 다 바쳐 A급 점포를 구하려고 애써왔다면 이제 계약으로 그 대미를 장식할 차례이다. 계약은 곧 점포 구하기의 끝이자 창업의 출발점이기도 하다. 계약에 관한 것은 누구나 다 알고 있는 상식이라고 생각하지만 막상 제대로 아는 사람은 그리 많지 않다. 대부분 잘못 알고 있거나 일부분만 알고 있을 뿐이다. 창업을 하려는 사람이라면 반드시 계약에 관해 알아야 할 것이 있다. 먼저, 상가건물임대차보호법을 이해하고 계약을 할 때 점포주와 점포권리양도계약서를 작성하는데 여기서 점포에 관련된 제반 사항(보증금과 월세, 권리금, 제세공과금 정산문제, 비품목록 등)을 적시하여야 한다. 그리고 점포권리양도계약에 의한 중도금이나 잔금 시에 건물주와 점포임대차계약을 체결하는 것이 일반적이다. 물론 입지가 좋지 않은 곳은 권리금 자체가 미미한 수준이므로 바로 건물주와 임대차계약을 체결하기도 한다.

제6장 입지 선정 연습문제

1. 입지 선정 과정을 설명하시오.

신규 점포의 상권은 지역, 지구, 개별 점포 상권을 포함하는 포괄적 개념이므로 대형점이 어떤 지역에 신규 출점을 신청할 경우 점포 위치의 매력도에 대한 평가는 단계별로 이루어진다.

① 시장 후보지 분석

② 최적 지구 선정

2. 시장 확장 잠재력을 설명하시오.

시장 확장 잠재력(MEP)이란 지역 시장이 미래에 신규 수요를 창출할 수 있는 잠재력을 반영하는 지표이다.

3. 넬슨(R. L. Nelson)의 입지 선정 8원칙을 설명하시오.

① 현재 상권 잠재력 타당성

② 상권에의 접근 가능성

③ 성장 가능성

④ 중간 조지(阻止)성

⑤ 누적적 흡인력

⑥ 양립성

⑦ 경쟁 회피

⑧ 입지 경제성

4. 용어 설명

– 란체스터 셰어율

– 소매포화지수

– 고립입지

점포 건축

제1절 점포 결정

1. 운영점포 결정

1) 토지 확보

(1) 토지 조건

취급할 상품에 의해 소요 매장 면적을 결정하며 이를 전제로 이에 필요한 후방부문 면적 및 건축법상의 건폐율 등을 고려하여 부지 크기를 결정하는데 이 부지를 반드시 확보해야만 한다. 일반적으로 지가가 비싼 곳은 토지의 앞을 지나다니는 통행인이 많음을 반영한다. 그런데 대형점의 경우에는 고객을 흡인하여 통행의 흐름을 바꿀 수 있을 정도로 매력성을 지니고 있으므로 당연히 그 주변 지역의 지가는 급격히 높아진다. 그러면 토지의 평가익이 증대되고 차입금에 대한 담보력을 증대시켜 준다. 그러므로 가능한 한 이를 구매하는 것이 좋은데 임차를 하면 소요 자본은 절약되나 이러한 투자이익을 얻기는 어렵다. 토지는 충분한 면적이 되어도 변형지일 경우에는 불필요한 공간 발생과 평효율이 나빠지는 위험이 발생함으로 주의를 필요로 한다. 기본적으로 소매점은 세로 깊이 보다는 가로 정면이 넓은 형태가 좋다. 세로 깊이가 깊은 소매점은 고객이 상품을 구매하기 불편하고 상품 진열도 비효율적이 될 수 있다. 특히 굴곡이 많은 토지는 부적절하다. 소매점이 경사로에 입점되면 바닥면이나 주차장을 수평으로 만들기 위하여 추가적인 비용 발생이나 언덕 위에 점포가 자리 잡게 되어 고객이 이용에 불편함을 초래한다. 이러한 점을 고려하여 부지를 결정해야 한다.

❙ 표 7-1 ❙ 토지 조건

구분	내용
건축 가능 면적 확인	건축법에 따른 용적률, 건폐율을 기준으로 건축 가능 면적 확인
좋은 부지	- 도로에 접한 가로형 부지 - 양면을 도로에 접한 코너 부지 - 신규 아파트 입주, 발전 가능성이 있는 부지
나쁜 부지	- 불필요한 공간이 발생할 수 있는 부지(평 효율 저하요인) - 세로 깊이가 깊은 부지(고객 시야 확보 어려움) - 경사지 부지(굴곡이 많은 지형)

(2) 토지 매입 시 비용 감안 항목

토지를 매입하는 경우는 총공사비의 20~50%를 유지하도록 노력하고 부지 비용이 큰 비중을 점유함으로 사업성을 높이기 위하여 용적률을 고려해야 한다. 용적률은 법률 제한으로 임의조정이 불가함으로 토지비용 절감노력이 필요하다.

❙ 표 7-2 ❙ 토지매입 시 비용감안 항목

구분	비용		비고
토지비용	토지 대금		실 매입가
	이전 비용		매입원가×4.6% 적용
	보유 과세		종합토지세 등
	기타		중개수수료 등
공사비	토목공사비		부지면적×원/평
	도급공사비		건축면적×원/평
	기타 공사	인입공사비	건축면적×원/평
		철거공사비	
		지하수개발비	
		도로 포장비	
	설계비	설계비	건축면적×원/평
		설계변경비	
	감리비	감리비	건축면적×원/평
		소방감리비	별도 계약

2) 매장 면적당 매출액과 투자금액

적정 매장 규모와 판매액 추정은 구매력에 의한 방법, 유사지역 비교 등으로 추정하는데 구매력에 의한 매장 면적과 판매액을 추정할 수 있다.

$$\text{적정 면적} = \frac{\text{상권 내 입점 가능 세대 수} \times \text{세대당 월 평균 지출액}}{\text{월평균 매출 목표}}$$

다음으로 매장 면적당 투자 금액을 추정한다. 이는 다음 식에서 보듯이 평당 매출액, 투자자본 순이익률과 판매 순이익률의 관계에 따라 결정된다.

$$\text{평당 투자자본} = \text{평당 매출액} \times \frac{\text{판매 순이익률}}{\text{투자 총자본 순이익률}}$$

따라서 평당 매출액이 200만 원이고 투자자본 순이익률이 5%, 판매 순이익률이 20%라면 매장 면적당 총 투자자본은 400만 원이다.

3) 평당 투자자본

평당 투자자본에는 토지, 건물, 설비, 비품, 집기, 상품 및 현금·예금 등은 물론 무형비유동자산도 포함된다. 이와 관련된 매장 면적당 제 자산액은 다음과 같이 계산된다.

(1) 최대한의 부지 내 연건평수 계산

연건평수 = 부지 면적 × 건폐율 × 층수

(2) 총건축비

총건축비 = 부지 면적 × 건폐율 × 층수 × 평당 건축비

(3) 매장 면적

매장 면적 = 연건평수 × 매장 면적 사용률

(4) 매장 면적당 건축비

$$\text{매장 면적당 건축비} = \frac{\text{총건축비}}{\text{매장 면적}} = \frac{\text{평당 건축비}}{\text{매장 면적 사용률}}$$

만약 평당 건축비가 80만 원, 매장 면적 사용률 80%로 가정하면 매장 면적당 100만 원이 된다.

4) 평당 상품재고

$$\text{평당 상품재고액(판매가)} = \frac{\text{평당 매출액}}{\text{상품회전율}}$$

평당 매출액을 200만 원 상품회전율을 18~36회전으로 보면 평당 재고액은 추정될 수 있다.

5) 매장 면적 결정

평당 투자액을 500만 원으로 토지 이외의 자산에의 투자 분을 310~350만 원으로 보면 토지에 투자할 한도액은 150~200만 원이다. 그런데 이는 매장 면적당 지가 이므로 이를 다음과 같은 식에 의해 토지 면적당 지가로 환산해야 한다.

$$\text{매장 면적당 지가} = \frac{\text{토지면적당 지가}}{\text{건폐율} \times \text{층수} \times \text{매장 사용률}}$$

건폐율이 80%, 매장 사용률을 80%, 층수를 단층으로 한다면 매장 면적당 지가가 최고한도 200만 원이라 할 때 토지 면적당 지가는 128만 원 정도가 된다. 이는 곧 128만 원 이하의 토지 밖에는 채산성이 없음을 나타낸다. 따라서 만약 이보다 지가가 높으면 기타 조건이 같다고 할 때 당연히 층수를 높이지 않으면 안 된다. 예를 들어 평당 500만 원의 지가라면 다음과 같이 계산되어 4층 이상의 건물이 되지 않으면 안 된다.

$$\text{200만 원} = \frac{\text{500만 원}}{0.8 \times x \times 0.8}$$

$$\therefore x = 3.9\text{층}$$

만약 건폐율 및 매장 사용률이 낮다면 다층화 필요성은 더욱 높아진다. 지가가 비싼 곳일수록 건물을 다층화하지 않으면 채산이 맞지 않는다. 그런데 점포를 다층화한 경우 상층으로 고객을 유도할 수 있으려면 에스컬레이터나 엘리베이터만으로는 안 되며 상당한 정도의 넓이를 갖는 매장이 필요한데 100평 정도 넓이의 경우 고객을 5층까지 유도하기는 힘들며 영업 매장이 줄어서 적어도 200평은 있어야 한다. 이는 곧 지가가 비쌀수록 부지가 넓어야 함을 뜻한다. 업태에 따라서 부지 면적 결정시 지가를 검토하여 업태에 맞는 부지를 선정해야 한다.

(1) 건폐율/용적률 계산

건폐율과 용적률은 한 필지의 토지위에 건축할 수 있는 건축물의 면적을 말하는 것으로 전국 토지는 하나의 용도지역을 가지고 있는데 그 용도지역은 국토 계획 및 이용에 관한 법률로 정해져 있다. 건폐율이란 한 필지의 토지 위에 건축할 수 있는 건축물의 바닥 면적이다. 100평의 토지가 건폐율 50%에 해당한다면 토지에 건축할 수 있는 바닥 면적은 50평을 넘어서는 안 된다는 의미이다. 용적률은 한 필지의 토지에 건축할 수 있는 건축물의 연면적의 합계를 말한다. 100평의 토지가 용적률 200%라면 그 토지에 건축물의 연 면적이 200평을 넘어서는 안 된다(층수는 1층의 바닥면적에 따라 달라진다).

① 건폐율 = 건축면적/대지면적 × 100
② 용적률 = 건축연면적(지하층 제외)/대지면적 × 100
③ 최대층수 = 용적률/건폐율 = 건축연면적/건축면적
④ 최대 건축연면적 = 대지면적 × 용적률
⑤ 용도지역별 건폐율 용적률

| 표 7-3 | 상업지역 건폐율/용적률

세분 용도	건폐율(%)	용적률(%)
중심상업지역	90%	400-1500%
일반상업지역	80%	300-1300%
근린상업지역	70%	200-900%
유통상업지역	80%	200-1100%

(2) 건축물 높이 제한

건축물 높이를 제한하는 목적은 건축물 안전과 일조, 채광, 통풍, 전망 등 위생적이고 쾌적한 환경 확보, 도시 미관 유지, 토지이용 효율화에 있다.

① 높이제한 기준

건축물 높이는 전면 도로의 반대쪽 경계선까지의 수평거리의 1.5배를 초과할 수 없다. 다만 대지가 2 이상의 도로 등에 접하는 경우에는 지방자치단체의 조례로 따로 정할 수 있다.

② 높이 제한 유형

- 가로구역별 높이 제한, 전면도로 폭에 의한 높이 제한
- 일조 등 확보를 위한 건축물 높이 제한
- 용적률에 의한 높이 제한
- 고도지구(최고, 최저 고도지구)
- 개발계획에 의한 높이 제한

❙ 표 7-4 ❙ 건축물 높이 제한 기준

규제	내용
전면도로 폭에 의한 도로사선	- 최고높이가 정해지지 않은 가로구역의 경우 건축물 각 부분의 높이를 전면도로 폭을 기준으로 지정 - 획일적 기준에 대응하기 위한 다양한 형태의 완화 조항 운영
일조 등 확보를 위한 높이 제한	- 공동주택(중심, 일반 상업지역은 제외) 높이 제한

(3) 건축선

건축선은 대지에 건축물이나 공작물을 건축 또는 설치할 수 있는 한계선으로서 도로 침식 방지, 도로교통 원활함을 목적으로 시행한다.

① 일반적으로 대지와 도로의 경계선으로 한다.

② 건축선으로부터 건축물까지 판매시설 이격 거리
(바닥 면적 합계가 1,000제곱미터 이상인 경우 3M 이상 6M 이하)

③ 인접 대지와 경계선
(바닥 면적 합계가 1,000제곱미터 이상인 판매시설 1.5M 이상 6M 이하)

6) 적정 임차매장

점포 용지는 가능한 구매하는 것이 좋으나 불가피하게 임차할 수밖에 없을 때 임차료 한도액은 다음과 같이 계산된다.

$$\text{임차료 한도액} = \text{총이폭액} \times \text{총이폭액 임차료율}$$

$$\text{총이폭액} = \text{평당 판매액} \times \text{총이폭률}$$

$$\text{총이폭액 임차료율} = \frac{\text{지급임차료} + \text{감가상각비}}{\text{총이폭액}} \times 100$$

평당 매출액이 200만 원 총이익률이 18%라면 평당 총이익액은 36만 원이 되며 지급임차료와 임차건물 감가상각비를 포함한 금액의 총이익에 대한 비율이 12%라면 평당으로 이는 4만 3,200원이 그 한도가 된다. 일반적으로 소매점에서 월임대료는 월평균 매출액의 5% 정도로 일 매출액의 1.5배 정도가 적당하다. 평수, 권리금, 일평균 매출 등 점포 특성에 따라 다르므로 일률적으로 말하기는 어렵지만 일평균 매출액의 비율로 임차료를 평가할 수 있다.

(1) 근린시설 가격 분석

① 공개된 정보 및 현장조사
② 토지 평당 가격과 평당 분양가 비교
③ 근린시설 층별 가격적용 적정 사례

┃표 7-5┃근린시설 가격적용

층	가격	비고
1	100	- 상황에 따른 차등 적용 - 가격 대비 임차료 적정선 검토
지하	40-50	
2	50-60	
3	30-40	
4	30-40	

(2) 임차료 비율 파악

점포에서 가장 높은 비중을 차지하고 있는 경비가 인건비와 임차료이다. 임차료는 평단가로 저렴한지 비싼지를 판단한다. 매출에 대해 어느 정도의 임차료를 지급하고 있는지를 파악하기 위해서는 매출액 대비 임차료 비율을 이용한다.

$$\text{매출액 대비 임차료 비율} = \frac{\text{임차료}}{\text{매출액}} \times 100$$

예를 들어 연간 임차료가 500만 원 연간 매출액이 1억 원일 때 매출액 대비 임차료 비율은 다음과 같이 산출된다.

$$\text{매출액 대비 임차료 비율} = \frac{\text{500만 원}}{\text{1억 원}} \times 100 = 5\%$$

2. 상가 권리금

로드 샵의 임차 매장 운영 시에는 권리금을 사실상 인정해야 한다. 권리금이란 임대차 목적물인 상가건물에서 영업을 하는 자 또는 영업을 하려는 자가 영업시설, 비품, 거래처, 신용, 영업 노하우, 상가건물 위치에 따른 영업상 이점 등 유형, 무형의 재산적 가치의 양도 또는 이용대가로서 임대인, 임차인에게 발생하는 보증금과 차임 이외에 지급하는 금전 등 대가를 말한다. 권리금에는 영업 권리금과 시설 권리금으로 구성될 수 있으며 속칭 바닥 권리금이라는 것도 존재할 수 있으나 본서에서는 영업적/시설적 측면에서 권리금인 영업권에 한정하여 설명하고자 한다. 영업권이란 특정 소매점이 동종 소매점보다 높은 초과 수익력을 가지고 있는 경우에 이를 화폐 금액으로 인식하는 것이다. 권리금은 거래사례, 수익자료, 시장조사 등을 통하여 권리금액이 적정한지 평가하여야 한다.

1) 영업 권리금

미래에 예상되는 수익에 대해서 점포 매도자가 매수자에게 부담시키는 것이 권리금이라 할 수 있다. 보통의 경우 권리금은 연간 예상 수익을 부과시키는 경우가 있다. 특히 무형의 자산에 권리금은 수익 환원을 검토하여 권리금 평가가 필요하다.

예) 월간 300만 원 예상 수익이 나는 점포를 인수 시 36백만 원 지불하였다면 영업 권리금으로 36백만 원 지불한 것이 된다. 보통 1년 수익을 기준으로 영업 권리금을 인정하는 사례가 있다.

2) 시설 권리금

권리금 중에서 가장 일반적으로 인정되는 것이 시설에 대한 권리금이다. 창업 당시에 인테리어, 간판, 내부인테리어 시설비용에 대해서 인수 받을 시 시설 권리금이 발생된다. 시설비용에 대한 금액에서 매도자와 매수자가 어느 정도 인정해야 되는지는 상호 협의에 의해서 가감되는 것이다. 하지만 시설과 비품은 원가를 감안하여 감가상각비 적용하여 산정하는 것이 필수이고 원가 적용이 곤란한 경우에는 거래사례 등을 통하여 평가할 수 있다. 동일 업종으로 창업 시는 감가상각만 어느 정도 고려하여 매수자는 시설 권리금을 고려하고 다른 업종으로 창업 시는 기존 시설을 철거해야 함으로 바닥 권리금을 주는 것과 같은 경우가 된다. 실무적으로는 영업적인 권리금과 시설 권리금을 구분할 수는 없지만 매도인과 매수자가 상호 합의를 통하여 결정하는 것이다.

3) 권리금 분쟁 예방 방지

권리금은 양도양수 결정 시 중요한 요소이기도 하지만 건물주의 변경 등으로 임차인이 보호 받지 못하는 상황이 발생될 수 있다. 상가임대차 보호법에서 환산보증금(보증금 + 월세 × 100) 4억 원 이하만 5년 계약기간을 보장하고 그 이상은 보장되지 않아 건물주 변경 시 임대차 보호법에 의한 보호를 받지 못한다. 이점은 법제화 등을 검토 중이지만 시행되고 있지 않으므로 분쟁의 소지가 있어 임차인이 피해를 볼 수 있는 소지가 많다.

4) 기존 점포 인수 시 투자 측면 고려사항

등기부 등본, 건축물대장을 통하여 권리관계 파악, 건물의 용도/건물주와 직접 계약, 채권 확보 대책 수립, 권리금과 임대료는 주변 시세 대비 적정한가를 살펴보고 기존 점포의 경우 소비자 반응을 조사한다.

3. 매장 계약

소매점 운영을 위해서는 매장 확보가 필수적인 사항이다. 사업자등록 개설 시 매장 임대차계약서가 요구된다. 이러한 계약서 작성은 중요하다. 계약서라는 것은 당사간의 합의를 문서로 표현한 것으로 분쟁이 발생할 경우 근간이 되기 때문이다.

계약은 법률행위의 근본이며 이에 의하여 작성되는 문서, 즉 계약서는 법률행위의 증표로서 법률적 효과 발생의 기초이다. 계약서 작성은 간단한 것부터 복잡한 것에 이르기까지 여러 가지가 있지만 어떠한 경우에도 그 원칙만은 공통적이라 할 수 있다.

1) 계약서 작성

계약을 체결할 때에는 먼저 계약 상대방이 본 계약의 계약 당사자인지 확인, 계약내용, 계약 성립 년 월 일 그리고 계약 당사자의 서명날인의 항목을 반드시 필요로 한다. 계약내용으로서는 계약 목적, 이행조건, 이행기일, 불이행의 경우 조치사항 등을 분명히 해야 한다. 계약에 대한 법률 규정은 당사자 간에 특약이 없는 경우에만 적용되는 것이 원칙이다. 서명에는 자필이외도 고무인 등에 의하여 성명을 나타내는 기명 방법이 있다. 기명에는 날인이 필요하다. 또, 대리인이 계약서 작성 시에는 대리인 서명은 본인의 성명을 썼을 경우에는 서명, 본인과의 관계에서 일정한 권한이 있고 인장을 보관하고 있는 경우에는 기명과 같이 날인이 있으면 될 것이다. 특히 대리인의 경우에는 대리권이 정말 있는지 계약 당사자에게 확인하여야 한다. 계약서는 될 수 있는 한 상대방과 함께 작성하여야 하며 본인이 직접 서명토록 하여야 한다. 법인인 경우에 있어서도, 일부 항목을 제외하고는 상대방이 개인인 경우에 있어서의 계약서의 작성 방법을 동일하게(또는 공통적으로) 적용할 수 있다고 본다. 상대방이 법인인 경우에만 해당하는 특별한 주의사항으로 계약서상의 법인대표자(대리이사, 이사장 등)가 계약을 체결할 수 있는 대표권을 가지고 있는지의 여부를 확인하여야 한다(특히, 사업자등록증에 의해서 확인하여야 한다). 상대방(법인)이 채무를 부담하는 사항이 계약서에 기재될 경우, 법률과 정관에 규정되어 있는 절차에 따라 총회, 총대회 또는 이사회의 결의를 얻었는지의 여부를 확인하여야 한다. 계약을 위반하면 거래 대금의 10%를 몰수당하거나 손해를 본다는 것이 사회적인 통념으로 이해가 필요하다. 계약진행에 있어 불이익을 입지 않기 위해서는 동시이행관계에 있는 자신의 의무를 이행 제공하는 정도에 관해 충분하게 숙지해야 할 필요가 있다.

2) 임대차계약서 기재사항

(1) 거래 당사자 인적 사항

(2) 물건 표시

(3) 계약일

(4) 거래 금액 및 그 지급일자 등 지급에 관한 사항

(5) 물건 인도 일시

(6) 권리 이전 내용

(7) 계약 조건이나 기한이 있는 경우 그 조건 또는 기한

(8) 기타 약정 내용

3) 계약 전 점검사항

(1) 토지건물 등기부 등본

가압류, 가처분, 근저당은 잔금 전 확인

(2) 건축물 관리 대장

업종에 적합한 용도/불법 건축물 여부

(3) 토지대장

건물 소유주와 동일인 여부 확인

(4) 도시계획 확인원

재개발 지역 유무 확인

4. 경매 참여 점포 결정

1) 경 공매

법원에서 집행하는 부동산 경매는 채무자가 채무변제 기일까지 채무변제를 하지 않을 경우 채권자가 채권을 회수하기 위하여 법원에 강제집행을 신청하여 채무자 또는 물상보증인 부동산을 강제로 매각하여 매각대금으로부터 배당을 받아서 채권을 회수하는 방법을 말한다. 여기서는 경매입찰에 참여하여 점포용 부동산을 낙찰 받아 소매점을 운영하거나 소매점에 임대하기 위한 방안의 하나로 설명한다.

| 그림 7-1 | 부동산 경매

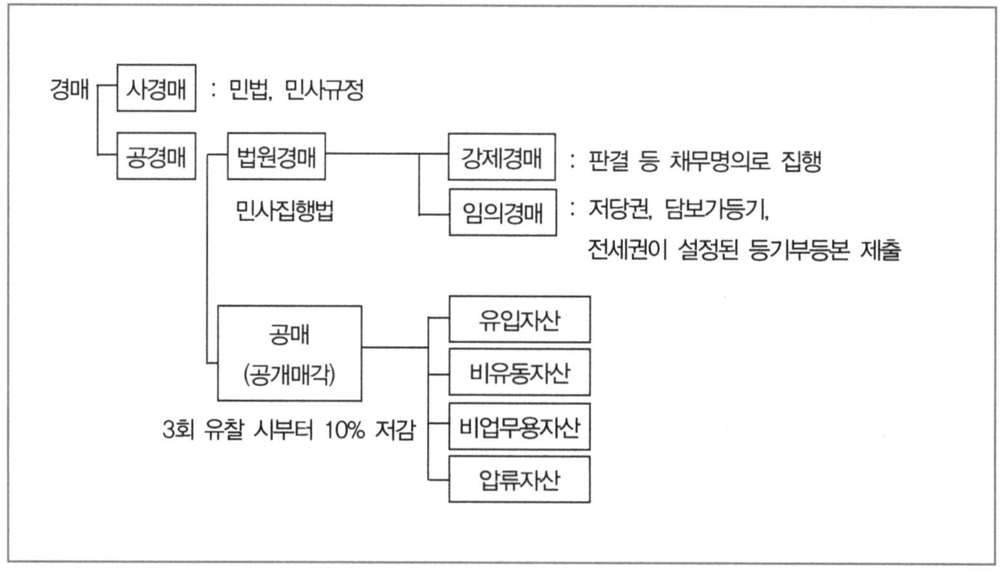

❙ 그림 7-2 ❙ 부동산 경매법원 경매와 자산관리 공사 공매

구분	법원 경매	자산관리공사 공매
입찰기준가격	감정평가액	자산관리공사가 법원에서 낙찰 받은 가격(유입자산의 공매)
유찰시 저감률	20~30%	3회차부터 10% 저감(최초 매각가격 50% 한도)
낙찰대금 납부기한	보통 1개월/일시 납부	최장 3년, 할부 가능
대금선납시 혜택	없음	이자 감면
대금완납 전 매수자 중도변경	불가능	가능(중도금 선납 등 일정조건 이행)
대금 납부 전 점유 사용	불가능	가능(낙찰대금의 1/3 이상 납부 시)
수의계약	불가능	가능
매수 조건	경매절차에 따름	납부기한, 납부방법 등 매수자가 선택 가능
명도책임	낙찰자	자산관리 공사(예외 있음)
권리분석 책임	낙찰자	불필요 (종전 제반 권리 모두 말소)

2) 경매 절차

▌그림 7-3▐ 경매 진행절차

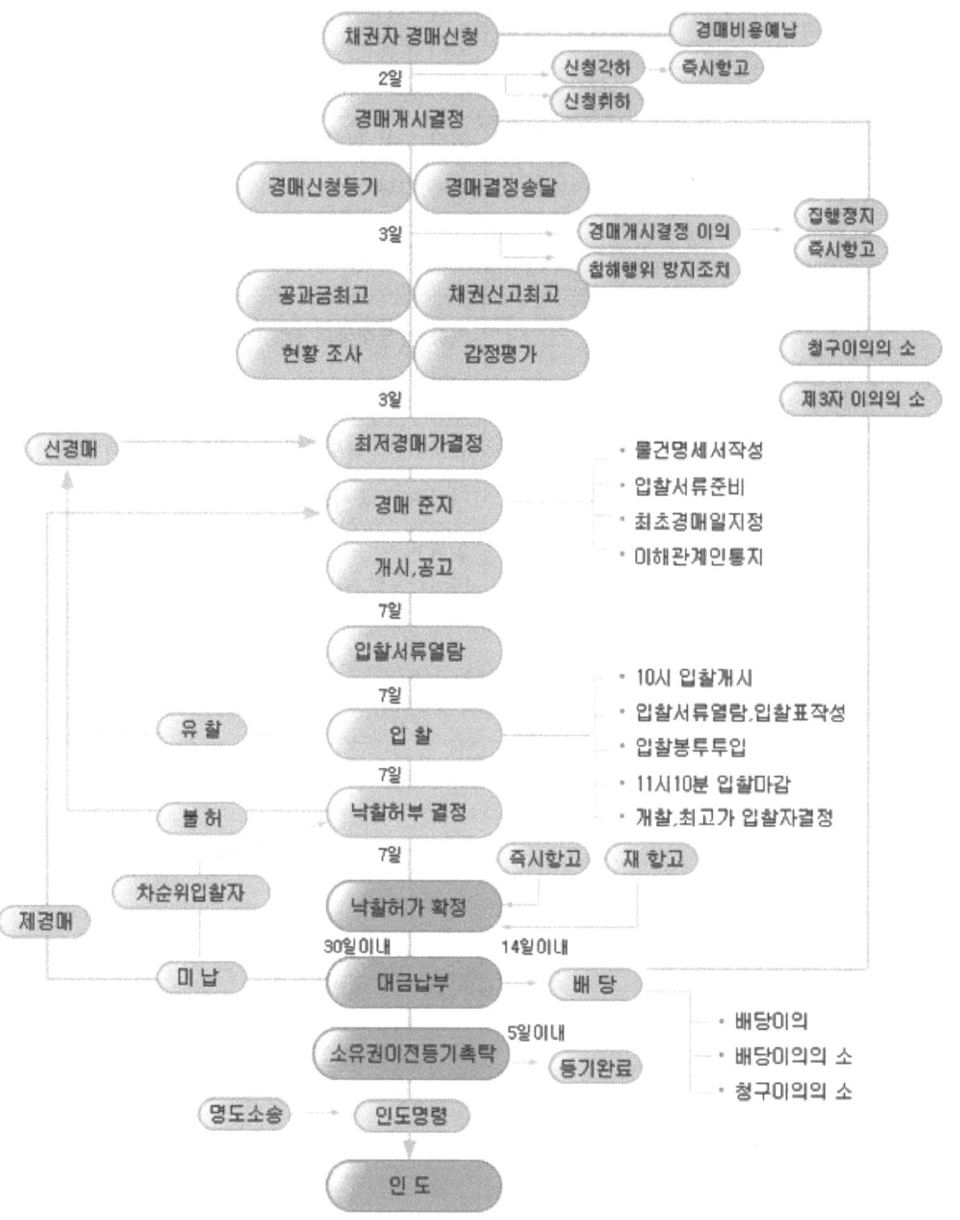

※ 경매신청에서 종료까지 기간은 통상적인 기간이며, 이의신청이나 송달여부, 기타 절차등에서 사건별로 기간이 다름

자료: 대법원

3) 경매 참여 시 고려사항

(1) 목적을 분명히 하고 상권, 미래가치 파악 후 참여

(2) 현장 확인

점포는 10미터 차이로 가치가 달라질 수 있다(지역분석/경쟁분석/혐오시설 입점 분석).

(3) 경 공매 물건 권리분석

(4) 감정평가 금액 참조

제2절 점포 레이아웃(lay-out)

1. 점포 구성

소매점이라는 점포는 하나의 시스템으로써 유기적 연결이 필요하다. 점포 면적만 크다고 좋은 것이 아니라 후방 등 오퍼레이션에 관한 전체적인 시스템화가 중요하다. 즉 판매를 위한 발주, 입고, 진열, 훼이싱 등 전체적 작업을 감안하여 최적화하는 표준화된 매장이 되어야 한다. 점포는 매장과 후방으로 구성된다. 점포의 구성은 고객들이 점포 내에서 효율적으로 이동하고, 상품을 쇼핑하고, 점포 특성이 반영되는 구성을 하여야 한다. 점포를 구성하는 방법, 배치 방법을 레이아웃이라 한다. 레이아웃은 소매점에 입점한 고객으로 하여금 매장을 빠짐없이 돌아볼 수 있게 하는 것이 가장 큰 목적이다. 즉 입점한 고객이 매장 전체를 돌아볼 수 있고 소매점 상품을 쇼핑하고 쇼핑 후 만족감을 간직할 수 있는 매장을 만드는 것이 레이아웃 목적이라 할 수 있다.

1) 점포 구성 요소

(1) 목표고객에게 소구하는 상품 구성

(2) 고객에게 부합하는 가격 정책

(3) 점포입지 편리성

(4) 점포 외부 이미지

(5) 매장 배치 편리성

(6) 적절한 점포 내부 인테리어

(7) 매장 분위기

매장 레이아웃의 기본적 전제 사항으로는 시선이 집중되는 건물 외관과 매장 기능과 편의시설 기능이 적절하게 조합되어야 한다. 동일 기능을 집중하여 배치하고 고객 출입구와 서비스 기능을 분리하여 운영하는 것이 기본이다. 그리고 비상대피계획을 사전에 수립하는 재해 대책도 함께 고려되어야 한다. 이러한 검토로 구체적 레이아웃을 수립하기 위해서는 고객이 내점하는 입구를 어디에 만들지, 도보와 주차고객 동선은 어디로 할지, 상품 반입 및 후방시설은 어디로 할지를 신중하게 고려하여야 한다.

❙ 표 7-7 ❙ 레이아웃 기능 및 용도별 분류

항목	용도
고객 존	고객용 출입구, 통로 계단
상품 존	상품매입, 보관 장소
직원 존	사무실
매장 존	매장
후방 존	지원시설

2) 매장

매장 면적은 생산성과 관련이 있다. 매장 면적이 작으면 보충 진열 횟수가 늘어나고 매장 면적이 넓으면 보충 진열 횟수가 감소하고 발주횟수도 감소하는 측면이 있다. 매장에서 생산성을 높이기 위해서는 평대나 평케이스 등을 효율적으로 활용하는 시스템을 레이아웃에 반영하는 것이 필요하다. 즉 매장은 곤돌라, 쇼케이스 등 기구의 표준대수를 확인하고 배치할 수 있는 공간과 고객들의 동선을 침해하지 않는 동선 확보로 여유와 개방감을 주는 공간이어야 한다. 매장은 상품을 진열해 놓고 판매하는 장소이며 아래와 같은 기능을 한다.

(1) 매장은 고객을 위하여 존재한다.

① 고객이 상품을 만나는 장소이다.
② 고객이 상품을 선택하고 의사 결정하여 구매하는 장소이다.
③ 소매점에서 심장이라 할 수 있다.

(2) 수익을 실현하는 장소이다.

① 경영 능력이 발휘되는 장소이다.
② 상품, 서비스, 용역이 금전으로 전환되는 장소이다.
③ 업적 측정은 매장 성과에 의해서 나타난다.
④ 상품이나 비품, 설비가 최상 상태로 보존, 유지되어야 한다.

(3) 고객 정보를 경청할 수 있는 장소이다.

① 고객 욕구를 매장에서 파악해야 한다.
② 매장에서 조사한 결과는 곧바로 보고되어야 한다.
③ 매장에서 입수한 정보에 의해 개선 및 개량을 실행함으로서 더 좋은 점포를 만들 수 있다. 매장은 연면적 대비 매장의 비율이 60~70%가 적절하며 통로는 순 매장 면적에서 20~30%가 점유되는 것이 실제로 적용되고 있다.

(4) 매장 내 고객 행동 특성

① 똑바로 앞으로 나가려고 한다.
② 좁은 통로보다 넓은 통로를 선호한다.
③ 좌측 통행 경향이 강하다.
④ 벽면을 따라 가려한다.
⑤ 최단거리 동선을 선호한다.
⑥ 평균 보행속도는 1m/초이다.
⑦ 단조로운 통로를 회피한다.
⑧ 상품을 자유롭게 만져보고 싶어 한다.

3) 후방

소매점 후방시설은 고객을 위한 판매상품 체류시간을 최소화할 수 있도록 공간의 확보와 레이아웃이 필요하다. 점포매장 이외의 부문을 말한다. 작업장, 기계실, 창고, 사무실, 휴게실 등이며 후방 면적은 매장 면적의 20~30% 이하가 적당하다. 매장과 후방의 비율은 업종과 업태에 따라 다르지만 영업 형태, 취급상품 유형, 지원시설 면적, 통로 넓이 등을 고려하여 결정한다.

2. 점포 구성 기술

점포 구성은 매장 전체가 전망이 좋고 고객이 알기 쉬운 매장이어야 한다. 특히 탄력성이 있고 넓고 연속성이 있는 매장공간 구성이 필요하다. 그리고 바닥의 레벨차가 없는 등 세심한 배려가 중요시 된다. 레이아웃을 결정할 때에는 먼저 거시적 계획을 2~3안 만들고 검토하여 방향을 결정한다. 그리고 방향성이 결정되면 구체적 계획을 수립한다. 레이아웃은 들어가거나 튀어나온 부분이 없는 심플한 사각형 매장이 기본이다. 그리고 고객 회유성과 판매효율을 높일 수 있는 쾌적한 매장이어야 한다.

1) 동선 결정

점포 동선은 점포 내 고객 유입 이동 동선을 말한다. 동선은 직선으로 유도되어야 한다. 직선형이라 함은 구부러져 있지 않은 상태를 말하고 평평하고 짧지 않아야 한다. 점포 동선은 주 동선, 보조 동선, 순환 동선으로 구분된다.

(1) 주동선

점포 입구에서 반대편까지 동선으로 점포 입구에서 고객을 매장으로 유도하는 고객 동선을 말한다. 고객 흐름을 원만하게 하고 전 매장이 보이도록 구성해야 한다.

주 동선은 소매점 매장에서 가장 넓은 동선이면서 가능한 한 직선이어야 한다. 주 동선은 역 ㄷ자형 동선이 효율적이다.

| 그림 7-4 | 주 동선

(2) 보조 동선

매장 중앙을 중심으로 횡으로 가로 지르는 동선을 말한다. 보조 동선은 상품 구분, 주 통로를 보조하여 원만한 고객흐름을 유도한다.

(3) 순환 동선

집기와 집기 사이의 동선으로 고객들이 상품을 쇼핑하는 동선을 말한다.

▌표 7-8▌동선 폭

구분		동선 폭	근거
주동선	대형점포 (300평 이상)	240	진열대 사이 섬진열 후 양방향 120cm 가능
	중형점 (100~300평 미만)	180	양쪽 매대에 사람이 쇼핑해도 지나갈 수 있는 동선 (1인 60cm, 3인 180cm)
	소형점 (50평 미만)	120	1인 쇼핑 1인 지나갈 수 있는 동선
보조동선	중형점 (100~300평 미만)	120	1인 쇼핑 1인 지나가는 동선
	소형점 (50평 미만)	90	측면쇼핑 1인 지나가는 최소 동선
계산대 앞	중형점 (100~300평 미만)	240	포스 앞, 엔드 앞 동선은 주동선보다 60cm 넓게
	소형점 (50평 미만)	180	

*1인 동선 60cm는 임산부가 쇼핑카트 이동가능 동선으로 필요 수치

2) 출입구 결정

입구는 넓어야 하고 고객 유인을 할 수 있어야 한다. 문턱은 거리와 같은 높이에 있어야 할 것이다. 고객의 밀집과 혼잡을 피하기 위하여 문이 두 개 정도 있는 것이 바람직하다. 문은 쉽게 접근할 수 있어야 하고 실제로 문이 고객들에게 방해물 같이 여겨지므로 이를 없애고 에어커튼을 설치하기도 한다. 입구와 출구가 별도일 경우에는 상권에 따라 결정한다. 회전식 문을 사용하느냐 문제는 점포의 규모 비용을 감수하겠다는 의사결정의 문제이다.

▌표 7-9▌출입구 설정 시 고려사항

항목	내용	비고
출입구 수	주 출입구를 만드는 것이 중요하다. 될 수 있으면 출입구 수 늘리지 않도록 한다.	
주차장과 출입구 고려	건물 뒤에 주차하고 정면으로 돌아와서 입구는 곤란하다. 주차장을 고려한 출입구 설정이 필요하다.	
보행자 우선 출입구	대중교통, 보행자 입장에서 출입구를 고려한다.	

Ⅰ그림 7-5Ⅰ출입구 좋은 사례

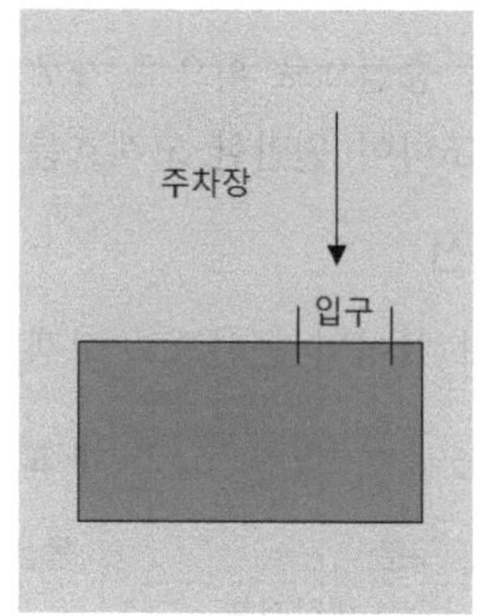

※ 원 웨이 컨트롤(one-way control)

소매점에서 원 웨이 컨트롤은 고객이 매장의 전 통로를 걷도록 유도하는 전략이다. 이 전략은 직선 유도(물리적 조건 설정)와 상품 유도(심리적 조건 설정)로 구분할 수 있다. 직선 유도는 입·출구 설정, 주 통로와 보조 통로 설정, POS 바깥쪽 통로 설정 등으로 효율적 매장 배치 원칙을 말한다. 상품 관련 유도는 연결된 매장분류 배치와 층별 상품 구성 원칙 등으로 고객을 유도하는 전략이다. 즉 걷고 싶지 않은 고객을 걷도록 하고 전 매장을 볼 수 있도록 하는 점포 입점 고객에게 계획한대로 매장을 유도하는 것이다.

3) 점포 개방도

(1) 점포 이미지와 개방도

점포 개방도에 따라 점포 이미지나 고객 출입 가능성이 결정된다. 예를 들어 마트는 개방적 점포로 만들수록 객수가 늘어날 것이지만 전문점은 개방형 점포로 만들수록 차분한 느낌을 주지 못한다. 점포가 점포 이미지에 적합한지를 파악하기 위해서는 점포 개방도를 이용한다.

$$\text{점포개방도} = \frac{\text{개방 부분 폭}}{\text{점포 총폭}} \times 100$$

점포에서 개방된 부분의 폭은 점포 외부에서 고객이 상품을 직접 볼 수 있는 개방된 부분의 길이를 말한다. 점포의 총폭은 노면점포의 경우에는 점포가 전면도로에 접하고 있는 부분의 길이를 말한다. 예를 들어 점포 개방 부분의 폭이 5미터, 점포 총폭이 10

미터일 때 점포 개방도는 50%이다.

(2) 점포 형태별 개방도

점포 개방도에 따라 개방형, 반폐쇄형, 폐쇄형 3가지로 구분할 수 있다. 각각의 점포 이미지에 적합한 점포 개방도를 정해야 한다.

① 개방형에 적합한 점포 : 할인점이나 셀프서비스 판매형 점포에 적합하다.

② 반폐쇄형에 적합한 점포 : 전문점이지만 볼륨감을 어필하는 점포에 적합한 형태이다.

③ 폐쇄형에 적합한 점포 : 보석점 등 비교적 객수가 적은 업종으로써 점포 내부를 차분한 분위기로 연출해야 하는 점포에 적합하다.

❙ 표 7-10 ❙ 점포 개방도 효과 및 조건

점포개방도	효과	조건
높은 경우	- 입점 고객 수가 증가된다. - 친근감이 강화된다. - 상품회전율이 높아진다. - 판매시간이 단축된다. - 짧은 시간에 다수 고객 응대 - 개선비용 절감된다.	- 편의품 업종 - 자주 구매하는 상품
낮은 경우	- 상품 단가가 높아진다. - 점포 이미지가 높아진다. - 상품 가치가 높아진다. - 고객 체류시간이 길어진다.	- 선매품 구매고객이 많은 업종 - 고정 고객화가 가능한 업종

(3) 점포 구성

고객 입장에서 쇼핑하기에 편리하도록 보기 쉽고, 걷기 쉽고, 선택하기 쉬운 매장으로 구성한다.

① 보기 쉬운 매장: 상품이 잘 보이고 눈에 잘 띄도록 한다.

② 걷기 쉬운 매장: 전 매장을 구석구석 돌 수 있도록 한다.

③ 선택하기 쉬운 매장: 비교하여 결정할 수 있도록 한다.

주 통로와 보조 통로를 명확하게 구분하여 주 통로든 보조 통로든 고객을 구석구석까지 회유하도록 하여 매장 전체를 유효하게 사용하도록 효율을 높인다. 집기배열은 모두 일직선으로 하여 매장 내 모든 선이 일직선이 되어 고객이 자연스럽게 움직이도록 한다.

❙ 표 7-11 ❙ 소매점 평형별 매장 구성

구분	10평형	20평형	50평형	100평형	비고
매장 실면적(판매면적)	9	18	46	90	
영업면적(매장 면적)	10	20	50	100	
후방면적	1	2	4	10	저장고/작업장
지원면적	2	4	10	15	사무실/창고/휴게실
총면적(전용면적)	12	24	60	115	

(4) 면적 기준

① 대지면적: 대지의 수평 투영 면적
② 건축면적: 건축물의 외벽 중심선으로 둘러싸인 부분의 수평 투영 면적
③ 바닥면적: 건축물 각층 또는 그 일부로서 벽, 기둥 기타 이와 유사한 구획의 중심선으로 둘러싸인 부분의 수평 투영 면적
④ 연면적: 각층 바닥면적 합계(지하층 포함)/용적률 산정 시는 지하층과 지상 주차장 면적 제외
⑤ 기타

❙ 표 7-12 ❙ 면적 기준

<table>
<tr><th colspan="2"></th><th>산출기준</th><th>적용 기준</th></tr>
<tr><td colspan="2">총면적</td><td>- 최종 건축허가 도면 기준</td><td>- 건축 도면에 나타나는 건축 연면적</td></tr>
<tr><td rowspan="3">매장면적</td><td>매장 면적</td><td>= 총면적-시설면적-공용면적
= 매장 실면적+공유면적
= 영업면적+임대갑면적</td><td>- 매출 발생에 직접적으로 관련되는 면적</td></tr>
<tr><td>매장 실면적</td><td>= 매장 면적-공유면적</td><td>- 매장 순수면적</td></tr>
<tr><td>공유 면적</td><td>- 해당 면적을 CAD 산출
* 매장공유비=공유 면적/매장실면적</td><td>- 영업활동 및 매출 발생에 직접 지원되고 공동으로 사용하는 면적
- 예: 고객동선/사무실/휴게실/창고/고객화장실</td></tr>
<tr><td colspan="2">영업면적</td><td>= 매장 실면적×공유비
= 매장 실면적+공유면적
= 매장 면적-임대갑매장</td><td>- 평효율 산출면적</td></tr>
<tr><td colspan="2">공용면적</td><td>= 총면적-매장 면적-시설면적</td><td>- 영업을 간접적으로 지원면적
- 예: E/V</td></tr>
<tr><td colspan="2">시설면적</td><td>= 총면적-매장 면적-공용면적</td><td>- 영업활동 및 매출에 직접적으로 관련 없는 면적
- 예: 기계실/화장실</td></tr>
</table>

4) 점포 레이아웃 유형

소매점 레이아웃 유형은 그리드 형, 자유통행 형, 귀갑형이 있다. 소매점 레이아웃은 매출과 점포운영이 효율적이도록 설계되어야 한다.

▌그림 7-6▌레이아웃 개념

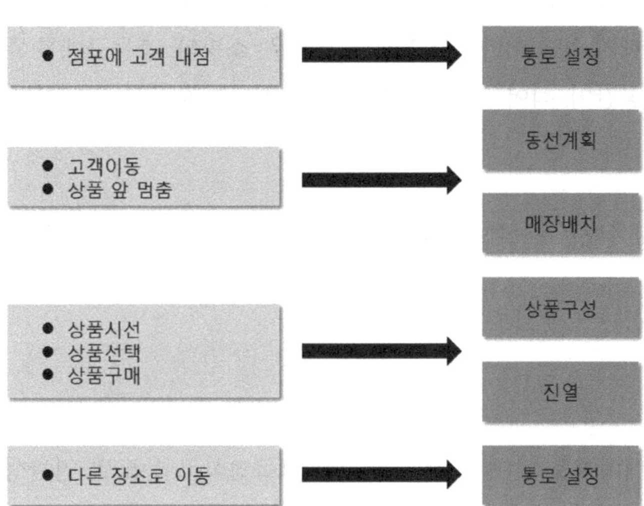

(1) 그리드 형

슈퍼마켓, 편의점의 소매점에서 가장 기본적으로 적용되는 점포 레이아웃 형태는 계산대나 고정물이 일렬로 배정되는 GRID형 구성방식을 주로 사용한다. 주 동선, 보조 동선, 순환 통로, 설비 표준화로 비용이 절감되고 고객 컨트롤이 가능하며 상품 진열 면적이 넓고 공간 활용이 효율적이기 때문이다.

▌그림 7-7▌Grid형 매장 구성

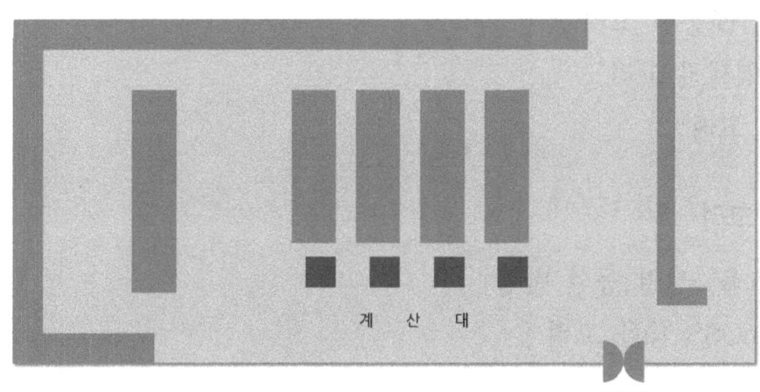

자료: Lusch, Dunne and Gebhardt, Retail marketing 2nd., 1993.

실제 점포 레이아웃은 구성하고자 하는 점포 특성을 잘 반영하여 고객에게 효율적 매장 구성을 하는 것이다.

(2) 자유형

매장 집기, 쇼 케이스, 계산대 등 매장 배치가 자유롭게 배치되는 형태로 매장 형태에 적절하게 구성되는 점포구성 방식이다. 자유형은 슈퍼마켓, 편의점보다는 백화점이나 전문점 매장배치 방식이다. 고객의 자유로운 쇼핑과 충동구매를 유도하는 장점이 있고 점포진열 공간이 적어 투자 비용이 증가되는 매장구성 형태이다.

(3) 귀갑형

고급상품 매장 구성, 전문점에서 사용하는 유형으로 의류 상품에 적합한 매장 구성 형태이다.

3. M/D 조닝

조닝은 점포 레이아웃 안에서 상품 특성을 그룹핑하고 용도별 연관성을 생각하여 상품군을 어디에 배치할 것인지 정하고 상권 입지 특성을 고려하여 상품군의 면적을 효율적으로 배분하는 것을 말한다.

1) 조닝 원칙

고객의 쇼핑 편리를 위하여 상품 그룹핑과 진열 순서를 결정해야 한다. 그리고 고객 구매트렌드 변화를 반영하며 상권 특성에 맞추어 최종 조닝을 결정해야 한다.

(1) 입지, 상권 분석 고려

① 도심형, 도농형 고려
② 주거, 역세권 고려
③ 유연성 고려

(2) 효율성 고려

① 진열 효율, 진열 동선 반영
② 후방, LOSS 등을 고려

(3) 인접성 진열

① 상품 그룹핑, 동시 구매율 반영
② 상품전개 위치(상품 속성 반영)

❙그림 7-8❙ 조닝 원칙

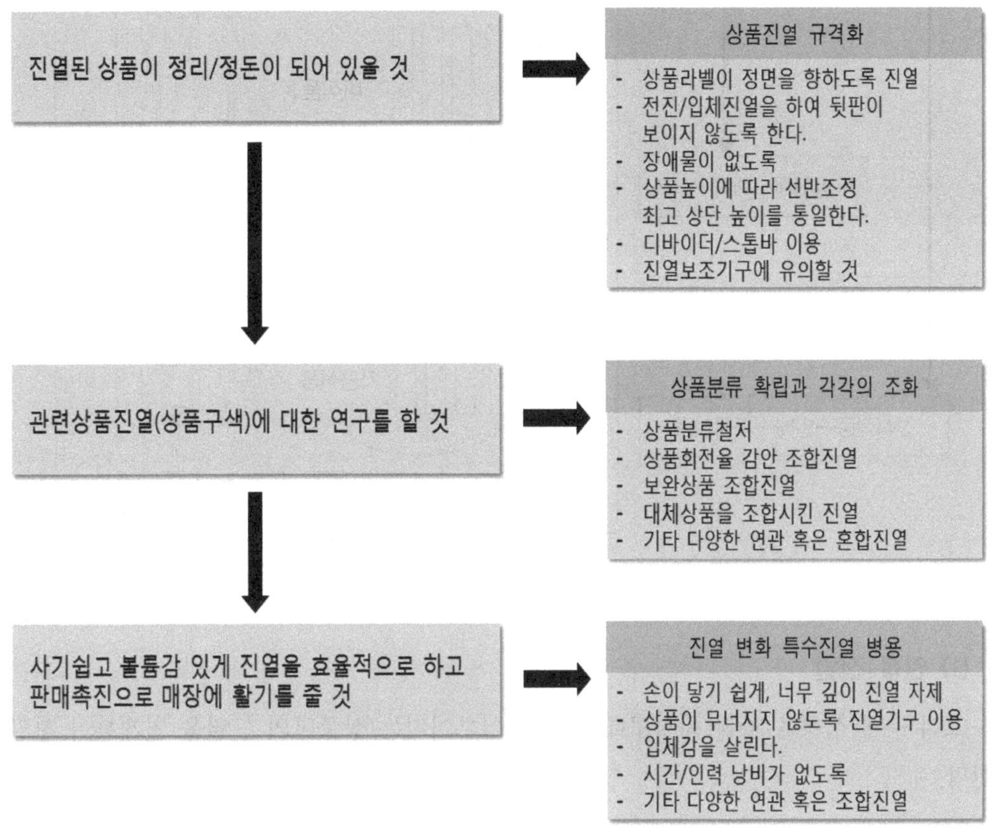

2) 식품매장 배치 원칙

식품에서 비식품으로 순환되도록 상품을 전개하고 매장 입구로부터 전 매장을 볼 수 있도록 하기 위해 점포 벽부에 신선식품을 주로 배치한다.

▌그림 7-9▐ 매장 배치 Block plan

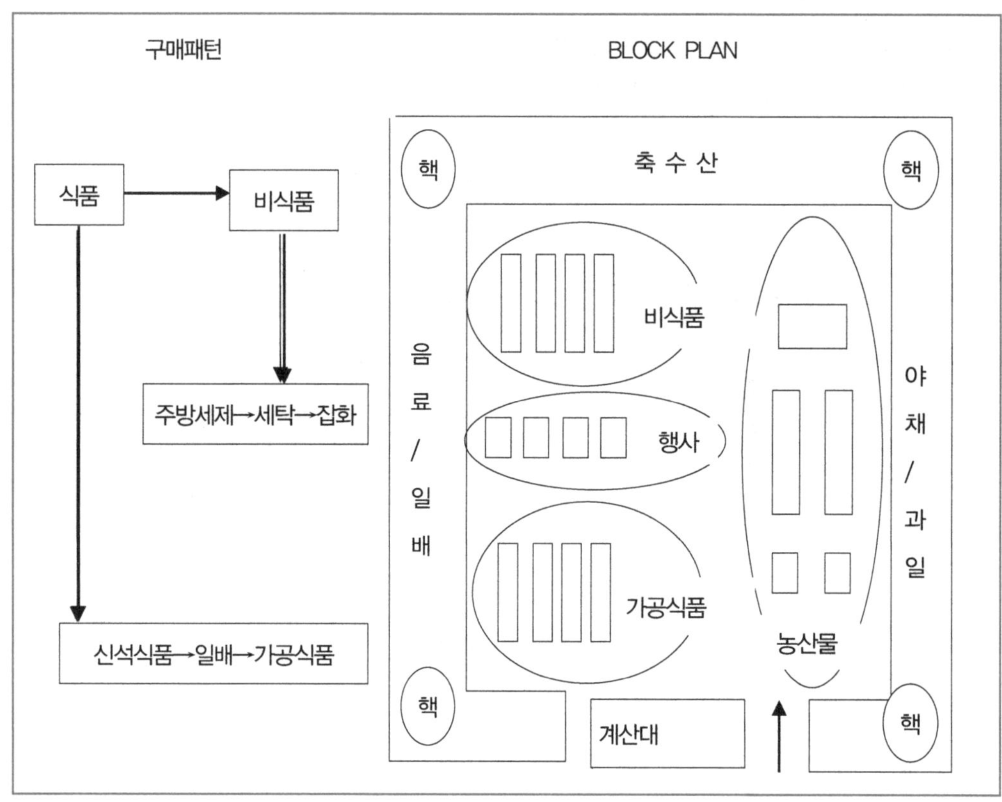

(1) 인접 진열

고객 구매 성향을 파악 동시구매가 많이 이루어지는 상품군의 진열을 연계하여 진열한다.

① 슈퍼마켓 일반적 인접 진열

- 냉장-야채(두채류, 엽채류), 낙농-음료
- 조미료류(장류, 식용유)-야채(두채류, 엽채류)
- 일반식품(즉석식품, 통조림)-면과자(라면, 스낵) 인접진열
- 대용식(빵, 시리얼)-우유 인접진열
- 건어/건과-주류
- 세탁세제-주방주거세제-주방용품
- 헤어-위생-구강-생리-화장지
- 일상/생활 점두 인접 배치

② 슈퍼마켓 POS 앞

- 로스율이 높은 카테고리 상품(일상시즌 상품/면도기)
- 충동구매 빈도가 높은 상품(껌, 초콜릿, 캔디)
- 노출 필요 카테고리(의약외품)

(2) 유연성 적용 진열

① 인구 구성비

㉠ 유아 상권

- 10세 미만 인구 구성비가 높은 상권
- 강세 상품: 스낵, 어묵맛살, 햄 소시지

㉡ 학생 상권

- 10대 인구 구성비가 높은 상권
- 강세 상품: 쿠키, 초콜릿, 캔디, 우유, 요구르트

㉢ 노령 상권

- 60대 이상 인구구성비가 높은 상권
- 강세 상품: 주류, 음료, 스낵, 봉지면

㉣ 20대 여성 상권

- 20대 여성 구성비가 높은 상권
- 강세 상품: 음료, 커피, 차, 즉석식품

② 소득 수준

부동산시세, 지역 소득세 수준 고려

4. 레이아웃(LAY-OUT) 사례

1) 슈퍼마켓 상품 군별 배치

(1) 신선식품

① 생식품 위치는 주 동선에 배치한다.

② 기본 개념인 보기 쉽고, 걷기 쉽고, 선택하기 쉬운 구성으로 쇼핑하기에 편리하게 한다.

③ 주 동선에 생식품을 진열하는 이유

- 매일 먹는 상품으로 소비 빈도가 높은 상품이다.

- 고객이 방문 목적 중 90% 정도가 생식품 구매에 있기 때문이다.

④ 대면 매대와 셀프 매대를 명확하게 구분한다.

- 대면 매대: 단기간에 대량 판매하고자 하는 상품이나 주력 상품을 진열한다.
- 셀프 매대: 셀프 매대는 구색 강화하여 지속적 판매에 중점을 두고 배치한다.

(2) 공산품

① 개념

- 주 동선(야채코너 옆) 옆에 양념, 조미료를 진열한다.
- 계산대 가까운 곳에 깨지기 쉽고, 무거운 것 배치하여 쇼핑 후 마지막으로 구매하도록 한다.
- 전체 상품군 중 치즈, 우유, 낙농 상품, 냉장을 요하는 상품 등은 주 동선과 쇼케이스에 진열하고 일반 그로서리 상품은 앤드 매대를 제외하고는 대부분 중앙에 진열한다.

② 엔드 매대 끝선은 일직선이 되도록 한다.

③ 주 동선과 보조 동선을 명확히 구분한다.

④ 냉동식품은 한 곳에 밀집하여 선은 일직선이 되도록 한다.

⑤ 행사 상품은 주 동선 인접하여 고객 통행을 방해하지 않는 크기로 운영한다.

⑥ 행사를 실시하거나 수수료 코너 상품의 진열 매대 설정도 주 동선을 막아서는 안 되며 매대의 선은 일직선이 되어야 한다.

2) 편의점 상품배치

(1) 편의점 레이아웃(Layout) 특성

① 다품목 소량 진열이 돋보이는 진열

② 24시간 영업과 유동인구를 고려한 배치

③ 도시락 등 특화 상품 위주 배치

(2) 편의점 배치

① POS: 고객에게 등을 보이지 않는 장소에 설치/주로 출입문 좌측 담배, 복권은 POS에 배치한다.

② 음료, 주류: 주류와 안주는 서로 인접 진열하고 음료는 안쪽에 배치하여 고객이 매장 전체를 볼 수 있도록 한다.

③ 과자/라면: 과자, 스낵은 고회전 상품으로 주 통로를 피하여 배치하고 라면과

인접 진열한다.

④ 도시락, 델리 등 특화 상품은 시식대 배치로 매출을 증가시킨다.

⑤ 상권, 고객특성 고려 취급품목 특성에 맞게 배치한다.

3) 레이아웃(LAYOUT) 확정시 고려사항

(1) **상권 및 경쟁점 고객 특성**

(2) **경쟁점 및 동업계 LAYOUT 참고**

(3) **상품(M/D)별 평효율 예상**

(4) **파사드, 출입구, 계산대, 자율 포장대 위치**

(5) **상품구획 및 동선**

(6) **수수료 코너 위치**

(7) **천정, 바닥, 집기배치 고려**

4) 평형별 lay-out 사례

(1) **50평형**

❙그림 7-10❙ 평형별 레이아웃 사례

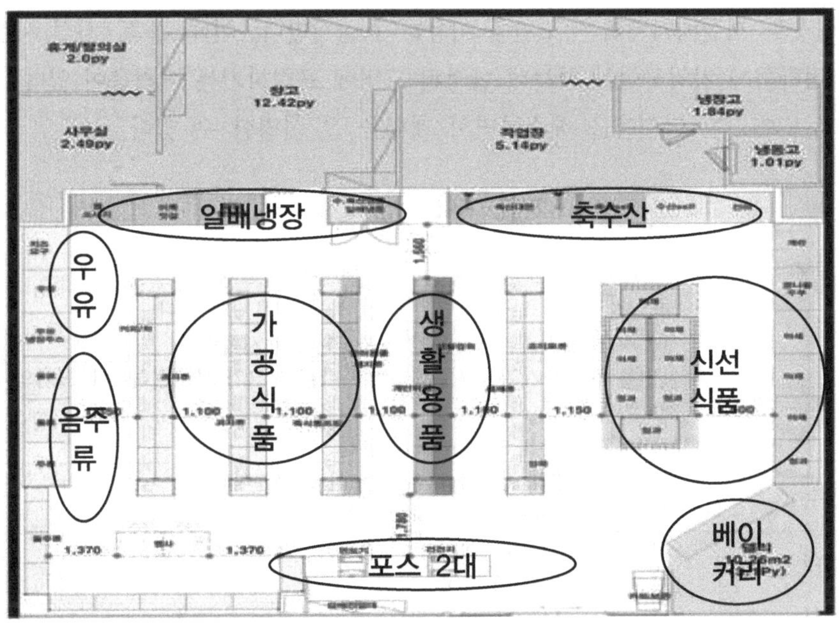

〈50평형〉

(2) 100평형

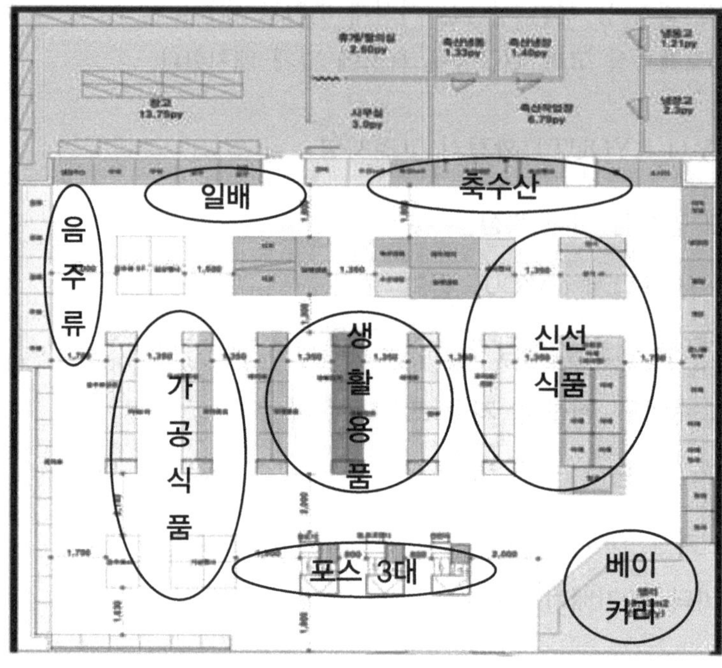

〈100평형〉

〈100평형〉 레이아웃 특징: POS 3대 운영

※ 도면 보는 방법

레이아웃과 시설배치계획은 도면을 이용하여 실시한다. 이때 건축, 시설 사항을 빠짐없이 정확하게 기입하여야 하는데 한정된 도면에 표현하기는 어려움이 있다. 약자와 표시기호는 이러한 어려움을 해소하면서 계획을 잘 설명할 수 있다.

| 표 7-13 | 도면 표시기호

구분	세부내용
방위표	- 정면도와 배치표 등 도면은 통상 북을 위로 표시한다. - 영문자 N이 북쪽, 오른쪽이 동쪽, 왼쪽이 서쪽이다.
척도	- 도면을 표현하기 위해서는 일정한 비율의 크기로 조절하는데 크기의 비율이 척도이다. - 1/100은 100분의 1 척도 표시이다.
치수선	- 도면 각 부분의 길이를 나타내는 선과 치수이다. - 치수 단위는 mm를 주로 사용한다.
약자	- L: 길이 H: 높이 THK: 두께 A: 면적 D: 지름 R: 반지름(∅)

제3절 건축 인테리어 디자인 공사

1. 점포 건축

건축은 골조공사와 마감공사로 구분된다. 하지만 소매점 건축공사는 서비스 시설건축으로 골조 완료, 바닥공사 완료, 그리고 인테리어 및 준공 청소로 그 특성이 다르다. 건축공사는 점포의 토대가 됨으로 신중하게 결정해야 한다. 단층의 높이나 자재 등에 의하여 비용과 기둥의 수량 등이 결정됨으로 모든 조건을 종합적으로 고려하여 결정하는 것이 바람직하다. 소매점은 적정한 온도의 유지관리가 필요함으로 효율을 고려한 건축으로 어느 정도 비용이 요구된다. 건축구조공사는 철근콘크리트와 철골시공으로 구분된다. 소매점에서 기본적으로 공사기간과 상대적으로 저비용인 철공시공이 일반적이다. 철골이 바로 노출된 상태에서는 내화피복을 하여 안전성을 강화시켜야 한다. 모든 공사의 기본이 되는 콘크리트 공사의 경우는 공사 특성을 학습하고 공사하는 것이 필요하다.

1) 콘크리트 공사

(1) 정의

콘크리트는 물, 시멘트, 골재를 기본으로 시멘트와 물과 수화반응을 이용하여 골재를 시멘트 페이스트로 둘러싸서 다진 것으로 성질, 기능을 개선하기 위하여 혼화재료를 첨가한다.

(2) 콘크리트 구성

콘크리트 구성 비율은 골재가 70%이고 시멘트가 30% 정도이다. 시멘트 페이스트는 골재 간극을 메우고 응결 및 경화 과정을 거쳐 수화반응이 끝난 다음에는 강도를 발휘하게 된다.

| 표 7-14 | 콘크리트 구성

구분	구성 역할
공기	5% 정도 구성비/시공연도 증대/동결 융해에 대한 저항성
물	15% 정도 구성비/콘크리트 유동성 확보 및 시멘트와 수화반응으로 경화 촉진
시멘트	10% 정도 구성비/골재 부착시키는 역할
골재	70% 구성

(3) 공사 특성

① 콘크리트는 제조-운반-타설-다짐-양생이라는 단계별 품질관리 노력으로 결합되는 특성이 있다.
② 현장 수작업으로 이루어짐으로 품질 편차가 심하므로 관리가 필요하다.
③ 콘크리트는 재료, 배합적 측면과 강도, 작업 효율성, 경제적인 면에서 상반되는 특성을 가진다.

| 표 7-15 | 콘크리트 공사 특성

구분	강도/내구성	작업효율성	경제성
단위수량	적을수록	많을수록	적을수록
공기량	적을수록	많을수록	적절할수록
시멘트	분말도 높을수록	분말도 낮을수록	시멘트량 적을수록
굵은 골재 최대수치	클수록	작을수록	클수록
잔골재 비율	낮을수록	높을수록	낮을수록

잘 건축된 점포는 고객을 매혹시키고 입점 고객의 이동을 용이하게 설계되고 계획되어야 한다. 고객의 쇼핑 시 즐거운 분위기를 조성하고 경제적 운영과 유지를 하여 현재 및 예측 가능한 장래의 판매 및 판매보조 활동에 필요한 적당한 공간을 제공하는 점포여야 한다. 소매점 운영에서 점포 건축은 합리적 가격으로 상품을 잘 분류하는 것만큼 이익증대에 필수적인 것이다. 효율적 점포계획은 계획이 미비한 점포보다 10~100% 판매량이 많다는 것이 경험적으로 많이 증명되었다. 결국 훌륭한 점포 건축에 더 많은 이익이 남는다는 점은 모든 소매업에 타당한 것이다. 점포 건축은 실내외 인테리어, 진열, 레이아웃과 함께 매장 디자인을 결정하는 요소로서 소매점 성패의 중요한 요소이다.

2. 건축 허가

건축공사 시행 전 건축허가를 받기 위해서는 건축설계 사무소에 의뢰하면 건축사 사무소에서 설계도면을 작성하여 건축허가까지 대행을 하지만 사업계획을 수립하는 과정에서 감안해야 할 법령이나 규정은 사전에 숙지하여야 한다.

1) 건축법 적용 대상

대지, 건축물, 도로, 건축설비, 공작물

2) 건축물

토지에 정착하는 공작물 중 지붕과 기둥 또는 벽이 있는 것과 이에 부수되는 시설물(담장, 굴뚝 등)과 이에 부수되는 시설물로서 지하 또는 고가 공작물에 설치하는 사무소, 공연장, 점포, 차고, 창고 등이다.

3) 건축법 적용대상 행위

건축, 대수선, 리모델링, 용도 변경이 있는데 건축 적용 대상은 아래와 같다.

▌표 7-16▐ 건축내용

건축	내용
신축	건축물이 없는 나대지에 새로 건축물을 축조하는 것
증축	기존 건축물이 있는 대지 안에서 건축물의 건축면적, 연면적, 층수 또는 높이를 증가 시키는 것
개축	기존건축물의 전부 또는 일부를 철거하고 그 대지 안에 종전과 동일한 규모의 범위 안에서 건축물을 다시 축조하는 것
재축	건축물이 천재지변 기타 재해에 의하여 멸실된 경우에 그 대지 안에 종전과 동일한 규모의 범위 안에서 다시 축조하는 것
이전	건축물을 그 주요 구조 부(내벽력, 기둥, 바닥, 보, 지붕틀 및 주계단)를 해체하지 아니하고 동일한 대지 안의 다른 위치로 옮기는 것

4) 건축허가 절차

건축허가란 건축물의 자유로운 건축을 건축 법규에 의하여 일반적으로 금지하고 일정한 요건을 갖춘 경우에만 그 금지를 상대적으로 해제하여 건축할 수 있도록 해 주는 명령적 행정처분이다. 이러한 건축허가의 절차는 아래와 같다.

▌그림 7-11▐ 건축허가 절차

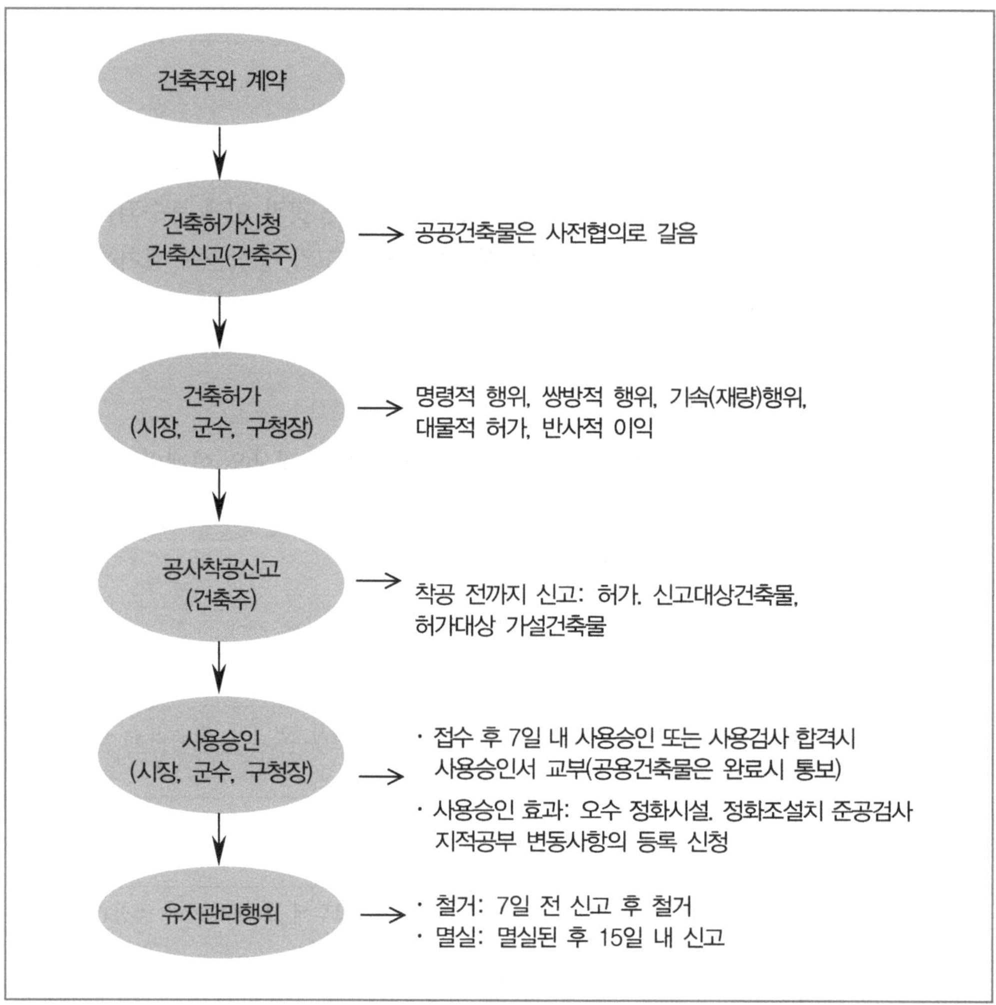

3. 내부 인테리어

고객이 어떤 이유로 점포를 방문하든지 내부 인테리어는 호감을 주는 것이어야 한다. 고객의 점포에 대한 인상은 고객을 수용할 수 있는 입구나 점두, 건물 높이, 조명, 적절한 높이의 천정, 화려한 장식 등에 의해 가능하다. 바닥이나 벽, 벽면 장식, 점포 설비와 비품, 실내 조명, 엘리베이터, 에스컬레이터, 에어컨 등도 인테리어로 생각해야 한다.

1) 바닥 및 천장

소매점 바닥, 천장 등 디자인과 소재에 따라 점포 분위기와 이미지가 크게 달라진다. 특히 바닥재는 점포 이미지에 크게 영향을 미치므로 부드러운 감촉과 조명의 반사 등도 고려하여 고객 쇼핑에 즐거움을 줄 수 있는 공사가 되어야 한다.

(1) 바닥

바닥은 고객과 집기 및 설비를 지탱하는 부분이다. 마모가 심하므로 보행을 위한 수평성에 민감하고 하중과 충격에 잘 견뎌야 한다. 바닥 마감재는 목재, 대리석, 코르크 등과 같은 재료가 있다. 이는 목적에 따라 쓰임새가 달라진다. 예를 들면 응접실의 마감재는 백화점 2층 매장의 그것과는 달라야 한다. 마찬가지로 전문점은 다른 잡화상과는 바닥을 다른 인테리어로 한다. 바닥공사의 시공 순서는 바닥정리, 바닥완충재 설치, 콘크리트 타설, 미장, 양생의 순서로 공사한다. 요즘에는 일반적으로 종래에 써오던 나무 바닥보다는 내구성이나 매력 등의 이유로 대리석, 타일에 의한 장식을 널리 사용하고 있다. 타일 자재로는 자기질 타일, 도기질 타일, 석기질 타일이 있다. 바닥재는 유지보수가 쉽고 청소가 쉽고 고객들에게 고급스러운 분위기의 양질의 바닥재질이면 더욱 좋다. 천장과 비교하더라도 바닥은 고객의 눈에 잘 뛰고 쇼핑의 즐거움이나 점포 분위기를 연출하는 중요한 수단으로 비용이 들더라도 좋은 바닥재를 선정하는 것이 포인트이다.

(2) 천장

천장은 처짐이나 낙하에 대한 구조적 안전성이 보장되어야 한다. 천장 높이는 일반적으로 3.3~4m 높이로 설계된다. 너무 높아도 비용이 소요되고 낮으면 매장이 답답하다는 느낌이 들음으로 비용을 감안하여 결정된다. 창고와 같은 천장이 없는 점포도 고려해야 하지만 천장이 낮은 점포에서는 유리한 반면 온도관리를 위한 운영비 및 공사비를 감안하여 결정해야 한다.

(3) 외관 및 벽면

외벽은 건물 자체의 외관이미지를 결정하고 점포 자체를 광고하는 것으로 간주하여 결정해야 한다. 주변 환경을 고려하여 디자인, 색상, 소재 등을 선택한다. 벽면은 매력, 경제성, 점포 경영자의 선호에 의해 결정된다. 많은 경제적인 점포들은 대부분 시멘트 벽면이나 콘크리트 벽에 페인트를 직접 칠하지만 이러한 점포도 어떤 곳은 나무판넬, 재생벽돌, 플라스틱으로 마감한다. 높은 원가는 장기 사용에 의한 유지비 절감에 의해 상쇄되기도 함으로 전략적 선택이 필요하다. 훌륭한 도안이나 대형사진, 기하학적 디자인 등이 벽장식과 안내판에 이용되는 것은 바로 현대적 색상의 발전을 보여주는 것이다.

비용적 측면에서는 재료비와 시공비, 단열성, 유지보수 등을 고려하여 결정한다.

2) 전기 소방공사

전기 소방 공사는 전기 공사, 정보통신 공사, 소방시설 공사로 구분한다.

(1) 전기 공사

전기공사는 전기사업법 제2조 제16호에 따른 전기설비, 전력 사용 장소에서 전력을 이용하기 위한 전기설비, 전기에 의한 신호표시 등을 설치 유지 보수하는 공사 및 이에 따른 부대공사이다.

(2) 전기증설 공사

계약전력 5KW 이상의 증설공사는 개인이 신청하지 않고 면허가 있는 전기업체에서만 진행할 수 있다.

① 전기 증설 시 준비서류
- 사용주/건물주 신분증 사본 1부
- 건물(건축물대장)대장, 신규 시 신축허가서 1부
- 건물전체 75KW 이상 시 안전 관리자 선임 필증, 배치감리서 각1부

② 전기 증설 공사 시 유의사항
- 증설예정지 건물 전체 전기사용량 확인
- 증설예정 전기용량 확인
- 증설예정지의 전기 인입 공급방식 확인

*가공지역: 주변 가까운 전주에서 인입전선이 옥내계량기함으로 들어오는 방식

*지중지역: 도시화 계획에 따라 인입전선이 땅속에서 옥내계량기함으로 들어오는 방식

(3) 가스 공사

① 고압 지역 피하여 설계

② LNG 공급 불가지역 LPG 저장소 설치

(4) 정보통신 공사

정보통신 설비 설치 및 유지 보수에 관한 공사와 이에 따른 부대공사이다.

(5) 소방시설 설치

소방시설이라 함은 건축물의 화재 시 작동하는 소화설비, 경보설비, 피난설비, 소방용수 설비를 총칭하는 것으로 모든 소방 대상물은 소방법에 의하여 소방시설의 설치 및 유지관리를 엄격하게 규제받고 있다.

표 7-17 소방시설 설치기준

소방시설 종류		근린생활시설 기준
경보설비	자동화재 탐지설비	연면적 600제곱미터 이상
	비상방송설비	연면적 3,500제곱미터 이상
	비상경보설비	연면적 400제곱미터 이상
	시각경보기	자동화재 탐지설비 설치 시
피난시설	유도등	유도 등 설치
소화설비	스프링클러 설비	3층 이하 바닥면적 6,000제곱미터 이상 4층 이상 바닥면적 5,000제곱미터이상
소화 활동설비	비상콘센트	지하 포함 11층 이상
	제연설비	지하층 또는 무창 층 바닥면적 1,000제곱미터 이상
	무선통신 보조설비	지하층 바닥면적 합계 3,000제곱미터 이상, 지하 3층 이상이고 바닥면적 1,000제곱미터 이상

자료: 한국토지주택공사(2013)

(6) CCTV

폐쇄회로 텔레비전, 영상감시를 통하여 사람 또는 시설물에 대한 안전사고를 예방하고 위험사태 발생 시 응급대처 함으로써 인명 및 재산에 대한 손실 예방을 목적으로 하는 시스템 공사이다. 출입구, 매장, 사무실, 창고에 설치한다.

(7) 음향 설비

스피커는 되도록 많이 설치하여 소매점 내 균일한 음향이 되도록 해야 한다. 방송은 무선마이크와 병행 사용으로 상품설명 및 고객안내가 이루어지도록 한다.

① 계산대 주변에서 옥외 음량조절 가능하도록 설치

② 평상시 BGM방송, 비상시 비상방송 송출 가능 시설 설치

(8) 공조 설비

일반적으로 공랭식 설비를 주로 사용하고 천장 부착시 카세트 타입으로 시공하는 것이 좋다. 매장과 후방은 시스템을 분리하여 운영하고 매장 온도는 22~24도로 관리하는 것이 바람직하다.

① 공조/냉동에 관련된 실외기 설치

주·야간 가동되는 공조, 냉동 등에 관련된 실외기, 쿨링타워 등은 설치 장소에 주의하여야 하며 민원이 발생되지 않게 사전준비와 점검이 필요하다.

② 환기 설비

┃표 7-18┃환기 설비

구분	설비	비고
매장	자연환기 방식 적용	
후방시설	작업장 전용 배기판 팬 설치 매장에 유입	
화장실	단독배기 팬으로 음압 유지	시간당 15회(환기 횟수)

(9) 상하수도

수도요금은 건물에 통합으로 나오는 경우에는 별도의 계량기 설치 공사를 실시하고 입선이 20mm 이상인지 확인해야 한다. 하수관은 70mm 이상의 관이어야 하며 설치는 건물의 마지막 하수관에 연결한다. 설치 시에는 집수정을 설치하는 것이 원칙이다.

3) 조명

효율적인 조명은 판매, 비 판매활동에 필수적이다. 소매점 조명은 매장별로 밝기와 조명기구를 차별화하여 상품력을 강화시켜 그 결과 매출을 증진시키는 역할을 한다. 조명설치 비용과 영업 경제성에 대한 고려가 가장 기본적인 것이지만 그중에서 소매업자는 조명이 어떻게 점포 내부를 향상시키고 고객 구매의욕을 증가시키며 종업원 생산성을 향상시키고 고객 선택을 용이하게 하고 상품회전율을 증가시키고 도난을 감소시키고 판매하는 상품과 조명이 조화를 이루고 전시 효과를 증가시키는가에 대해 흥미를 갖고 있다. 조명을 효과적 판매수단으로 생각해야 한다. 소매점에서 사용하는 조명기구는 아래 주요 조명기구 표에서 볼 수 있듯이 매장은 EL램프를 주로 이용하고 진열

장은 할로겐 램프를 이용하는 추세이다.

┃표 7-19┃주요 조명기구

광원	명칭	형태	적용
EL램프	안정기 내장형 램프	전구식 삼파장 램프	백열등 대체
FL램프	직관형 형광램프	1자형 형광등으로 램프, 안정기 분리	사무 공간
할로겐램프	할로겐램프	전구 안에 할로겐 물질주입	진열장
NH램프	나트륨램프	전구형	옥외조명

조명설비는 천장, 쇼케이스, 상품군 등 차별화해서 관리가 필요하다. 조도 측정은 일반적으로 바닥에서 85cm 위치에서 측정하고 점두, 점내, 쇼케이스, 벽면의 조도를 측정하여 관리한다. 조도는 매장별로 다르지만 영업장은 800~1,500룩스 정도로 관리하는 것이 필요하다.

┃표 7-20┃소매점 조명 설비

구분	조명설비	비고
매장	계산대와 수직으로 형광등 설치 조도는 1,200룩스 기준으로 설치	보조 조명 설치
작업장	조도는 700룩스 기준/삼파장 형광램프 주사용	
사무실	조도는 700룩스/삼파장 형광램프 주사용	전열설비 위치 확인 필요

┃표 7-21┃소매점 조명 관리

항목	조명관리
천장조명	- 광원이 보이지 않게 삽입한다. - 농산평대에는 삽입 방식의 램프와 펜던트 조명을 설치하여 선도 강화한다. - 형광등 사용 시 팔룩(palook type) 타입으로 사용한다.
쇼 케이스	- 선도 저하, 변색 방지를 위해 주의한다. - 조도 균일화를 위해 공동타입 사용한다. - 가급적 스포트라이트 사용을 자제한다.
축산매장	- 기본조명을 온백색(백색조명은 적색계열 상품을 검게 보이게 함으로 피한다)으로 한다. - 스포트라이트는 복사열 조심한다.
농산매장	- 천장조명 이외 펜던트 라이트로 상품을 밝게 한다. - 평대 상부에 삽입 보조조명을 부착한다.

4. 디자인 공사

점포 디자인은 환경의 일부라는 사고가 필요하다. 점포 이미지를 연상할 수 있는 디자인이 좋은 디자인이라 할 수 있다. 특히 다점포 체인 점포는 디자인을 보고 동일한 소매점이라는 인식이 가능한 디자인 통일이 필요하다.

1) 점포 디자인 요소

(1) 점포 외장

점두, 출입구 결정, 건물 높이, 건물 외벽

(2) 점포내부 인테리어

조명, 바닥, 통로, 집기, 비품, 벽면

(3) 진열

구색, 카트, POP, 간판, 포스터, 게시판

(4) 레이아웃

상품배치, 고객동선, 후방, 작업장, 휴게 공간

2) 간판, 사인 시안 결정

점포의 간판, 사인의 시안 결정은 주로 외주 전문디자인 업체에 의뢰하여 작업하고 시공한다.

3) 간판 설치

간판은 점포 위치를 알리는 광고 수단이다. 간판은 점포의 콘셉트를 잘 표현하여 고객에게 쉽게 점포를 알리는 수단으로 한눈에 들어오도록 해야 한다.

(1) 허가대상 간판

가로(전면)간판, 돌출간판, 지주간판 등

(2) 허가신청서, 설치사용승락서, 현장사진 등을 작성하여 자치단체에 접수

(3) 자치단체의 현장조사 및 서류검토 후 인허가증 발급

(4) 설치 가능 간판

가로간판, 돌출간판 각 1개, 점포 부지에 지주간판 1개 설치 가능(지자체별 기준 사전 확인 필요)

(5) 임차점포 계약 시

건물주와 간판 설치장소를 사전에 확인받아 분쟁을 사전에 예방하고 인허가 사항은 시공사와 계약 시 인허가를 전제로 계약하는 것이 필수적이다.

4) 디자인 기준 정립

소매점 디자인은 자체적으로 기준을 수립하여 적용하는 방안과 프랜차이즈 본사 등의 시안을 사용하는 경우가 있다. 어느 방법이든 기준을 수립 공사에 적용하든 본사의 기준을 적용하기 위해서는 디자인 기준의 기본적인 지식이 필요하다. 프랜차이즈는 본사의 지침과 기준을 준수하여 사전에 분쟁의 소지가 발생되지 않도록 관리되어야 한다. 실제로 간판의 설치는 사전에 행정상 인·허가를 취득하고 실행해야 된다.

▌표 7-22▌디자인 기준

구분	기준 내용	비고
파사드 (PACADE)	파사드는 건축물의 주된 출입구가 있는 정면 부를 말하는데 소매점에서는 내부 공간 구성과 일관성을 유지하는 방향으로 적용하는 경우가 많다. - 적용사례: 전면을 유리 See Through로 적용하여 내부를 보이게 한다. - 상호, 영업시간, 주요 서비스 안내 - 매장이미지 비주얼 고지	
간판 (SIGN)	간판은 허가와 연동하여 설치 - 파나프랙스 간판, LED채널 간판	- 입체도와 시공수칙 사전결정
어닝	- 빛 차단 및 외부 행사매장 구성 위해 설치 - 매장과 일관성 있는 색상 사용	
인테리어	- 공간 디자인 기준 - 천장 및 조명 설치 기준 - 기둥 디자인 처리 기준 - 집기디자인 및 배치기준	
ISP	- 외부, 내부 ISP 구분 설치 - 계산대, 고객 안내데스크에 적용 - 벽면, 쇼케이스 상단, 곤돌라 상단에 적용 - 배너, POP, 쇼카드 사용 시안 수립	

▍그림 7-12▍점포 간판사진

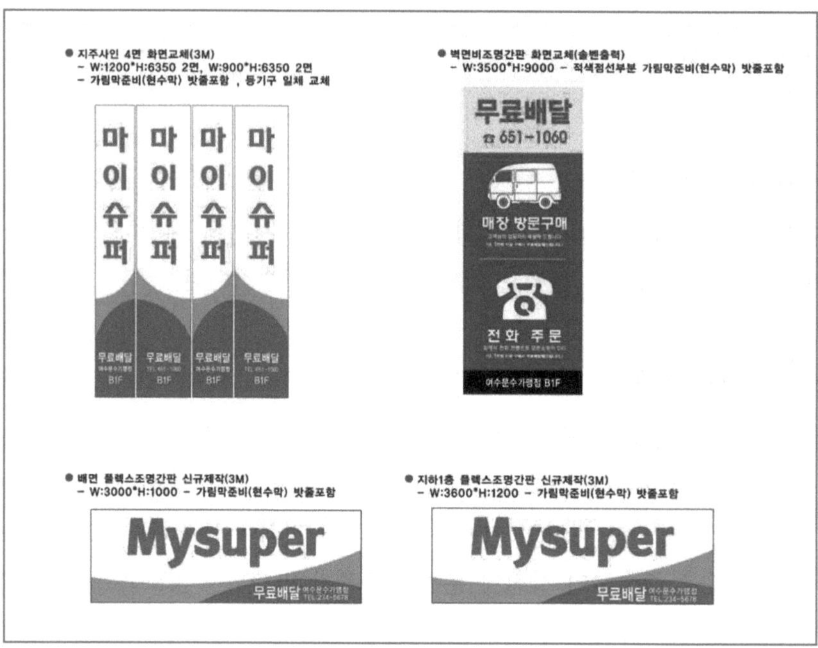

자료: 롯데슈퍼 여수문수가맹점

5) 공사 시 건물주와 협의사항

(1) 창호의 폐쇄 신설

(2) 외부 금속공사로 기존 시설 파손 예상

(3) 간판설치 시 다른 매장에 영향이 있다고 판단될 때

(4) 건물 외벽을 철거하거나 관통할 때

(5) 건물 내부 벽체 철거(내부벽 여부 확인)

(6) 닥터 설치 시 건물 1층에서 옥상으로 설치할 경우

(7) 매장 철수 시 원상복구 범위

(8) 외벽 전기 설치, 아래층 천정 누수 등

5. 공정관리

공정관리는 주요 공정의 시작과 완료시점을 관리하고 공정단계별 연관관계를 확인하고 공정률을 표기하여 관리한다. 아래 소매점 매장오픈 주요 공정표는 소매점 개점 공정을 사례로 작성하였다.

┃표 7-23┃소매점 매장오픈 주요 공정

항목/일정	D-30~D-10	D-9~D-4	D-3~D
시설/인테리어/집기	- 매장 실측 - 건축시설 공사 /MD 레이아웃 확정	- 시설공사 완료 - 간판 설치	- 시설테스트 - POS 설치 - 청소
지원/인허가	- 임대차 계약 완료 - 인허가 신청 - 인원 채용	- 시설집기 반입 - 소모품 입고 - 인허가 완료 - 직원 교육	- 개점인력 충원
상품	- 상품계획	- 행사계획 - 오픈 입고상품 확정	- 상품입고

6. 건축물 사용승인

건축법에 의하면 종전의 준공검사를 사용승인이라 한다.

1) 사용승인 대상

건축법상 사용승인을 받아야 할 건축물은 건축허가를 받았거나 건축신고를 한 건축물에 한하며 공용건축물 즉 국가나 지방자치단체가 허가권자와 사전에 협의한 건축물에 대해서는 건축법상 사용승인을 받지 않아도 된다.

2) 사용승인 신청

건축주는 건축물의 준공검사를 완료한 후 그 건축물을 사용하고자 하는 경우에는 감리보고서와 공사완료도서를 첨부하여 허가권자에게 사용승인을 신청하여야 한다. 건축허가대상이 아닌 건축신고대상 건축물의 경우에는 이러한 감리완료보고서를 첨부할 필요가 없다.

┃그림 7-13┃사용승인 절차

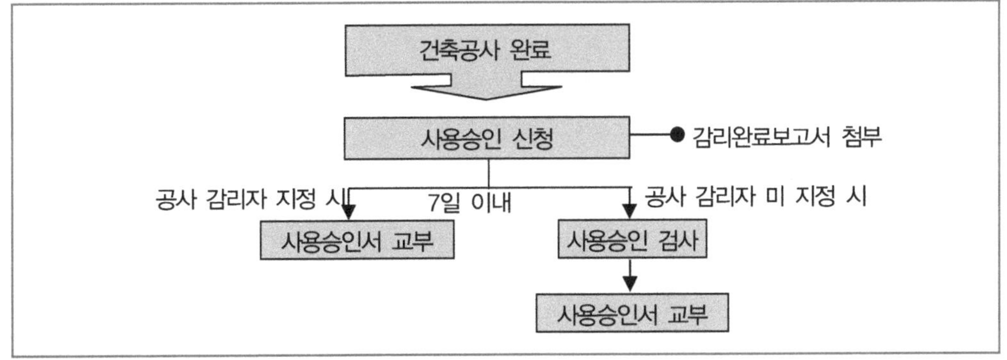

3) 사용승인 첨부서류

- 개인하수처리시설의 준공검사
- 승강기 완성검사
- 전기설비의 사용 전 검사
- 정보통신공사의 사용 전 검사
- 도로점용공사 완료 확인
- 수질오염물질 배출시설의 가동 개시의 신고
- 대기오염물질 배출시설의 가동 개시의 신고
- 소음, 진동 배출시설의 가동개시의 신고

4) 임시 사용승인

건축주는 사용승인서를 교부받기 전에 공사가 완료된 부분에 대한 임시사용승인을 얻고자 하는 경우에는 임시사용승인신청서를 허가권자에게 제출하여야 한다. 임시사용기간은 2년 이내로 함이 원칙이지만 대형건축물 등 장기간인 건축물에 대해서는 그 기간을 연장할 수 있다. 식수 등 조경에 필요한 조치를 하기에 부적합한 시기에 건축공사가 완료된 건축물에 대하여는 허가권자가 지정하는 시기까지 식수 등 조경에 필요한 조치를 할 것을 조건으로 임시사용승인을 할 수 있다. 건축물 사용 시기는 사용승인서를 교부받은 후, 사용승인 접수 후 7일 이내에 사용승인서를 교부하지 아니한 경우, 임시사용승인을 받은 경우이다.

제7장 점포 건축 연습문제

1. 임대차계약서 기재사항을 설명하시오.

① 거래당사자의 인적사항
② 물건 표시
③ 계약일
④ 거래금액 및 그 지급일자 등 지급에 관한 사항
⑤ 물건 인도일시
⑥ 권리이전 내용
⑦ 계약 조건이나 기한이 있는 경우 그 조건 또는 기한
⑧ 기타 약정내용

2. 그리드 형 Lay-out에 대하여 설명하시오.

슈퍼마켓, 편의점 등 소매점에서 가장 기본적으로 적용되는 점포 레이아웃 형태는 계산대나 고정물이 일렬로 배정되는 GRID형 구성방식을 주로 사용한다. 주 동선, 보조 동선, 순환 통로, 설비 표준화로 비용이 절감되고 고객 컨트롤이 가능하며 상품 진열면적이 넓고 공간 활용이 효율적이기 때문이다.

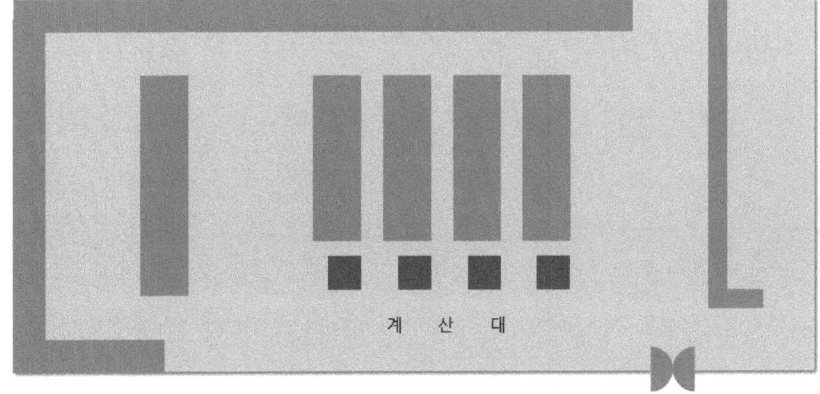

3. 사용승인에 대하여 설명하시오.

건축법에 의하면 종전의 준공검사를 사용승인이라 한다.

① 사용승인대상

건축법상 사용승인을 받아야 할 건축물은 건축허가를 받았거나 건축신고를 한 건축물에 한하며 공용건축물 즉 국가나 지방자치단체가 허가권자와 사전에 협의한 건축물에 대해서는 건축법상 사용승인을 받지 않아도 된다.

② 사용승인 신청

건축주는 건축물의 준공검사를 완료한 후 그 건축물을 사용하고자 하는 경우에는 감리보고서와 공사완료도서를 첨부하여 허가권자에게 사용승인을 신청하여야 한다. 건축허가대상이 아닌 건축신고대상 건축물의 경우에는 이러한 감리완료보고서를 첨부할 필요가 없다.

4. 용어 설명

- 건폐율/용적률
- 주 동선
- 조닝(Zoning)

PART 3

소매 점포 개설

집기 및 설비

제1절 집기 설비

1. 집기 및 설비

점포 내부 형태와 그 효율성은 대체로 집기나 설비에 의해 결정된다. 판매용 집기와 설비는 종종 혼용되는데 집기라는 말은 상품 판매, 전시, 저장, 상품보호를 위해 사용되는 내구재를 말하며 설비는 엘리베이터, 에스컬레이터, POS, 차량 등을 말하며 판매, 비 판매활동을 용이하게 하는 데 사용된다.

1) 집기 및 설비 관리

집기 및 설비 관리는 유형비유동자산의 총칭인 설비를 소매점 최종 목표인 수익성을 높이는 활동을 말한다. 집기 및 설비 관리의 협의적 개념은 집기설비의 보전관리를 말하고 광의의 개념은 계획에서 보전에 이르는 종합적 관리를 의미한다.

2) 집기와 설비 선택

집기와 설비를 선택할 때 비용 이외 결정적 요소가 있는데 그것은 첫째, 고정고객과 구매계층, 둘째, 소비자의 상품에 대한 관심을 집중시켜야 한다는 점, 셋째, 규격, 고객, 도둑방지, 훼손 및 부패 방지를 위한 필요성, 상품을 판매하고 진열하는 방법 등

서로 밀접한 관련을 갖는 요소를 포함하여 취급상품의 유형에 맞추어야 한다는 점, 넷째, 상품에 따라 제공되는 서비스 유형, 다섯째, 원가와 유지비, 여섯째, 현재 계획 중인 점포에서 취급할 품목의 형태 및 종류 등이다.

3) 집기 설비 경제성

집기 설비 투자 결정 시 이익 증감, 비용 절감, 손익분기점, 투자회수기간 등을 고려하여 평가한다. 고려사항으로는 첫째, 미래의 불투명한 현금 수익을 명확하게 현금 지출에 관련하여 평가한다. 둘째, 자금의 시간적 가치는 현재 자금이 미래 자금보다 가치가 높다. 셋째, 투자의 경제성 분석은 미래 가치는 현재 가치로 환산하여 평가되어야 한다.

(1) 비용 비교법

비용 비교를 통하여 저렴한 대안을 결정한다. 연간비용 = 상각비 + 평균이자 + 유지 관리비로 계산하여 대안을 선택한다.

(2) 자본 회수법

집기 설비비를 투자하고 비용을 일정한 금액만큼 균등하게 회수하는 방법으로 평가한다.

4) 집기 설비 배치 원칙

(1) 상품과 판매수량 분석(P-Q분석)

상품과 수량분석은 집기 설비 배치의 분석기법으로 결정하는 기본적 요소로 상품, 판매수량, 고객동선, 공간, 시간의 개념을 들 수 있다.

(2) 상호관계 분석

매장에서 판매활동에 직, 간접적으로 기여하는 활동 간의 관계, 접근성 등을 고려하여 배치한다.

(3) 공간 분석

고객흐름과 공간을 감안하여 배치한다.

5) 집기 설비 유지관리

집기 설비 유지관리는 주기적인 검사를 실시하여 가장 유효하게 집기 설비를 활용함으로써 이익을 증대시키는 것이다.

(1) 일상적 유지관리

청소 등 주기적 실시

(2) 예방 관리

주기적인 검사와 유지 보수 적정 실시(최적 검사 주기 결정)

2. 판매용 집기 및 설비

1) 건축설비

건축물의 건축설비는 건축물의 안전, 방화, 위생, 에너지 및 정보 통신의 합리적 이용에 지장이 없도록 설치해야 하고 배관 비트 및 닥트의 단면적과 수선구의 크기를 해당 설비의 수선에 지장이 없도록 하는 등 설비의 유지 관리가 쉽도록 설치하여야 한다.

| 표 8-1 | 건축설비 설치 대상

건축설비	설치 대상 건축물
승강기	- 승용 승강기: 6층 이상으로 연면적이 2,000m² 이상인 건축물 - 비상용 승강기: 높이 31미터를 넘는 건축물에 설치
방송 공동수신 설비	- 건축물에는 방송수신에 지장이 없도록 공동시청 안테나, 유선방송시설, 위성방송 수신 설비, 라디오 방송 수신 설비 또는 공동 수신 설비를 설치할 수 있다. 다음 시설에는 방송 공동 수신 설비를 설치하여야 한다. · 공동주택 · 바닥면적 합계 5천 제곱미터 이상 업무시설이나 숙박시설의 용도로 쓰는 건축물
피뢰설비	높이 20M 이상인 건축물

2) 판매용 집기

(1) 곤돌라(gondola)

소매점에서 그로서리 식품, 잡화 진열용으로 쓰이는 선반 집기를 말한다. 매장 중앙에 양면 선반식 진열집기를 곤돌라(중앙 진열집기)라 하고 벽면을 따라 한쪽에 있는 것은 벽면 곤돌라(벽면집기)라 한다. 규격은 매장에 따라 탄력적이지만 소매점에서 주로 1.8m 사이즈를 사용한다(곤돌라 높이 1.8m×깊이 52cm 양면 1.1m, 벽면 곤돌라 높이는 주로 2m).

▌그림 8-1▐ 곤돌라

(2) 쇼 케이스(showcase)

판매용 상품을 진열하기 위한 기구로 저온관리를 필요로 하는 식품을 진열하는 냉장/냉동 쇼 케이스를 주로 말한다. 고객의 시선(150cm)을 기준으로 조절 가능한 쇼 케이스를 주로 사용한다(깊이 1.15m × 높이 2m).

▌그림 8-2▐ 쇼 케이스

쇼 케이스에 요구되는 특성은 다음과 같다.

- 선반 배치의 유연성(레이아웃, 조닝에 따른 상품 탄력 진열)
- 컬러의 다양성
- 에너지 절약을 위한 LED조명
- 세척이 편리한 구조
- 에너지 절감 방안(night curtain 또는 door 설치)
- 진열온도: 농산/음주류(2도~10도), 수축산 냉장(-2도~2도),
  기타 냉동(-22~-18도)

(3) 농산 평대 및 집기

농산물 매장에서 청과, 야채와 같은 상품을 쌓아 두는 상품을 진열하는 평평한 진열 집기를 말한다. 청과, 야채 진열 집기는 곤돌라형, 네스팅, 쇼케이스 등이 활용된다. 점포 입구 가까운 곳 주 통로에는 평대를 이용하여 농산평대를 배치한다.

┃그림 8-3┃농산평대 및 집기

목재 평대

농산물 철제평대

(4) 이동 냉동/냉장고

윗면이 열린 쇼케이스로 평면식, 양면식 등이 있고 냉장·냉동용이 있다. 2대 조합으로 아일랜드 매장을 주로 구성한다.

▌그림 8-4▐ 이동 냉장고

이동 냉장고 요구되는 특성은 다음과 같다.

- 진열상품에 따른 온도 변동
- 이동의 용이성(바퀴)
- 상부도어/에너지 절감 기능

(5) 워크인 쿨러(편의점 용)

전면에 유리문을 설치하여 판매와 재고 저장 기능을 겸한 냉장고이다. 사람이 걸어 들어가서 뒷면에서 보충 진열하는 특징이 있다.

▌그림 8-5▐ 워크인 쿨러

요구되는 특성은 다음과 같다.

- 일정 온도 유지/온도감지센서 부착 유무
- 다양한 각도/엔드 활용 사이즈 다변화
- 최적 진열 공간 활용

3) 안전시설

안전시설물은 다양하지만 고객 안전사고가 자주 발생되는 주차장과 경사로 설치 기준을 준수하는 것이 필요하다.

(1) 주차 구획

주차장은 도로에서 진입하기 쉽도록 설계하고 도보나 자전거로 내점하는 보행자와 될 수 있으면 겹치지 않도록 동선을 만드는 것이 좋다. 주차장이 옥상의 경우 차로와 평면 주차장 진입 동선이 겹치지 않도록 안전한 설계가 필요하다.

① 유형별 주차 구획 구분

❙ 표 8-2 ❙ 유형별 주차 구획 구분

유형		주차 구획(너비×길이)
평행 주차 형식	경형	1.7×4.5m 이상
	일반형	2.0×6.0m 이상
평행주차 형식 외	경형	2.0×3.6m 이상
	일반형	2.3×5.0m 이상
	장애인 전용	3.3×5.0m 이상

② 장애인 전용 주차구역 안내 표지물을 식별하기 쉬운 장소에 부착

③ 주차 폭 높이 확보 여부 확인

❙ 표 8-3 ❙ 주차 폭 높이 확보 여부 확인

구분	높이
차로 부	2.3m 이상
주차 부	2.1m 이상

(2) 주차 멈춤턱

① 후면 벽체 여유 공간 감안하여 시공(주차 구획선 끝에서 1.2m 위치에 시공)

② 주차 멈춤턱 설치 기준

❙ 표 8-4 ❙ 주차 멈춤턱 설치 기준

구분	설치 개소
일반용(폭 2.3m 이상)	멈춤턱 1개(L=900mm 이상)
장애인 전용(폭 3.3m)	멈춤턱 2개(L=900mm 이상)

(3) 주차시설 고려사항

① 차와 보행도로: 주차공간은 흰 선으로 명확하게 표시하고 차에서 내려 매장으로 걸어가는 통로가 필요하다.

② 진출입구는 1도로 1개소로 한다.

③ 주차장이 클 경우 한 방향으로 진행하도록 표시한다.

④ 관리원을 배치한다.
⑤ 필요시 자전거 주차장도 설치한다(1대당: 0.5m×1.8m).

(4) 경사로(매장 입구에도 적용)

경사로는 장애인, 노인, 임산부 등의 편의증진 보장에 관한 법률 규정에 의거하여 설치하면 고객사고 등의 안전에 문제가 없다.

❙ 표 8-5 ❙ 경사로 설치 기준

구분	설치 기준
유효 폭	- 유효 폭은 1.2m 이상 - 바닥면으로부터 높이 0.7m 마다 휴식을 위한 수평 참 설치 - 경사로의 시작과 끝, 굴절 부분 및 참에는 1.5×1.5m 이상의 활동 공간 확보
기울기	- 1/12 이하
손잡이	- 길이가 1.8m 이상이거나 높이가 0.15m 이상인 경우 양측 면에 손잡이 연속 설치 - 경사로 시작과 끝 부분에 수평 손잡이 0.3미터 이상 연장 - 손잡이 높이는 바닥면으로부터 0.8~0.9m
마감재	- 잘 미끄러지지 않는 재질로 평탄하게 마감

자료: 한국토지주택공사(2013)

(5) 장애자 친화 매장 만들기

① 바닥 높이 차이는 완만한 슬로프로 흡수한다.
② 휠체어를 사용하는 고객을 위한 전용주차 스페이스(3.5×5m)를 확보한다.
③ 휠체어에 대응하는 출입구 도어의 폭(0.9~1m)을 확보한다.
④ 휠체어 사용고객 전용화장실(2.0×2.0m)을 설치한다.
⑤ 유도로에는 점자 블록을 붙인다.
⑥ 계단 손잡이에는 점자 유도 스티커를 붙인다.
⑦ 옥상주차장에는 엘리베이터를 설치한다.
⑧ 음성에 의해 유도한다.
⑨ 계산대 통로 폭 1.0m 이상 확보한다.

4) 작업장

높은 생산성을 가능하게 하기 위해서는 작업장의 레이아웃도 매장만큼이나 중요하다.

특히 생식품의 효율적 상품화 작업을 위해서는 작업장 표준화가 요구된다.

(1) 작업장 표준화

작업흐름을 반영한 집기배치

(2) 레이아웃

입고 상품을 작업하여 매장으로 이동하는 표준화된 레이아웃을 계획한다.

(3) 작업장 공사

① 작업장 바닥 높이는 매장 바닥 높이보다 2~3cm 낮게 하여 물의 역류를 방지한다.
② 배수는 모든 파이프를 지하 매설로 하며 작업장 바닥을 물청소하는 경우를 고려하여 쓰레기를 받는 트렌치를 설치하고 물이 자연스럽게 트랜치로 흘러가도록 경사를 만든다.
③ 트렌치에 연결되는 배수관은 악취가 역류하지 않는 트랩을 선택해야 한다.
④ 물을 사용함으로 바닥 방수시설이 필수사항이다.

(4) 작업장 조명

작업장은 700룩스, 냉장고 내는 선도 식별이 가능한 밝기(400룩스)

(5) 농산 작업장

① 농산매장과 근접한 작업장 배치
② 작업대, 집기류 연결 배치
③ 충분한 수납공간 마련
④ 작업장 면적 최소화

(6) 축산 작업장

① 육절기, 골절기 배치 시 안전 공간 확보
② 작업장 면적 최소화
③ 수축산 공동작업장 운영 검토
④ 축산물 판매업 적법 시설 집기, 비품 보유

(7) 정육 작업장 시설

① 육절기, 골절기, 민서기, 연육기
② 싱크대, 작업대
③ 미트슬라이스
④ 도마: 우육, 돈육 용 도마
⑤ 세면기
⑥ 세탁기, 건조기
⑦ 저울
⑧ 자동포장기
⑨ 냉동고/냉장고: 내부는 판넬을 조합해서 만들고 휴일 대응한 넓이가 필요하다. 상품에 따라 저온장애, 바람에 의한 건조, 조명에 의한 변색 등을 주의한다.
⑩ 위생기구: 자외선 소독기, 자외선 칼집, 손 소독기 등

| 그림 8-7 | 육절기

| 그림 8-8 | 골절기

| 그림 8-9 | 민서기

| 그림 8-10 | 위생 기구

(8) 농산 작업장 시설

① 작업대
② 저울
③ 자동포장기
④ 싱크대
⑤ 책상
⑥ 냉동고/냉장고: 냉장고온도 6~8도/냉동고 온도 -18~20도/상품분류관리가 필요한 넓이 필요

(9) 방수 공사

① 방수는 물+틈+압력차가 공존할 때 발생하는 현상으로 세 가지 요인을 차단하거나 유도하는 것이 방수 공사이다.
② 방수는 단일 공정의 문제만이 아니며 전 공정에 걸쳐서 수립 관리해야 한다.
③ 방수는 물을 사용하는 부분과 사용하지 않는 부분의 경계에서 발생 확률이 높기 때문에 방수턱 시공이 중요하다.
④ 시멘트 액체 방수 공사

❙ 표 8-6 ❙ 시멘트 액체 방수 공사

구분	내용
주재료	방수액+시멘트+모르터
공사내용	시멘트 모르터에 방수재를 혼합하여 모르터 자체로 방수성 발휘
장점	가격 저렴, 시공 간단/콘크리트와 부착력 좋음
단점	습식 공법/자재 균열 발생

5) 사무실/창고/고객용 화장실

(1) 사무실

① 사무실은 직원 출입과 상품 반입 동선과 연결되면 효율적이다.
② 점장사무 및 직원 근태관리 공간으로 사용한다.
③ 금전관리 및 전자 발주시스템에 의한 발주 업무를 수행한다.
④ 시설관리: 방송, 화재, 공조, 조명, 냉동기 감시 및 점검을 한다.
⑤ 사무실은 최소화한다.

(2) 창고

창고의 효율적 운영을 위해서는 매장과 창고의 보관 방식을 통일하고 매장 집기의 번호대로 창고 보관 상품을 보관하는 등 노력이 필요하다. 그리고 행사 상품과 고가 상품을 별도로 관리하는 등 섬세한 창고 배치가 중요하다.

① 창고는 매장 연장선상으로 관리가 필요하다.
② 매장 매대 번호에 준해서 창고 도면을 작성한다.
③ 창고 적재/보관 위치를 도면으로 표시하여 관리한다.
(구역별 분류표시, 분류표시 대로 보관)
④ 행사 상품, 고회전 상품, 대용량 상품, 고가 상품 적재장소 등을 구분하여 관리한다.
⑤ 주류는 Pallet에 보관하고 일부 주류는 별도 Rack에 보관한다(와인, 위스키 등).
⑥ 낱개 상품, 개봉된 박스는 가능한 한 창고에 보관하지 않는다.
⑦ 증정 상품, 집기 등은 별도 공간에 구분하여 보관한다.

(3) 고객용 화장실

① 화장실은 물을 사용하는 공간으로 확실한 방수공사를 하여야 한다.
② 작업장 하수와 정화조에서 발생될 수 있는 악취는 민원으로 연결될 수 있으므로 사전에 검토하여 확실한 시설이 되어야 한다.
③ 비데를 설치하여 위생을 강화한다.
④ 바닥에 단차를 없애고 남녀 구분 및 장애인 화장실도 설치한다.
⑤ 화장지 및 페이퍼를 준비한다.
⑥ 주기적 청소와 점검을 실시한다.
⑦ 아동 배려 및 여성용 화장실은 작은 선반을 설치한다.

6) 집기설비 견적 사례(100평 슈퍼마켓 기준)

쇼케이스/곤돌라 공사금액: 103,984,400(부가세 별도) / 평당 1백만 원

(1) 쇼케이스: 77,518,400

▌표 8-7 ▌쇼케이스 견적 사례

구분	품목	규격	단위	수량	단가	금액	비고
오픈 다단 쇼케이스	오픈 다단	12자	대	8	3,220,000	25,760,000	LED
	사이드 판넬	밀러	장	4	220,000	880,000	
	자재		대	9	850,000	7,650,000	
	소계					34,290,000	

정육 쇼케이스	정육대면	10자	대	1	3,600,000	3,600,000	조명 LED
	판넬		장	2	160,000	160,000	
	자재		대	1	850,000	850,000	
	소계					4,770,000	
LED정육 /수산 빙온대	빙온 다단	10자	대	1	2,200,000	2,200,000	조명 LED
	판넬		장	2	220,000	440,000	
	자재		대	1	850,000	850,000	
	소계					3,490,000	
수경 야채	수경 야채		대	1	3,220,000	3,220,000	내치형
	소계					3,220,000	
저장고	판넬	100T	M2	78	37,000	2,886,000	
	도어	700*1700	EA	3	450,000	1,350,000	
	조립대		M2	14	28,600	400,400	
	깔판		M2	14	36,500	511,000	
	부자재		M2	78	6,500	507,000	
	기압조정변		개	3	50,000	150,000	
	고내방수등		개	3	25,000	75,000	
	드레인		개	3	40,000	120,000	
	인건비		M2	78	9,500	741,000	
	운반	5TON	대	1	450,000	450,000	
	설치		대	3	850,000	2,550,000	
	소계					9,740,400	
CDU	분리형	15HP	대	2	4,200,000	8,400,000	
		5HP	대	1	2,650,000	2,650,000	
	밀폐	2HP	대	1	1,100,000	1,100,000	
	저소음	20HP	대	1	2,490,000	2,490,000	
		7.5HP	대	1	2,150,000	2,150,000	
	쿨러	2HP	대	4	350,000	1,400,000	
	컨트롤판넬		대	3	260,000	780,000	
	전자변		개	14	35,000	490,000	
	팽창변		개	4	37,000	148,000	
	소계					19,608,000	
인건비	기능공			12	150,000	1,800,000	
	조공			6	100,000	600,000	
	소계					2,400,000	

(2) 곤돌라: 26,466,000

| 표 8-8 | 곤돌라 견적 사례

구분	품목	규격	단위	수량	단가	금액
곤돌라	중앙연결	900×900×1800×5S	개	51	145,000	7,395,000
	마감기둥	500×1800	개	9	22,000	198,000
	중앙엔드	900×500×1800×5S	개	18	112,000	2,016,000
	벽면연결	900×500×2000×5S	개	30	98,600	2,958,000
		600×500×2000×5S	개	1	88,000	88,000
	벽면마감	500×2000	개	7	23,000	161,000
	냉동평대연결	900×900×1500×1S	개	6	53,000	318,000
	냉동평대마감	1500	개	3	15,000	45,000
	계산대 진열대	600×500×1200×4S	개	2	85,000	170,000
	가격표시기		개	775	800	620,000
	전면스토바	900	개	300	1,600	480,000
	이선후크		개	500	2,100	1,050,000
	후크바	900	개	60	3,000	180,000
	스윙홀더		개	500	100	50,000
	설치비		식	1	700,000	700,000
	소계					16,429,000
계산대/평대	철재 농산평대	1500×900	개	3	320,000	960,000
		1200×900	개	8	280,000	2,240,000
	롤봉투 걸이 대		개	3	25,000	75,000
	경사 각도기		개	140	2,300	322,000
	농산보조		개	4	140,000	560,000
	농산엔드보조		개	3	40,000	120,000
	행사 스테이지	900×900	개	0	140,000	-
	철재 평대	900×600	개	6	150,000	900,000
		900×900	개	6	180,000	1,080,000
	컨베어 계산대	2300×1200×850	대	2	1,700,000	3,400,000
	현금 보관		대	2	100,000	200,000
	소분 집기	1800×600	대	1	180,000	180,000
	소계					10,370,000

*신규 기준
*평수/품질수준에 따른 금액 탄력 적용
*대금지불조건/추가 공사에 따른 비용 변동

제2절 비품

1. 집기비품

1) 쇼핑카트 및 바구니

(1) 쇼핑카

쇼핑편의 및 객단가 증진 목적으로 사용한다.

(2) 쇼핑바구니

2) 전자저울

(1) 가격표시용 저울

가격표시 저울은 상품 무게와 가격 고지로 신뢰도를 향상 시킨다.

(2) 라벨프린터용 저울

라벨프린터 저울은 전자저울과 POS시스템을 연동하여 효율적 판매관리가 가능하다.

▌그림 8-11▐ 가격표시용 저울

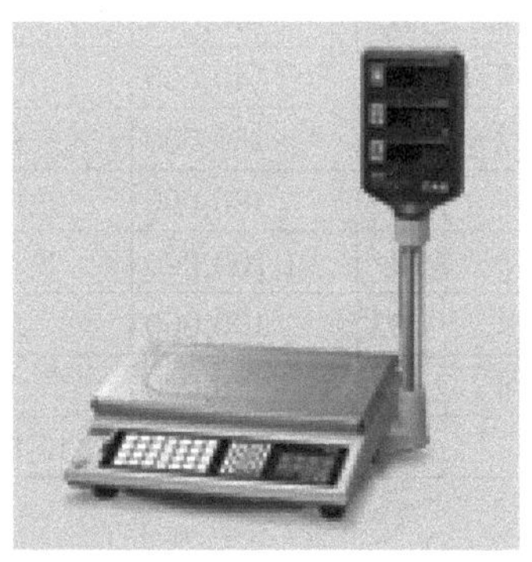

▌그림 8-12▐ 라벨프린터용 저울

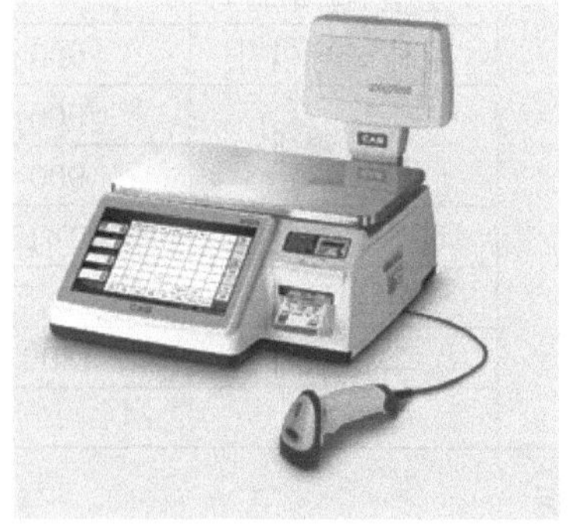

3) 운반구

(1) 카트랙(상품입고/이동)

야채, 과일, 상온 보관품을 구분하여 적재하여 이동하는 카트이다.

(2) 2단 운반카(딛고 올라갈 수 있는 스탠드가 달려 있음, 상품보충)

박스 단위로 입고되는 상품의 진열작업에 사용한다. 작업장 보조 작업대로도 이용가 능하다.

(3) 롤박스 팔레트(rollbox pallet)

배송센터로부터 포장, 배송, 하역, 보관 같은 소매점 물류 작업을 신속하고 간편하게 수행할 수 있으며 그 자체가 진열선반이 되기도 한다(냉동·냉장 식품용으로 콜드 롤박스도 있다).

(4) 바퀴달린 쓰레기통(더스트카 dust car)

상품화 작업 중에 발생하는 쓰레기와 기타 쓰레기를 구분하여 버린다.

▌그림 8-13▐ 운반구

4) 기타

(1) 스톱바

진열선반 전면에 철재, 플라스틱 Stopper를 설치 진열 효율화

(2) 디바이더

▌그림 8-14▐ 디바이더

(3) 후크/후크바

▌그림 8-15▐ 후크/후크바

(4) 가격표시기: 선반에 price card 적용 가능한 집기소품

(5) ISP 집기

▌그림 8-16▐ ISP 집기

2. 비품

1) 사무용책상

2) 복사기

복사/프린터 요구되는 특성

① 정기적인 점검 서비스

② 고장 발생 시 신속한 서비스
③ 소모품, 부품 무상교체 기간
④ 임대방식으로 계약 가능 여부

| 그림 8-17 | 복사기

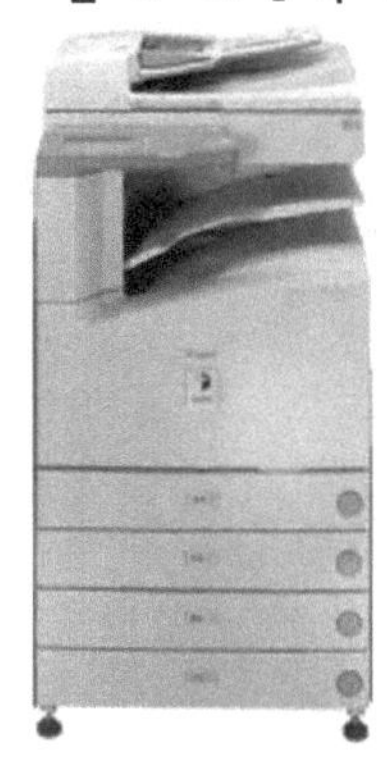

3) 금고

4) 전산장비

5) 코팅 및 절단기

6) 지폐계수기

| 그림 8-18 | 코팅기

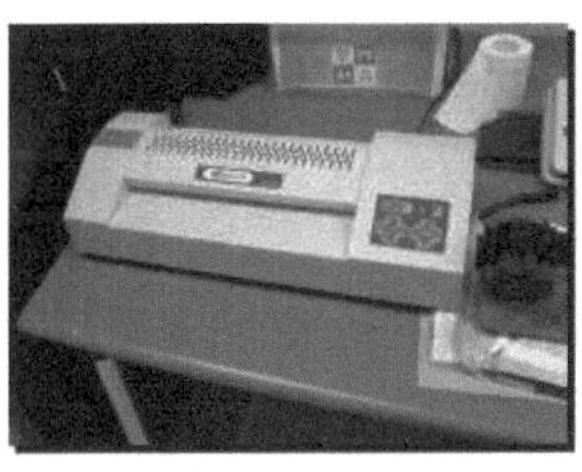

| 그림 8-19 | 지폐계수기

7) 우산포장기

| 그림 8-20 | 우산포장기

3. 소모성 비품

1) 사무용 문구

2) 랩/1회용 포장용기

(1) 1회 용기(트레이) 요구 특성

① 강도와 광택
② 매립 시 자연분해 재질
③ 소각 시 유해물질 발생되지 않는 재질

(2) 랩포장기

▌그림 8-21▐ 랩포장기

3) 유니폼

(1) 동절기

점퍼/자켓/조끼

(2) 하절기

셔츠

(3) 앞치마/위생복/모자

4. 소매점 비품 소모품 목록

1) 조건(100평 슈퍼마켓 기준)

| 표 8-9 | 소매점 비품 소모품 목록

구분	품목	비고	구분	품목	비고	구분	품목	비고
축산	골절기	1	청과 야채 / 계산대	봉투 걸이 대	1	사무실 / 전산 장비	금고	1
	육절기	1		저울	1		지폐 계수기	1
	민서시	1		가위	1		유선전화	2
	포장기	1		면장갑	50		인터넷	
	저울	1		고무장갑	5		책상	3
	칼	2		랩 포장기	1		의자	3
	라벨지			랩			PC	2
	작업복	인당		트레이	100		모니터	2
	트레이	100		봉지			키보드	
	쟁반	5		봉투			프린터	1
	도마	2		바구니	30		팩스	1
	집게	2		배달접수 증			복사기	1
	청소 솔	1		의자			POS	3
	위생복	인당		동전비닐			POS모니터	3
	모자	인당		볼펜			카드 단말기	3
	랩/포장기	1		배달기록 부			문구	
	표시상품(가격)	10		계산대	3		서류철	
	흡수지			돈통			핸드 스캐너	2
	바가지	1		멀티 탭	1		서버	1
	장갑	10		테이프			공유기	

구분	품목	비고	구분	품목	비고
공통	쇼핑카트	20	ISP	투명 디바이더	200
	쇼핑바구니	200		아크릴 디바이더	100
	바구니 받침대	1		더미	50
	카트랙	2		스톱 바	100
	트레이카트	1		후크	50
	쓰레기통	3		가격 표시기	100
	청소기	1		POP스탠드	10
	밀대	2		쇼 카드 케이스	100
	빗자루	2		A4 케이스	30
	쓰레받이	2		스윙홀더	
	밀대	3		이젤	5
	걸레 짜게	1		POP용지	
	유니폼	인당		가격표 용지	
	점퍼	인당		쇼핑백	
	조끼	인당		쇼핑봉투	
	앞치마	인당		장바구니	500
	명찰	20		포인트 카드	1000
	노끈			POS 영수지	
	계산기	3		가격집게	50
	카터기	1		전단함	1

제3절 POS 설치

1. POS 시스템 개요

1) 정의

POS(point of sales)시스템은 판매시점 정보관리 시스템으로 판매시점에서 발생되는 매출정보를 자동으로 처리하는 시스템이다. POS는 상품별 매출정보가 시스템에 보관되고 그 정보로 발주, 매입, 재고 등의 정보와 결합하여 필요한 부분에 활용하며 소매점에서 POS 운영에 필요한 정보는 상품품목 코드, 품목, 거래처 코드, 판매가, 원가, 분류별 구분 등이 필요하다.

2) 기능

(1) 단품 관리

판매상품의 단품 품명, 거래처, 판매가, 규격 등의 구분으로 정보 수집과 관리가 가능하다. 단품 관리가 가능하기 위해서는 상품코드 입력이 선행되어야 한다.

(2) 판매시점 정보입력

상품품목 바코드 스캔으로 매출 발생 시점에서 정보가 처리된다.

(3) 정보 중앙처리

상품품목정보, 고객정보, 매출액에 대한 정보를 중앙에서 집중처리 관리한다.

(4) 시스템 다기능

백화점, 슈퍼마켓뿐 아니라 전문점, 음식점에서도 활용이 가능하다.

2. 구성과 운용

1) 구성

(1) POS단말기

소매점에 설치되어 있는 터미널로 판매등록 기능 및 정보전달 기능이 있다.

(2) 스캐너

상품의 바코드를 판독하는 장치로 고정 스캐너 이동 스캐너가 있다.

(3) 서버

대용량 컴퓨터 또는 미니 호스트 컴퓨터이다.

(4) 슈퍼 오픈매장 POS 시스템 세부 사례(100평 기준)

❙ 표 8-10 ❙ 슈퍼 오픈매장 POS 시스템 세부 사례

구분	품명	수량	규격
H/W	포스집기	3	포스용 집기
	POS	3	계산용
	금전 보관함	3	계산대 부착
	스캐너	3	
	백업 단말기	1	
	발주 장비	1	이동용
	업무용 P/C	2	매장/사무실
네트워크 장비	네트워크	–	
S/W	백신 등	–	

(5) POS 설치비용 사례(100평 기준)

❙ 표 8-11 ❙ POS 설치비용 사례

구분	수량	단가	금액
POS	3	3,500,000	10,500,000
POS집기	3	450,000	1,350,0000
컴퓨터	2	1,000,000	2,000,000
합계			13,850,0000

2) 운영

(1) 판매등록

상품 등록, 수량 변경, 금액 입력, 상품 취소, 고객 보류, 해제 등의 기능이 있다.

(2) 결제

현금 결제, 신용카드 결제, 상품권 결제, 포인트 결제, 외상처리 기능 등이 있다.

(3) 반품

판매상품의 반품 및 환불 기능이 있다.

(4) 입금

배달미수, 외상매출 입금 등이 있다.

(5) 기타

고객조회, 상품조회, 포인트 조회 등이 있다.

| 그림 8-22 | POS시스템 흐름

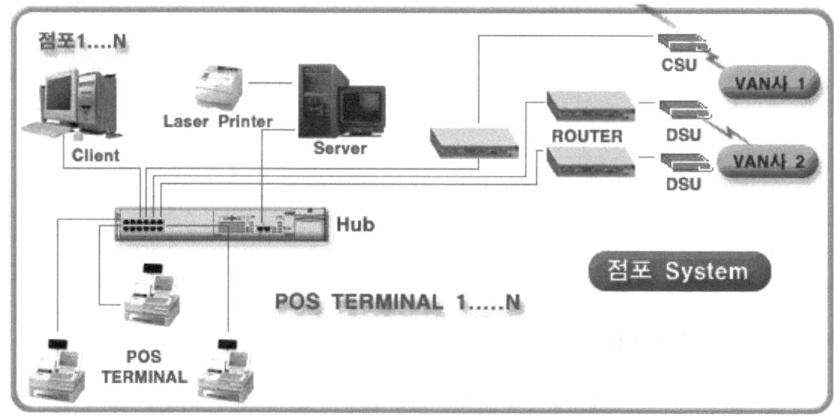

3. POS 시스템 효과

1) 생산성 향상

시스템 자동판독으로 오류, 오타, 가격변동 실수 등을 사전에 방지하고 효율적이다.

2) 판매원관리 용이

계산원별 판매, 반품, 입력사항에 대한 관리가 용이하다.

3) 점포사무 단순화

매출정산, 매출보고서 발행을 효율적이고 신속하게 할 수 있다.

4) 고객 부정방지

5) 품절방지 및 상품의 신속한 회전 등이 가능하다.

| 표 8-12 | POS 효과

점포관리 효과	운영 효과
- 합리적 인원배치 및 지도 가능 - 매출목표 달성률 관리 가능 - 상품 정보수집 용이 - 상품 진열 위치 선정 가능 - 단품관리 가능 - 가격표 부착 및 변경 가능 - 발주 자동화 가능 - 점포운영 합리화	- 주력상품 품절 예방 가능 - 매출실적에 따른 상품매입 가능 - 고객관계관리 가능 - 고객 구매특성 정보수집 용이 - 단품별 이익관리 가능

4. 포스 설치

POS는 단순하게 계산만 하는 도구가 아니라 많은 정보로 매장에 반영시킬 수 있기 때문에 정보 이용이 중요하다.

1) POS 설치 검토

(1) 설치 대수

매출액에 연동하여 설치한다. POS 한 대가 처리할 수 있는 금액은 5백만 원 정도가 업계의 일반적으로 통용되는 금액이다.

(2) 바닥 배선

포스 설치 시 전선이 외부로 노출되는 사례가 없도록 한다.

2) 소매점 포스시스템 결정

(1) 나들가게 POS 프로그램

① 소상공인시장진흥공단과 연계되어 있다.

② 점포 유형별 맞춤형 POS 프로그램이 설치된다.

▌표 8-13▐ POS 시스템 유형

소형 점포 형	판매등록, 반품등록, 결재등록, 상품관리, 재고관리, 고객관리, 영업관리, 정산/마감관리
편의점 형	소형점포형 기능+의약품 판매관리, 직원근태관리, 매출보안관리
중형 점포 형	소형점포형 기능+고객판촉관리, POS통합관리, 임대매장관리, 배달관리

③ 점포경영분석 시스템: POS 판매기록을 기반으로 점포 매출, 이익분석과 타 점포와의 취급 상품, 가격 비교 정보를 제공하는 서비스이다.

▌표 8-14▐ 점포경영분석 시스템

실시간 영업정보	매출액, 방문객 수 정보, 오늘의 동네 날씨, 실시간 농산물 시세정보
점포영업 분석정보	일/월 영업실적, 추정 이익액 분석정보
적정 판매가 계산	동일 지역 타 나들가게 점포의 상품별 판매가격 분포정보 이익률 계산기(적정 매입가, 판매가 계산)
타 유통사 판매순위	매월 소매유통 89개 상품군 판매순위 정보 (슈퍼마켓, 편의점, 백화점, 대형마트)

④ 온라인 수발주 시스템: POS를 통한 다양한 공급처(물류센터, 체인본부, 상품공급사)에 손쉽게 발주하고 배송 받는 온라인 발주시스템이다.

(2) 편의점 및 기업형 슈퍼마켓 POS 이용

① 프랜차이즈 가맹점 계약 시 편의점 본사 또는 기업형 슈퍼마켓 POS시스템을 이용한다.

② 위드미, 하모니 등 VC형 가맹점 운용 시 별도의 시스템 운용을 적용한다.

❙ 표 8-15 ❙ 프랜차이즈 POS시스템

구분	내용
개점/폐점	영업시작, 판매등록, 판매마감, 일 영업마감
입금	준비금, 중간입금, 상품권 입금, 마감
상품 등록	상품조회, 취소, 새로운 가격 적용, 판매 가격 확인, 보류/해제
결제수단	현금, 카드, 직불카드, 카드승인, 상품권 판매, 외상매출, 포인트 적립, 환전
교환/환불	상품반품, 일부 반품, 거래 호출
할인	할인, 포인트 할인, 에누리
영수증	배달의뢰/영수증 발급/재발급
현금영수증	소득공제 영수증
기타	사용자 인증/비밀번호 부여

❙ 표 8-16 ❙ 가맹점 POS시스템

구분	내용
개점	개점, 아이디 및 비번 부여, 마감, 준비금
상품 등록	판매등록, 수량변경, 금액변경, 상품취소, 보류/해제, 행사 할인 등
결제 수단	현금/수표, 상품권, 신용카트, 포인트, 할인쿠폰, 외상, 배달미수 등
반품	자동반품, 수동반품, 공병/공상자
입금	배달미수 입금, 외상매출금 입금
운영	정산, 준비금, 중간입금
기타	고객조회, 상품조회, 포인트 조회, 영수증 재발급

(3) POS시스템 전용 운용사 시스템 사용

❙ 표 8-17 ❙ 슈퍼마켓 POS시스템

구분	내용	비고
매입	매입전표 작성 입력/핸드터미널 매입/매입내역 조회 기능	
상품 등록	신상품 등록 기능/상품분류/약식등록 기능	
가격표 출력	가격표 발행 기능	
매출조회	일, 월 매출조회/판매내역 조회	
행사 설정	행사품목 설정/POP 발행/기간 설정	
마케팅/이벤트	마케팅 이벤트 설정	
계산원 업무	입금액 조회/마감조회	
재고관리	재고수불/재고 이력 관리	
협력업체 결제	매입현황/결제내역관리	
수수료 매장관리	판매수수료/수수료업체 매출조회	

3) 벤피시스템

VAN사를 통하여 발생시킨 신용카드와 현금매출 발생 건수에 비례하여 수수료를 받을 수 있다. 거래 건수가 작은 음식점이나 소매점은 해당 사항이 없지만 거래 건수가 많은 소매점은 포스 설치와 연동해서 VAN사의 수수료를 수취할 수 있다.

(1) VAN사 수수료

(2) 현금자동지급기 설치 수수료

현금자동지급기를 매장에 설치하고 그 약정에 의해서 수수료를 받을 수 있다.

(3) VAN(Value-Added Network)

부가가치 통신망 또는 기술정보통신망이라고 한다. 통신회선을 이용하여 네트워크하고 컴퓨터로 계약된 데이터 처리에 부가가치를 더하여 판매하는 네트워크 서비스이다. 소매점과 카드사, 제조업체에 부가가치 네트워크로 소매점 서비스를 증진시키고 있다.

4) 개점 점포 POS 설치 점검사항

┃표 8-18┃POS 설치 점검사항

구분	점검 항목	비고(이상 유무 확인)
장비 입고	네트워크 장비 입고	
	VAN	
	UPS	
공사/회선개통	N/W 공사 자재 검수(케이블, POS용 멀티 콘센트 등)	
	KT 회선 개통	
	네트워크 장비 설치 및 세팅	
	계산대 입고 확인	
	카드 가맹점 확인	
	현금영수증 등록 가능 여부	
전산 장비	포스 본체 및 모니터	
	포스 프린터 및 키보드	
	P/C 본체 및 모니터	
	스캐너	
	발주기	
	백업 단말기	
개점 점검	현금 영수증 승인 확인	
	카드거래 승인 확인	
	상품 스캔 및 계산 확인	

5. 안내 데스크

1) 장소

안내 데스크는 계산대 옆에 배치하고 계산원 리더가 안내 데스크를 관리할 수 있어야 한다.

2) 기능

(1) 반품 및 환불 전용처리

(2) 고객안내 및 서비스

매장 안내 및 영수증 재발행 등 서비스 응대

(3) 상품권 판매

상품권 판매 및 선물포장 서비스

3) 설비

(1) 방송 설비

고객안내 및 방송 실시

(2) 금고

상품권 및 동전교환용 금고

(3) 수납 및 전원 통제 장비

4) 자율 포장대

자율적으로 포장하여 배송 의뢰하거나 쇼핑상품을 고객이 포장하여 가져갈 수 있도록 포장대를 설치·운영한다.

❙ 그림 8-23 ❙ 자율 포장대

제8장 집기 및 설비 연습문제

1. 집기설비 배치 원칙에 대하여 설명하시오.

① 상품과 판매수량분석(P-Q분석)
상품과 수량분석은 집기 설비 배치의 분석기법으로 결정하는 기본적 요소로 상품, 판매수량, 고객동선, 공간, 시간의 개념을 들 수 있다.

② 상호관계 분석
매장에서 판매활동에 직, 간접적으로 기여하는 활동 간의 관계, 접근성 등을 고려하여 배치한다.

③ 공간분석
고객흐름과 공간을 감안하여 배치한다.

2. 정육작업장 시설에 관하여 설명하시오.

① 육절기, 골절기, 민서기, 연육기
② 싱크대, 작업대
③ 미트슬라이스
④ 도마: 우육, 돈육용 도마
⑤ 세면기
⑥ 세탁기, 건조기
⑦ 저울
⑧ 자동포장기
⑨ 냉동고/냉장고
⑩ 위생기구

3. POS시스템 효과에 관하여 설명하시오.

① 생산성 향상: 시스템 자동판독으로 오류, 오타, 가격변동 실수 등을 사전에 방지하고 효율적이다.
② 판매원관리 용이: 계산원별 판매, 반품, 입력사항에 대한 관리가 용이하다.

③ 점포사무 단순화: 매출정산, 매출보고서 발행을 효율적이고 신속하게 할 수 있다.
④ 고객 부정 방지
⑤ 품절 방지 및 상품 신속한 회전 등이 있다.

4. 용어 설명

- 곤돌라
- 경사로
- 자율 포장대

사업자 개설 및 인허가

제1절 사업자 개설

1. 사업자 등록

1) 사업자 등록증

신규로 사업을 개설하는 자가 사업장 관할세무서에 등록하는 것이다. 신규사업자는 개설 전이라도 등록이 가능하다. 사업자 등록은 납세의무자의 측면에서 보면 단순히 사업사실의 신고로서 본래의 납세의무에 부가된 정상의 협력의무에 불과하다. 하지만 세법상 사업자 등록 의무 불이행에 대하여 가산세를 부과하고 매입세액을 불공제하는 불이익까지 받게 되므로 사실상 강제 효과가 있다.

2) 기재사항

지정된 서식에 의해 기록하여 제출하면 된다.

3) 사업자 등록 시 점검사항

(1) 과세업종인지 면세 업종인지 확인한다.

① 부가가치세가 과세되는 사업은 과세사업자 등록을 면제되는 사업은 면세사업자 등록을 한다.

② 과세사업과 면세사업을 겸업할 때에는 과세사업자 등록만 한다.

(2) 동업사업 경우 관련 증빙서류를 제출한다.

① 2인 이상의 사업자가 공동으로 사업을 하는 경우 이중 1인을 대표자로 선정한다.
② 공동으로 하는 사업임을 증명할 수 있는 동업계약서 등의 서류를 제출하여야 한다.

(3) 자금출처 조사에 대비한 입증자료를 사전에 준비한다.

(4) 주류는 판매신고자만이 판매할 수 있으므로 주류 판매 신고번호를 같이 받아야 한다.

4) 사업자 등록증 교부절차

사업자등록 신청을 받은 당해 사업장의 소관세무서장은 그 신청내역을 조사하여 사업자의 인적사항 등이 기재된 사업자 등록증을 신청일로부터 3일 이내에 교부한다.

신청내용이 조사한 사실과 다른 경우 조사한 사실에 의하여 교부하되 교부기간은 연장된다.

5) 사업자 등록증 종류 및 등록번호

일반사업자 설립은 절차가 간단하고 비용이 저렴하다. 그리고 사업의 이익을 관여하지 않는다. 반면에 사업의 규모가 커지면 한계가 있고 사업실패 시 사업자의 책임범위가 크다. 법인사업자는 설립등기를 해야 하고 최소자본금 5,000만 원 규정이 폐지되었지만 자본금이 필요하고 등록세를 납부하여야 한다. 그리고 법적 절차에 의해 회계처리를 해야 한다.

❙ 표 9-1 ❙ 사업자 등록증 종류 및 등록번호

구분	000 -	00 -	0000 -	0
일반 사업자	지방청 세무서 구분코드	-	6000-9999	
간이 과세자		-	0001-5999	
면세 사업자		90-99		
법인 사업자		81-85		

6) 사업자 등록증 정정

다음의 사유가 발생할 경우 사업자 등록증 정정신고를 하여야 한다.

┃표 9-2┃사업자 등록증 정정사유

정정사유	재발급 기간
- 법인 또는 1거주자로 보는 단체의 대표자를 변경하는 경우 - 사업 종류 변동이 있는 경우 - 사업장을 이전하는 경우 - 상속으로 사업자 명의가 변경되는 경우 - 공동사업자 구성원 또는 출자지분이 변경되는 경우 - 임대인, 임대차 목적물 및 그 면적, 보증금, 임차료 또는 임대차 기간이 변경되거나 새로 상가건물을 임차한 경우 - 사업자단위과세사업자가 사업자단위과세사업장을 변경하는 경우 - 사업자단위과세사업자가 종 된 사업장을 신설 또는 이전하는 경우 - 사업자단위과세사업자가 종 된 사업장의 사업을 휴업하거나 폐업하는 경우	신청일부터 3일
- 상호를 변경하는 경우 - 사이버 몰에 인적사항 등의 정보를 등록하고 재화나 용역을 공급하는 사업을 하는 사업자가 사이버 몰의 명칭 또는 인터넷 도메인 이름을 변경하는 경우	신청일 당일

7) 부가가치세 면세

(1) 미가공 식료품 및 국산 비식용 미가공 농·축·수·임산물

(2) 주택, 부수토지 임대용역

(3) 교육용역

(4) 토지공급

(5) 금융·보험용역

(6) 우표·인지·증지·복권과 공중전화

(7) 특정한 제조 담배

(8) 종교, 자산, 학술, 구호 기타 공익단체가 공급하는 일정한 재화 또는 용역

(9) 국가 등이 공급하는 재화·용역

2. 사업자 유형

1) 사업형태에 따른 구분

사업 형태에 따라 개인사업자와 법인사업자가 있다. 개인사업자란 회사를 설립하는 데 상법상 별도의 절차가 필요하지 않아 그 설립절차가 간편하고 휴·폐업이 비교적 간단하며 부가가치세와 소득세 납세의무가 있는 사업자를 말한다. 법인사업자란 법인설립 등기를 함으로써 법인격을 취득한 법인뿐만 아니라 국세기본법의 규정에 따라 법인으로 보는 법인격 없는 단체 등도 포함되며 부가가치세와 법인세 등 납세의무가 있는 사업자를 말한다.

(1) 개인과 법인의 세제상 차이

▌표 9-3▐ 개인과 법인의 세제상 차이

구분	개인기업	법인기업
납부 세금	소득세	법인세
세율 구조	6~38%(5단계)	10~22%(3단계)
납세자	사업자 주소지	본점. 주사무소 소재지
기장의무	간편 장부/복식부기	복식부기
외부 감사제도	없음	직전 자산총액 100억 원 이상 법인 등

(2) 법인설립 절차

창업자가 법인을 설립하기로 결정하였다면 상법에 의한 설립을 하여야 한다. 주식회사의 설립방법은 발기설립과 모집설립이 있는데 주로 발기설립을 한다. 1인 이상의 발기인이 구성되면 정관 작성 후 공증을 받고 주식 발행사항을 결정한다. 주식대금납입을 통한 주식인수가 이루어지면 이사와 감사를 선임하고 선임된 이사와 감사는 설립경과를 조사하여 발기인에 보고하고 대표이사의 신청으로 법인설립등기를 한다.

▌표 9-4▐ 상법상 회사 종류

형태		구성원	책임
인적 회사	합명회사	무한책임사원(2인 이상)	직접, 무한, 연대책임
	합자회사	무한책임사원+유한책임사원 (각 1인 이상)	무한책임사원: 직접, 무한, 연대책임 유한책임사원: 직접, 유한, 연대책임
물적 회사	유한책임회사	유한책임사원(각 1인 이상)	간접, 유한책임
	유한회사	유한책임사원(1~50인)	간접, 유한책임
	주식회사	유한책임사원(1인 이상)	간접, 유한책임

2) 과세 유형에 따른 구분

개인사업자는 부가가치세의 과세 여부에 따라 과세사업자와 면세사업자로 구분된다. 다만, 과세와 면세 겸업사업자는 사업자 등록증이 과세사업자로 발급된다.

(1) 과세사업자

과세사업자는 부가가치세 과세대상 재화 또는 용역을 공급하는 사업자로서 부가가치세 납세의무가 있는 사업자를 말한다.

(2) 면세사업자

면세사업자는 부가가치세사 면제되는 재화 또는 용역을 공급하는 사업자로서 부가가치세 납세의무가 없는 사업자를 말한다.

3) 사업규모에 따른 구분

개인과세 사업자는 사업의 규모에 따라 일반과세자와 간이과세자로 구분된다.

(1) 일반과세자

연간매출액이 4,800만 원 이상으로 예상되거나 간이과세가 배제되는 업종 또는 지역에서 사업을 하고자 하는 경우는 일반과세자로 등록하여야 한다. 일반과세자는 10%의 세율이 적용되는 반면, 사업과 관련된 물건 등을 구입하면서 받은 매입세금계산서상의 부가가치세액을 전액 공제받을 수 있고, 세금계산서를 발행할 수 있다.

(2) 간이과세자

주로 소비자를 대상으로 하는 업종으로 연간매출액이 4,800만 원에 미달할 것으로 예상되는 소규모사업자의 경우에는 간이과세로 등록하면 된다. 간이과세사업자는 업종별로 0.5~3%의 낮은 세율이 적용되지만 매입세액의 5~30%만을 공제받을 수 있으며 세금계산서를 발행할 수 없다.

3. 확정일자 신청

상가건물이 경매 또는 공매되는 경우 임차인이 상가건물 임대차보호법의 보호를 받기 위해서는 반드시 사업자 등록과 확정일자를 받아야 한다.

1) 확정일자

확정일자는 건물소재 관할세무서장이 그 날짜에 임대차 계약서의 존재사실을 인정하여 임대차계약서에 기입한 날짜를 말한다. 건물을 임차하고 사업자 등록을 한 사업자가 확정일자를 받아 놓으면 임차한 건물이 경매나 공매로 넘어갈 경우 확정일자를 기준으로 후순위 권리자에게 우선하여 보증금을 변제 받을 수 있다. 따라서 확정일자는 사업자등록과 동시에 신청하는 것이 바람직하다.

2) 확정일자 신청대상

환산보증금(보증금 + 월세의 보증금 환산액)이 지역별로 보호대상 이하인 경우에만 보호를 받을 수 있다.

┃표 9-5┃보호대상 환산보증금

지역	환산 보증금
서울시	4억 원 이하
수도권정비계획법에 의한 수도권 중 과밀억제권역 (서울 제외)	3억 원 이하
광역시(수도권과밀억제권역과 군지역 제외), 안산시, 용인시, 김포시, 광주시(경기)	2억 4천만 원 이하
기타지역	1억 8천만 원 이하

*월세의 보증금환산: 월세×100

3) 확정일자 신청

확정일자는 아래의 서류를 구비하여 관할 세무서에서 신청하면 된다.

(1) 신규 사업자

① 사업자 등록증 신청서
② 임대차계약서 원본
③ 사업허가, 등록, 신고필증
④ 사업장 도면
⑤ 본인 신분증(대리인 신청 시 대리인 신분증)

(2) 기존 사업자

① 사업자 등록 정정신고(임대차 계약 변경된 경우)
② 임대차 계약서 원본
③ 사업장 도면
④ 본인 신분증

제2절 인허가

1. 주요 인허가

1) 기타 식품 판매업

매장 면적이 300제곱미터 이상에서 식품을 판매하는 영업을 하는 자는 기타 식품 판매업 신고를 하여야 한다.

2) 축산물 판매업

축산물판매업은 각 관할 자치구에 판매업 신고를 하여야 한다.

(1) 구비서류(본인)

① 신분증
② 건강진단결과 사본(보건 증)
③ 위생교육필증
④ 시설내역 및 배치도

3) 담배소매인 지정서

(1) 개요

① 담배의 경우 구내 소매인과 일반소매인이 있으며 일반소매인의 경우 거리제한(50미터)이 있으며 구내의 경우는 매장 면적 100평방미터 이상이어야 한다.
② 관할기관은 구청이며 담배인삼공사에서 실사한다.

(2) 구비서류

① 소매인 지정신청서
② 임대차 계약서 및 사용대차 계약서
③ 점포 약도

4) 휴게음식점

식품접객업소에는 휴게음식, 일반음식, 단란주점, 유흥주점의 4가지 종류가 있으며 이 업종에 종사하는 모든 종사자는 위생교육을 받고 건강진단수첩(보건증)을 소지하여야 한다.

┃표 9-6┃식품접객업 업종 분류

구분	영업내용	행정절차
휴게음식점	음식류를 조리·판매하는 영업(음주행위가 허용되지 않음) 주로 다류를 조리·판매하는 다방, 제과, 패스트푸드점 등 신고	신고
일반음식점	음식류를 조리·판매하는 영업(부수적으로 음주행위가 허용되는 영업)	신고
단란주점	주로 주류를 조리·판매하는 영업 손님이 노래를 부르는 행위가 허용되는 영업	허가
유흥주점	주로 주류를 조리·판매하는 영업 유흥종사자 공용, 유흥시설 설치 허용	허가

2. 기타 인허가

┃표 9-7┃기타 인허가

인허가명	관할기관	구비서류	비고
양곡소매업	구청 산업과	– 양곡소매업신고서 – 임(전)대차 계약서 – 점포 약도	20키로 미만 포장곡 판매 시 신고 불필요
쓰레기봉투 소매	관할동사무소	– 사업자등록증 – 인감증명서 – 계약서 – 보증보험 – 대표자 사진	보증인을 세울 경우 보증인 인감증명 필요

* 주류 판매신고: 사업자등록증 교부시 연동
* 전화신청: 사업자 등록증/신분증/도장

제3절 법 준수

1. 판매시점 법 준수

1) 현금영수증

현금영수증 제도는 2005년 1월 1일에 도입되었다. 고객이 상품을 구입하면서 현금, 상품권으로 결제하고 현금영수증을 국세청에 신고할 경우 연말에 소득공제를 받을 수 있으며 개인 및 사업자 구분 개인은 현금소득공제, 사업자는 지출 증빙이 된다.

2) 미성년자대상 판매금지 품목

청소년 보호법에 의해 청소년 유해 약물 등을 판매, 대여, 배포하여서는 아니 된다.

청소년 유해 약물 등을 판매, 대여, 배포하고자 하는 자는 그 상대방의 연령을 확인하여야 한다. 청소년 주류 판매 위반 시 2년 이하의 징역 또는 1천만 원 이하의 벌금 및 과징금이 부과된다(연령 19세 기준 적용). 주류, 담배 구입 가능 연령은 만 19세이다(청소년 보호법).

3) 주류 판매 기록

(1) 국세청 고시에 의하여 아래 기준 용량 초과의 경우 기록부를 작성하여야 한다.

| 표 9-8 | 주류 기준 용량

종류	기준	기준 용량
소주	2박스(박스당 360ml 20병 기준)	14,400ml
맥주	4박스(박스당 500ml 12병 기준)	24,000ml
위스키 및 브랜디	1박스(박스당 500ml 6병 기준)	3,000ml
상기이외	2박스(박스당 360ml 20병 기준)	14,400ml

(2) 주류 판매 기록부는 항상 매장에 보관하여야 하고 주류 반입, 매입하는 경우 주류계산서를 사업장에 보관하여야 한다.

2. 식품위생법

1) 목적

식품으로 인한 위생상의 위해를 방지하고 식품영양의 질적 향상을 도모하며 식품에 관한 올바른 정보를 제공함으로써 국민보건증진에 이바지함을 목적으로 한다. 식품위생법은 식품을 취급함에 있어서 가장 기본적이고 기초가 되는 법으로 이에 대한 이해와 준수가 필요하다.

2) 식품위생 정의

식품, 첨가물, 기구 또는 용기, 포장을 대상으로 하는 음식에 관한 위생, 식품의 재배, 생산, 제조로부터 최종적으로 사람에 섭취되기까지의 모든 단계에 걸친 식품 안전성, 건전성 및 완결 무결성을 확보하기 위한 모든 필요한 수단을 말한다.

❙ 표 9-9 ❙ 식품위생 정의

구분	내용
안전성(Safety)	- 인체에 유해한 물질이 있어서는 안 된다.
건전성(Soundness)	- 통상적으로 식용으로 사용하는 원료를 사행해야 한다.
완전성(Wholesomeness)	- 영양소를 골고루 함유하고 있어야 한다.

3) 식품취급 소매점에서 위생관리

식품 취급은 위생관리와 판매원의 위생에 관한 지식과 직업정신이 요구된다. 소홀한 위생관리는 소매점과 판매원에게 큰 부담이 될 수 있으며 판매원은 영업 형태에 대한 이해와 법규, 개인위생에 관한 필수 사항을 준수하여 위생 관련 사고를 사전에 예방하여야 한다.

4) 식품위생법상 판매금지 사항

(1) 썩거나 상했거나 설익은 것

(2) 유독, 유해물질이 들어있는 것

(3) 병원 미생물에 오염된 것

(4) 불결하거나 이물질이 혼입된 것

(5) 영업허가를 받지 않은 자가 제조한 것

(6) 품목제조 허가를 받지 않은 상품

(7) 수입이 금지된 것, 수입신고를 하지 않고 수입한 것

(8) 음용에 제공할 물에 대한 허가를 받지 않고 지하수, 지표수 따위를 용기에 넣은 것

5) 유통기한 및 원산지 표시

(1) 유통기한

유통기한은 소비자에게 안전한 상품을 제공함으로써 고객과의 약속을 통한 신뢰를 구축하고 유통업자는 상품의 선도관리를 실시하여 부패, 변질된 식품 사용 및 섭취를 사전에 방지하기 위하여 관리된다.

① 0000.00.00까지, 00.00.00까지, 0000년 00월 00일까지로 표시할 수 있다.
② 즉석식품(도시락류)는 시간까지 표시 00월 00일 00시까지, 00일 00시까지로 표시하여야 한다.
③ 유통기한이 서로 다른 상품을 함께 포장하였을 경우 그중 가장 짧은 유통기한을 적용하여 표시하여야 한다.
④ 설탕, 아이스크림/빙과류, 식용얼음, 가공소금 등은 유통기한 생략이 가능하다.

(2) 매장에서 유통기한 관리 프로세스

① 유통기한이 경과한 상품이나 임박한 상품이 진열되어서는 안 되고 지정된 장소에서 별도 보관한다.
② 주기적인 관리 시스템이 필요하다.
③ 상품별 특성을 고려하여 일/주간단위 관리를 한다.

(3) 원산지 표지제도

원산지 표시제도는 수입 농·수·축산물은 생산국명을 국내 농·수·축산물은 생산지 시, 군명을 포장지에 인쇄 또는 스티커 등을 부착하여 구매자가 알아볼 수 있도록 표시하는 제도이다.

① 목적 및 적용범위

원산지 표시는 소비자에게 원산지에 대한 정확한 정보를 알려주어 구매 시 합리

적인 선택 기회를 제공하고 농·수·축산물 유통질서를 확립하며 소비자와 생산자를 보호하기 위한 제도이다. 원산지 표시의무를 법으로 정한 수입 농·수·축산물, 국내 농·수·축산 가공품 중 판매 목적으로 하는 전 상품에 해당한다. 따라서 매장 상품과 창고 상품까지 해당된다.

② 표시의무자

판매하거나 가공한 자 또는 판매목적으로 보관·진열하는 자이다.

(4) 법 위반 행정처벌

┃표 9-10┃법위반 행정처벌

구분		제조/소분/ 즉석판매	기타 축산물 판매	접객업 (휴게·일반·제과)
유통기한	유통기한 미 표시 및 사용	품목류 정지 15일	영업정지 7일	영업정지 7일
	유통기한 초과표시(제조)	품목류 정지 10일		
	유통기한 초과표시(소분), 유통기한 변조	영업정지 1월		
	유통기한 경과상품 사용, 보관, 판매	영업정지 15일, 7일	영업정지 7일 영업일부 정지 1월	영업정지 15일
원산지	허위표시	1억 원 이하 벌금 및 7년 이하 징역	좌동	영업정지 7일
	미표시 및 상품의 사용	1천만 원 미만 과태료	좌동	시정명령
	표시방법에 의한 원산지 관리 미흡	1천만 원 미만 과태료	좌동	시정명령

3. 축산물가공처리법

1) 축산물 판매업의 영업자 및 종업원 준수사항

축산물은 위생적으로 보관·운반·판매하여야 하며 축산물 포장, 용기가 파손된 축산물을 판매하거나 판매할 목적으로 운반, 진열하여서는 안 된다. 허가관청 또는 신고관청으로부터 시정명령, 폐기처분, 시설개수명령 등 사후조치가 필요한 행정처분을 받은 영업자는 그 명령에 따른 사후조치를 이행한 후 그 이행결과를 지체 없이 처분청에 보고하여야 한다. 축산물 가공처리법 시행규칙 제13조의 규정에 의한 도축검사증명서 및 제25조의 규정에 의한 출입, 검사 등 기록부는 최종 발급일부터 1년간 보관하여야 한다. 영업자는 자체적인 위생교육을 수립하여 영업에 종사하는 종업원에 대하여 제 46조 규정에 의하여 위생교육을 받은 영업자 또는 종업원이 매월 1시간 이상 위생교육을 실시하여야 한다.

2) 표시사항 준수

❙ 표 9-11 ❙ 표시사항 준수

한우	도축장명 및 개체 식별번호
수입육	거래내역서상 선하증권번호 기록 보관(1년)
돈육	도축장명
계육	도계장명

4. 고객 정보보호

고객 정보보호는 개인정보보호라는 측면에서 중요시 되고 있어 이에 대한 이해와 준수가 필요하다.

1) 유형별 규제내용

❙ 표 9-12 ❙ 개인정보 유형별 규제내용

구분	규제 내용	처벌 내용	비고
제3자에게 제공	- 개인정보를 제3자에게 제공하거나 제공받은 목적 외 용도 이용 금지	5년 이하 징역 5천만 원 과태료	- 제3자 유출방지
파기	- 동의 얻은 개인정보 보유 및 이용기간 종료	1천만 원 과태료	- 기간 종료 시 파기
마케팅동의 철회	- 이용자는 개인정보수집, 이용, 제공 등 동의를 철회 및 정정요구		- 본인 확인되면 철회 가능 안내
SMS 전송금지대상	- 명시적 거부의사에 반하는 광고 전송 금지	3천만 원 과태료	- 수신거부 고객 제외
SMS광고전송 허용시간	- 오후 9시~아침 8시까지 별도 동의 없는 광고 전송 금지		- 시간준수
SMS광고 전송 시 표시사항	- 전송자 명칭 표시 - 수신거부의사표시를 쉽게 할 수 있는 조치 및 방법 표시		- 발송자 및 수신거부 전화표시
SMS수신거부비용 부담 금지	- 수신 거부 시 금전적 비용 수신자 부담 금지		- 080 수신거부 전화개설

2) 경품 응모권을 통한 개인정보 수집 시 준수사항

▎표 9-13 ▎경품 응모권을 통한 개인정보 수집

구분	규제 내용	처벌 내용	비고
의무 기재사항	– 개인정보 수집 시 명시 · 개인정보 수집이용 목적 · 수집하는 개인정보 항목 · 개인정보 보유 및 이용기간	1천만 원 이하 과태료	– 최소항목조사
파기	· 개인정보 수집 이용목적 달성 시 파기 · 개인정보 보유 이용기간 종료 시 파기	1천만 원 이하 과태료	– 재이용되지 않도록 파기

5. 제조물 책임법

제조물 책임법(Product liability act)은 제조업자가 제조물의 결함으로 인해 생명, 신체, 재산상 손해를 입은 사람에 대하여 제조업자의 고의나 과실에 관계없이 손해배상 책임을 지도록 제정한 법이다.

1) 결함내용

(1) 제조상 결함

(2) 설계상 결함

(3) 표시상 결함

(4) 기타 일반적으로 기대할 수 있는 상품 안전성 부족

2) 적용범위 및 손해배상청구기간

제조업자 배상의무는 피해자의 생명, 신체 또는 재산에 대한 손해에 것으로 제한하고 결함이 있는 제조물 자체는 계약당사자인 유통업자나 판매자에게 구제 받는다. 소비자 입장에서 제조물 책임법에 의한 손해를 배상받기 위해서는 피해자가 피해사실 및 손해배상 책임자를 알게 된 때로부터 3년 이내에 청구하거나 제조업자가 그 제조물을 공급한 날로부터 10년 이내에 청구해야 한다.

6. 판매가격표시 및 단위가격표시제도

1) 판매가격표시제도

판매업자가 일반소비자에게 판매하는 상품의 실제 가격을 알아보기 쉽게 표시하는 것을 의무로 하고 대상은 다음 점포를 말한다. 표시의무자는 판매업자이고 소비자가 쉽게 알아볼 수 있는 방법으로 선명하고 명확하게 표시하여야 한다.

(1) 매장 면적이 17제곱미터 이상인 소매 점포

(2) 대규모 점포 내의 모든 소매 점포

(3) 시장 또는 지역 내 소매 점포

2) 단위가격표시제

백화점, 할인점, 슈퍼마켓에서는 84개 상품에 대해서 단위가격 표시를 해야 한다.

▌표 9-14▌단위가격표시 대상 84개 품목

구분(품목)	대상	구분	대상
100ml(17)	우유, 식용유, 간장, 과채주스, 소스류(액상), 과채음료, 탄산음료, 와인류, 생수, 드레싱, 주류, 섬유유연제, 샴푸, 린스, 주방세제(액상), 세탁비누(액상), 합성세제(액상)	100g (29)	설탕, 마요네즈, 식염, 분유, 고추장, 된장, 청국장, 소스류(액상 제외), 케찹, 밀가루, 어묵, 국수, 두부, 잼류, 만두류(냉동), 마카로니, 스파게티, 버터류, 마가린류, 벌꿀, 빵가루, 시리얼, 건포류(중량단위), 분말세제, 가루비누, 세탁비누(고형), 농산물(중량단위), 수산물(중량단위), 축산물(중량단위)
10ml(7)	참기름, 식초, 유산균 발효음료, 빙과류, 아이스크림류, 액젓, 식용기름	10g (20)	햄류, 커피(액상 제외), 치즈, 맛살, 복합조미식품, 껌, 참치 캔, 과자, 캔디류, 초코릿류, 초코파이(상자), 베이컨류, 소시지류, 젓갈, 차류(액상 제외), 코코아, 식물성크림(커피용), 빵류, 생선통조림, 치약
개(5)	라면, 종이기저귀, 생리대, 세면비누(고형), 칫솔	m(2)	랩, 호일
장(3)	조미김, 위생백, 티슈(10매 단위)	10m(1)	화장지(롤)

3) GMO 표시제도

GMO(Genetically Modified Organism)는 유전자 재조합 기술에 의해 만들어진 생물체로서 미생물의 유용한 유전자를 인공적으로 분리하거나 결합시켜 개발자가 목적한 특성을 갖도록 한 농·축·수산물 등이다.

(1) 표시대상품목

콩류, 옥수수, 콩나물, 감자

(2) 표시의무자

농산물은 표시대상 품목의 유전자 변형 농산물을 판매하는 자이고 가공식품은 식품 제조 가공업자, 즉석판매 제조 가공업자, 식품소분업자, 식품첨가물 제조업자, 유통전문 판매업자이다.

4) 친환경 농산물 표시사항 준수

(1) 인증마크, 생산자명, 주소, 주소, 전화번호, 인증번호, 품목, 산지, 중량 표시

(2) 판매시점에 친환경농산물인증서를 필수적으로 비치

(3) 소분 허가 없이 매장 내 단위중량 변경 등 소분작업 불가

7. 영업 및 출점규제

2013년 1월 1일 여야 합의로 대형 유통 점의 영업 및 출점규제에 대한 유통산업 발전법의 개정안이 최종 통과되었는데, 내용은 당초 개정안에서 일부가 수정되어 통과되었다. 대상은 대규모 점포 및 준 대규모 점포를 대상으로 한다.

| 표 9-15 | 2013년 1월 국회통과 유통산업발전법 주요 내용

구분	기존 규제내용	추가 규제내용
출점규제 (2011.6)	시장보존구역 출점 제한 * 5년, 1km 이내 (프랜차이즈 가맹점 포함) 출점 시 사업조정 (위탁가맹점 포함)	사전입점 예고제 * 개설 30일 전 지역 및 시기 등 입점 사실 통보 * 상권 영향평가서, 지역협력 계획서 제출
영업규제 (2011.12)	의무휴무 및 영업시간 제한 * 휴무일: 월 1~2회 * 영업시간: 08:00-24:00 * 농축수산물 판매비중 51% 이상 시 제외	의무휴무 및 영업시간 제한 확대 * 의무휴업일: 월2 회(공휴일 중 지정) 이해관계자 합의 시 공휴일 아닌 날로 조정 가능 * 영업시간: 10:00-24:00 * 농축수산물 판매비중 55% 이상 시 제외

의무휴업 위반 과태료: 1차 위반 3,000만원(점포 연간 100억 이상 시), 1,000만원(100억 미만 시)

1) 대규모 점포

(1) 하나 또는 대통령으로 정하는 둘 이상의 연접되어 있는 건물 안에 하나 또는 여러 개로 나누어 설치되는 매장일 것

(2) 상시 운영되는 매장일 것

(3) 매장 면적 합계가 3천 제곱미터 이상일 것

2) 준 대규모 점포

(1) 대규모 점포를 경영하는 회사 또는 그 계열회사([독점규제 및 공정거래에 관한 법률]에 따른 계열회사를 말한다)가 직영하는 점포

(2) [독점규제 및 공정거래에 관한 법률]에 따른 상호 출자제한 기업집단의 계열회사가 운영하는 점포

(3) (1) 및 (2)의 회사 또는 계열회사가 직영점 형 체인사업 및 프랜차이즈형 체인사업 형태로 운영하는 점포

제9장 사업자개설 및 인허가 연습문제

1. 법인 설립절차에 관하여 설명하시오.

창업자가 법인을 설립하기로 결정하였다면 상법에 의한 설립을 하여야 한다. 주식회사의 설립방법은 발기설립과 모집설립이 있는데 주로 발기설립을 한다. 1인 이상의 발기인이 구성되면 정관 작성 후 공증을 받고 주식 발행사항을 결정한다. 주식대금납입을 통한 주식인수가 이루어지면 이사와 감사를 선임하고 선임된 이사와 감사는 설립경과를 조사하여 발기인에 보고하고 대표이사의 신청으로 법인설립등기를 한다.

2. 담배소매인지정서에 대하여 설명하시오.

① 담배의 경우 구내 소매인과 일반소매인이 있으며 일반소매인의 경우 거리제한(50미터)이 있으며 구내의 경우는 매장 면적 100평방미터 이상이어야 한다.

② 관할기관은 구청이며 담배인삼공사에서 실사한다.

3. 원산지 표시제도에 관하여 설명하시오.

원산지 표시제도는 수입 농·수·축산물은 생산국명을 국내 농·수·축산물은 생산지 시, 군명을 포장지에 인쇄 또는 스티커 등을 부착하여 구매자가 알아볼 수 있도록 표시하는 제도이다.

① 목적 및 적용범위

원산지 표시는 소비자에게 원산지에 대한 정확한 정보를 알려주어 구매 시 합리적인 선택의 기회를 제공하고 농·수·축산물의 유통질서를 확립하며 소비자와 생산자를 보호하기 위한 제도이다. 원산지표시의무를 법으로 정한 수입 농·수·축산물, 국내 농·수·축산가공품 중 판매 목적으로 하는 전 상품에 해당한다. 따라서 매장의 상품과 창고상품까지 해당된다.

② 표시의무자

판매하거나 가공한 자 또는 판매목적으로 보관, 진열하는 자

4. 용어 설명

- 확정일자
- 단위가격 표시제
- GMO 표시제

상품 구성

제1절 상품 구성

1. 상품 구성

상품은 물리적인 속성 집합으로 교환 대상이 되는 물품인 전통적 상품 의미와 다르게 최근에는 소비자 편익, 만족, 효용, 욕구를 충족하는 수단으로 구매하는 물품을 의미한다. 상품은 물리적인 상품, 서비스, 이벤트, 아이디어 또는 이들의 조합을 말한다. 상품은 소매점에서 가장 핵심적인 요소라 할 수 있다. 상품 분류는 소비자가 구매하는데 합리적 수준으로 상호 대체가 가능하다고 생각하는 아이템별로 상품을 구별하여 명칭을 부여하고 체계적으로 규정하는 것이다. 특히 소매점에서는 한정된 점포에서 취급해야 할 상품을 결정해야 하기 때문에 상품 분류가 중요한 요소이다. 상품에 대한 분류는 목적별, 구매 관습, 가격 등 상품을 식별하기 위한 기준으로 분류한다. 상품 분류는 소매점 발주, 판매, 진열, 인력운영 등 점포 운영의 기본이다.

1) 상품체계

소매점 상품을 중심으로 상품 분류는 대분류, 중분류, 소분류로 구분하고 중분류가 중심이 되고 있다. 상품 분류는 판매관리, 재고관리, 이익관리가 용이하도록 중분류단위를 중심으로 실시하고 매장구성 등 상품 구성에 활용은 소분류까지 실시한다. 소매점의 일반적 상품 분류는 아래 상품 분류와 같이 대분류, 중분류, 세부 상품으로 구분할 수 있다.

▌표 10-1▌상품 분류

대분류	중분류	세부 상품
잡화	신변잡화	핸드백, 구두, 보석
	화장품	화장품, 향수
의류	여성	정장, 캐주얼
	남성	정장, 아웃도어
신선식품	야채	엽채, 과채
	과일	시즌과일, 수입
가공식품	즉석/캔	스프, 통조림, 병통조림
	제과	스낵, 초콜릿, 캔디
	면	라면, 당면, 소면
	조미료	간장, 된장, 조미료, 소금
	커피/음료	생수, 탄산음료, 차, 커피
	주류	맥주, 소주, 양주
비식품	일용잡화	세제, 화장지
	담배	담배
	위생용품	화장품, 생리대
	유아	유아용품, 면도기
냉동/냉장	냉장	우유, 계란, 두부, 콩나물
	냉동	아이스크림, 만두
가정용품	전기	냉장고, 세탁기
	전자	TV, 핸드폰

2) 표준상품분류

표준상품분류는 공통적으로 상품의 코드를 관리하는 방법으로 국제적으로 일반화 되고 있다. 구체적으로 전 세계에서 사용하는 유럽상품코드(European article number)와 미국, 캐나다에서 사용하는 북미상품코드가 있다. 유럽상품코드(EAN)는 국제적으로 코드체계가 표준화 되었으며 유통업체 POS시스템이나 제조업체 물류관리 등에 공통적으로 사용되고 있다. 일반적으로 자리 수는 13자리이고 단축 형은 8자리로 사용하고 있다. 표준상품코드는 소매점 POS시스템과 연동되어 판매 시 매출액과 재고관리를 가능하도록 되어 있다는 점에서 편리하고 효율적이다.

상품코드

① 국가코드: 첫 세 자리가 국가코드이다. 대한민국은 880이다.
② 제조업체코드: 4자리가 제조업체의 식별번호로 한국유통물류진흥원에서 제조, 판매상품에 고유부여를 부여한다.
③ 상품코드: 제조업체에서 취급하는 상품에 부여하는 코드이다.
④ 체크숫자: 마지막 한 자리는 판독오류 방지를 위해 만들어진 코드이다.

예)

880	0000	00000	0
국가	제조업체	품목	체크숫자

3) 소비자 관여도에 다른 분류

관여도는 소비자가 상품을 구매에 들이는 노력과 시간의 크기를 말하는데 적극적인 정보 탐색을 하는 고관여 상품과 습관적이거나 정보처리 의사가 부족한 저관여 상품으로 구분되는데 이와 같은 관여도에 따른 상품 구분은 편의품, 선매품, 전문품으로 구분할 수 있다.

(1) 편의품

① 빈번하고 습관적으로 구매하는 상품
② 껌, 라면, 과자

(2) 선매품

① 편의품과 비교하여 상품 구매 시 시간과 정보를 추구하는 상품
② 자동차, 가전상품

(3) 전문품

① 상호 대체 상품이 없는 상품
② 악기, 명품

4) 소매점 취급상품

소매점은 업태에 따라 다르지만 마트와 슈퍼마켓은 식품, 잡화, 가정용품이 중심이 된다. 취급상품 중 중심이 되고 상품 특성이 요구되는 농산물의 상품 특성과 보관 방법을 중심으로 이해하는 것이 실무적으로 도움이 될 수 있다.

(1) 신선식품

소매점 특히 슈퍼마켓, 마트에서 취급하는 대표적인 상품인 과일과 야채를 통상적으로 신선식품이라 한다.

❙ 표 10-2 ❙ 주요 과일

품명	좋은 상품 특성	보관방법/주요 산지
사과	- 껍질 색상이 밝고 탄력감이 있는 상품 - 껍질이 얇고 과즙이 많으며 단맛이 좋은 상품	-1도~4도 /경북
배	- 신선하며 껍질색깔이 맑아 보이는 상품 - 크고 껍질이 얇고 과즙이 풍부한 상품	-1도~0도 /전남
포도	- 송이가 크고 포도 알이 굵고 신선해 보이는 상품 - 포도알과 알사이가 밀착되고 과즙이 많은 상품	-1~0도 /경기
참외	- 모양과 크기가 고르고 표피가 깨끗하고 윤기 있는 상품 - 육질이 희고 아삭아삭한 상품	5도~7도 /경북
밀감	- 크기는 중간정도로 모양이 고른 상품 - 신맛이 적은 반면 단맛이 좋은 상품	3도~5도 /제주
토마토	- 완숙계의 토마토의 경우 80% 이상 분홍색 등 고유 특성대로 착색이 된 상품 - 표면이 갈라짐이 없으며 꼭지가 신선한 상품	8~12도 /전남
딸기	- 크기와 모양이 균일하고 꼭지가 싱싱한 상품 - 과육이 단단하고 독특한 향기가 강하며 당도가 높은 상품	0도 /충남
수박	- 꼭지 줄기에 털이 있고 줄무늬가 선명하고 싱싱해 보이는 상품 - 두드려 보았을 때 우려 퍼지는 느낌이 드는 상품	7~10도 /경남, 전북

❙ 표 10-3 ❙ 주요 야채

품목	좋은 상품 특성	비고
고추	- 매끈하고 짙은 녹색을 띄며 두꺼우면서 연한 상품 - 홍고추는 착색과 크기가 균일한 상품	4 ~10도
오이	- 색깔이 선명하며 크기와 모양이 균일한 상품 - 육질은 단단하고 속 씨가 적은 상품	10~12도
양파	- 크기와 모양이 균일하고 표피가 윤택한 상품 - 중간크기로 모양이 둥글고 신선해보이며 밑 부분이 볼록한 상품	0도
마늘	- 표피가 담갈색 또는 담적색이며 쪽수가 적고 단단해 보이는 상품 - 구 외형이 둥글고 고유의 매운맛이 강한 상품	0도
무	- 크고 균일하며 모양이 바르고 흠이 없으며 신선한 상품 - 외관이 윤택하며 육질이 치밀하고 연한 상품	0도
배추	- 모양이 좋고 알속이 꽉 채워져 겉잎 버림이 적은 상품 - 뿌리와 겉잎이 잘 제거되고 단단한 느낌이 있는 상품	0도
감자	- 모양과 크기가 고르며 색택이 양호하고 신선해 보이는 상품 - 씨눈이 얕고 적게 분포되어 있으며 싹이 나지 않은 상품	3~6도
대파	- 잎은 끝부분까지 녹색이며 탄력이 있어 보이는 상품 - 줄기는 흰색부분이 많고 마른 잎이 없는 상품	0도

5) 상품 구성

(1) 상품 믹스

상품 구성(믹스)은 유통업체에서 판매되는 상품계열과 아이템의 모든 상품을 말하며 상품라인은 상품믹스 중 특정한 기준에 따른 상품들의 집합을 말한다. 유사한 기능, 동일한 유통경로, 일정한 가격존의 유사한 상품들의 집합을 상품 라인이라 한다.

① 상품 구성(믹스): 소매점에서 판매하는 상품의 집합을 말하며 여기에는 상품라인과 품목이 포함되는 개념이다.
② 상품 품목: 가격, 사이즈, 기타속성에 따라 확실하게 구분되는 단위상품을 말한다.
③ 상품 라인(line): 점포에서 취급하는 상품군이 많으면 다양성이 있는 것으로 일반적으로 백화점이 취급하는 상품의 다양성이 대형마트에 비교할 때 다양하다고 할 수 있다.
④ 상품 폭(width): 소매점에서 취급하는 비중복 상품라인의 다양성을 말한다. 편의점에서는 소수 라인만 취급하지만 슈퍼마켓에서는 한 상품에 여러 브랜드를 취급하는 경우이다.
⑤ 상품 깊이(depth): 소매점에서 동일한 라인 내 이용 가능한 대체 품목수로 재고유지단위(SKU: stock keeping unit)를 말한다. 그리고 재고유지단위는 상품 품목과 관련이 있다.

(2) 상품 구성 결정

소매점에서 상품 구성은 매장 면적, 시장규모, 상품에 투자할 자금 등에 따라 다르게 결정된다. 상품 구성 최종 결정은 한정된 매장을 고려하여 목표고객에 적합한 상품구성계획을 하여야 한다. 특히 업태에 따라 상품 구성 폭을 결정하는 요소가 다르다. 특히 창업하는 소매 점포에서 상품 구성은 면적과 투자액의 한계로 상품 폭과 깊이를 조절해야 한다.

(3) 상품 구색

① 업태 특성에 맞는 상품 구색
예: 슈퍼마켓은 매일 필요로 하는 식재료와 일반 생활용품을 취급하는 매장으로 그에 걸맞은 구색이 필요하다.
② 고객들은 중복상품이 많으면 상품을 선택하기 힘들어 한다. 점포에서 적합한 상품을 선정하여 진열면적을 넓혀 자신있게 추천하는 것이 효율적이다.

③ 품목 수가 줄어들면 1품목당 발주량/진열량/판매량이 늘어나 효율이 증가되어 이익 개선에 도움이 될 수 있다.

▎그림 10-1▎상품의 다양성과 구색에 따른 구분

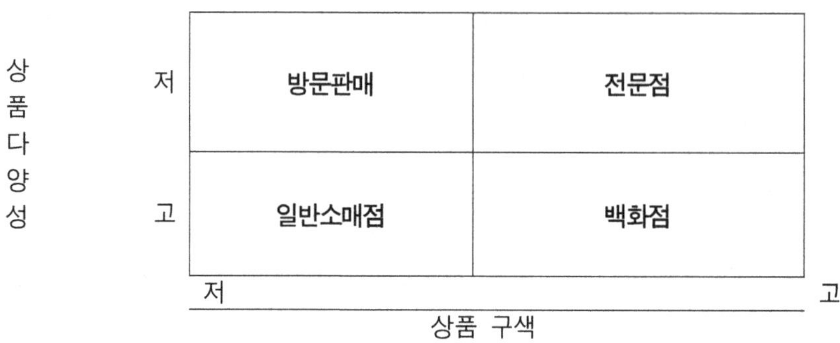

6) 매장 크기별 상품 구성 실무

(1) 취급 상품 수

▎표 10-4▎취급 상품 수

구분	10평 매장	20평 매장	50평 매장	100평 매장	비고
농·수산물	–	100	200	450	상권/입지에 따른 차별화
축산물	10	20	40	50	
델리 상품	130	150	120	100	
일배(냉동/냉장)	200	300	340	500	
가공 식품	760	930	1100	1500	
생활용품	200	300	500	900	
총계	1,300	1,800	2,300	3,500	

(2) 특수 상품(아이스크림, 담배, 복권 등) 취급 및 방법 결정

(3) 직영, 임대 매장 운영 결정

(4) 취급상품 선정 기준

① 신선식품 특화/구성비율 증대시킨다.
② 소비자 트렌드 반영한다(소규격 상품 취급).
③ 환경 친화적인 상품을 강화시킨다.
④ 상권 특성을 반영한다.

2. 슈퍼마켓 상품분류

1) 상품분류

고객 입장에서 보다 사기 쉬운 매장으로 상품 분류하고 관리한다.

(1) 공산품

매일 필요로 하는 식재료와 보통의 생활을 위한 구색을 갖추는 것이 필요하다.

중복되는 상품으로 취급하는 아이템이 늘어날 수 있으므로 상품믹스를 통해 중복되는 상품을 제거해야 한다. 공산품은 이익률은 낮지만 사람의 손이 적게 가며 할인/폐기가 적어 실제적으로 가장 이익이 많이 나는 상품이다.

(2) 공산품 경비 절감 및 효율적 운영 포인트

① 상품믹스를 통해 중복상품의 제거 및 상품별 충분한 진열 공간을 확보한다.
② 대량진열 판매를 한다.
③ 효율적인 운반도구 및 작업도구를 활용한다.
④ 과자류는 타 상품군과 달리 충동구매를 유도하는 것이 효율적이다.

(3) 농산품

슈퍼마켓 입구에 농산물이 진열되듯이 농산물은 특히 슈퍼마켓에서는 얼굴로써 선도가 좋아야 한다. 진열 방법, 위치, 제공방법에 따라 판매량이 크게 변하므로 적합한 판매기법/진열기법을 연구해야 한다. 농산물중 회전이 빠르고 5~6개 품목을 저렴하게 제공하는 것이 바람직하다. 특히 금방 시들어버리는 엽체류를 저렴하게 판매하는 것이 고객을 증가시키는 방법이 된다. 파격적인 가격으로 제공하여 주변에서 화제를 만들어 유효한 판촉수단이 된다.

(4) 농산물 구성 포인트

① 진열 페이스를 충분히 확보하여 대량 판매한다.
② 적극적으로 시식 판매한다.
③ 되도록이면 낱개 판매하는 것도 좋은 방법이다.

(5) 축수산품

축산은 품질이 일정해야 하며 이를 위해서는 협력업체의 적극적 협조가 필요하다.

수산은 선도가 매우 중요하며 제철 상품을 적시에 공급해서 판매해야 한다. 축산물과 수산물은 상품 특성을 살린 조리 방법이나 제안형 판매 방법을 활용하는 것이 효과적이다.

(6) 축수산물 구성 포인트

① 계절상품, 제철상품에 대해 적절한 정보를 제공한다.
② 동일한 품목을 다양하게 즐길 수 있는 요리 방법을 제공한다.
③ 셀프 매장이 성공하기 위해서는 고객 신뢰를 얻어야 한다.
④ 손질해서 상품화된 상품은 변형되어 고객들이 선도를 확인하기 어려우며 또한 정확한 부위 및 등급을 알 수 없다.
⑤ 해당 상품의 품목/등급/용도 등을 정확하게 전달하여야 하며 최고의 품질과 선도를 유지해야 함으로 일시적 손실을 감안하더라도 당일 진열상품은 당일 완판하는 것이 원칙이다.
⑥ 빨리 판매하고 싶은 상품일수록 고객 손이 쉽게 가는 곳에 두는 것이 효과적이므로 상품 가치를 돋보이게 하는 전문적 기술이 필요하다.

(7) 일배/조리식품

① 일배

냉동상품은 소매점에서 편리한 상품으로 충분한 구색을 갖추어 판매하는 것이 필요하다. 당일 입고한 상품은 당일 완판 하는 것이 고객들에게도 매장 운영을 위해서도 효율적이다. 이를 위해서는 상품믹스를 통하여 중복 상품을 제거하고 상품별 진열면적이 늘어나 눈에 잘 띠어야 효과적이다.

② 조리식품

핵가족화, 고령화 확산 및 편의성을 추구하는 고객들이 늘어남에 따라 계속해서 조리식품이 중요해지고 있다. 조리식품을 직접 만들어 판매하는 것은 효율적이지 못하다. 점포 작업장에서 바로 굽거나 바로 튀겨서 판매하는 상품 위주로 작업을 하고 대부분 상품은 전문 업체로부터 납품받고 점포에서는 판매에 집중하는 것이 효율적이다.

2) 테마별 상품 분류

(1) 중점 판매 상품

① 고객이 가장 많이 찾는 상품으로 상시진열과 품절방지 필요상품을 말한다.
② 진열량을 증가시켜 매출을 증대시키는 상품이다.
③ 엔드, 대량 진열하여 판매한다.
④ 셀프매장에서 하단에 진열하여 판매한다.
⑤ 상시 결품 방지를 위하여 노력해야 하는 상품이다.
⑥ 중점판매상품(소매점)

가공식품	일상용품	농산물	즉석식품
라면, 조미료, 음료	세제, 생리대	과일, 야채, 건어물	치즈, 버터, 아이스크림

(2) 이익 상품

① 훼이싱을 넓혀 고객 눈에 잘 보이도록 한다.
② 상품 특성을 나타내는 POP 쇼카드를 부착하여 판매한다.
③ 유리한 진열위치를 선정, 진열로 판매량을 늘린다.

(3) 보여주는 상품

① 이익금액이 높아 육성해야 할 상품으로 POP/시음판매로 판매를 촉진한다.
② 보여주는 상품이므로 눈높이보다 위쪽에 진열한다.

(4) 구색 상품

① 판매량은 적으나 다른 상품으로 대체할 수 없는 상품이다.
② 진열량을 감소시킨다.
③ 판매 원인분석 및 대안 설정이 필요한 상품이다.

(5) 로스리더 상품

고객 확보를 목적으로 평소 판매가격보다 저렴한 가격으로 판매하는 상품을 말한다. 행사상품도 이익 폭을 줄여 로스를 보더라도 그것을 리더로 해 다른 것을 판다는 의미에서 로스리더 상품이라고 볼 수 있다. 로스리더 상품으로는 고객들에게 잘 알려진 상품을 자주 이용한다.

구분	정의	행사전가격	행사가격	행사 종료 후
로스리더 행사상품	프로모션 등을 통한 행사 상품	1,000	900	1,000

(6) 대용량 상품

대용량으로 고객에게 편리성을 제공하고 도매가로 제공함으로써 경쟁사와 차별화 가능한 상품을 말한다. 고회전이면서 중량이 많이 나가는 상품으로 매장 입구나 상품 매대 하단에 보관을 주로 하는 상품이다.

(7) 대량진열판매 상품

① 소비자가 요구하는 상품을 가장 잘 보이는 곳에 납득할만한 가격에 진열한다.
② 판매수량이 많아지면 원가절감이 가능하다
③ 1회의 발주량이 증가하여 발주 횟수가 감소하고 비용이 절감된다.
④ 검품이나 진열작업이 편리하고 매장의 생산성이 높아진다.

제2절 개점 초도상품

1. 협력업체 선정

1) 매입조건

상품 판매계획에 의해 확정된 상품을 확보하는 것이 매입이고 효율적인 매입을 위하여 시기, 방법, 가격, 협력업체의 결정이 중요한 포인트이다. 이러한 매입계획을 수립하기 위하여 사전에 수요예측을 실시하고 분석하는 절차가 필요하다.

(1) 매입계획

현재 취급하고 있는 상품과 새로운 상품의 매입을 계획하는 것으로 판매계획과 재고관리계획과 연동하여 실시한다.

① 매입업체 선정

소매점에서 매입은 상품을 협력업체(밴더), 제조업체, 수입업체 등으로부터 공급받는다. 편의점에서는 주로 편의점 본부에서 일괄구입 배송하여 주고 슈퍼마켓의 경우에는 대리점이나 제조업체로부터 공급받는데 최근에는 회사형 체인업체로부터 본부에서 공급받는 방식이 증가되고 있다. 대형마트와 백화점은 독자적인 매입방식에 의해서 상품계획을 실시한다. 대부분의 소매점에서는 주로 협력업체로부터 공급받아 판매함으로 업체의 선정이 중요하다.

▌그림 10-2▐ 업체선정 절차

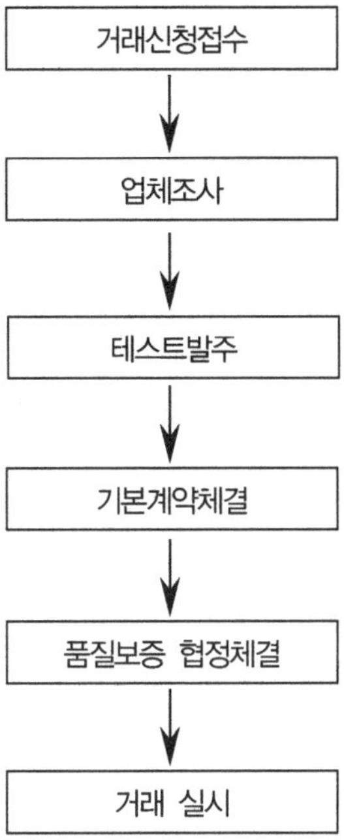

거래신청접수
↓
업체조사
↓
테스트발주
↓
기본계약체결
↓
품질보증 협정체결
↓
거래 실시

매입업체 선정은 지속적으로 거래를 가정하고 품질과 안정적인 공급을 받을 수 있느냐의 문제이다. 업체 선정을 위하여 자료조사, 청취조사, 방문조사, 외부의뢰조사를 실시하고 조사 분석 자료는 평가하여 거래업체 선정 평가 자료로 활용한다.

② 매입업체 평가

소매점에 상품을 공급하는 협력업체 평가의 주요 항목으로는 협력업체 상품, 가격 경쟁력, 판촉, 기타 서비스 등이 기준이 된다.

| 표 10-5 | 매입업체 평가 기준

항목	평가 기준
상품	- 취급상품 적절성 - 공급 가능성: 협력업체 수량, 상품 공급능력 - 대응능력: 환경변화에 대응 - 유통 능력: 독점권, 발주 편리성
가격 경쟁력	- 공급받는 가격 경쟁력 - 판매가격 탄력성
판촉	- 판매 촉진 보조(협력사원, 프리미엄)
기타서비스	- 재무적 서비스(결제조건) - 부대서비스

이러한 항목 이외에도 대표자 능력, 협력업체 자체 자산, 협력업체 영업사원 능력 등이 협력업체 평가에 영향을 미친다. 장기적인 거래를 위해서는 평가항목과 별도로 협력업체 이력관리가 필요하다.

③ 매입조건 결정

판매에 필요한 상품을 발주시마다 매입조건을 새로 결정하는 것은 매우 번거롭고 어렵다. 그래서 소매 점포에서 매입조건은 공통적으로 적용되는 별도 계약을 체결하고 교환하여 개별 거래의 계약서 작성을 용이하게 하고 있다. 대금지불방법, 손해배상 등 개개의 거래에 공통적으로 적용되는 기본사항을 기본계약 등에 규정하는 것이 일반적인 방법이다. 소매점 매입방식은 여러 가지로 구분 가능한데 실제 우리나라에서는 직매입, 판매분 매입, 특정매입 형태가 주로 이루어지고 있다.

④ 매입자금 확보

(2) 매입조건

① 직매입

소매점에서 직접 현금 또는 그에 상응하는 대금을 지불하고 매입하여 소매점 책임으로 판매하는 상품이다. 상품을 소매점에서 매입하는 가장 기본적인 방법으로 위험은 증가하지만 차별화와 수익성을 창출할 수 있는 매입 방법이다.

- 협력업체에 매입상품대금을 일괄적으로 지불하는 조건이다.
- 상품을 인도 시점부터 소유권이 취득되고 재고관리 부담도 소매점에서 책임진다.
- 반품은 상대방의 책임에 의한 불량품, 주문 이외 상품, 상거래 관습에 따라

인정되는 상품 및 상대방의 요청이 있는 경우에 가능하다.

- 직매입조건을 고려할 경우에는 전문성이 있는 구매전문가가 있는지 여부이다. 상품을 선별하고 과거의 실적을 기본으로 계획구매가 가능한 전문가의 부족으로 직매입이 소매점에서 활성화되지 않고 있다.
- 식품, 가전상품 경우에는 백화점, 마트, 슈퍼마켓에서 직매입방식으로 주로 운영되고 있다.
- 협력업체로부터 직접 매입하여 판매하는데 예측이 어렵고 전문성 부족으로 소매업체에서 직매입이 어려운 조건으로 인식되고 있다.

② 판매분 매입

협력업체 상품을 소매점 책임으로 판매하고 판매액에 따라서만 상품대금을 지불하는 매입조건이다. 소매점에서 재고관리가 곤란한 상품과 판매에 특별한 기능을 필요로 하는 상품에 대해 매출이 발생된 상품에 한에서 소매점에서 매입하는 방식이다. 매출 발생된 상품만 매입 확정하고 재고관리 및 판매는 협력업체에서 실시한다.

③ 특약매입(위탁매입)

백화점 등 대형소매점에서 주로 이용되는 매입 방법으로 상품은 소매점에서 관리하고 판매대금은 판매분에 한해서 지급하는 위탁판매 방식이다. 소매점에서 일정 기간 상품을 판매한 후 사전에 결정된 일정 비율의 수수료를 공제하고 지급하는 방식이다. 재고는 협력업체에 반품을 하는 조건이다. 소매점 입장에서 수요예측이 어려운 상품에 대해 위험을 협력업체에서 감수하는 조건으로 이용된다.

④ 하도급거래

대기업과 거래하는 중소기업의 지위가 열악한 점을 고려하여 대등한 지위에서 상호보완하며 균형있게 발전할 수 있도록 하도급 거래행위에 규제행위가 1985년부터 시행되고 있다. 원사업자인 대기업과 주로 수급사업자인 중소기업과의 거래에 많은 시간과 비용을 필요로 하는 현행 소송제도 한계를 보완하여 균형적인 발전을 도모하는 것이다. 하도급 적용대상거래는 제조하도급, 수리하도급, 건설하도급, 용역하도급으로 구분하는데 물품판매, 물품제조, 물품수리, 건설에 해당하는 제조 하도급이 소매업과 밀접한 관련이 있다. 소매점에서 판매하고자 하는 완상품의 제조를 위탁하는 경우와 위탁받은 사업자가 자체 개발한 신상품을 위탁사업자의 승인으로 제조하는 경우 하도급 거래가 된다.

▌그림 10-3▌제조하도급

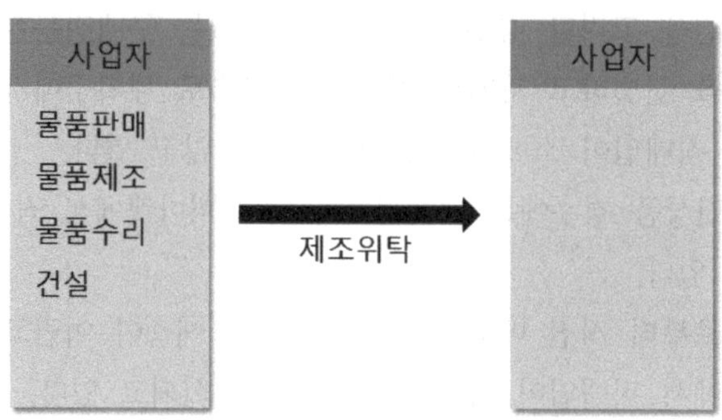

2. 개점 초도상품

1) 10평형

▌표 10-6▌개점 초도상품(10평형)

(VAT 별도/천 원)

대분류	중분류	진열세가	SKU	금액	비고
축산물	축산 수산	2	10	500	
델리 상품	즉석 델리	3	130	1,000	
일배	유상품	5	200	2,000	
가공 식품	조미료 커피 주류/음료 라면 과자	20	760	8,000	
생활 용품	일용잡화 위생용품 담배	5	200	2,500	
총계		35	1,300	14,000	

2) 20평형

| 표 10-7 | 개점 초도상품(30평형)

(VAT 별도/천 원)

대분류	중분류	진열세가	SKU	금액	비고
농산물	과일 야채	3	100	1,000	
축산물	축산 수산	2	20	1,000	
델리 상품	즉석 델리	5	150	2,000	
일배	유상품	8	300	3,000	
가공 식품	조미료 커피 주류/음료 라면 과자	25	930	12,000	
생활 용품	일용잡화 세제 위생용품 담배	10	300	5,000	
총계		63	1,800	24,000	

3) 50평형

| 표 10-8 | 개점 초도상품(50평형)

(VAT 별도/천 원)

대분류	중분류	진열세가	SKU	금액	비고
농산물	과일 야채	12	200	3,000	
축산물	축산 수산	3	40	2,000	
델리 상품	즉석 델리	5	120	2,000	
일배	유상품 두부	20	340	5,000	
가공 식품	조미료 커피 주류/음료 라면 과자 즉석/캔	40	1,100	25,000	
생활 용품	일용잡화 세제 위생용품	20	500	10,000	
총계		100	2,300	47,000	

4) 100평형

❙ 표 10-9 ❙ 개점 초도상품(100평형)

(VAT 별도/천 원)

대분류	중분류	진열세가	SKU	금액	비고
농산물	과일 야채	30	450	6,000	
축산물	축산 수산	5	50	4,000	
델리 상품	즉석 델리	5	100	2,000	
일배	유상품 두부	30	500	8,000	
가공 식품	조미료 커피 주류/음료 라면 과자 즉석/캔	80	1500	45,000	
생활 용품	일용잡화 세제 위생용품	50	900	35,000	
총계		200	3,500	100,000	

1. 상품 진열

진열 방법에 따라 매출이 달라진다. 소매점에서는 고객이 상품을 쉽게 구매할 수 있도록 효율적 진열이 필요하다. 진열은 상품을 보기 쉽고 선택하기 쉬운 진열이어야 한다. 진열은 일반진열, 연관진열, 행사진열로 구분된다.

❙ 그림 10-4 ❙ 상품 진열 종류

상품 진열
- 일반진열 : 오픈진열, 영업시간 중 보충진열, 마감시간 진열 등
- 연관진열 : 상품과 상품, 매대와 매대 사이 연결
- 행사진열 : 행사엔드, 행사상품 진열

1) 상품 진열원칙

(1) 진열원칙

| 표 10-10 | 진열원칙

보여주는 진열	선택하기 쉬운 진열
- 진열된 상품 전면이 보이는 진열을 한다. - 매대 바닥과 뒷면이 보이지 않도록 진열한다. - 디바이더, 스톱바, 후크 등을 사용하여 보기 좋게 진열한다.	- 판매원에게 질문하지 않고 선택 가능한 진열을 한다. - 고객 입장에서 분류를 적용한 진열을 한다. - 보완 상품, 연결 상품을 조합하여 진열한다.

(2) 행사매대 진열원칙

① 고객 주 동선을 침범해서 진열해서는 안 된다.

② 고객 동선을 확보하여야 한다.

(3) 개점 진열

① 개점 전 매장 내 상품이 전진진열 되는 것을 원칙으로 하고 결품 상품은 고지되는 것이 필요하다.

② 개점 진열 시 우선순위는 결품상품, 결품 우려상품, 행사상품, 고회전상품, 저회전 상품 순으로 진열한다.

2) 소매점 진열방법

(1) 상품별 분류진열

동일한 종류 상품을 세로로 진열하는 종 진열 방법과 가로로 진열하는 횡 진열 방법이 있다. 종 진열을 중심으로 진열하는데 이는 고객의 시선을 고려하여 보기 쉽고 선택하기 편리한 진열 방법이다. 소매점에서 주로 횡 진열을 원칙으로 하고 1 module에 하나의 단품이 반 이상일 경우 종 진열로 보강하는 것이 좋다. 선반할당표(POG: Plan-O-Gram)로 관리하는 품목은 POG를 우선 적용하고 동선에 관계없이 좌에서 우측으로 진열하는 것이 원칙이다.

① 동일 종류의 상품을 한 곳에 진열한다.

❙그림 10-5❙ 동일 상품 진열

A
A상품
A
상품
A상품

잘못된 사례

A
상품
진열

잘된 사례

② 연관 상품을 그룹화 세로로 구분한다(수직진열).

❙그림 10-6❙ 그룹화 수직진열

A	B	C
A	B	C
A	B	C
A	B	C

③ 진열선을 수직으로 한다.

❙그림 10-7❙ 수직 진열선

A
A
A
A

잘못된 사례

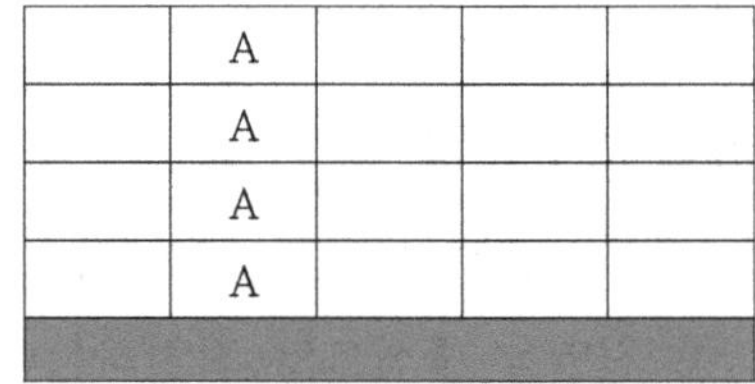

잘된 사례

④ 부피가 큰 상품을 하단에 진열하고 좌에서 우측으로 진열한다.

⑤ 전진 진열을 한다. 상품을 곤돌라에 진열 시 앞에서부터 입체적으로 진열하는 방식이다.

⑥ 수평진열을 한다. 동일 종류의 상품을 좌에서 우로 진열하는 방법이다.

▌그림 10-8▐ 전진 진열

		A	A	A
		A	A	A
정		A	A	A
면			B	B
			B	B
	B	B	B	B

잘못된 사례

	A	A	A	
	A	A	A	
정	A	A	A	
면	B	B		
	B	B		
	B	B		

잘된 사례

(2) 곤돌라 /쇼케이스 진열

셀프서비스 판매 방식의 소매점에서 소비자가 상품을 직접 선택할 수 있도록 곤돌라 혹은 쇼케이스를 이용한 진열 방식이다. 곤돌라 진열에서 고객 눈높이에 맞는 골든 라인 위치가 중요하고 상품 특성에 맞는 집기선반 단조절로 소비자에게 효율적으로 소구하는 방안이 중요하다. 곤돌라 쇼케이스에서 좌에서 우측으로 저가격에서 고가격으로 하단에서 상단으로 저가격에서 고가격으로 진열하는 것을 원칙으로 한다.

곤돌라에 돌출 운영은 적합하고 적절한 위치에 운영해야 한다. 돌출 매대 운영 시에는 고객 진행방향을 고려하여 마주보는 위치에 운영해야 한다.

▌그림 10-9▐ 쇼케이스 진열

| 그림 10-10 | 곤돌라 높이와 진열 초점

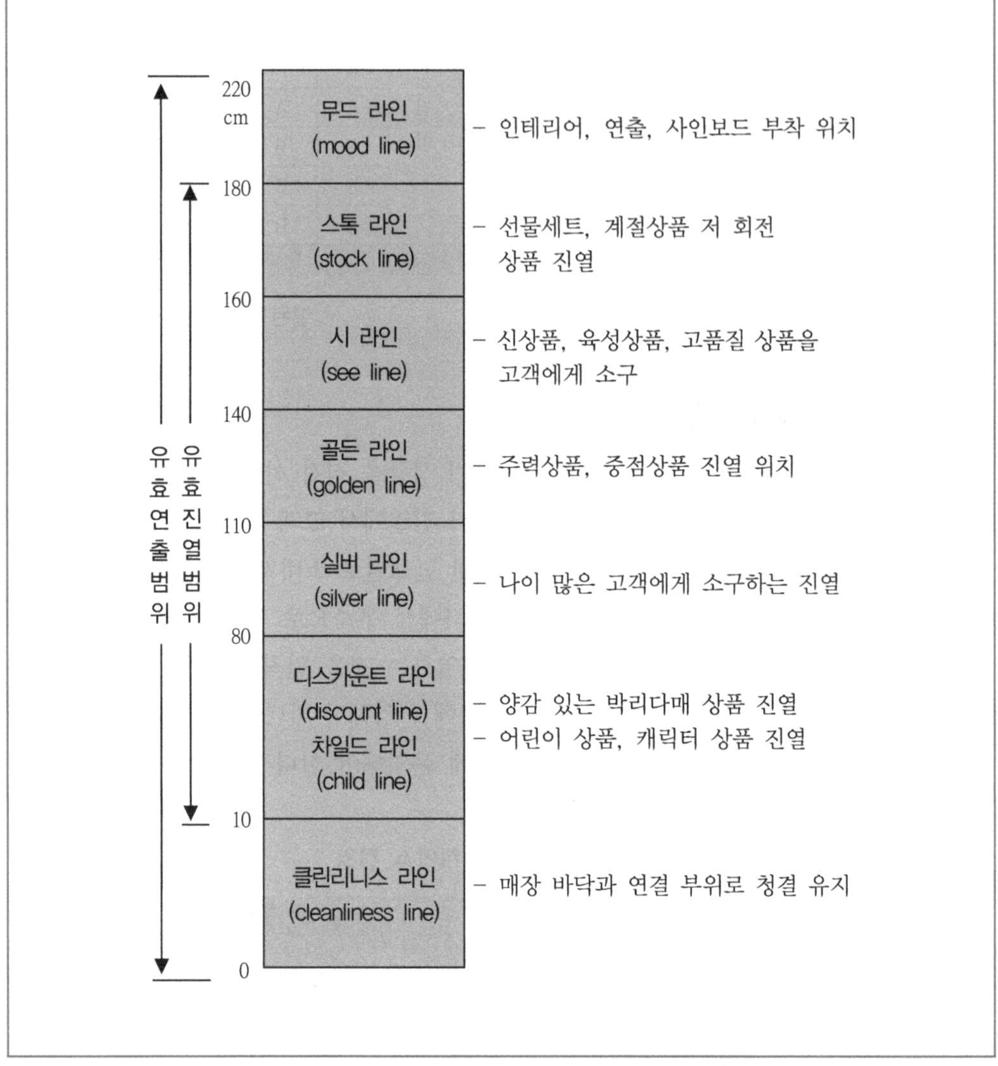

① 골든 존(Golden zone)

골든 존 혹은 골든 라인이라고 한다. 고객이 찾기 쉬운 위치에 상품은 고객 눈에 쉽게 뛰어서 매출증대 가능성이 높은데 쉽게 눈에 띄는 위치의 상품을 골든 존 진열이라 한다.

② 돌출 진열(extended display)

곤돌라 진열선반 앞면에 튀어나오게 한 진열이다. 일반 진열보다 확장되고 연장된 느낌을 주며 보조 도구가 필요하다.

▌그림 10-11▌좋은 사례

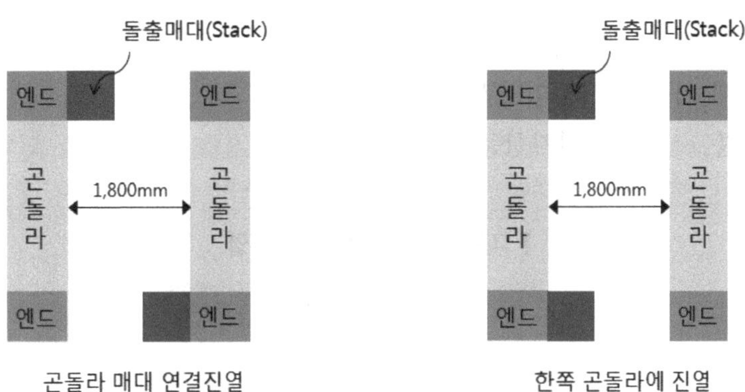

▌그림 10-12▌잘못된 사례

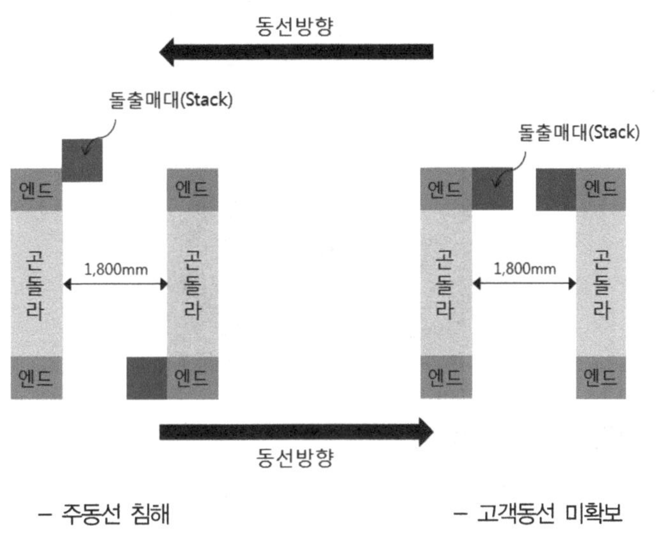

(3) 엔드 진열(end display)

진열선 끝 곤돌라 엔드에 대량으로 변화 진열하는 것이다. 엔드 진열 목적은 출구 쪽으로 돌아가는 고객을 다시 멈추게 하여 구매를 유도하는데 있다.

① 엔드는 고객을 유인하고 대량판매가 가능하고 고객에게 점포 인기상품의 노출이 가능한 역할을 한다.

② 엔드는 새로운 상품, 판매 주력상품을 선정하여 매출을 증진하는 것이어야 한다.

③ 대량진열을 통해 고객이 필요로 하는 것을 고객이 쉽게 발견하게 할 수 있다.

④ 판매수량이 많아짐으로 이익이 증가된다.

⑤ 업무의 효율성이 증대된다.

(4) 앤드진열시 점검사항

① 시즌 적합한 상품인가?

② 대량판매 가능한 상품인가?

③ 광고상품, 신상품, 인기상품인가?

▌그림 10-13▌엔드 진열

(5) 아일랜드 진열(island display)

매장에 독립적으로 평대에 진열하는 방식이다. 신상품, 행사상품의 효율적 소구를 위하여 매장 빈 공간에 독립적으로 진열하는 방식이다. 대량진열이 가능하여 특매상품, 중점판매 상품 진열시 평대를 활용하여 아일랜드에 진열한다. 필요에 따라 자유로운 장소 이동이 가능하고 대량 적재가 가능하다는 장점이 있다.

▌그림 10-14▌아일랜드 진열

섬 진열은 매장 내 빈 공간에 특정 상품을 별도의 진열 용구를 활용하여 진열하는 방법이다. 통로나 빈 공간에 섬 모양의 매대 진열로서 고객 주목도를 높이는 진열 방법이다.

(6) HOOK 진열

후크를 이용하여 진열하는 상품은 가볍거나 얇은 상품으로 상품 포장에 구멍이 있어서 진열하는 방식이다. 대표적인 후크진열 상품으로는 칫솔 등이 있다.

▌그림 10-15▐ 후크 진열

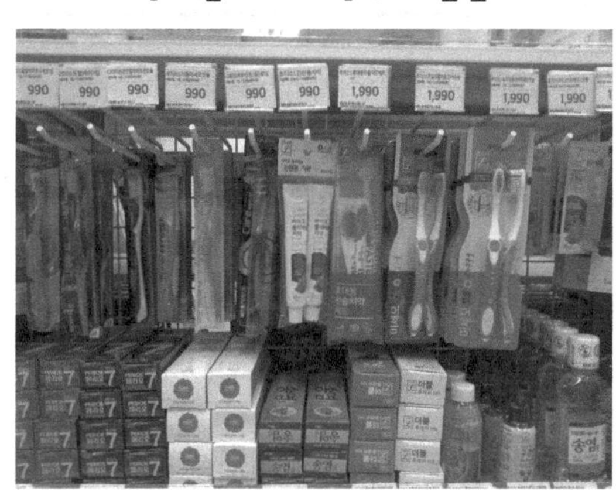

(7) POS 앞 진열

고객 시선을 자연스럽게 집중시키는 POS 앞에 1회용 상품이나 부피가 작고 고가의 충동구매 상품을 진열한다(예: 건전지, 껌).

3) 상품별 진열방법

(1) 그로서리 진열

① 집기 단을 상품에 맞게 조정한다.
② 동종 상품은 횡 진열하고 단품은 크기에 따라 수직 진열한다.
③ 연관 진열로 소비자가 선택하기 쉽게 한다.
④ 하단부터 부피가 큰 상품으로 진열하고 좌에서 우로 진열한다.
⑤ 가격표는 좌측 하단에 부착하고 엔드 가격표는 중앙에 부착한다.

▌그림 10-16▌그로서리 진열

(2) 농산물 진열

① 가습기 설치 쇼케이스는 벌크 진열하고 가습이 설치되지 않은 쇼케이스는 소분 진열한다.
② 과일은 제철 과일을 중심으로 진열하고 판매한다.
③ 쇼케이스에는 너무 높게 진열하지 않고 주력 상품은 평대에 볼륨 진열한다.
④ 행사상품은 POP광고를 적극 활용한다.
⑤ 냉장을 필요로 하는 상품은 상온보관 판매하지 않는다.

▌그림 10-17▌농산물진열

(3) 축산물 진열

① 우육, 돈육 등 종별로 구분 진열한다.
② 좌에서 우로 우육, 돈육 순으로 진열한다.

▌그림 10-18▐ 축산물 진열

4) 상품 진열 점검

계획된 장소에 진열되어 있는지 확인하고 진열보충기구 더미, 디바이더 등이 적절하게 사용되었는지 확인한다. 미납 상품은 다른 상품으로 대체진열 하지 않고 비워둔다(진열 대기 중 표기). 매대 상단 잔여재고 보관은 안전을 고려하여 적재하며 진열 원칙대로 진열되었는지 확인한다.

2. 훼이싱 관리

팔리는 상품을 팔리는 만큼 진열하기 위하여 훼이싱 관리를 한다. 훼이싱은 동일품목의 진열대에서 고객에게 보이는 진열 열수를 말한다. 진열량은 팔림새에 의하여 진열한다. 월간 판매량이 A품목이 50개, B품목이 30개, C품목이 20개 판매된다면 기본적인 진열량은 5 : 3 : 2의 비율로 진열하여 회전율이 비슷하게 만드는 것이다. 진열량을 효율적으로 관리하기 위한 방법으로 소매점에서는 진열페이스를 선반할당표인 피오지(POG)를 통하여 표준 진열도를 작성한다. 훼이싱은 상품 판매량인 상품력에 따라서 결정하는데 상품력은 판매수량과 이익의 2가지 측면으로 구분하고 이익과 판매수량을 근거로 아래 훼이싱 부여 원칙과 같이 훼이싱 수를 결정할 수 있다.

▌그림 10-19▐ 훼이싱 부여 원칙

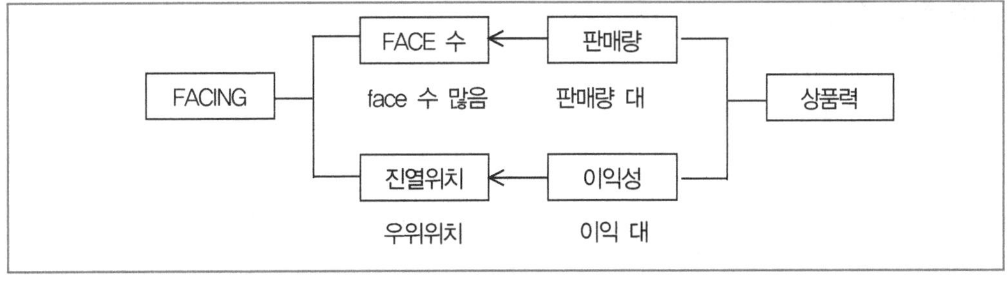

1) 피오지(Plan-O-Gram) 관리 절차

❙ 그림 10-20 ❙ 피오지(Plan-O-Gram) 관리 절차

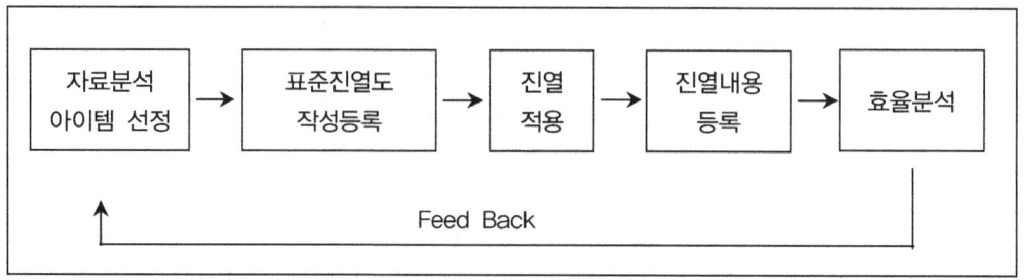

(1) 자료분석 아이템 선정

① 운영안 작성, 교육
② ABC자료 분석
③ 유형별 아이템 선정
④ 퇴출 상품 처리 방안

(2) 표준 진열도 작성 등록

① 표준 진열 POG 작성
② 전산 등록

❙ 표 10-11 ❙ 표준 진열 Plan-O-Gram

진열대번호	진열 줄수	상품코드	상품명	진열수량

(3) 진열 적용

① 진열 유형 선정
② 진열 개선

(4) 진열 내용 등록

진열 내용 전산 등록

(5) 효율 분석

① 자료 분석
② 표준화 작업 진행
③ 진열도 관리

▌표 10-12▌진열도 관리

항목	내용	비고
상품 이동	훼이싱이 정해지면 옆으로 상품을 이동하여 진열해서는 안 된다.	판매되더라도 상품보충시까지 자리를 비워둔다.
빈 공간 활용	정해진 위치에 진열하고 매대의 빈공간이 발생 시에도 자리를 준수한다.	연관된 상품 진열이 아니면 효과 없다.
상품의 품질	양질 적가 상품을 판다는 이미지가 형성되도록 해야 한다.	섬세한 배려로 상품관리를 한다.

2) 피오지 효과

(1) 매출 및 이익 증대

(2) 발주 빈도 표준화

(3) 표준 LAY-OUT 설정

(4) 노동 생산성 향상으로 인적 효율 개선

(5) 취급 상품 표준화

(6) 품절 방지

(7) 후방 재고 삭감

3) 훼이싱과 매출

(1) 훼이싱 수와 매출 상관관계

훼이싱 수가 증가하면 매출도 증가한다. 그 효과는 지속적으로 정비례하는 것은 아니고 어느 단계를 지나면 감소됨으로 최대의 매출효과를 내는 훼이싱 수와 취급 상품을 적절하게 조합해야 한다. 팔고 싶은 상품이나 팔리는 상품은 훼이싱 수를 확대하고 보이는 상품이나 저회전 상품은 압축하여 훼이싱을 한다.

(2) 훼이싱 결정 요소

판매량 → 이익률 → 전략적 요소 → 인지도 → 신상품

(3) 훼이싱 수 결정

① 진열 카테고리

고객이 같은 종류라고 인지하는 최소 Segment 단위로 진열되고 관리되는 상품군을 말한다.

② POG(Plan-O-Gram)

진열원에 따른 개별 상품의 진열위치, 수량 등 진열 정보를 표시한 도면이다.

③ Segment

▌표 10-13▐ 판매를 위한 진열집기의 전면 길이 구분 단위: Segment

집기	진열상품	m/Segment
곤돌라	그로서리/생활용품	0.9
쇼 케이스	냉동/냉장	1.25
농산 매대	농산 상온	1

④ 훼이싱 종류

▌표 10-14▐ 훼이싱 종류

Face out	정면을 보고 상품 진열하는 것 /일반적인 진열
Sleeve out	상품 옆면 제목을 보이도록 진열 /서적
Shelving	상품을 눕혀서 진열
Hanging	상품을 행거에 걸어 두는 것

3. 판매가격 결정

가격은 시장거래에 있어서 상품 또는 서비스 가치를 화폐 척도로 나타내는 기준이라 할 수 있다. 소매점에서 가격은 판매자가 제공하는 상품과 부대 서비스인 패키지에 대해 구매자가 지불하는 화폐 가치라고 할 수 있다. 광의의 가격은 상품 간의 교환비율을 말한다. 가격에서 가장 중요한 점은 고객들이 상품에 대해 생각하는 가치라고 말할 수 있다. 소매점에서 고객에게 소구하는 마케팅 믹스전략으로 가격, 상품 질, 유통경로, 프로모션 등 다양한 전략이 있지만 가장 소구력과 효과적 전략이 가격 정책이라

할 수 있다. 가격 10% 할인 효과는 광고비 10% 증대시키는 것보다 즉시 효과가 나타난다. 그 이유는 고객의 상품대가로 현금을 지불하기 때문이라 할 수 있다. 따라서 고객이 가격에 민감한 것은 당연한 것이다. 소매점에서 가격전략은 고객의 입장에서 결정되어야 한다. 고객을 위하여 고객을 생각하며 가격이 결정되어야 하는 이유는 고객이 소매점의 존재 이유이기 때문이다. 점포 이미지와 고객 특성을 반영한 가격을 수립하지만 이익지향과 판매지향의 목표로 구분될 수 있다.

1) 가격 목표전략

▌표 10-15▐ 가격 목표전략

구분	고가 전략(이익 지향)	저가 전략(판매 지향)
목표	- 조기 투자자금 회수 - 상품차별화를 통한 품질 선도	- 생존전략 - 성장률 및 시장점유율 극대화
시장여건	- 수요 탄력성이 낮을 경우 - 진입장벽이 높을 때 - 가격-품질 연상효과	- 수요 탄력성이 높은 경우 - 진입장벽이 낮을 때 - 원가우위

2) 가격 결정 요인

(1) 내부 요인

마케팅 수익목표, 원가, 경영전략이 있다.

(2) 외부 요인

수요기준, 경쟁기준(독점/과점)이 있다.

3) 원가기준 가격

상품 원가를 기초로 판매가격을 설정한다. 구매가격에 일정 이익률을 기준으로 판매가격을 결정한다. 제조원가에 일정한 이익을 추가하여 가격 결정하거나 원가에 특정한 목표이익률을 실현하기 위한 가격결정 방법이 있다.

(1) 원가 가산 가격결정법

상품원가에 일정 비율의 이익금(Margin)을 가산하여 가격 결정하는 방법이다. 장점으로는 단순하고 단점으로는 고객과 경쟁업체를 고려하지 않은 가격결정 방식이다.

가격 = 단위 원가 + 이익금

(2) 목표가격 결정법

목표이익을 실현시킬 수 있도록 가격을 결정하는 방법이다.

가격 = 단위 원가 + (목표 투자 수익률 × 투자금액) / 예상 판매량

4) 경쟁기준 가격

시장에서 경쟁강도에 따라 상품 가격을 결정한다. 원가나 시장 수요보다는 경쟁사의 가격이 가격결정의 주요 요인이 된다.

(1) 경쟁대응 가격결정법

경쟁사 평균적 가격 수준에 맞추어 가격을 결정한다.

(2) Benchmarking

경쟁사 가격을 동일하게 적용하여 판매 가격을 결정하는 방법이다.

(3) 상시 저가(everyday low price: EDLP)

일시적인 저가격 판매가 아니고 항상 저가격 정책을 유지하는 것이다. 상시 저가 판매는 특정한 변동이 없는 매일 안정된 가격으로 판매하는 할인점의 주요 판매가격 결정 방법이다. 주요 장점은 아래와 같다.

① 경쟁점과 과도한 경쟁을 감소시킨다.
② 가격이 일정하기 때문에 광고/홍보비용이 절감된다.
③ 저가격으로 판매하고 판매수량을 증가시켜 이익금은 증가된다.

(4) High/Low 가격

① 상시 저가 판매보다는 고가격을 유지하면서 일부 저가로 할인 판매하는 전략이다.
② 슈퍼마켓에서 저가전략, 백화점에서 고가전략으로 활용된다.
③ 소비자들은 가격이 상품가치의 척도로 생각하고 품질에 대한 신뢰성이 제고될 수 있다.

(5) 양질 저가 판매가 전략

① 고회전 저가격 대량판매 매장을 구성한다.

② 고이익 상품을 대량 판매한다.
③ 곤도라 대수를 증가시킨다.
④ 발주시스템을 개선시킨다.
⑤ 납품가격을 조정한다.
⑥ 경쟁점 동일 상품 판매 가격을 조사한다.
⑦ 정책적 가격행사 상품을 선정한다.
⑧ 엔드상품은 저가격으로 판매한다.
⑨ 충동구매를 유도한다.
⑩ 고회전 상품 주통로 배치로 보충작업을 신속하게 한다.

5) 오픈가격 제도

오픈가격은 제조업자가 결정한 소매가격이 아니라, 점포에서 자유롭게 결정하는 가격을 말한다. 할인점과 같이 상품을 저가로 판매하는 점포가 두각을 나타내면서 다른 점포들도 제조업자가 결정한 가격대로 판매하게 되면 소비자를 끌어들일 수 없게 되었다. 따라서 점포에서는 독자적인 판단으로 상품 가격을 인하하는 점포가 상당히 증가하게 되었다.

제10장 상품 구성 연습문제

1. 취급 상품 선정기준에 대하여 설명하시오.

① 신선식품 특화/구성비율 증대시킨다.
② 소비자 트렌드 반영한다(소규격 상품 취급).
③ 환경 친화적 상품을 강화시킨다.
④ 상권 특성을 반영한다.

2. 피오지 효과에 관하여 설명하시오.

① 매출 및 이익 증대
② 발주빈도 표준화
③ 표준 LAY-OUT 설정
④ 노동생산성 향상으로 인적 효율 개선
⑤ 취급 상품 표준화
⑥ 품절 방지
⑦ 후방 재고가 삭감된다.

3. 매입업체 선정에 관하여 설명하시오.

소매점에서 매입은 상품을 협력업체(밴더), 제조업체, 수입업체 등으로부터 공급받는다. 편의점에서는 주로 편의점 본부에서 일괄구입 배송하여주고 슈퍼마켓의 경우에는 대리점이나 제조업체로부터 공급받는데 최근에는 회사형체인업체로부터 본부에서 공급받는 방식이 증가되고 있다. 대형마트와 백화점은 독자적인 매입방식에 의해서 상품계획을 실시한다. 대부분의 소매점에서는 주로 협력업체로부터 공급받아 판매함으로 업체의 선정이 중요하다. 매입업체 선정은 지속적으로 거래를 가정하고 품질과 안정적인 공급을 받을 수 있느냐의 문제이다. 업체 선정을 위하여 자료조사, 청취조사, 방문조사, 외부의뢰조사를 실시하고 조사 분석 자료는 평가하여 거래업체 선정 평가자료로 활용한다.

4. 용어 설명

- 특정 매입
- 골든 존
- 상품 코드

점포 개점

제1절 개점 점검

1. 개점 전 점검사항

1) 상권 및 입지조사는 완료하였는가?
2) 상권 인구, 주거, 연령 구성비 등 인구통계학적 분석은 했는가?
3) 경쟁점에 대한 조사는 했는가?
4) 소매점 이외 상업시설에 대한 파악
5) 상권입지 및 방문고객 교통수단 파악
6) 영업전략 수립
7) 상권 내 소매 점포에서 자점 포지셔닝 파악
8) 주력 판매상품과 상품 구성
9) 핵심고객 파악
10) 영업시간 및 휴일 결정
11) 점포규모/시설계획
12) 점포 명칭
13) 간판, 인테리어, 유니폼 등 사인 결정
14) 예상 일매출, 개점 매출 설정

15) 인건비 등 비용계획
16) 손익계획 수립
17) 투자비 및 자금조달계획 수립
18) 점포 레이아웃 결정(시설 설비/포스)
19) 집기시설 계획
20) 인원 구성
21) 상품 구성 및 판매가격 결정
22) 상품 입고
23) 각종 인허가
24) 개점일 결정

2. 개점 일정관리

▌표 11-1▐ 개점 일정관리

<table>
<tr><th>일정</th><th>업무내용</th><th>세부 사항</th><th>비고</th></tr>
<tr><td rowspan="3">3주 전</td><td>점포 확정</td><td>- 계약체결(자가/임대차 계약)
(프랜차이즈 계약 체결)</td><td>사전 준비
(3개월-)</td></tr>
<tr><td>사업자 개설</td><td>- 사업자 등록
- 인허가 추진</td><td></td></tr>
<tr><td>공사 준비</td><td>- LAY-OUT 확정
- 건축, 시설 공사 계획</td><td></td></tr>
<tr><td rowspan="3">2주 전</td><td>공사 실시</td><td>- 견적, 공사 실시
- 인허가 확인</td><td rowspan="3">공 사</td></tr>
<tr><td>상품 계획</td><td>- 상품준비, 업체 선정
- 수수료 업체 선정 확정
- 담배, 아이스크림, 복권 등 취급 계획</td></tr>
<tr><td>기타</td><td>- POS 설치계획(업체 선정)
- 신용카드 거래계약
- 개점 직원 채용 공고</td></tr>
<tr><td rowspan="3">D-7</td><td>인허가</td><td>- 축산, 담배, 주류, 쓰레기봉투</td><td rowspan="3">행사
준비</td></tr>
<tr><td>시설 공사</td><td>- 쇼케이스 공사, 집기 계획</td></tr>
<tr><td>기타</td><td>- 비품확정(쇼핑카트, 바구니)
- 진열 POG 확정
- 개점 상품 확정</td></tr>
<tr><td rowspan="2">D-4</td><td>집기/비품</td><td>- 곤돌라, 행사 집기 입고
- POS 설치</td><td rowspan="2"></td></tr>
<tr><td>상품</td><td>- 그로서리 입고/검품
- 신선상품 계획</td></tr>
</table>

	기타	- 소모품 입고 - 개점 광고 계획 - 직원 채용	
D-2	상품 진열	- 상품 진열(신선식품 입고) - POS 교육 및 저울 설치 - 개점 광고 - 외부 간판 설치	
D-1	개점 점검	- 상품 진열 완료 - 행사상품 점검	
D	개점	- 개점/고객 초대(답례)	개점 행사
D+1	미비점 확인	- 미비점 보완	

※ 외주 공사관리 서류

① 공사계약서(외부공사)

② 설계도서(도면, 공사시방서, 내역서)

③ 공사물량 내역서

④ 계산서

3. 개점 일 점검사항

1) 시설설비

(1) 간판, 사인 전원 확인

(2) 영업시간 및 매장 고지물 부착 확인

(3) 우산꽂이

(4) 개점축하 화분 위치

(5) 입구매트 설치

(6) BGM 시간대에 맞게 선곡

(7) 점내 온도

(8) 화장실 시설

(9) 공사 흔적 제거

2) 상품 및 판매상품

(1) 판매상품, 행사상품 준비 확인

(2) 판매상품 가격표 부착 확인

3) 창고관리

상품적재

4) 비품

명찰, 유니폼

5) 기타

(1) 개점 인사

(2) 개점 혼란 방지(주차/소음)

4. 개점 대행 및 피드백

1) 개점 대행

(1) 프랜차이즈 계약 시 본사 개점 대행 업무 수행

(2) 개점 업무 전담인원 채용(한시적 채용)

(3) POS프로그램 업체 등에 교육 의뢰

(4) 개점 대행 용역계약

(5) 개점 대행 업무

① 점포 LAYOUT 작업

② 상품배치/POG 도면

③ 상품 진열

④ 가격표 부착

⑤ POS 교육

⑥ 상품마스타 등록

⑦ 개점행사 계획(전단)

⑧ 행사계획(엔드)

⑨ 협력업체/용역업체 추천

⑩ 인허가 CHECK

2) 개점 피드백

개점 시 발생되는 빈번한 사례

▌표 11-2▐ 개점 피드백 사례

항목	미비/하자	대책	비고(사진)
공사	- 천장 도장공사 얼룩 - 일부 매장 양생 미비/공사 미완료	- 재 도장 - 준공 전 공사완료 확인	
집기/비품	- 업소용 냉동고/냉장고 설치 위치 상이 - 스톱바, 후크, 디바이더 등 소모성 집기 수량 부족 - 매장실측과 집기설치 상이	- 이동 설치 - 도면에 의한 필요수량 파악 - 최종 도면에 의한 발주	
상품	- 진열물량 부족(서울우유, 치즈, 삼육두유 등) - 발주 상품 미납(오픈 당일 상품 미착) - 오픈시 상품 과다 입고	- 상품 추가 발주 등 대책 - 대리점 등 일부업체 오픈시 상품 입고 검수 및 경제적 발주	
행사	- 행사상품 미 입고 - 광고상품 준비 부족	- 긴급 발주	
기타	- 인원 부족 - 전자저울 라벨 미생성 - 매장유도/안내표시 미흡 - POS 임시중단 - 축산코너 인허가 지연	- 오픈인원 확보 - 전자저울 사전 확인 - 임시부착 /발주 - POS 장비업체 비상대기 - 축산 기존/신규매장 인허가 시 필요서류 사전 점검	

5. 매장 변경

소매점에서 일정한 주기로 매장 효율을 개선하기 위하여 실적이 부진한 상품군과 품목을 철수하고 신상품과 고효율이 예상되는 상품을 입점하는 매장 개선 작업을 M/D 개편이라 한다.

1) M/D 개편 필요성

(1) 정기적 시즌 매장의 효율 분석 대응

(2) 매장효율 부진

(3) 경쟁점 출현으로 매장 개선 요구

2) M/D 개편 절차

(1) 매장 재구성 방향 설정
(2) 현재 매장 효율 분석/평가
(3) 매장 개편 안 수립
(4) 매장 개편 후 효율 추정
(5) 인테리어 공사, 집기준비
(6) 매장 개편 실시
(7) 매장 개편 후 효율 평가

3) 매장개편 주기

(1) 봄 시즌 변경: S/S M/D 개편(2월)
(2) 가을 시즌 변경: F/W M/D 개편(8월)
(3) 수시 변경

▌표 11-3▐ 매장 개편 주기

구분	변경 사유	주기	비고
연간변경	효율분석 적용	연 1회	시즌 상품 제외
시즌변경	봄/가을 시즌 변경	연 2회	
긴급변경	문제 상품/기타	발생시	

4) 구체적 매장 변경 방안

매장 변경을 위해서는 현재 매장 매출실적에 대한 공정하고 신뢰성이 있는 평가가 선행되어야 한다. 공정한 평가 개념은 기준의 정확성을 말한다. 유사한 상품 혹은 품목이라도 매장 장소에 따라서 매출이 달라짐으로 이에 대한 고려가 필요하다. 신뢰성은 매출이 정확하게 평가되기 위해서 매출 자체의 신뢰성이 확보되어야 한다. 경쟁이 되는 상품군이나 품목의 매출이 순수하게 매장에서 발생되었는지 행사장 매출인지 아니면 기업체 특수판매 매출인지에 따라서 신뢰성 정도가 달라지므로 이에 대한 고려가 필요하다.

(1) 공정성 확보를 위한 매장 가중치 고려

매장개편 기준이 되는 매출액의 공정성을 확보하기 위하여 매장이나 판매집기 등급을 정하여 매장 매출액에 가중치를 고려하여 평가 매출을 산출할 수 있다.

▌표 11-4▐ 매출실적 및 가중치 사례

평가상품군 (품목)	매장위치 등급 (집기등급)	매출액	가중치	평가 매출	효율 순위	비고
A	C	100	1.2	120	1	A등급은 매장의 등급이 A
B	B	90	1.1	99	3	
C	A	110	1	110	2	

*매장등급 기준 예: 등급은 탄력적으로 적용(매장/매출 상황 고려)
A등급: 매장 전체에서 우선으로 선호되는 30% 비율
B등급: 매장 전체에서 차선으로 선호되는 50% 비율
C등급: 매장 전체에서 마지막 20% 비율

(2) 신뢰성 확보를 위한 매출액 평가방식 사전 공유

매장 매출액이 비교되는 상품군과 품목의 매출액이 순수하게 정상적 매출인지 아니면 다른 특수요인이 있는지에 따라서 평가되어야 한다.

예) 정상 매출은 100% 반영하고 행사 매출액은 50% 반영하고 기타 특수한 매출액은 반영하지 않는다(조건은 변동 가능).

▌표 11-5▐ 매출액 평가 방식

상품군(품목)	정상 매출	가중치	행사 매출	가중치	평가 매출	평가 순위
A	150	100	150	0.5	225	1
B	130	100	170	0.5	215	3
C	120	100	200	0.5	220	2

이러한 방법으로 매장의 효율 평가 매출액을 산출할 수 있다.

(3) 평가매출 = (정상매출×매장등급 가중치) + (행사매출×행사매출 가중치)

반영비율이나 조건은 매장운영자의 주/객관적 기준으로 탄력적 운영이 가능하며 사전공유를 통하여 신뢰성과 공정성이 확보되면 매장효율을 개선할 수 있는 방안이 될 것이다.

(4) 매장 변경 후 효율 예상

매장 변경은 기본적으로 매출액을 늘리는 것이다. 매장 변경 효과를 장기간 지속시키는 것이 중요하다. 매장 변경 후 몇 달 간의 매출액이 증가하다가 얼마 되지 않아 원래 상태로 돌아가게 되면 매장 변경 효과가 없다고 할 수 있다. 매장 변경을 실시하였다면 변경한 목적이 달성되었는지 확인해야 한다. 기본적으로 매장 변경 효과를 측정할 때에는 1년 간 매출 추이로 파악한다.

❙ 표 11-6 ❙ 매장 변경 후 효율 예상

상품군 (품목)	변경 전			변경 후			증감		
	매출액	단위당 매출액	이익금	매출액	단위당 매출액	이익금	매출액	단위당 매출액	이익금
A									
B									
C									
합계									

제2절 인원 계획 및 충원

1. 인원 계획

1) 직원관리

직원관리 중요한 항목은 채용, 교육훈련, 보상, 고충처리 등이 있다. 이러한 활동을 성공적으로 수행하기 위해서는 인간관계의 기본원리를 이해하고 활용하는 능력이 필요하다. 직원관리 목적은 일을 즐겁게 하고 고객에게 만족스러운 활동을 하는데 있다. 사업 목적이 계속 기업과 이윤 극대화에 있으므로 직원관리는 비용문제와도 직결된다. 직원들의 결근, 이직, 만족도 등을 주기적으로 관리하여 충성도 있는 직원 양성이 필요하다.

2) 인원계획

인원계획은 현재 및 미래 시점에서 소요되는 인력을 사전에 예상해서 계획을 수립하는 것이다. 개점 시점이나 현재 시점에서 필요로 하는 인원을 T/O관리라 할 수 있다.

합리적 근거에 의하여 필요 인원 산정은 필수적 계획이다. 인원계획은 고용관계뿐 아니라 임금계획과도 밀접한 관련을 가지고 있으므로 사전에 필요 인원 수와 현재 인원의 변동관계를 파악해야 한다. 특히 임금은 인력 수에 의하여 가장 큰 영향을 받음으로 인력계획과 밀접한 관계를 가지게 된다. 인건비를 절감하려면 인원 수를 줄이든가 단위당 임금을 줄여야 하기 때문에 임금과 인력 계획은 연동해서 관리해야 한다.

인원계획은 임금예측 등을 위하여 필요하지만 정확한 예측을 하기 어려운 점도 있다. 그래서 가장 자주 사용하고 합리적 방안은 상관관계가 높은 변수를 잡아서 필요 인원을 예측하는 하는 방법이다. 소매점에서는 예상 매출액, 관리 평수, 포스 수량을 감안하여 필요 인원을 예상하여 관리한다. 필요 인원 계획은 하향적 인력계획인 거시적 인력계획과 상향적으로 예측하는 수행해야 할 업무를 중심으로 미시적 예측 방안이 주로 이용된다.

(1) 거시적 인력계획

소매점 전체 필요 인원 수 계획을 거시적 인력계획이라 할 수 있다. 거시적 인력계획은 전체 총인원을 정하고 다시 인력 직종, 업무별로 인력계획을 분할하는 것이다. 매출목표를 정하고 허용되는 예상 인건비율을 정한다. 그리고 인당 인건비를 고려하여 필요 인원 수를 산정하는 방법이다. 이러한 방법은 매출 등 경영계획과 연동하여 인원계획을 수립함으로 유용하지만 변동 요인을 고려하지 않은 점이 많아 정확성에서는 부족한 방안이다.

(2) 미시적 인력계획

상향식 방향으로 인력 예측하는 미시적 방안은 먼저 판매원, 계산원 등 필요로 하는 직무의 연인원을 산정하여 평균 근무시간으로 나누어 인력계획을 하는 방법이다. 직무단위, 작업단위별로 필요 인원을 계산하여 전체 소요인원을 계획하는 방법이다.

$$\text{필요 인원 수} = \frac{(\text{1일 판매소요 전시간}) + (\text{고정시간})}{(\text{1일 판매시간}) - (\text{개인고정시간})} \times (1+\text{여유율}) \ / \ \frac{1}{\text{가동률}}$$

* 개인적 고정시간: 작업지시 수령, 현장왕복, 준비
* 고정시간: 청소, 점검 준비

(3) 적정 인원 관리

미시적인 인원계획은 현상을 기본으로 설정하고 하향식 인력계획은 목표를 중심으로 한 계획으로 차이가 많이 날 수 있다. 특히 대부분 미시적 인원 계획이 주로 상회하는 경우가 많다. 이러한 경우 목표 인력 조건을 검토하고 미시적 결과를 거시적 인원 계획에 접근시키는 방법으로 조정이 필요하다. 조정 작업으로 적정 인원계획이 수립되면 정원관리를 하여 부족할 경우에는 채용하고 인원이 남은 경우는 다른 직무로 이전 배치 등을 한다.

❙ 표 11-7 ❙ 점포 인원 현황표

직무 명	정원 (필요 인원)	현재원	증감
점장	1		
계산원	4		
지원담당	1		
농산	3		
그로서리	2		
총원	11명		

(4) 최소 인원 점포운영 대칙

소수 정예 인원으로 점포를 운영하기 위한 대책은 다음과 같다.

① 작업 동선을 짧게 한다.

작업 동선은 판매사원이 점포에서 판매활동을 포함하여 다양한 업무를 수행하는 동선을 말한다. 이 작업 동선을 가능한 한 짧게 만들수록 작업능률이 올라간다.

② 셀프판매 상품과 대면판매 상품을 구분하여 레이아웃한다.

셀프판매 상품과 대면판매 상품이 혼재하고 있는 점포에서는 이 두 상품을 구분하여 레이아웃하면 효율이 올라간다.

③ 점포 전체의 전망을 개선한다.

고객 동향을 늘 파악할 수 있도록 점포 전망을 좋게 만들면 적은 인원으로도 운영이 가능하다. 진열집기 높이를 1.3m 정도로 제한하면 전망이 좋아진다.

2. 직원 채용

조건이 가장 잘 맞는 사람을 채용하기 위해서는 여러 지원자 자격을 알아야 한다. 채용정보는 지원서, 추천, 면접, 시험, 신체검사와 같은 방법을 통하여 이루어진다. 소규모 점포에서는 지원서, 면접, 추천 방식을 이용하여 채용한다.

직원 채용 방법으로는 모집광고, 교육기관, 자발적 지원방법, 지인 소개 등의 방법으로 이루어진다. 직원 채용 절차는 공고, 전형, 면접, 채용, 교육의 절차에 의해 진행되어진다. 직원 채용은 우수한 인재를 장기 근무를 전제로 선투자 개념으로 교육을 시킨다는 사명감이 필요하고 소매점에서 직원들이 전 부문을 이해하고 업무를 수행하는 All Round Player를 육성한다는 관점에서 접근이 필요하다.

▌그림 11-1▐ 직원 채용 FLOW

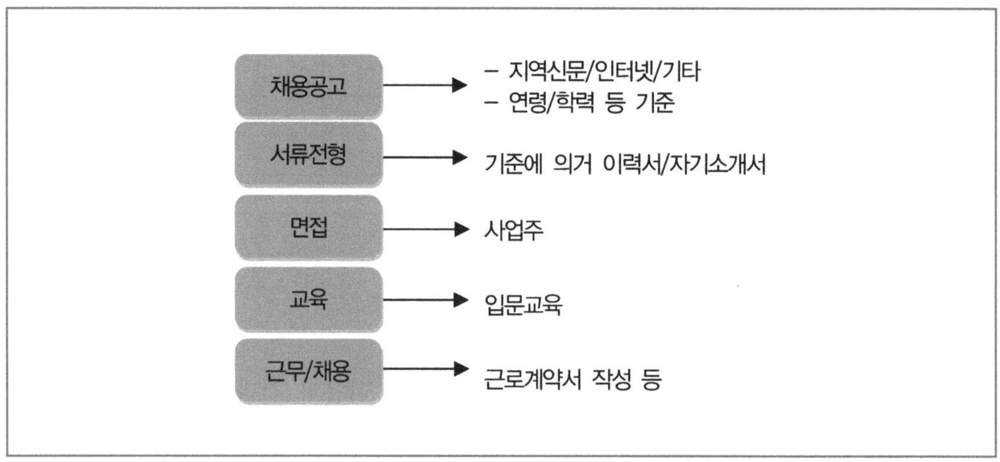

▌표 11-8▐ 직원 모집요강

구분	내용
자격	· 만 18세 이상 – 나이 제한은 탄력적 적용 · 신원보증보험 가입 가능자 · 신입/경력 구분
모집 직종	· 농산, 축산, 공산품 판매원/계산원 등 세부 직종
근무시간	· 주5일 근무/파트타임
복지후생	· 급여/인센티브
제출서류	· 이력서(사진 부착) · 주민등록 등본 1부 · 최종 졸업증명(필요시)

┃표 11-9┃면접평가

평가 항목		1차 평가	2차 평가
용모	친절함/건강상태		
태도	긍정적 사고		
	서비스 마인드		
	적극성		
지식	직무지식		
	고객응대		
기타			
종합평가			

┃표 11-10┃면접 중점항목

항목	내용	면접질문
자기 소개	성장배경/장단점	자기소개서 3분 스피치
태도	면접 시 태도 언어/인상	생활습관/취미/특기
직무 능력	업무경력/성취경험	구체적 경험 구술
유통 상식	유통업 이해 정도	유통용어/자격소지 여부
미래 가능성	지원동기	미래상

3. 근로 계약

1) 근무 규정 수립 및 교육

근무 규정은 채용, 계약기간, 정년, 근무시간, 근로자 의무와 권리 등을 포함하여 수립하고 교육이 필요하다.

2) 근로 계약

근로계약서는 필수적인 사항으로 반드시 서면 작성하고 교부하여야 한다.

┃표 11-11┃근로계약서 필수 사항

항목	세부 내용
임금	- 구성항목/계산방법/지급방법
근로시간	- 주40시간/고정연장근로 있을시 명시/휴게시간
휴일	- 근로기준법상 주휴일/근로자의 날(5월 1일)/약정휴일
연차유급휴가	- 1년 이상 근무 시 15일
취업 장소 및 종사업무	- 업무장소 및 업무

❙ 서식 11-1 ❙ 근로계약서 서식

———— (이하 '갑'이라 함)과 ——— (이하 '을'이라 함)은 다음과 같이 근로계약을 체결한다.

다음

1. 근로계약기간 : 2020년 월 일부터 년 월 일까지
*근로계약기간을 정하지 않은 경우에는 근로개시일만 기재
2. 근무장소 :
3. 업무내용 :
4. 소정근로시간: 00시 00분부터 00시 00분까지.
(휴게시간: 시 분 ~ 시 분)
5. 근무일/휴일 : 매주 00일(또는 매일 단위) 근무, 주휴일 매주 0요일
6. 임금
- 월(일,시간) 급: 원
- 상여금: 있음( ) 000원, 없음( )
- 기타급여(제수당 등): 있음( ), 없음( )
. 원 . 원
. 원 . 원
- 임금지급일 : 매월(매주 또는 매일) 00일(휴일인 경우는 전일 지급)
- 지급방법 : 을에게 직접지급 ( ), 예금통장에 입금( )

7. 연차유급휴가
- 연차유급휴가는 근로기준법에서 정하는 바에 따라 부여함
8. 근로계약서 교부
- 갑은 근로계약을 체결함과 동시에 본 계약서를 사본하여 을의 교부요구와 관계없이 을에게 교부함(근로기준법 제17조 이행)
9. 기타
이 계약에 정함이 없는 사항은 근로기준법에 의함

0000년 00월 00일

(갑) 사업체명 :
주 소:
대표자: (서명)

(을) 주소 :
연락처 :
성명 : (서명)

3) 종업원 4대 보험

창업 후 종업원을 고용하면 관계 법령에 따라 사업주는 종업원을 대상으로 하여 고용보험, 건강보험, 국민연금 및 산업재해보험에 가입해야 한다.

| 표 11-12 | 4대 보험

구분	국민건강보험	국민연금	고용보험	산재보험
보험료 부가기준 및 납부보험료	건강보험료= 월보수액×6.46%	기준소득월액의 9%	보수총액의 1.85%	보수총액의 0.6%~ (업종별 상이)
보험료부담	근로자=3.23% 사업주=3.23%	근로자=4.5% 사업주=4.5%	근로자=0.8% 사업주=1.05% (실업급여 0.8%, 고용안정 직업능력 0.25%)	사업주=0.6%~
신고기한	적용일로부터 14일 이내	사유 발생일로부터 익월 15일까지	적용일로부터 14일 이내	적용일로부터 14일 이내
적용 사업장	상시근로자 또는 일용근로자 (월 80시간 이상) 1인 이상 사업장	좌동	1인 이상의 근로자를 고용하는 모든 사업 또는 사업장	좌동
부과/ 납부시기	익월 10일까지 납부	좌동	연 선납 또는 4회 분납	좌동
정산시기	근로자: 익년 2월 말 사업주: 익년 6월 중	좌동	익년 2월 말	좌동

4. OJT 교육

적절한 교육훈련은 업무 수행을 효과적으로 할 수 있도록 하고 생산성을 향상시킨다. 사업장 내 수칙 등을 준수하여 실수를 줄이고 고객만족도를 증가시킨다. 교육훈련은 장기적으로 판매비용을 낮추고 이익을 증대시키며 결국 종업원 수입 증가와 이직률 감소로 사업자의 업무를 축소할 수 있다. 소매점에서 교육훈련은 서비스가 저하되지 않도록 하는데 초점이 설계되어 있다. 신규 점포에서는 간단한 입문교육과 OJT교육으로 구분하여 실시하고 바로 현장에 투입한다.

1) 입문교육

(1) 사업장 소개

(2) 직원 소개

(3) 직원근무 규정

(4) 서비스 기본교육

(5) 법적 교육(성희롱예방/보건위생 등)

2) OJT 교육

On the job training 약자로 직무 중 교육을 의미한다. 점포에서 선배사원으로부터 현업 업무를 수행하며 직무에 필요한 지식, 기능 등을 계획적으로 지도, 교육하는 활동을 말한다. 기존 사원의 업무변경 시에도 필요한 교육이다. 경력리더 사원이 신입사원을 대상으로 오픈 전 1주 오픈 후 2주 총 3주 정도 실시하고 주별로 피드백을 받아 확인한다. 계획적이고 체계적 교육이어야 한다. 사원의 부족한 점을 확인하고 명확하게 목표를 수립하여 교육해야 한다. 인원 부족, 업무 과다 등으로 교육이 단절되지 않게 지속적 노력이 필요하며 업무를 진행하면서 습득하는 것에 자긍심을 가질 수 있도록 해야 한다.

제3절 개점 행사

1. 개점 행사

1) 방향

(1) 목표 고객에게 사전 프로모션 실시로 시장 선점

(2) 고객 특성별 차별화 마케팅 행사 전개

(3) 개점 전/후 지속적인 프로모션 실시로 고객관계 유지

2) 단계별 행사 계획 수립

| 표 11-13 | 개점 전/개점 후 3주/개점 후 3개월 3단계 프로모션 계획 수립

단계	항목	세부 내역
1단계 고객기반 구축	전략목표	사전 개점 고지/잠재 고객 확보
	광고/홍보	- 상권내 아파트 광고매체 활용 - 공사 가름막 활용 점포 홍보 - 버스 광고
	행사내용	- 사전고객 확보/1차 상권중심(핵심 APT 등) - 제휴마케팅 대상 확보(금융기관/기업체) - 유동고객 대상 매장고지
2단계 상권 붐업	전략목표	개점행사 + 성원감사 - 개점프로모션 효과 극대화
	광고/홍보	- 전단광고(직접 배포/신문 삽지 병행) - 지역온라인 커뮤니티 개점행사 고지 - 지역노선버스 광고
	행사내용	- 신규 회원가입고객 사은품증정 - 구매고객 사은품 증정(구매금액대별 차등 지급) - 로열티 프로그램 구축 - 집객 이벤트 실시 - 일별 한정 판매/축하 상품 전개
3단계 고정 고객화	전략목표	상권 정착 - 고객 관계 관리로 친밀감 강화
	광고/홍보	- 전단행사 지속 실시 - 주요 목표고객 대응 행사
	행사내용	- CRM 시스템 활용 마케팅 (맞춤형 Offer 제공)(로열티 프로그램 실행) - 잠재 우수 고객대상 사은/체험 행사 - 신상품/제철 과일 체험행사 진행(시식 등)

1단계: D-1일까지 / 2단계 : D+18일까지 / 3단계 : D+90일까지

2. 개점 전단

개인 소매점에서도 주로 이용하는 쇼핑 뉴스형 전단광고는 보통 광고주들인 소매점들이 단독 또는 공동으로 제작하여 배포하는 광고매체이다. 일주일에 일회 월간 2~3회 발행되는데 그 내용은 소매점 상품광고, 쇼핑정보, 소비자에게 관심거리가 되는 최근 동향과 같은 짧은 기사로 구성될 수 있다. 전단은 단독주택이나 아파트에 무료로 배포된다. 대부분 소매점들은 전단을 활용하여 광고를 하고 추가적 매체를 선택한다.

전단은 일상용품, 가정용품, 식료품 등 판매를 자극하는데 매우 효과적이다.

전단 제작 시에는 전년도 데이터를 이용해서 계획을 수립하는 것이 필요하다. 전년도 행사가격, 상품, 행사내용을 검토 후 진전된 내용으로 제작하여 배포할 때 효율적이다.

1) 전단제작 프로세스

▌그림 11-2▐ 전단제작 프로세스

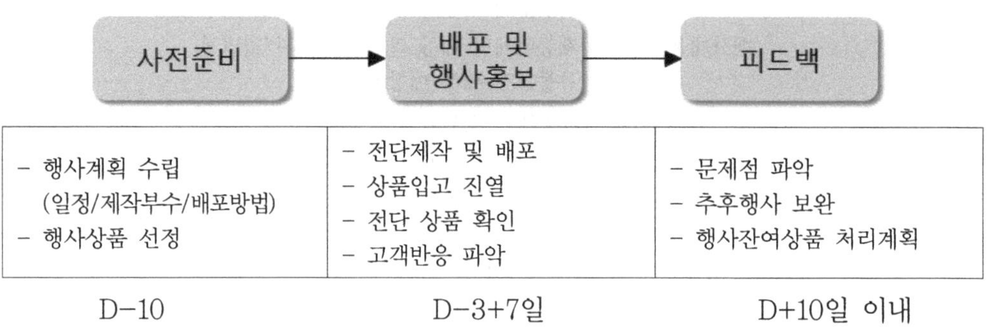

2) 전단 배포 확인사항

(1) 배포 부수 및 배포 방법
(2) 점내, 상권 내 전단 배포 방법 결정
(3) 신문 삽지/직접 배포 방법 선택

3) 개점행사 사례

(1) 행사계획

① 행사명: 굿모닝마트 교대역점 OPEN
② 행사기간: 11월 7일(화)~11월 16(목)(10일간)
③ 주요 행사 내용

▌표 11-14▐ 개점행사 주요 내용

구분	행사내용	비고
사은 행사	5만 원 이상 구매고객: 스텐믹싱볼 증정 8만 원 이상 구매고객: 모나리자 화장지 증정 롯데카드 5만 원 이상 구매고객: 신라면 5입 증정	
경품 행사	구매고객대상 응모 /1천만 원 증정(1명)	
전단 배포	8절 전단 10만 부 배포	
상품 행사	초특가 행사/일별 한정판매/특가상품	

④ 행사비용

▌표 11-15▐ 개점행사 비용

단위: 천 원

구분	비용	비고
사은품	15,000	사은품
경품	10,000	
전단광고	8,000	제작배포비
합계	33,000	

⑤ 매출계획

▌표 11-16▐ 개점행사 매출 계획

단위:천 원

구분	행사 미실시	행사 실시	증감
매출액	50,000	250,000	200,000
영업이익	12,500	57,500	45,000
이익률	25%	23%	

(2) 개점전단 사례

▌그림 11-3▐ 개점 전단 사례

3. 인터넷/모바일 환경 광고

인터넷/모바일의 투웨이 커뮤니케이션 기능을 활용한 광고를 말한다. 구전, 인터넷, 모바일 등 최근 중요시 되는 매체를 활용한 광고 및 홍보로 소매점을 알리는 노력이 요구된다.

1) 입소문 홍보

구전은 상품 또는 브랜드들과 관련한 개인 간의 구두, 서면 또는 전자적으로 전해지는 말을 의미한다. 구전 마케팅은 소비자에게 상품을 알려주는 역할, 특정 상품이나 브랜드를 지속적으로 이용하도록 상기시키는 역할, 고객과 지속적인 관계 구축 역할을 한다. 의견선도자는 전문가적 힘, 준거적 힘, 규범적 힘 등을 가지고 새로운 상품에 대해 가장 먼저 시도하는 특성과 위험을 감수하는 특성을 지니고 있다. 전문가적 힘을 바탕으로 정보제공적인 영향력을 행사하며 상품에 대한 지식을 바탕으로 객관적으로 상품을 평가하는 준거적 영향력을 지니고 있다. 집단 가치와 신념을 반영함으로써 소비자들이 순응하게 하는 규범적 영향력을 지니고 있다.

2) 소셜미디어 활용

소셜미디어는 웹 2.0 기술을 기반으로 사용자가 제작한 콘텐츠의 제작과 교환을 가능하게 하는 인터넷 기반 애플리케이션 서비스를 총칭한다. 소셜네트워크 서비스와 혼용되어 사용되기도 하지만 소셜미디어가 보다 일반적으로 사용되고 있다.

3) 로열티 프로그램 운영

로열티 프로그램은 이미 알고 있는 고객을 상대로 지속적인 마케팅 교환을 강화하고 유대를 형성하고자 브랜드화된 상품과 서비스를 개별적으로 전달하면서 고객가치를 증대시키는 관계마케팅 활동이다. 로열티 프로그램은 마일리지, 캐시백 포인트, 가격할인, 인센티브 제공 등 눈에 보이는 혜택을 보상으로 제공하고 있다.

제11장 점포 개점 연습문제

1. 개점일 시설 점검에 대하여 설명하시오.

① 간판, 사인 전원 확인
② 영업시간 및 매장 고지물 부착 확인
③ 우산꽂이
④ 개점축하 화분 위치
⑤ 입구매트 설치
⑥ BGM시간대에 맞게 선곡
⑦ 점내 온도
⑧ 화장실 시설
⑨ 공사 흔적 제거

2. 종업원 채용 절차에 관하여 설명하시오.

직원 채용 방법으로 모집광고, 교육기관, 자발적 지원방법, 지인 소개 등으로 이루어진다. 직원 채용의 절차는 공고, 전형, 면접, 채용, 교육 절차에 의해 진행된다. 직원 채용은 우수한 인재를 장기근무를 전제로 선투자 개념으로 교육을 시킨다는 사명감이 필요하고 소매점에서 직원들이 전 부문을 이해하고 업무를 수행하는 All Round Player를 육성한다는 관점에서 접근이 필요하다.

3. 개점 전단제작 절차에 관하여 설명하시오.

<전단제작 프로세스>

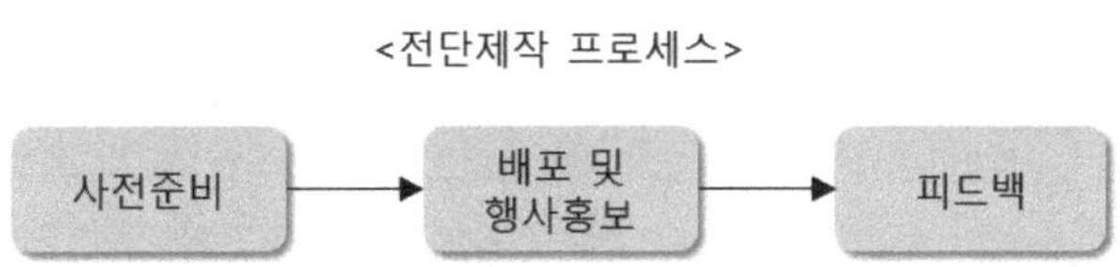

4. 용어 설명

- OJT교육
- 근로계약
- 종업원 4대 보험

PART 4

창업 성과 평가

매장 경영분석

제1절 경영분석 포인트

1. 문제점 도출

경영분석이란 의사 진찰과도 같은 것으로 문제점을 찾아 그 대책을 강구해 나가기 위해 필요한 것이다. 물론 문제점뿐만 아니라 타점과 비교해 우수한 점도 알아간다.

2. 경영분석 차기 경영계획 작성

경영 결과는 재무상태와 손익계산서로 표시된다. 이러한 계산 서류는 세무서용으로 작성된다는 생각을 가진 사람이 많은데 실은 유통점 경영에 있어서 매우 중요한 정보를 제공하고 있다. 경영 결과가 나오면 그 결과를 분석하고 좋은 점은 확장하고 나쁜 점은 원인분석을 해 차이 계획에 활용해 나감이 필요하다.

3. 쉬운 경영분석

경영분석이라는 말을 들으면 "아, 또 숫자야. 어려워!"라는 연상을 해버리는 경영자가 있을지도 모르겠다. 그러나 지금부터 봐 나갈 경영분석은 그렇게 어렵지 않다. 계산기로 계산할 줄만 알면 간단히 해낼 수 있다.

4. 비율 비교와 실적 비교

경영분석 방법에는 여러 가지 있는데 그것들은 두 가지로 구분하면 다음과 같다.

1) 비율 비교

매출이익과 상품회전율 등 비율로 표시하며 비교 검토하는 것이다.

2) 실적 비교

전월과 증감비교와 예산과 차액 등 금액으로 표시 검토하는 것이다.

실제 현장에서 1), 2) 양자를 혼합해 사용하고 있다.

5. 예산대비

경영분석에 있어서 예산과 비교해 어떠한가 체크하는 예산 대비를 함은 매우 중요하다. 왜냐하면 예산은 세우는 것만이 목적이 아니라 실적 진척을 점검하는 데 의미가 있기 때문이다.

실적 - 예산 = 차액

$$\frac{\text{실적}}{\text{예산}} \times 100 = \text{달성률}$$

| 그림 12-1 | 경영분석 피드백

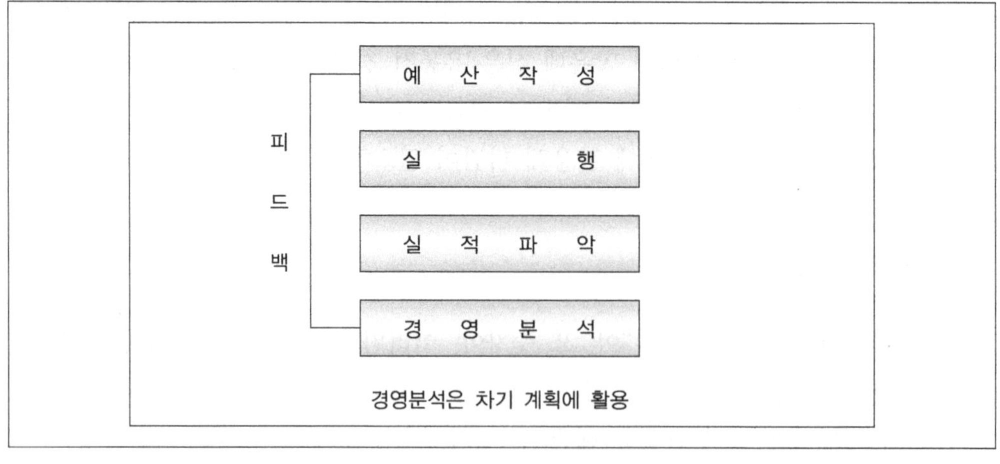

6. 전년도와 비교

유통점 경영에 있어서 전년도와 같은 달 혹은 같은 주와 비교를 해 나가는 것은 매우 의미가 있다. 유통점 경우 계절성이 비교적 높은 상품을 취급하고 있는 업종이 있다. 그러한 유통점에서는 전년도와 비교함으로써 금년은 정말로 성장하고 있는 것인가, 그렇지 않은 것인가를 한눈에 알 수 있기 때문이다.

7. 표준 비교

경영지표를 참고로 자점이 속한 업계 평균치와 비교하는 것이 표준 비교이다. 구체적으로 살펴보면 자점 수치가 업계 평균수치, 증액을 비교한다. 자점 수치가 업계 평균을 하회하는 경우 몇 % 혹은 얼마 금액으로 하회하고 있는가를 산출한다. 특히 업계 평균과 비교해 크게 떨어지고 있는 부분을 중점적 개선 사항으로 한다.

8. 동업종, 동규모 유통점과 비교

경영분석을 함에 있어서 잊지 말아야 할 것은 동업종·동규모 유통점과 비교이다. 유통점 경우 입지산업이기 때문에 완전히 동일 조건으로 비교할 수는 없지만 비슷한 정도 유통점 면적에서 매출액과 이익에 큰 차가 생긴다는 것은 어딘가 문제가 있기 때문이다. 그런 의미에서 동업종·동규모 경쟁 유통점과 비교하는 것은 효과가 있다. 단, 문제는 경쟁 유통점 수치를 간단히 얻을 수 없기 때문에 어떤 방법으로라도 조사하지 않으면 안 된다.

9. 동업종, 동일 규모점 경영수치 수집법

입점 객수·매출 단가·판촉 종류와 진열 특징 등에 대해 도매 영업사원으로부터 정보를 수집하고 메이커 영업사원으로부터 정보를 수집한다. 파트·아르바이트를 사용해 경쟁 유통점 조사를 행한다.

제2절 수익성과 안전성 분석

1. 수익성

1) 수익성 이익 합계

유통점 경영분석을 행하는 경우 다방면에서 분석하고 유통점 경영상태를 미루어 생각한다. 대표적인 분석 수법으로서 수익성, 안전성, 생산성, 성장성 네 가지이다. 이 중 가장 중요한 것은 역시 수익성이 될 것이다. 수익성이란 말 그대로 수익이 올라가고 있는가를 보는 것이다. 즉, 이익 합계를 재는 것이 수익성인 것이다. 수익성은 매출액에 대해 수익비율은 어떤가, 투자한 자본에 대해 수익은 올라가고 있는가 2가지 관점에서 분석한다.

2) 수익성 대표적 지표

(1) 경영자본 대 영업이익률

영업용으로 투자한 자본이 어느 정도 이익성을 올리고 있는지를 보는 지표이다. 다음과 같은 산식으로 구한다.

$$\text{경영자본 대 영업이익률} = \frac{\text{영업이익}}{\text{경영자본}} \times 100$$

(2) 경영자본 회전율

투자한 자본 이용도를 보는 지표이다. 다음과 같은 산식으로 구한다.

$$\text{경영자본회전율} = \frac{\text{매출액}}{\text{경영자본}} \text{(回)}$$

(3) 매출액 대 영업이익률

매출액에 대한 이폭 정도를 보는 지표이다. 다음과 같은 산식으로 구한다.

$$\text{매출액 대 영업이익률} = \frac{\text{영업이익}}{\text{매출액}} \times 100$$

| 표 12-1 | 수익성 비율

(1) 매출액 총이익률 $= \frac{\text{매출총이익}}{\text{매출액}} \times 100$

(2) 매출액 영업이익률 $= \frac{\text{영업이익}}{\text{매출액}} \times 100$

(3) 매출액 세금공제전 당기순이익률 $= \frac{\text{세금공제전 당기순이익}}{\text{매출액}} \times 100$

(4) 매출액 당기순이익률 $= \frac{\text{당기순이익}}{\text{매출액}} \times 100$

(5) 매출액 인건비 비율 $= \frac{\text{인건비}}{\text{매출액}} \times 100$

(6) 매출액 광고 선전비 비율 $= \frac{\text{광고선전비}}{\text{매출액}} \times 100$

(7) 매출액 지급이자 비율 $= \frac{\text{지급이자· 할인료}}{\text{매출액}} \times 100$

(8) 총자본 이익률 $= \frac{\text{당기순이익}}{\text{총자본}} \times 100$

(9) 총자본 회전율 $= \frac{\text{매출액}}{\text{총자본}}$

2. 매출이익률 2단계 분석법

매출액에 대한 이익 비율을 보는 비율에서 다음과 같은 것이 있다.

- 매출액 총이익률(= 매출액 매출이익률)
- 매출액 영업이익률
- 매출액 세금 공제 전 이익률
- 매출액 세금 공제 후 이익률

이 중에서도 유통점 경영자가 알아두어야 할 비율은 매출액 총이익률과 매출액 영업이익률 두 가지이다. 매출총이익과 영업이익과의 관계표에서 알 수 있듯이 매출총이익(매출이익)은 영업이익과 판매비·관리비로 구성되고 있다.

즉, 상기관계를 산식으로 나타내자면

A) 매출총이익 = 영업이익 + 판매비·관리비

A) 식을 매출액으로 나누면

B) $\frac{\text{매출 총이익}}{\text{매출액}} = \frac{\text{영업이익}}{\text{매출액}} + \frac{\text{판매비·관리비}}{\text{매출액}}$

즉, 매출총이익률 = 매출액 영업이익률 + 판매·관리비 비율이다. 매출액 영업이익률을 높이기 위해서는 매출총이익률을 높이고 판매·관리비 비율을 억제하여야 한다.

▌표 12-2▐ 매출총이익과 영업이익과의 관계

매출액	매출총이익	영업이익	매출액
		판매비 관리비	
	매출원가	매출원가	

3. 안전성으로 자금 상태를 안다

1) 안전성

(1) 안전성이란 유통점의 현금흐름 상황을 보는 지표

유통점 경영상황을 파악할 때 현금흐름 상황을 보는 것도 중요한 일이다. 안전성이란 문자 그대로 유통점 경영상태가 안전한가를 판정하는 것이다.

(2) 안전성을 보는 대표적 지표

① 유동비율

유통점 지불능력을 나타내는 대표적인 비율이다. 산식에서와 같이 현재 소유하고 있는 유동자산(현금·예금과 외상매출금, 받을어음, 상품 등)과 유동부채(지급어음, 외상매입금, 단기차입금 등) 비율을 본 것이다. 당면한 지불능력을 표시하고 이것은 높을수록 좋은 것이다.

$$유동비율 = \frac{유동자산}{유동부채} \times 100$$

② 당좌비율

유동비율과 같이 유통점 지불능력을 표시한다. 유동자산 중에서도 현금화되기 쉬운 당좌자산과 유동부채 비율을 나타내고 있다. 100% 이상이 이상적이라 할 수 있다.

$$당좌비율 = \frac{당좌자산}{유동부채} \times 100$$

③ 총자본 대 자기자본 비율

유통점에서 차입한 타인자본(매입채무와 차입금 등)과 자기자본 비율을 표시하고 있다. 타인 자본은 어쨌든 돌려 주어야 하기 때문에 너무 많아지면 자금융자가 어렵게 되고 만다. 그렇기 때문에 총자본 대 자기자본비율이 높을수록 재무 안전성이 높다고 할 수 있다.

$$총자본\ 대\ 자기자본\ 비율 = \frac{자기자본}{총자본} \times 100$$

| 표 12-3 | 안전성 비율

(1) $유동비율 = \frac{유동자산}{유동부채} \times 100$

(2) $당좌비율 = \frac{당좌자산}{유동부채} \times 100$

(3) $비유동\ 비율 = \frac{비유동\ 자산}{자기자본} \times 100$

(4) $비유동장기적합률 = \frac{비유동\ 자산}{자기자본 + 비유동\ 부채} \times 100$

(5) $자기자본\ 비율 = \frac{자기자본}{총자산/본} \times 100$

(6) $경상수지\ 비율 = \frac{경상수입}{경상지출} \times 100$

2) 생산성으로 사람, 상품, 자금 효율을 본다

(1) 생산성

일반적으로 생산성이란 말은 상품을 생산하고 있는 메이커로서 자주 사용되어 왔다. 그러나 이 생산성이라는 것은 메이커 전매특허가 아니라 유통점 경우에도 적합한 것이다. 생산성이라는 것은 투입에 대해서 그 성과로서 산출이 어느 정도 있는가를 표시하는 것이다.

$$생산성 = \frac{산출량}{투입량}$$

경영은 사람, 상품, 자금을 효과적으로 사용해 성과를 낳게 하는 것이라 한다. 위 산식에 분모인 투입량 부분에 사람, 상품, 자금을 들여 어느 정도 산출량(유통점 경우는 매출액 혹은 이익)을 얻을 수 있는가 하는 것이다.

(2) 생산성은 매년 올리는 것이 바람직하다

유통점 입구에 POS레지스터와 발주용 단말, 사무실에는 퍼스널 컴퓨터라는 기기가 있다. 이러한 SA(스토어 오토메이션)기기를 도입하는 목적은 인재 부족을 해소한다든지 레지스터 효율화를 위해서라고 생각된다. 그러나 이런 기기를 도입함에도 불구하고 생산성이 저하했다는 것은 SA기기 도입 무의미함을 느끼게 해 준다. 그렇기 때문에 생산성 각 지표를 보는 포인트는 전년도비(전월비)와 비교해 어떠한가 동규모점과 비교해 어떠한가 두 가지 점을 체크해야 한다.

(3) 인적 생산성

인적 생산성은 종업원 1인당 어느 정도 팔았는가 혹은 이익을 올렸는지를 보는 것을 말한다. 물론 이 인적 생산성은 높으면 높을수록 좋은 것이지만 지나치게 높아지면 종업원에 대한 작업량이 증대하기 때문에 주의가 필요하다.

(4) 인적 생산성 대표적 지표

① 종업원 1인당 연간 매출액

이 지표는 종업원 1인당 연간 어느 정도 매출을 올렸는가를 보는 것이다. 이 비율이 높다라는 것은 적은 인원으로 효율적 매출을 올렸다는 것이 된다.

$$\text{종업원 1인당 연간 매출액} = \frac{\text{연간 매출액}}{\text{종업원 수}}$$

유통점 경우 분모인 수치를 종업원에만 한정해 버리면 종업원 1인당 연간 매출액이 과대하게 표시되어 버리기 때문에 경영자도 포함해 산출한 쪽이 실태를 잘 나타내고 있다고 할 수 있을 것이다.

② 종업원 1인당 매출이익액

이 지표 ① 분자 수치를 매출이익액으로 바꿔 쓴 것이다. 종업원 1인당 어느 정도 이익을 내고 있는가를 나타내는 지표이다.

$$\text{종업원 1인당 매출이익액} = \frac{\text{매출이익액}}{\text{종업원 수}}$$

(5) 물적 생산성

유통점 경우 경영자원인 '물(物)'에 해당되는 부분은 '상품'이며 '유통점'을 말하는 것이다. 즉, 물적 생산성이란 상품효율, 유통점 비율을 본 것이다.

(6) 상품효율 지표

상품효율을 나타내는 대표적 지표는 상품회전율이다. 적은 상품재고로 많은 매출액을 올리면 효율은 좋아진다.

$$\text{상품회전율} = \frac{\text{매출액}}{\text{재고액}} \text{(回)}$$

즉, 상품회전율이란 연간에 몇 번 재고가 교대되었는지를 보는 지표이다.

여기에서 상품회전율을 일수로 표시하면 다음과 같다.

$$\text{상품회전일수} = \frac{\text{상품재고액} \times 365\text{일}}{\text{연간 매출액}} \text{(回)}$$

이 수치를 산출하면 현재 갖고 있는 재고가 몇 일분 재고가 상당하는지를 알 수 있다. 이 수치는 작을수록 재고 회전이 빠르고 팔림새가 빠르다는 것을 의미하고 있다.

(7) 매출효율

매출효율은 유통점 효율을 보는 대표적 지표이다. 통상 3.3㎡당 매출액과 매출이익으로 나타낸다.

① 3.3㎡당 연간 매출액

$$3.3㎡당\ 연간\ 매출액 = \frac{연간\ 매출액}{매장\ 면적(평)}$$

일반적으로 평효율이라 한다. 이 수치는 높은 쪽이 좋고 적은 매장 면적에서 높은 매출액을 올리는 일이 요점이다.

② 3.3㎡당 연간 매출이익액

$$3.3㎡당\ 연간\ 매출이익액 = \frac{연간\ 매출이익액}{매장\ 면적(평)}$$

평당 어느 정도 이익이 있는가를 나타내고 있다. 이 수치가 너무 낮은 경우는 영업을 한다는 의미가 없다 말할 수 있기 때문에 주의가 필요하다.

제3절 성장성 분석

1. 성장성

1) 유통점은 성장을 계속하는 것

기업은 '고잉 컨선(going concern)'이라 한다. 영속해 나간다는 의미로 해석해도 좋을 것이다. 유통점 경영도 같은 것이라 할 수 있을 것이다. 유통점 경영자가 가장 기쁠 때가 매년 매출액, 이익 모두가 신장하고 있을 때이다. 그렇기 때문에 이 성장성의 지표는 경영의 좋고 나쁠 때를 보는 중요한 요점이 되는 것이다.

2) 성장성 지표

유통점 성장성을 보는 지표에는 여러 가지 척도가 있다. 다음에 그 중요한 항목을 열거해 본다.

(1) 매 출 액

기업 성장도가 가장 잘 나타나 있다.

(2) 이 익

매출액 이상으로 이익 신장을 중요시하는 기업도 있다.

(3) 종업원 수

종업원 수가 매년 증가하고 있는 기업도 성장하고 있는 회사라 할 수 있다.

(4) 유통점 수

출점 여력이 있는 자본력, 인재를 갖춘 회사라 하겠다.

2. 매출액 성장률 평가

1) 매출액 성장은 유통점 성장 패러미터

유통점이 성장해 있는가는 우선 매출액이 신장해 있는가로 확인한다. 근래에 들어와 유통점을 둘러싸고 경영환경은 점점 더 엄격해졌다. 이러한 상황에서 유통점이 매년 매출액을 올려 나가는 일은 힘들지만 확실히 매출, 이익 모두 성장해 있는 유통점은 많이 있다.

2) 매출액 성장을 보는 법

매출액 성장은 다음과 같은 금액과 비율 양면에서 잡는다.

(1) 금액에 의한 방법

금년도 매출액 - 전년도 매출액(매월, 전주, 전일로 대체 가능)

플러스 경우 : 매출액이 증가하고 있다.
마이너스 경우 : 매출액이 감소하고 있다.

(2) 비율에 의한 방법

A) 매출액 성장률 $= \dfrac{\text{금년도 매출액}}{\text{전년도 매출액}} \times 100$

또는,

B) 매출액 성장률 $= \frac{\text{금년도 매출액 - 전년도 매출액}}{\text{전년도 매출액}} \times 100$

A) 식에서는 100을 기준으로 100을 상회하면 매출액이 증가, 하회하고 있으면 매출액이 감소된다. 한편, B)의 식에서는 0을 기준으로 0보다 큰 비율이 나오면 매출액 증가, 마이너스가 나오면 매출액 감소가 된다.

3. 이익 성장률 평가

1) 이익 성장도 금액과 비율 양면 파악

유통점 이익 신장에 관해서도 매출액 금액과 비율 양면에서 파악하여야 한다.

(1) 금액에 의한 방법

금년도 이익액 - 전년도 이익액
계산기간은 연도 이외에 일, 주, 월, 분기, 반기로 구분해 나가는 것도 필요하다.

(2) 비율에 의한 방법

A) 이익액 성장률 $= \frac{\text{금년도 이익액}}{\text{전년도 이익액}} \times 100$

B) 이익액 성장률 $= \frac{\text{금년도 이익액 - 전년도 이익액}}{\text{전년도 이익액}} \times 100$

2) 부문별, 상품별 이익성장도

성장성에서 행한 계산은 유통점 전체는 물론 이것을 더욱 세분화해 부문마다, 상품마다 분석해 나가야 한다. 그것에 따라 성장률이 둔화되는 부문과 상품 부각·축소·개폐 등을 생각하는 기본이 되기 때문이다.

제12장 매장 경영분석 연습문제

1. 수익성 의의와 대표적 지표에 대하여 설명하시오.

1) 수익성 의의

경영분석을 행하는 경우 대표적 분석 수법으로서, 수익성, 안전성, 생산성, 성장성-이 네 가지이다. 이 중 가장 중요한 것은 역시 수익성이 될 것이다. 수익성이란 말 그대로 수익이 올라가고 있는가를 보는 것이다. 즉, 이익 합계를 재는 것이 수익성인 것이다. 수익성은 다음 2가지 관점에서 분석한다.

① 매출액에 대해 수익비율은 어떤가?

② 투자한 자본에 대해 수익은 올라가고 있는가?

2) 수익성 대표 지표

(1) 경영자본 대 영업이익률

영업용으로 투자한 자본이 어느 정도 이익을 얻고 있는지를 보는 지표이다. 다음과 같은 산식으로 구한다.

$$\text{경영자본 대 영업이익률} = \frac{\text{영업이익}}{\text{경영자본}} \times 100$$

(2) 경영자본회전율

투자한 자본 이용도를 보는 지표이다. 다음과 같은 산식으로 구한다.

$$\text{경영자본회전율} = \frac{\text{매출액}}{\text{경영자본}} (\text{回})$$

(3) 매출액 대 영업이익률

매출액에 대한 이익 정도를 보는 지표이다. 다음과 같은 산식으로 구한다.

$$\text{매출액 대 영업이익률} = \frac{\text{영업이익}}{\text{매출액}} \times 100$$

2. 매출액 신장을 보는 법에 대하여 설명하시오.

1) 매출액 신장이 성장의 잣대

소매점이 성장하고 있는가는 우선 매출액이 신장하고 있는지로 확인한다. 근래에 들어와 소매점을 둘러싸고 경영환경은 점점 더 엄격해졌다. 이러한 상황에서 소매점이 매년 매출액을 올려 나가는 일은 힘들지만, 확실히 매출, 이익 모두 신장해 있는 소매점은 많이 있다.

2) 매출액 신장을 보는 법

매출액 성장은 다음과 같은 금액과 비율 양면에서 잡는다.

(1) 금액에 의한 방법

$\frac{\text{금년도}}{\text{매출액}} - \frac{\text{전년도}}{\text{매출액}}$(전월, 전주, 전일로 대체 가능)

플러스 경우: 매출액이 증가하고 있다.

마이너스 경우: 매출액이 감소하고 있다.

(2) 비율에 따른 방법

A) $\text{매출액 성장률} = \frac{\text{금년도 매출액}}{\text{전년도 매출액}} \times 100$

또는,

B) $\text{매출액 성장률} = \frac{\text{금년도 매출액} - \text{전년도 매출액}}{\text{전년도 매출액}} \times 100$

A) 식에서는 100을 기준으로 100을 상회하면 매출액이 증가, 하회하고 있으면 매출액이 감소한다. 한편, B) 식에서는 0을 기준으로 0보다 큰 비율이 나오면 매출액 증가, 마이너스가 나오면 매출액 감소가 된다.

3. 용어 설명

- 경영자본 회전율
- 유동비율
- 상품회전율

창업 성공·실패 요인[1]

제1절 창업 성공 · 실패 차이 핵심 요인

1. 개인적 특성 및 사업체 현황

1) 사업장 위치(구별 분포 현황)

- 성공의 경우 강동/강남, 실패의 경우 서초/중구 순으로 지역 차이가 있다.
- 성공, 실패의 차이를 가장 많이 보이는 구는 서초(실패 우위), 강동/강서/광진(성공우위)이다.
- 기업을 어디서 하면 성공 및 실패 가능성이 높은가를 결정짓는 요소가 될 수 있다.
- 다만, 표본 선정 시 할당비율이 원활하게 진행되지 않았기 때문에 사업장 위치로는 성공·실패요인을 완전히 단정 짓기는 다소 애매하다고 판단된다.

2) 업종

- 성공기업은 음식업이 34.3%로 가장 높게 나타났으며, 도·소매업 비율도 30%로

1) 서울신용보증재단, 서울시 소기업 소상공인 창업 성공 실패 요인 조사분석, 이상윤 책임연구원 (2014. 11~2015. 1) 연구보고서 요약

비교적 높게 나타났다.

- 성공은 음식/도소매, 실패는 도소매/개인서비스 로 각각 구분 → 음식점은 성공 가능성이 높고 개인 서비스업은 성공 가능성이 낮다(실패 가능성이 높음).
- 창업 업종 선택 시 성공 가능성이 높은 업종은 음식점, 반대로 실패 가능성이 높은 업종은 개인서비스업이라고 분석 가능하다.

3) 창업 전 종사 직종

- 창업 전 종사 직종은 성공·실패기업 모두 자영업 비율이 가장 높게 나타났다.
- 성공기업은 다양한 직종이 출신이, 실패기업은 자영업 출신이 상대적으로 다수를 차지하였다.
- 자영업을 제외한 직종의 성공과 실패 여부는 성공기업은 영업 출신이, 실패기업은 사무 관리직 출신이 각각의 창업 시 그럴 가능성이 크다고 분석하였다.

4) 설립연도

- 설립년도는 성공기업은 2008년, 실패기업은 2010년이 가장 높게 나타났다.
- 성공기업은 2007~2009년, 실패기업은 2008~2011년 사이에 집중되었다.
- 성공과 실패기업의 설립년도 차이는 무엇인지 조사해야 될 것으로 판단되며, 당해 연도 트렌드, 경기 등을 분석하여 그 원인을 파악하는 것이 필요하다.

5) 사업장 규모(창업 당시와 비교)

- (성공기업) 창업 당시 사업장 규모는 10평 이하가 31.8%로 가장 높게 나타났고, 2014년 12월 말 현재 규모는 11~20평 사이가 가장 높게 나타났다. 이 결과 사업장 규모가 다소 확장된 것을 알 수 있다.
- 실패기업의 경우 창업당시 사업장 규모는 10평 이하가 가장 높게 나타났고, 2014년 12월 말 현재 규모도 거의 변동 없이 나타났다.
- 실패기업의 경우 큰 차이가 없으므로 영업 시작 후 얼마안가 영업을 종료했거나 근근이 영업 영위 중임을 알 수 있다.
- 즉, 성공기업은 지속적으로 규모가 증가, 실패기업은 정체 현상을 나타냈다.

6) 월 평균 종사자 수(창업 당시) / 월 평균 종사자 수(2014년 12월 말)

- 성공기업의 경우 2명이 35.9%로 가장 높게 나타났는데, 창업 당시 1명보다 종

업원 수가 증가함을 알 수 있으며, 실패기업의 경우 창업 당시와 거의 유사하게 나타났다.

- 성공기업은 영업 확대(활성화)로 인한 인원 증가를, 실패기업은 정체나 감소를 보임으로 사업의 성공 여부가 종업원 수 확대를 입증했다.

7) 월 평균 매출액(창업 당시) / 월 평균 매출액(2014년 12월 말)

- (창업 당시) 성공·실패기업 모두 1천만~2천만 원 미만이 각각 26.8%, 36.6% 가장 높게 나타났다.
- (2014년 12월 말) 성공기업은 1천만~2천만 원 미만이 각각 24.6%로 창업당시와 거의 유사하게 나타났으며, 창업 당시보다 매출액이 증가함을 보여준다.
- 실패기업은 500만 원 미만이 29.5%로 가장 높게 나타났다. 다른 구간의 비율도 창업당시보다 매출액이 줄어든 것을 알 수 있으며 원인을 파악하기 어렵다.
- 성공기업은 매출 규모가 커진 반면, 실패기업은 매출이 줄어든 현상을 보인다.

8) 월 평균 순이익(창업 당시) / 월 평균 순이익(2014년 12월 말)

- (창업 당시) 월 평균 순이익은 300만~400만 원, 500만~1천만 원 비율이 21.2%로 가장 높게 나타났으며, 실패기업은 400만~500만 원 미만이 25.6%로 가장 높게 나타났다.
- (2014년 12월 말) 월 평균 순이익은 500만~1천만 원 비율이 29.1%로 가장 높게 나타났으며, 실패기업은 300만~400만 원 미만이 20%로 가장 높게 나타났다.
- 성공기업은 창업 당시 보다 비교적 증가한 비율이 높고, 실패기업은 감소한 비율이 높게 나타났다.
- 성공기업은 순이익 증가, 실패기업은 순이익이 감소하였는데, 성공기업과 실패기업의 당연한 귀결이라고 볼 수 있다.

9) 월 임차료(창업 당시) / 월 임차료(2014년 12월 말)

- (창업 당시) 성공기업은 100만~200만 원 미만이 40%로 가장 높게 나타났으며, 실패기업은 50만~100만 원 미만이 42.2%로 가장 높게 나타났다.
- (2014년 12월 말) 성공기업은 100만~200만 원 미만이 38.3%로 창업 당시와 유사하게 나타났으며, 실패기업은 100만~200만 원 미만이 33.3%로 가장 높게

나타났다.

- 실패기업의 경우 50만~100만 원 미만 비율이 감소하였고, 200만~500만 원 미만 비율이 다소 증가하였다.
- 성공기업이 실패기업보다 임차료가 비교적 높게 나타났다. 성공기업은 규모가 커졌을 것이므로 임차료 증가, 반년 실패는 규모가 작아졌을 것이므로 임차료가 감소했을 것으로 보인다.

2. 창업 전 준비과정

1) 창업 동기

- 성공·실패기업 모두 계획적 창업이 높게 나타났다.
- 그러나, 성공기업이 압도적인 반면, 실패기업은 큰 차이가 없어 창업 준비과정의 중요성이 얼마나 큰 요인인지를 보여주고 있다.

2) 정보수집방법

- 성공기업과 실패기업 모두 "창업 경험자인 친구, 가족, 동료"가 각각 40.6%, 48.1%로 가장 높게 나타났다.
- 그러나, 여러 가지 방법을 다양하게 그리고, 실제 경험(블로그, 유튜브 등 온라인 정보)을 통해 정보를 얻는 방법은 성공기업이 우위를 점함으로 실패기업보다 안정적일 수 있지 않나 판단된다.

3) 총 투자금액

- 총 투자금액의 경우 성공기업은 "5천만~1억 원 미만"이 34.8%로 가장 높게 나타났으며, 실패기업은 "2천만~5천만 원 미만"이 46.3%로 가장 높게 나타났다.
- 성공기업이 실패기업보다 총 투자금액이 다소 높게 나타났다.
- 성공·실패 기업 모두 1억 미만이 우위, 반면 성공기업이 1억 이상 투자가 실패기업 대비 우위로 사업규모 차이가 입증된다.

(1) 어려움

- 사업계획서 작성 시 어려움이 있었다고 응답한 비율은 성공기업이 47.6%, 실패기업은 73.3% 나타났다.

- 당연히 계획서를 세운 기업의 성공여부 및 사업 운영에 도움이 된다. 또한 계획서 작성의 어려움 여부 등도 실패기업이 성공기업보다 월등히 높게 나타났다.

(2) 어려움 극복

- 어려움 극복 방법의 경우 성공·실패기업 모두 "창업 경험자의 자문"이라고 응답한 비율이 각각 50%로 가장 높게 나타났는데, 이는 경험자의 조언이 중요하게 작용하고 있다는 것을 보여준다.
- 성공·실패 기업의 어려움 극복요인의 차이는 창업교육 수료 여부로 볼 수 있다.

4) 점포 선택 시 고려사항

- 성공·실패기업이 각각 27.1%, 24.1%로 장소(점포) 선택 시 가장 중요하게 고려했던 사항은 "주변 상권과의 조화"로 나타났다.
- 여타 항목도 큰 차이를 보이지는 않았지만 "소득 및 소비수준"의 중요성에 대해서는 성공기업은 그다지 큰 의미를 부여하지 않은 반면(이는 영업 노하우나 기타 업종에 연관 가능성 내재) 실패기업은 상당한 고려 요인으로 판단함으로 최초 창업 시 업종 등의 변수 등도 있었을 것이라 판단된다.

5) 중요 1순위/중요 2순위

- 중요 1, 2순위를 살펴보면 성공기업은 관련 업종의 경험/유동인구 등 입지를, 실패 기업은 유동인구 등 입지/근무경험을 각각 중요하게 생각한다..
  - ▷ 반면, 사업계획의 중요성에 대해서는 확연한 차이를 보임으로 앞서 질문한 사업 계획의 중요성에 대한 성공과 실패기업의 구분을 짓는 요인으로 인정된다.
  - ▷ 또한, 성공기업은 교육프로그램 수료의 중요성에 대해 현저히 낮은 응답을 보이고 있고 중요성 1순위에서는 성공/실패 기업 모두 0% 응답함으로 향후 교육프로그램 재수립 내지는 재구성이 반드시 필요함을 나타낸다.

3. 창업 후 경영

- 창업 후 사업장을 운영하면서 중요하게 생각하는 항목에 대한 7점 척도를 기준으로 매우 중요(7점)하게 생각하는 항목을 비율 순으로 5순위까지 정리하면 다음과 같다.

- 성공기업
  - 상품 및 서비스 품질 〉 경영자의 자질 및 경험 〉 상권과 입지 〉 부채 및 자금 부족 〉 단골고객관리
- 실패기업
  - 상품 및 서비스 품질 〉 매출입관리 〉 특허, 전문기술, 노하우 〉 월세 및 임차료 〉 단골고객관리 및 영업 관리

1) 당시 경제상황

- 성공기업은 당시 경제 상황의 중요성보다는 또 다른 어떤 준비의 필요성을, 실패기업은 당시 경제 상황의 중요성을 각각 언급함으로써 준비과정의 시각 차이를 나타낸다.

2) 원리금 상환부담

- 성공기업은 원리금 상환부담의 중요성 측면에서 실패기업보다 중요하지 않게 생각하고 있으며, 이는 성공과 실패기업의 영업력 차이 등을 보여주는 자료로 여겨진다.

3) 제세공과금 상승

- 성공기업은 제세공과금 상승 등 비용부분에 대한 실패기업 대비 상대적으로 여유를 가지고 있다고 보인다. 이는 영업력이나 자금 규모의 차이 등에서 오는 비교의 대상이라고 판단된다.

4) 대기업과의 경쟁

- 성공기업은 대기업과의 경쟁에서 실패기업 대비 상대적으로 우위를 보인다.
- 이는 성공기업이 갖는 상대적인 경쟁비교우위 요소가 있다고 판단. 이 또한 성공과 실패를 가늠할 수 있는 주요 요인이라 여겨진다.

4. 상품(브랜드) 및 영업 관리

1) 매출관리

- 매출관리 시스템을 구축한 성공기업은 66.7%, 실패기업은 46.2%로 나타났다. 실패기업의 경우 구축을 안 했다는 응답 비율이 53.8%로 성공기업보다 높게 나타났다.
- 성공기업은 기본적인 시스템을 구축했고, 실패기업은 구축하지 않았기 때문에 성공과 실패의 요인으로 언급이 가능하다.

(1) 구축된 매출관리

- 앞서 언급된 매출관리시스템의 구축 여부가 타 항목대비 현저한 차이를 보인다.
- 반면, 실패기업은 고객관리를 최우선으로 하였는바, 왜 실패하였는지 의구심이 들며, 어떤 형태나 방법으로 고객관리를 하였는지 다소 궁금하다.

① 겪는 애로사항

- 상품과 서비스에 대해 겪는 애로사항은 성공·실패기업 모두 상품관리가 각각 36%, 31.3%로 유사하게 나타났다.
- 반면, 성공기업은 경쟁업체의 불공정 사항을, 실패기업은 기타로 응답하고 있는데, 이는 극복요인을 철저하고 확실하게 알고 있는지의 여부도 성공과 실패를 가늠하는 요인으로 판단할 수 있다고 여겨진다.

5. 마케팅 관리

1) 선호 마케팅수단

- 선호하는 마케팅 수단의 경우 성공기업은 판매촉진(할인, 쿠폰, 전단지, 경품, 사은품 등)이 36.5%, 실패기업은 인적판매가 37.3%로 가장 높게 나타났다.
- 성공기업은 판촉수단을, 실패기업은 인적 수단을 각각 최우선으로 선호. 이 또한 성공과 실패의 요인으로 인지 가능하다.
- 즉, 성공기업은 매체수단을 적극 활용, 실패기업은 인적 수단을 선호한다는 것이 차이 요인이다.

2) 매출액 상승효과

- 매출액 상승효과의 경우 성공기업은 5~10% 미만이 40.3%, 실패기업은 상승효과 없다가 25.5%로 가장 높게 나타났다. 이는 성공기업과 실패기업의 판촉수단이 상반되기에 당연한 귀결이라고 판단된다.

(1) 겪는 애로사항

- 마케팅 수단 이용 시 겪는 애로사항의 경우 성공기업은 이용 대비 효과가 없다는 응답이 54.2%, 실패기업은 자금이 부족하다고 응답한 비율이 60%로 높게 나타났다.
- 실패기업의 경우 자금부족이 상대적으로 마케팅활동을 하지 못하게 하는 요인으로 판단된다.

6. 자금관리

1) 현금 회수기간

- 성공·실패기업은 회수기간 분포는 거의 비슷하나, 1주일 이내 회수가 성공기업이 다수로 현금 회수기간을 또 다른 성공·실패기업을 구분 짓는 요인으로 판단 가능하다.

(1) 총 부채 규모

- 총 부채규모는 성공기업이 100백만 원 이상이 33.9%, 실패기업은 48.8%로 실패기업이 성공기업보다 상대적으로 높게 나타났다.

(2) 긴급운전자금 확보수단

- 성공기업은 제1금융 이용비율이 38.6%, 실패기업은 신용보증기관이 23.4%로 높게 나타났다.
  ▷ 성공기업은 높은 신용도를 바탕으로 1금융권(시중은행)으로부터 자금 확보를 하는 반면 실패기업은 가족 등 여타의 수단으로 확보하는 것으로 나타났는데 이 또한 성공 및 실패기업을 구분 짓는 요인으로 판단된다.

7. 인사, 인력관리

1) 가족 포함 직원

- 성공기업은 3명이 29.4%, 실패기업은 1명이 40.4%로 높게 나타났다.
- 성공기업은 가족형, 실패기업은 개인(자가)형으로 구분 가능. 이 또한 성공과 실패를 가늠할 수 있는 요소로 인지할 수 있다.

2) 평균 근무 연수

- 성공기업은 3년 미만이 35.6%, 실패기업은 1년 미만이 27%로 높게 나타났다.
- 설립 후 운영기간에의 차이가 성공과 실패기업이 확연히 드러나는 만큼 종업원의 평균 근무 연수도 당연히 차이가 나는 것이라고 판단된다.
- 이 또한 성공과 실패기업을 구분 짓는 요소로 판단할 수는 있으나 운영기한에 따른 종속변수로 비교 차이 요인으로만 인지하는 것이 좋을 듯하다.

3) 교육 프로그램

- 성공·실패기업 모두 교육프로그램 운영을 안 한다는 우위의 응답을 보였으나, 성공기업은 한다와 안 한다에 큰 차이가 없게 나타났다.
  - ▷ 반면, 실패기업은 큰 차이를 보여 이 또한 성공과 실패기업을 분간하는 요인으로 인지할 수 있다.

(1) 1순위

- 성공기업은 서비스 개선 등 고객관리에, 실패기업은 자기계발에 우선순위를 두어 실제 영업을 위해 필요한 교육이 무엇인지 엇갈린 응답을 보인다. 이 또한 각 기업의 차이 비교 요인(기업의 사고 범위 및 자세)이라고 판단된다.

제2절 창업 성공·실패 계명 도출

1. 정량분석 결과 성공·실패 계명 도출

1) 신용등급

- 신용등급이 양호한 기업의 성공 가능성이 상대적으로 높다(4등급이 기준 선).

2) 연령대

- 창업자 대부분은 30~50대로서 사회 경험이 있어야 성공 가능성이 크다.

3) 사업장 위치

- 남부센터인 강남구, 송파구, 강동구, 관악구, 서초구, 동작구(사당동) 지역으로 구성되어 있는데, 기업 수가 다수인 관계로 성공과 실패기업 수도 많음을 유의하여야 한다.

4) 구별 분포

- 성공기업 대비 실패기업이 많은 것이 성동구, 서초구, 마포구, 종로구 4개 구의 특징이며, 강남과 중구는 실패기업이 성공기업 대비 높게 나타난 것도 주목하여야 한다.

5) 차입금 총계

- 성공기업의 사업규모가 실패기업에 비해 상대적으로 크다.

6) 집기비품 및 시설공사비

- 반드시 집기비품 및 시설을 위한 공사비가 많이 투자되는 것이 성공을 보장한다고 볼 수는 없을 지라도 어느 정도는 투자가 필요하다.

2. 설문조사 빈도분석 결과 성공·실패 계명 도출

1) 사업장 위치(구별 분포 현황)

- 성공의 경우 강동/강남, 실패의 경우 서초/중구 순으로 지역 차이가 있다. 성공, 실패의 차이를 가장 많이 보이는 구는 서초(실패 우위), 강동/강서/광진(성공 우위)이다.

2) 업종

- 음식점은 성공 가능성이 높고 개인 서비스업은 성공 가능성이 낮다.

3) 창업 전 종사 직종

- 창업 전 종사 직종은 성공·실패기업 모두 자영업 비율이 가장 높고 성공하려면 영업직 출신이, 실패는 사무관리직 출신이 많다.

4) 사업장 규모(창업 당시)

- 사업장 규모가 현저히 크면 실패 가능성이 높은 것으로 나타났다.

5) 정보수집방법

- 성공하려면 "인터넷 활용"을 잘 해야 한다.

6) 창업 자금 마련

- 창업 자금 마련에서 성공기업은 자기자금이 비중이 높고 실패기업은 신용보증기관 의존도가 높고 자기자금 비중이 낮음으로 자기자금을 더 많이 확보해야 한다.

7) 사업계획 수립

- 사업계획서를 세운 기업이 성공 가능성이 높고 사업 운영에 도움이 된다. 성공·실패 기업의 사업계획 작성의 어려움 극복 요인의 차이는 창업교육 수료 여부로 가늠되므로 적극적으로 교육을 받아야 한다.

8) 점포 선택 시 고려사항

- 성공·실패기업이 점포 선택 시 가장 중요하게 고려했던 사항은 "주변 상권과의 조화"이며 "소득 및 소비수준" 또한 중요한 고려사항으로 해야 한다.

9) 매출관리

- 매출관리 시스템을 구축해야 성공한다.

10) 선호 마케팅수단

- 성공기업은 판매촉진(할인, 쿠폰, 전단지, 경품, 사은품 등)이 실패기업은 인적판매가 가장 높게 나타났다. 실패기업의 경우 매체광고는 거의 없는 것으로 나타났다. 성공기업은 매체수단을 적극 활용, 실패기업은 인적수단을 선호하는 차이점이 나타났다.

11) 인력관리

- 성공기업은 가족형, 실패기업은 개인(자가)형으로 성공과 실패를 가늠할 수 있는 요소로 인지할 수 있다.

3. 상관분석 결과 창업 성공·실패 계명 도출

1) 성공과 실패기업의 창업 업종은
- 성공기업 - 음식업, 도·소매업, 기타서비스업이고 실패기업 - 제조업, 개인서비스업이다.

2) 창업 후 사업 운영 시의 매출관리 여부가 성공과 실패를 가늠 짓는 척도이다.
3) 창업 후 사업 운영 시의 매출액 상승효과는 당연히 성공과 실패를 가늠 짓는 주요 요인이다.
4) 긴급운전자금 확보수단을 보면
- 성공기업 - 제1금융(시중은행), 신용보증기관이다.
- 실패기업 - 제2금융(저축은행, 새마을금고, 보험 등), 사금융, 가족으로 신용등급관리를 잘 해야 한다.

4. 개별인터뷰 분석 결과 창업 성공•실패 계명 도출

1) 창업 당시 사회 경제적인 상황은 창업에 문제되지 않는다.
2) 창업 시·운영 시 정부 신용기관을 적극 활용한다.
3) 매장 위치는 거주지, 근무지 주변, 금액에 맞춰 결정, 지인을 통해 대충 편한대로 하지 말고 주민 동선 파악 등 상권 분석을 제대로 해야 한다.
4) 창업주가 직접 영업전선에 뛰어야 한다.
5) 직원들의 영업력 강화를 위해서는 가족적 분위기를 만들어야 한다.
6) 창업해서 사업을 지속하려면 성실성과 고객 서비스 향상이 중요하다.
7) 사업은 안정적으로 하는 것이 중요하다.
8) 경쟁자에 대한 차별화 전략은 친절한 서비스, 품질, 나만의 디자인, 서비스, 맛이다.
9) 충분한 시장조사가 성공의 지름길이다.
10) 사업 운영 중 성공하고 실패하지 않기 위해서 가장 중요한 요소는 꾸준한 노력이다. 하루 아침에 성공하는 것이 아니다.

제3절 창업 성공 · 창업 실패 10계명

1. 창업 성공 10 계명

①	알토란으로 키운 신용등급이 성공 창업의 밑거름이 된다.
②	관련 업종에서 일정기간 머슴으로 근무하며 체험한다.
③	내 쌈지 돈이 어느 정도 있어야 든든하다.
④	열 효자보다 못된 서방인 매출관리 시스템이 최고다.
⑤	사업계획서는 망망대해 항해의 길잡이인 북극성이다.
⑥	홍보·판촉이라는 미인을 잘 써야 손님이 오고 또 온다.
⑦	내 점포가 주변 상권과 궁합이 맞는지 살펴야 한다.
⑧	꼴뚜기가 뛰어야 망둥이도 뛴다. 사장이 직접 뛰어라.
⑨	현금회전율이 높고 이용주기가 짧은 업종일수록 좋다.
⑩	등잔 밑이 어둡다. 생활권역 블루오션 상권을 찾아라.

2. 창업 실패 10 계명

①	창업교육도 없이 어정쩡한 시장조사는 뜬 구름 잡기다.
②	자기자금보다 차입금이 많으면 남 좋은 일만 시켜준다.
③	집기비품시설은 적정규모로 해야 고물상 신세를 안 진다.
④	기술도 홍보하지 않으면 무딘 칼이다.
⑤	예쁜 장미에 가시 있듯이 좋은 상권이라도 찔릴 수 있다.
⑥	자금에 비해 사업규모가 클수록 속 빈 강정이다.
⑦	내 가족이 최고다. 나 혼자하면 골병든다.
⑧	남 다른 나만의 차별화가 없으면 사장될 생각하지 마라.
⑨	꾸준히 배우고 활용하지 않으면 공든 탑도 무너진다.
⑩	직원들을 가족같이 대하지 않으면 집에 가서도 쫓겨난다.

제13장 창업 성공 실패 요인 연습문제

1. 창업 성공 실패 요인에 대하여 토론하시오.

2. 자신의 사업계획서를 작성하십시오.

〈국내 참고문헌〉

강경태(2011), 「세법개론」, 서울: 지혜의샘

강병수(1984), "소비자의 공간선호 행태와 구매 결정에 관한 연구" 석사학위논문. 서울대학교 환경대학원.

권구혁, 신진교(역)(2000), 「전략경영과 경쟁우위」, 서울: 시그마프레스.

권오주(2007), 「파워셀러강의노트」, 인천: 도서출판 바로에듀

김상화(2000), "한국형 슈퍼마켓 모형의 제안과 발전전략에 관한 연구" 인천대학교국제경영 대학원 석사학위논문.

김성배, 노은정, 김규동(2010), 「머천다이징」, 서울: 광선출판사.

김승욱, 강기두(2009), 「고객관계관리 원론」, 파주: 법문사.

김영수, 이영진(2010), 「경영전략」, 파주: 학현사.

김완순 외(2000), 「세계경제와 국제통상」, 서울: 무역경영사.

김윤상(2010), 「핵심경영학연습」, 서울: 미래경영아카데미.

김진서(2001), 「다국적기업요론」, 서울: 법서출판사.

김창(2013), 「라이프타임 커리어 디자인」, 서울 북마크.

김한나, 이은영(2007), "고려 점포군에 따른 소비자 세분화와 점포 이미지 중요도에 관한 연구", 유통연구, 12(2).

김현대, 하종란, 차형석(2013), 「협동조합」, 참좋다, 서울 푸른지식.

노은정, 서용구(2008), 한국형 할인점의 서비스품질 척도에 관한 연구, 유통연구, 13(3).

류인철, 최용석, 강한수, 김선구(2013), "대형 유통업체와 중소상인 상생방안 연구", 산업경제연구, 26(1).

리테일메거진(2005년~2008년 각월호), 한국체인스토어 협회.

마상열(2012), "대형마트 영업규제 의미와 중소유통업과의 상생발전방안", 경남발전연구원.

박문각 부동산연구소(2014), 「부동산학 개론」, 서울: 박문각.

박성용(2003), "대형할인점의 중소도시 진입에 따른 소매점 유통경쟁 구조분석",유통연구, 7(2).

박영봉, 이윤재, 이경탁(2015), 「소비자 행동론 」, 파주: 학현사

박정식, 박종원, 조재호(2007), 「현대재무관리」, 서울: 다산출판사.

박재홍(2007), “국내할인점 분석을 통한 대형슈퍼마켓의 유통부문 발전전략에 대한 실증 연구”, 건국대학교 대학원 벤처전문기술학과 석사학위논문.

박철주, 고윤배, 윤명길, 김원겸(2006), “대형백화점 신규출점에 따른 예상 매출액추정”, 유통과학연구, 4(2), 한국유통과학회.

박한혁(2012), “대형마트/SSM 출점 및 영업규제 대응에 따른 상생모델방안”, 프랜차이즈 경영연구, 3(2).

반병길, 이인세, 김성영(2001), 「다국적기업 전략과 관리」, 서울: 박영사.

법무부, 한국법교육센터(2013), 「한국인의 법과 생활」, 서울: 한국출판협동조합.

서용구, 임승희 (2006), “소매점 브랜드가치 구성요소와 선호도, 만족도, 재구매의도와의 관계에 관한 연구”, 유통연구, 11(4).

설영기(2001), 「다국적기업과 글로벌전략」, 서울: 상조사.

소상공인시장진흥공단(2013), 「경영관리 가이드 」, 리더스경영건설팅(주)

신봉규 외 4인(2014), 「신외식산업 현황과 창업실무매뉴얼」, 서울: 백산출판사.

신영식, 차경천(2011), “브랜드 통합포인트 카드의 이용형태와 통합효과”, 상품학연구, 29(4).

신재호(2008), “서울시 대형할인점 입지유형 및 특성에 관한 연구”, 석사학위논문, 한양대학교 도시대학원.

안영일, 김호남, 전재완(2015), 「유통관리사2급」, 서울: (주)시대고시기획.

유통업체연감(2005년호-2008년호), 한국체인스토어 협회.

우진호 역(2002), 「전략점포의 원리원칙」, 서울: 코프로주식회사

유동근(2010), 「마케팅 조사론」, 서울: 두양사.

유은종(2015), 「세법학」, 서울: 상경사

유철수역(2006), 「매장만들기」, 서울: 한국체인스토어협회 출판부.

윤경구, 신건철(2012), “로열티프로그램이 고객참여와 소비자-브랜드 관계에 기초한 관계형 시장 행동에 미치는 영향”, 유통연구, 17(2).

윤명길, 박종찬, 남궁석(2007), “국내 대형점의 매출추정 모델 설정방안 연구”, 한국산업경제학회 춘계학술대회 논문지 6월.

이광종(1995), “슈퍼마켓 경영기술Ⅰ” 한국슈퍼체인협회 출판부.

이동일, 현근식, 이지현, 이혜준(2014), “편의점 성장 시뮬레이션을 통한 편의점 운영효율화 정책”, 유통연구, 19(4).

이덕훈, 이영석, 정희용(2009), “전통시장의 서비스품질과 고객충성도에 관한 연구”, 전통 전통시장연구, 제2호.

이상규(2004), “대형할인점의 매출액 결정에 있어서 입지요인의 영향에 관한 연구”, 인하대학교 경제학과 석사과정.

이상윤(1998), “한국 편의점 체인본부의 운영시스템에 대한 연구”, 한국유통정보학회.

이상윤(1999), “체인스토어의 시스템적 운영 향상을 위한 교육점포 활용에 관한 연구”, 명

지대학교.
이상윤(2010), 「유통영업관리론」, 서울: 도서출판 두남.
이상윤(2005), "프랜차이즈본부의 균형성과 평가지표 개발에 관한 연구", 유통과학연구, 제3권제1호, (사)한국유통과학회.
이상윤(2005), "중국의 유통경로구조와 정책에 관한 연구", 유통과학연구, 3(2), (사)한국유통과학회.
이상윤(2006), "글로벌 다국적 소매기업의 해외진출 전략에 관한 연구", 2006 동계정기학술대회, 명지대유통경영대학원 창립 10주년 기념, (사)한국유통과학회.
이상윤(1995), 「CVS는 시스템이다」, 세시.
이상윤(1997), 「점포경영진단지도매뉴얼」, 중소벤처기업부.
이상윤(2000), 「가전상품 머천다이징」, 한국체인스토어협회 출판부.
이상윤(2000), 「고객관리」, 상업계 고등학교 교과서, 서울보건대.
이상윤(2001), 「신 유통경영 전략」, 한국생산성본부.
이상윤(2001), 「무재고 유통관리시스템」, 한국생산성본부.
이상윤(2001), 「CRM과 유통정보」, 한국생산성본부.
이상윤(2001), 「이익지향 계수평가 모델」, 한국생산성본부.
이상윤(2001), 「전략적 마케팅관리」, 한국생산성본부.
이상윤(2001), 「유통관리 실무」, 한국능률협회.
이상윤(2005), 「신 마케팅론」, 서울: 도서출판 두남.
이상윤(2005), 「유통실무사」, 서울: 도서출판 두남.
이상윤(2006), 「유통관리사 2급」, 한국체인스토어협회 출판부.
이상윤(2009), 「상권 분석론」, 서울: 도서출판 두남.
이상윤(2009), 「유통학 개론」, 서울: 도서출판 두남.
이상윤(2010), 「유통영업관리론」, 서울: 도서출판 두남.
이상윤(2010), 「매장관리론」, 서울: 도서출판 두남.
이상윤(2013), 「최신 유통관리론」, 서울: 도서출판 두남.
이상윤, 박한혁(2015), 「판매관리론」, 서울: 도서출판 두남.
이세웅(2001), 「글로벌경영과 전략」, 서울: 도서출판 두남.
이영민(2006), "대형할인점 입지 전·후 소규모 상점 분포의 공간적 변화에 대한 실증연구", 석사학위논문, 서울대학교.
이영우(2011),「재무관리」, 서울: (주)웅진패스원
이용익, 홍성언, 김정엽, 박수홍(2006), "공간연관규칙을 이용한 대형할인점의 입지분석", 대한지리학회지, 제41권 제3호.
이원준, 이은영, 김동태, 박성호(2009), "농식품의 소비자 지향적 품질 측정", 상품학연구, 27(4).
이종원, 정홍열(역)(1999), 「국제통합의 경제학」, 서울: 도서출판 해남.

장세진(2003), 「글로벌경쟁시대의 경영전략」, 제3판, 서울: 박영사.
전기정, 김서규(역)(2001), 「스마트 초이스」, 서울: (주)북21.
전달영, 김용환(1999), "경쟁할인점간 점포 선택 결정요인", 마케팅연구, 14(4).
전용욱 외(2003), 「국제경영」, 서울: 문영사.
정난호, 김남면, 성일석(2006), "소매업태에 대한 소비자 선택요인에 관한 연구", 유통과학연구, 4(2).
정보통신망 이용촉진 및 정보보호 등에 관한 법률.
정세희, 정진경(2012), "옹호연합 모형을 통해본 기업형 슈퍼마켓 규제정책 변동분석", 한국공공관리학보, 26(1).
주민규(2014), 「세무회계 연습」, 서울: 도서출판 세경.
조병량, 한상필(2006). 「광고캠페인 전략」, 서울: 한경사.
제일기획 마케팅연구소역(1996), 「마케팅 대전환」, 서울: 연암사.
추호정, 문희강, 전대근역(2012). 「2012유통 트렌드」, 서울: 한국체인스토어협회.
최인식, 이상윤(2012), "프랜차이즈산업의 협동조합에 관한 연구", 프랜차이즈경영연구 3(2).
최열, 석혜주(2004), "대형할인점의 입지적 특성 및 선호요인 분석", 도시계획학회학술저널, 국토계획 제39권 제5호 10월.
최창규, 김현식, 김용남(2013), 「IFRS 회계원리」, 서울: 나무와사람.
표강근(2004), "구매자 매장선택행위가 대형할인매장 상권에 미치는 영향분석", 연세대학교 대학원 도시공학과 석사학위논문.
한국벤처창업학회(2012), 「창업론」, 서울: 명경사.
한국토지주택공사(2013), 「공사감독핸드북(건축)」, 서울: 도서출판 건설도서.
한국토지주택공사(2013), 「공사감독핸드북(전기)」, 서울: 도서출판 건설도서.
한동철, 성희승(2003), 「소매관리」, 서울: 우용출판사.
한상린, 홍성태, 이성호(2012), "자아 이미지 일치성이 소매점자산과 고객의 재이용의도에 미치는 영향", 유통연구, 17(2).
한화유통(주)(1997), 「소매업개론」, 서울: 한화유통인력개발.

〈일본 참고문헌〉

渡辺高哉 2002.1.21 勝ち組 メーカーに學ぶ サービス 事業戰略 (PHP 研究所)
石田勝啓 2002.2.5 小さな會社の 勝ち殘る 事務マニュアル(實業之日本社)
川井十郎 2001.8.30 繁盛する 飲食店は ここが 違う (經林書房)
石田均 2002.2.20 小賣店『好感度&賣上げ アシプ』(經林書房)
渡形克彦 2000.8.30 小賣業の『情報 システム』活用の 具體策 (經林書房) 小林勇治
診斷士物流研究會 2001.8.25『物流・ロジステイクス』200X 年
渡形克彦 2001.9.25 小賣業の『21世紀型』革新戰略 (經林書房)

渡形克彦 2001.10.30 都賣業の『21世紀型』革新戰略 (經林書房)
會田玲二 平成12년 8월20 チェーソストアの 實務原則·シリース 立地調査 (實務教育出版)
田村正紀 2001.10.1 流通原理 (千倉書房)
流通科學大學 2000.11.24 中國流通調査 (流通科學大學 出版) 長江流域調査隊
橫塚由光 2001.11.28 圖解えでよくわかる 流通の しくみ (明日香出版社)
渥美俊一 1962.12.1 チェイソストア 能力開發の 原則 (實務教育出版)
內田一廣, 渡辺哲 1993.7.15 流通業 營業 マネジヤイの 實務 (經營實務出版)
城戶崎雅崇 1996.1.31 目標營利の ぢり方が 面白いほどわかる 本 (中經出版)
築山明德 昭和58.7.1 賣場づくり (實務教育出版)
渥美俊一 昭和58.1.10 商品構成 (實務教育出版)
外益三 昭和59.7.25 流通サバイバル 戰略 (マネジメント社)
波形克彦 1994.9.25『小型店』こうすれば 勝ち殘れる (經林書房)
鹽澤茂 1991.7.25 イトーヨーカ堂 店長會議 (豊國印刷 株式會社)
波形克彦 1994.11.15 價格破壞時代の 都賣業 小賣業の 業革 (産能大學出版部)
外益三 昭和60.9.25 流通 サバイハル 戰略 成熟社會の イス 取り 合戰 (マネジメント社)
國友隆一 1994.11.1 セブンーイレブンの 高收益 システム (ぱる出版)
山田理英 1994.9.25 價格·流通 激變期の ヒツト 商品學 (産能大學出版部)
長谷川慶太郞 1994.10.25『超』價格破壞の 時代 (東洋經濟新報社)
波形克彦 平成4.8.1 都賣業の ための 多品種少量物流 システム讀本 (ビジネス 社)
內川淸雄 1993.9.9 斜めに 讀むだけで『經營分析』が しつかりわかる本 (ぱる出版)
波頭亮 平成7.11.24 戰略策定槪念 企業戰略立案の 理論と 實際 (産能大學出版部)
國友隆一 1993.7.1 セブンーイレブン 驚異の 收益システム (ぱる出版)
國友隆一 1993.7.25 セブンーイレブンの 情報革命 (ぱる出版)
小林裕 1994.2.4『圖解』リエンジニアリング (中經 出版)
上保陽三 平成8.3.15 (完全体系) 商品と 賣場の 計數 (株式會社 商業界)
森田松太郎 1994.4.28 ビジネス·ゼヨナール 新版 經營分析入門 (日本經濟新聞社)
宇角英樹 1992.11.27 高利益戰略 100圖表 (經林書房)
田島義博 1991.11.22 變革期の 流通 新時代への 戰略的 課題 (日本經濟新聞社)
井上崇通 1996.4.10 マーケテイング 戰略と 診斷『現代商業診斷 基礎講座』(同友館)
宮下淳, 江原淳 1994.3.31 販賣·流通情報 システムと 診斷『現代商業診斷 基礎講座』(同友館)
高井一 2000.10.19 米國 E 流通革命 (東洋經濟新報社)
月泉博 2001.3.20 流通激震! これからの『勝ち組』戰略 (日本實業出版社)
湯淺和夫 平成6.9.20 物流 革命 (ビジネス社)
風問吉郞 1995.2.25 ストアマネジヤーの 仕事と 役割 (經營實務出版)
天明茂 1995.4.8 赤子會社を 黑字にする法 (中經 出版)

風問吉郎 1996.3.25 賣場主任の 仕事と 役割 (經營實務出版)
角田正博 2001.5.29 アメリカ 小賣業の すべて (ぱる 出版)
水尾順一 1996.5.15 流通業·サービス業の 市長豫測·調査 (同友館)

〈영문 참고문헌〉

Alexander, Nicholas(1997), International retailing, Blackwell.

Alexander, N., & Myers, H.(2000), "The retail internationalization process", International Marketing Review, Vol.17, No.4/5, pp.334-353.

Anderson, E., and Gatignon, H.(1986), "Modes of foreign entry: A transaction cost analysis and propositions," Journal of international business studies, vol.17, No.3.

Avijit Ghosh(1994), Retail management 2th, Dryden press.

Barney, J.B.(2002), Gaining and sustaining competitive advantage, Second Edition, Prentice Hall.

Benito, G.R.G., and Gripsrude G.(1992), "The expansion of foreign direct investments: Discrete rational location choices or a cultural learning process?" Journal of international business studies, Third quarter.

Brown, Stephen(1989), "Retail location theory: the legacy of Harold Hotelling," Journal of retailing, vol.65, No.4:450, p.470.

Bucklin, L.P.(1967), "The concept of mass in intra-urban shopping," Journal of Marketing, vol.31.

Burt, Steve(1993), "The Carrefour group: the First 25 years," International journal of retailing.

Clarke Ian, Horita Masahide and Mackaness William(2000), "The spatial knowledge of retail decision makers: capturing and interpreting group insight using a composite cognitive map," Int. Rev. of Retail, Distribution and Consumer Research, vol.10, No.3, July: 265-285.

Davies, R.L. and Rogers, D.S.(1984), Store location and store assessment research, John Wiley and Sons Ltd.

Dawson, J.A.(1984), "Structural-spatial relationships in the spread of hypermarket retailing," Kaynak, E., and Savitt, R. (eds.), Comparative marketing systems, pp.156-182, New York: Praeger.

Dawson, John A.(2001), "Toward a model of impacts of retail internationalization," Discussion Paper of Asian Retail and Distribution Workshop at University of Marketing and Distribution Sciences, pp.1-19.

Dunning, J. H.(1998), "The electic paradigm of international production : A restatement and dome possible extensions," Journal of International Business Studies, Vol.19, pp.1−31.

Evans, J., Treadgold, A., & Mavondo, F. T.(2000), "Psychic distance and the performance of international retailers," International Marketing Review, Vol.17, No.4/5, pp.373−381.

Ghosh, A., and McLafferty, Sara L.(1987), Location strategies for retail and service firms, Leyington Books D.C. Heath and Company.

Hollander S. C.(2000), "Distinguished retrospective viewpoint: Study retailing and see the world," International Marketing Review, Vol.17, No.4/5, pp.327−333.

James F. Engel, David T. Kollat and Roger D. Blackwell and Paul W. Miniard (1986), Consumer Behavior 5th, Illinois: The dryden press.

John H. Dunning(1992), Multinational Enterprises and the Global Economy, Addison−Wesley Publishing Company, UK.

Kacker, Madhav(1985), Transatlantic trends in retailing: Takeovers and flow of know-how, Quorum books.

Kent B. Monroe(2003), Pricing 3rd, New York: McGraw−Hill company.

Lusch, Robert F., Patrick Dunne and Randall Gebhardt(1993), Retailing makketing 2nd, South−Western Publishing Co.

Michael Levy and Barton A. Weitz(2009), Retailing Management 7th, NewYork: McGraw−Hill Higher education.

Peter T.L. Popkowski Leszczyc, Ashish Sinha, and Anna Sahgal(2004), "The effect of multipurpose shopping on pricing and location strategy for grocery stores," Journal of retailing, vol.80.

Porter, M.E.(1994), "The role of location in competition," Journal of the economics of business, vol.1, No.1.

Roger A. Kerin, P. Rajan Varadarajan & Robert A. Peterson(1992), "First 447 Mover Advantage: A Synthesis, Conceptual Framework, and Research Propositions," Journal of Marketing, Vol.56.

Salmon, W. J., & Tardjaman, A.(1989), "The international of retailing," International Journal Retailing, Vol.4, No.2, pp.3−16.

Sternquist, B.(1997), "International expansion of US Retailers," International Journal of Retail & Distribution Management, Vol.25, No.8, pp.262−268.

Thomas L. Harris(1993), The marketer's guide to public relations, New York: John Wiley & Sons, Inc.

Vida, I., and Fairhurst, A., "International expansion of retail firms: A theoretical approach for future investigations," Journal of retailing and consumer services, vol.5, No.3, pp.143-151.

찾아보기

ㅈ

공저자 약력

■ **해항(海沆) 이 상 윤(李 相 允)**

훈포상 경력 : - 2010년도 서울신문 VISION 2010 경영혁신 대상 수상(유통산업)
- 2011년도 세종사이버대 강의제작부문 최우수상(BTA)-매장관리론
- 2011년도 ㈔한국유통과학회 국제학술대회 공로상 최우수논문상 수상
- 2012/3년 ㈔한국프랜차이즈경영학회 최우수논문상 수상
- 2014년도 ㈔한국유통과학회 하계 동계 국제학술대회 최우수논문상
- 2014년도 스포츠동아 선정 대한민국 대표 아름다운 교육인 대상 수상
- 2016년도 ㈔한국유통과학회 중국 국제동계학술대회 최우수논문상
- 2017년도 ㈔한국유통과학회 인천대 국제동계학술대회 최우수논문상
- 2018년도 ㈔한국유통과학회 서울대 국제하계학술대회 최우수논문상

학　　　력 : - 연세대학교 졸업(사회복지학 전공, 행정학 부전공)(1986)
- 명지대학교 유통대학원 유통학과 졸업(경영학 석사)(2000)
- 일본유통과학대학원 유통세미나과정, 프랜차이즈세미나과정 수료(2003)
- 명지대학교 일반대학원 무역학 박사과정 졸업(경영학 박사)(2005)
- 미국 훼이스 신학대학원 실천신학 박사과정 졸업(철학 박사)(2008)

경　　　력 : - 태인샤니그룹(SPC) 과장/진로그룹 팀장(1986-1997)
- 한국능률협회그룹(KMA) 수석전문위원/경영 컨설턴트(1995-2007)
- 한국능률협회컨설팅 프랜차이즈 최고경영자과정 주임교수(2001-2007)
- ㈔한국체인스토어협회 한국유통연수원 교수(1995-2008)
- ㈔한국유통과학회 명예회장(2011) 회장(2009)
- 중소벤처기업부 시장경영진흥원 자문위원/교수(2009/2011)
- 명지대 유통경영대학원 유통학과 주임교수(2002-2011)
- 세종대 경영대학 경영학과/경영전문대학원 교수(2011-2014)
- 세종사이버대 유통물류학과 외래교수(2011-2019)
- ㈔한국프랜차이즈경영학회 부회장(2011-2014)
- 중소기업유통센터 전문위원(2014-2017)
- 성남시 상권활성화재단 전문위원(2014-2017)
- 가천대 경영대학원 경영학과 겸임교수(2014-2019)
- 미국 캐롤라인대학교 경영대학장 경영학과 정교수(2016-2019)
- 동아시아경상학회 2, 3대 회장(2016-2019)

현　　　재 : 미국 임페리얼대학교 총괄 부총장, 경영대학 경영학과 정교수(2020-)
겸 가천대 경영학부, 경영대학원, 유통물류융합전문과정 교수(2020-)
겸 RMI컨설팅그룹/대표, 연구소 유통21/소장(1997-)
겸 한국세일즈협회 회장(2014-)
겸 ㈔한국유통과학회 전 회장/고문/유통과학대상 위원장(2004-)
겸 한국인공지능학회 회장(2020-)
겸 국제융합경영학회 고문(2014-)
겸 한국영업관리학회 부회장(2017-)
겸 한국생산성본부 경영지도위원/교수(1995-)
겸 한국경제신문사 한경아카데미 전문위원/교수(1997-)
겸 중소벤처기업진흥공단 중소벤처기업연수원 교수(2007-)
겸 하늘비전종합복지센터(송파구) 기관장 및 총괄 본부장(2015-)
겸 한국기술교육대학교 국가직무능력표준(NCS) 자문위원(2016-)
겸 소상공인시장진흥공단 상인대학/소상공인 자문위원 전문교수(2000-)
겸 ㈔한국마트협회 경영자문위원(2019-)

저　　서 : - [CVS는 시스템이다-세븐일레븐 유통정보전략] 역서(1995), 도서출판 세시
- [신 마케팅론](2005), 도서출판 두남
- [유통학개론](2009), 도서출판 두남
- [물류관리론](2009), 도서출판 경록
- [유통영업관리론](2010), 도서출판 두남
- [유통시장조사론](2016), 도서출판 두남
- [경영학원론](2017), 도서출판 두남
- [유통정보론](2017), 도서출판 두남
- [영업관리론](2017), 도서출판 두남
- [최신유통관리론] 개정2판(2017), 도서출판 두남
- [상권 분석론] 개정판(2018), 도서출판 두남
- [매장관리론] 개정판(2018), 도서출판 두남
- [종합물류관리론] 개정판(2018), 도서출판 두남
- [마케팅조사론] 정선 문제집(2019), 와이제이학사고시
- [판매관리론] 개정판(2020), 도서출판 두남
- [소매점창업론] 개정판(2020), 도서출판 두남 외 다수

국가 공공기관 학술 용역 프로젝트:
- 국립국어원, 유통분야 전문용어 관리실태 현황조사, 책임연구원(2013.5-12)
- 서울신용보증재단, 서울시 소기업 소상공인 창업성공실패요인 조사분석, 책임연구원(총괄), (2014.11-2015.1)
- 서울산업진흥원, 국내 유통마케팅 기반조성 육성 고객 '중소유통(벤더) 사' 현황조사, 책임연구원(총괄) (2015.7-9) 외 다수

발표 논문(125편) 및 기타 저작물 : 아래 홈페이지에서 검색

■ e-mail : rmi21lee@hanmail.net　　■ Homepage: www.rmi21.co.kr

■ 박 한 혁 (朴 漢 爀)

학　　력 : - 서강대학교 졸업(경영학과, 1987)
- 서강대학교 언론대학원(언론학석사, 광고전공, 2003)
- 세종대학교 일반대학원 박사과정 졸업(경영학박사, 마케팅전공, 2014)

경　　력 : - 대농그룹 미도파 백화점 13년 근무(1987-1999)
- 롯데백화점 본점 영업총괄팀장, 본점 식품팀장 역임
- 롯데슈퍼 지원팀장, 가맹사업팀장, 오픈지원팀장 역임
- 우송정보대학, 경복대학교, 삼육대학교 겸임교수 역임
- 롯데쇼핑 근무(1999-)

현　　재 : - 롯데쇼핑 슈퍼사업본부 수석 재직
- (사)한국유통과학회 이사

저　　서 : - [소매점창업론](2016), 도서출판 두남
- [유통시장조사론](2016), 도서출판 두남
- [유통정보론](2017), 도서출판 두남
- [판매관리론] 개정판(2020), 도서출판 두남

발 표 논 문 :
- 대형 유통점 영업규제에 대한 소비자 평가와 쇼핑행동수정(유통연구/2015.07)
- 대형마트·SSM 영업규제에 따른 소비자 쇼핑행동수정에 관한 연구(박사/2014)
- 한국 슈퍼마켓 동반성장을 위한 상생방안(유통과학회/2014.03)
- 대형마트/SSM 출점 및 영업규제 대응에 따른 상생모델방안(프랜차이즈경영연구/2012.12)

■ e-mail : race811245@hanmail.net

소매점 창업론 – 개정판

초　판 1쇄 발행 —— 2016년 1월 25일
개정판 1쇄 발행 —— 2020년 8월 30일
지은이 —— 이 상 윤 · 박 한 혁
펴낸이 —— 전 두 표
펴낸곳 —— 도서출판 **두남**
서울시 강동구 성내로6길 34-16 두남빌딩
신 고 : 제25100-1988-9호
TEL : 02) 478-2065~7, 2311
FAX : 02) 478-2068
E-mail : dunam1@unitel.co.kr
http://www.dunam.co.kr

정가 28,000원

ISBN 978-89-6414-891-4　93320